跨越中等收入陷阱

韩国经济 60 年
腾飞之路

Korean

[韩] 司空一　高永善　主编
Il SaKong　Youngsun Koh

/

刘平　郁步利　译

The Korean Economy:

Six Decades of

Growth

and

Development

江苏人民出版社

图书在版编目（CIP）数据

跨越中等收入陷阱：韩国经济 60 年腾飞之路＝The
Korean Economy：Six Decades of Growth and
Development/司空一，高永善主编.一南京：江苏人
民出版社，2021.9
    ISBN 978 - 7 - 214 - 17372 - 0

    Ⅰ.①跨… Ⅱ.①司… ②高… Ⅲ.①经济发展一研
究一韩国   Ⅳ.①F131.264

    中国版本图书馆 CIP 数据核字（2016）第 035134 号

江苏省版权局著作权合同登记   图字：10 - 2016 - 120 号

书   名 跨越中等收入陷阱：韩国经济 60 年腾飞之路
主   编 [韩]司空一 高永善
译   者 刘 平 郁步利
责 任 编 辑 于 辉
装 帧 设 计 刘葶葶
出 版 发 行 江苏人民出版社
地   址 南京市湖南路 1 号 A 楼，邮编：210009
网   址 http://www.jspph.com
照   排 江苏凤凰制版有限公司
印   刷 苏州市越洋印刷有限公司
开   本 718 毫米×1000 毫米 1/16
印   张 24.75 插页 2
字   数 358 千字
版   次 2021 年 9 月第 1 版
印   次 2021 年 9 月第 1 次印刷
标 准 书 号 ISBN 978 - 7 - 214 - 17372 - 0
定   价 89.00 元

（江苏人民出版社图书凡印装错误可向承印厂调换）

编 写 者

崔乐勇(Nakgyoon Choi)　韩国对外经济政策研究院高级研究员

玄慧定(Hea-Jung Hyun)　韩国对外经济政策研究院研究员

赵中在(Jung Jay Joh)　韩国海洋水产部前部长,韩国海洋水产开发院院长

金昌焕(Chang Whan Kim)　韩国教育开发院高级研究员

金道勋(DoHoon Kim)　韩国产业研究院高级研究员

金正根(Jeong Gon Kim)　韩国对外经济政策研究院高级研究员

金珠燮(Joo Seop Kim)　韩国劳动研究院高级研究员

金准东(June Dong Kim)　韩国对外经济政策研究院高级研究员

金尚俭(Sangkyom Kim)　韩国对外经济政策研究院高级研究员

金成权(Seung Kwon Kim)　韩国保健社会研究院高级研究员

金英玉(Young-Ock Kim)　韩国女性政策研究院高级研究员

金永表(Young-Pyo Kim)　韩国国土研究院

高永善(Youngsun Koh)　韩国开发研究院高级研究员

李洪植(Hongshik Lee)　韩国大学经济学教授

李俊奎(Junkyu Lee)　韩国对外经济政策研究院研究员

李尚永(Sang Young Lee)　韩国保健社会研究院高级研究员

李永(Young Lee)　汉阳大学经济学教授

司空一(Il SaKong)　G20首尔领导人峰会主席

宋右哲(Yoocheul Song)　韩国同德女子大学国际商务教授

徐真奎(Jin Kyo Suh)　韩国对外经济政策研究院规划与研究协调部主任

柳钟浩(Jungho Yoo)　韩国开发研究院公共政策与管理学院教授

尹德龙(Deok Ryong Yoon)　韩国对外经济政策研究院高级研究员

编委会成员

司空一（Il SaKong） 韩国经济 60 年编委会主席

玄旿锡（Oh-Seok Hyun） 韩国开发研究院院长

方基有（Ki-YuaL Bang） 韩国能源经济研究院前院长

方锡浩（Suk-Ho Bang） 韩国情报通信政策研究院院长

蔡旭（Wook Chae） 韩国对外经济政策研究院院长

崔崇奎（Sung-kyou Choi） 韩国铁道技术研究院院长

黄基延（Kee Yeon Hwang） 韩国交通研究院院长

陈东燮（Dong Seop Jin） 韩国教育开发院前院长

金学邵（Hak-so Kim） 韩国海洋水产开发院院长

金振宇（Jin-Woo Kim） 韩国能源经济研究院院长

金肃俊（SukJoon Kim） 韩国科学技术政策研究院院长

金泰俊（Tae-Joon Kim） 韩国金融研究院院长

金泰勋（Taehyun Kim） 韩国女性政策研究院院长

金英勇（Young-Yong Kim） 韩国经济研究院院长

吴尚峰（Sang Bong Oh） 韩国产业研究院前院长

吴世翼（Se-Ik Oh） 韩国农村经济研究院前院长

朴基成（Ki Seong Park） 韩国劳动研究院院长

朴泰珠（Tae Joo Park） 韩国环境政策评价研究院院长

朴阳浩（Yang-ho Park） 韩国国土研究院院长

宋炳俊（Byoung-Jun Song） 韩国产业研究院院长

元润熙（Yun-Hi Won） 韩国租税财政研究院院长

顾问团成员

郑长永(Chang Yung Chung)　延世大学

赵中在(Jung Jay Joh)　韩国海洋水产部前部长,韩国海洋水产开发院院长

金光宿(Kwang Suk Kim)　庆熙大学

南丛勋(Chong-Hyun Nam)　全球经济研究所所长

宋熙勋(Heeyhon Song)　亚洲发展研究所所长

延懒清(Hacheong Yeon)　明知大学

序　言

　　韩国经济的成功通常被称为"奇迹"。"成功背后的因素"是什么？这个问题一直以来引发了持续不断的争论，不仅吸引了学者的兴趣，也引起政界人士的关注。对于那些也希望像韩国一样在短时期内追赶而上、达到经济发达水平的国家而言，韩国的经验具有很强的关联性和参照性。要想描绘韩国在面对新的挑战时期未来发展的道路，仔细研究韩国经济的历史是相当必要的。

　　两年前，汇编韩国经济60年历史的课题启动，也推动了上述问题的研究。为了完成此研究目标，本课题分五个领域进行探讨：（1）总体经济政策（宏观经济、金融市场、财政政策、税收和竞争政策）；（2）工业发展；（3）外部经济关系；（4）国土开发；（5）社会政策。在过去的两年里，许多研究机构和研究学者都投身于此课题，强调了韩国在这五个领域内取得的进步，考察存在的主要问题并从中汲取教训。最后的研究成果被分为五卷，以韩文出版。作为英文版本，本书对原韩文著作的内容进行了提炼和修订。

　　本书的出版得益于很多人士的帮助。特别鸣谢姜万洙（Man-Soo Kang）先生（韩国国家竞争力委员会主任、韩国总统资深经济顾问），作为韩国企划财政部部长，姜万洙先生在两年前发起了这项课题的研究。本课题的顾问团成员包括：杰出学者郑长永（Chang Yung Jung）教授（延世大学）、金光宿（Kwang Suk Kim）先生（庆熙大学）、宋熙勋（Heeyhon Song）先生（亚洲发展研究所）、赵中在（Jung Jay Joh）先生（韩国海洋水产部）、延慊清（Hacheong Yeon）先生（明知大学）和南丛勋（Chong-Hyun Nam）先生（全球经济研究所）。在本书作者两年的编写过程中，他们为本书的改进提供了诸多有价值的建议。在尹增铉（Jeung-Hyun Yoon）部长的领导下，韩国企划财政部资助并支持了本课题的研究。朴哲京（Cheol-Kyu Park）先生（韩国企划财政部）和崔相穆（Sang-Mok Choi）先生（韩国金融服务委员会）在本课题的研究中也发挥了特别重要的作用。韩国开发研究院院长玄旿锡（Oh-Seok Hyun）先生组织了本课题的研究工作，他的团队成员非常努力并出色地完成了本课题。2010 年 8 月 30 日在首尔举行的国际会议中，包括安妮·克鲁格（Anne Krueger）教授（约翰·霍普金斯大学）在内的与会学者们对本书的原始稿件提出宝贵的建议。约翰·伯顿（John Burton）先生担任本书的英文编辑。在此，对所有为本书的完成提供帮助和支持的人士深表感谢。

司空一

目　录

第 1 章　导论

司空一

　　过去 60 年里,韩国的经济发展取得了无与伦比的成就。1948 年韩国政府成立之初,韩国还是世界上最贫穷的国家之一。而今,韩国已经发展成为一个拥有坚实工业基础的全球化经济体。与此同时,民主化和多元化也已经在韩国社会深深扎根。可以毫不夸张地说,韩国是在第二次世界大战之后将经济发展与民主转型成功结合的、屈指可数的国家之一。

　　韩国的经济转型过程可以总结为两个词"工业化"和"全球化"。20 世纪50 年代,工业部门(制造业、建筑业和公用事业)在总增加值中所占的份额为17%。到了 80 年代,该份额提高到 38%,增加了两倍多,在此之后一直维持在这个水平,上下波动不大。服务业部门在总增加值中所占的份额也由 20世纪 50 年代的 41%增长至 21 世纪初的 60%。而与此形成鲜明对比的是,同一时期农业在总增加值中所占的份额急剧下降,由最初的 42%降低至3%。韩国进出口贸易总额变化显示,随着快速工业化进程的推进,韩国融入全球经济的步伐大大加快,其对外贸易总值在国民生产总值(the gross domestic product,GDP)中所占的份额由 20 世纪 50 年代的 10%增长到现在的 80%—90%。跨境资本流动在此期间同样增长迅速。

　　韩国经济工业化的进程深受全球化趋势的影响。国际贸易为韩国制造商提供了一个巨大的国际市场。这使得他们能够进口半成品,同时引进生产出口产品所需要的先进技术。起初,国际劳动力分工推动了韩国拥有相对优势的劳动密集型产业的快速发展。这些产业从农村地区吸收剩余劳动力,提高了韩国的人均收入,使储蓄率得到了一定的增长。后来,资本积累速度的加快使韩国的相对优势由劳动密集型产业转移到了资本密集型产业,后者逐渐主导了工业生产和出口。随着生产力的提高,韩国人均收入持续快速增长。

在工业化和全球化的进程中,韩国政府的政策制定立场经历了一些重大变化。朝鲜战争后,政府主要关注满足国民需要的即时消费。直到20世纪60年代,快速发展经济的系统方案才开始颁布实施。韩国政府通过给予出口商现金补贴等激励措施来积极推动出口。最初,这些激励措施针对的产业是无差别的,即所有出口业绩突出的产业部门都可以获得奖励。但是,到了70年代,政府开始重点促进重化工业(heavy and chemical industries, HCIs)的发展(即重化工业化),其对市场的干预也开始具有选择性和差别性。政府还加强了对金融市场的控制,来引导有利于重化工业发展的资源分配。

与重点发展重化工业政策一样,政府主导型发展战略也产生了许多问题,如资源分配严重失衡、通货膨胀长期存在,以及收入差距逐渐拉大等。80年代初期,韩国政府彻底改变了政策,从过去重点关注经济增长转变为强调物价稳定。政府还鼓励发展私营企业,并开始放开市场。与此同时,政府更加重视相关社会政策的制定,在国民健康、福利和教育等方面提高了公共支出。

纵观韩国经济60年的发展历史,我们发现,韩国经济发展总体的成功也不能掩盖其背后导致一系列问题的失败之处。20世纪60年代以来,韩国政府对金融业实施的抑制政策,阻碍了金融产业的发展,使其未能成为具有全面竞争性的服务行业。许多大型集团公司,即所谓的财阀(chaebol),在政府的支持下,影响力不断增强,经济集权成为当时一个严重的经济和社会问题。此外,在80年代中叶频繁地发生破坏性的劳工运动之前,韩国就一直没能建立起良好的劳资关系。

最糟糕的是,政府频繁地将处于困境中的大公司从濒临破产的边缘拯救回来,这种反复的市场干预行为强化了所谓的“太大不能倒”的原则。加上60年代以来的超低利率,政府与私营企业的这种风险伙伴关系促使金融机构向私营企业进行过度贷款。在70年代到90年代期间,企业负债与净资产比(debt-to-equity ratio)在300%—400%之间浮动。银行的不良贷款数额已达到相当庞大的规模,金融业抵御外部冲击的能力愈发脆弱。

1997年的亚洲金融危机,使许多韩国人经历了极端的困苦,最终成为解决上述诸多问题的催化剂。许多财阀在此期间遭遇破产,公私风险伙伴关系也不复存在。政府主导的市场重组明显提高了银行业的财务健康状况。金融业的外部自由化,特别是资本市场的开放,加快了韩国融入全球经济一体化进程。金融市场自由化的同时,韩国政府还更新并加强了审慎监管制度和竞争政策,一个现代化的经济体制也最终得以运转起来。

然而,到21世纪初,人们对韩国经济增长潜力的担忧逐渐浮起。自20世纪90年代以来,韩国适龄劳动人口数量的增速逐步放慢,经济增长的速度随之也开始减缓。随着知识经济与全球化的扩张,低技能劳动者处于劣势,收入分配差距从90年代初期开始拉大。与此同时,制造业与服务业,重化工业与轻工业,大公司与小公司之间的生产率差距也逐渐被拉大,人们获得高质量的就业机会变得更加困难。

通过上文对韩国经济发展历史的总结,我们可以看到一些值得关注的重要问题。例如,同其他还未能建立工业基础的发展中国家相比较,韩国的成功主要具备什么样的特征? 和其他取得相似经济成就的东亚国家相比,韩国和他们的共同点有哪些,又存在什么样的差距? 金融抑制、重化工业主导,以及压迫性的劳动力市场是否是韩国不可避免的政策选择? 一个更加开放和友好的市场政策会使韩国经济取得什么样的成绩? 这些问题对韩国以及其他国家来讲都是至关重要的,同时也将会引起学术界和政策界的持续关注和广泛探讨。

为了深入探讨这些问题,后续的章节将从不同的视角来阐述韩国经济发展的历程。第2章阐述了韩国政府采取的各种市场干预政策,包括促进出口、重化工业主导、金融抑制、私企纾困,以及价格管制,其中的部分政策,特别是促进出口政策和在基础设施与教育方面的投资政策,成功地解决了市场失灵问题,推动了经济的增长。但是许多其他政策在推动韩国经济长期增长和市场稳定方面却是弊大于利的。作者总结得出,韩国政府应该并且能够在国家经济发展过程中发挥重要的作用;同时,政府也要努力避免之前的一些政策失误。

第3章叙述了韩国的工业化进程，阐释了韩国在增长核算框架内进行结构性改革的原因。现有的文献表明，高储蓄率引发的快速资本积累在韩国产出增长值中占据了很大一部分。同样重要的是，其全要素生产率（Total Factor Productivity，TFP）得到了快速提高。在其他影响因素中，国际贸易大大促进了全要素生产率的提升，这是因为国际贸易激发了创新和技术进步，并推动了资源的再分配，使资源从生产率低的部门流向生产率高的部门。作者指出，韩国政府最关键的任务应该是维持私营部门的活力，而不是指定某些产业为"战略"产业，并以产业政策的名义对其进行补贴。

第4章阐述了韩国在各个领域对外经济政策的发展，涵盖了贸易、外商直接投资（Foreign Direct Investment，FDI）、经济合作、农业、服务业和金融市场等方面。作者认为，1960—1961年的三次货币贬值是韩国在20世纪60年代出口迅速上升的主要原因，这也使政府在60年代中期开始将政策从进口替代工业化向促进出口转变。促进出口的各项措施消除了实施贸易保护主义政策带来的不利影响，为韩国增加在国际市场的出口扫除了障碍。从这个角度看，韩国政府在60年代及之后对出口增长所做的贡献主要是纠正了由汇率高估和市场保护主义造成的市场扭曲。在未来发展的政策上，韩国政府应该在前期所获得的成功基础之上，在各个领域坚持持续地对外开放，并不断强化市场机制。

第5章回顾了韩国过去60年国土开发政策的发展。韩国的国土开发政策有三个主要目标：（1）为经济发展提供物质基础设施；（2）稳定房地产价格；（3）促进区域经济均衡发展。第一个目标在政府的大力投资下获得了巨大的成功，但另外两个目标的达成情况却并不尽如人意。所采取的各种措施本意是减少房地产行业的投机行为，然而却使房地产市场价格更加不稳定。抑制房价的举措中，增加住房供给的政策收到了更好的成效，比如在20世纪80年代末90年代初进行的建设项目，对平抑房价起到了重要作用。韩国政府虽然做出了大量的努力来促进地区经济均衡发展，人口还是不断地向首都圈涌入聚集。区域发展中一个更"亲近市场的方法"是要求政府重视区域社区中的"软"基础设施的建设，同时也要允许资源在全国范围内进行动态地再分配。

第 6 章主要关注和探究了韩国社会在教育、劳动力市场、福利和医疗保健政策等方面的发展变化。直到 20 世纪 90 年代初,韩国才得以维持相对公平的收入分配。这主要归结为以下几个因素:经济的爆炸性增长、大量就业机会的产生、政府推动下大众教育水平的提高,以及大多数地区运转良好的劳动力市场。然而,韩国目前仍旧面临着许多新的挑战。它需要通过下放教育体制权力,将更多的权力交给父母和学生来提升教育质量。同时,韩国政府一方面需要放松对就业保护的法律规定,另一方面应该大力发展社会福利、积极推动实施劳动力市场项目,以此来缩减在劳动力市场上核心领域工人和边缘领域工人之间呈现出的巨大收入差距。韩国的福利政策已经取得了巨大进步,尤其是在 1997 年亚洲金融危机之后,但是韩国政府还需进一步提高这些政策的效用,最大限度地减少它们对工作激励机制的负面影响,由此提高财政政策长期可持续性,使私营部门在提供服务方面发挥更重要的作用。

总而言之,在过去的 60 年里,韩国在经济和社会发展等各个方面都取得了巨大的进步。政府制定的政策,尤其是汇率和贸易政策,契合了市场运行的规律。虽然韩国仍面临着诸多严峻的挑战,但只要韩国政府能够维持经济和社会的活力,就一定会拥有一个更加美好的未来。

第 2 章　韩国经济增长与政府角色转变

高永善

▦ 2.1　引言

在过去的 50 多年中，韩国的经济发展迅速，社会发展获得了巨大成功。人均国民收入从 1960 年的 1 342 美元上升到了 2008 年的 19 227 美元①。在同一时期，人均寿命期望值从 52.4 岁延长至 79.6 岁，婴儿死亡率则从 70‰下降至 3.4‰②。韩国的政治体制也从威权政体转变为功能完备的民主政体。

在 20 世纪，只有屈指可数的几个发展中国家，能实现国家经济持续增长几十年，其中就包括韩国和其他几个东亚国家。它们在社会和经济发展方面所取得的成就一直被视为"奇迹"。韩国政府对其获得的这些成就，所发挥的领导以及扶持作用有哪些？对此，人们众说纷纭，有着各种各样不同的解释[青木(Aoki)、金(Kim)与奥野正宽(Okuno-Fujiwara)，1997]。

根据"亲善市场论"，韩国经济得以快速增长的原因在于政府维持了宏观经济的稳定和对人力资本进行了大力投资。但是，政府有选择地推动某些特定产业发展的政策，并没有产生明显的效果，甚至还适得其反，因为这样做阻碍了资源的有效配置，从而不利于整体经济的增长。持有此观点的，有世界银行(World Bank，1993)，以及诺兰德和帕克(Noland，Pack，2003)、柳钟浩(Jungho Yoo，2004)等专家学者，他们都强调政府最基本的功能应该是帮助维持市场机制的正常运转。

---

① 2008 年的定值，韩元兑换美元使用 2008 年的汇率。
② 1960—1965 年的数据。

与上述观点完全相反的理论是"国家推动发展论",该理论认为,在经济发展的初期出现的市场失灵就需要政府及时进行干预和修正。那些东亚国家正是因为政府有意识地去控制相对价格(getting the prices wrong)［安姆斯顿(Amsden),1989］,并加大了在一些特定行业的投资,才实现了快速工业化的目标,如果没有政府的干预这几乎是不可能做到的。

反观韩国当时的情况也许是介于这两个极端的理论观点之间。一方面,韩国政府对市场的干预似乎远比世界银行(1993)认可的范围宽泛。20世纪60年代韩国采取了促进出口的战略,70年代重点推动重化工业的发展,这些都是建立在严厉的金融管制基础上的。到了80年代,较高的进口壁垒、对资本流动的限制、普遍的价格管制,以及压制劳工运动等成了那个时代韩国经济的特征。另一方面,维持一个相对稳定的宏观经济环境、确立完善的私有产权制度、提供庞大的公共教育支出(特别是在基础教育方面)、投资基础设施,这些符合"亲善市场论"的政府政策,却往往被"国家推动发展论"的支持者所忽略。

一些研究者强调,亚洲各个国家和地区并没有采用相同的经济发展路径。中国香港地区和新加坡从一开始就选择自由放任的市场政策,而日本、韩国和中国台湾地区则在不同程度上采用政府对市场更多干预的方法。一些发展中国家,如马来西亚、印度尼西亚和泰国则是利用它们丰富的自然资源,长期严重依赖外商直接投资来发展本国经济。中国和印度更为特殊,它们不但追求国外投资,而且还积极地走出国门去并购国外企业。因此,用相同的方式去看待所有亚洲国家的发展路径显然是不合适的。

无论如何,很少有人会认为韩国政府应该对经济管理继续进行干预。政府干预当时产生了诸多问题,包括金融业欠发达、企业过度依赖债务融资、银行不良贷款(non-performing loans,NPLs)堆积、财阀垄断经济权力、持续通货膨胀,以及岌岌可危的民主等。进入到20世纪80年代,韩国政府开始意识到这些问题,随即开始努力开放市场并且重新定位政府在市场运行中应该扮演的角色。然而,这些努力当时并没有全部得以有效实施,一直到1997年亚洲金融危机之后,市场的全面开放才得以实现。

本章论述了韩国过去60年的经济发展史,其核心问题是探讨韩国政府采取的各项干预措施在经济发展的过程中到底起到了促进作用还是阻碍了经济发展；此外，本章还探讨了我们现在可以从韩国和其他发展中国家的经济发展过程中吸取怎样的政策教训。当然，对于如此宏大的问题，我们并不奢求得到一个明确的具体答案，而是希望借此探讨能获得一些有意义的见解，从而有助于进一步地进行深入研究。

■ 2.2　解放和建立国家（1948—1959）

韩国在 1945 年摆脱了日本殖民统治，混乱的国民经济成为韩国人亟待解决的重大问题。朝鲜半岛南部和北部之间经济结构的互补性消失，日本的大部分商人、管理人员和技术人员都在战后返回了日本，很多公司缺少管理人员和技术专家。与日本经济之间紧密相连的经济纽带断裂后，韩国商品失去了巨大的销售市场。在解放初期，货币供应量的巨大增长导致了恶性通货膨胀。尽管困难重重，一个独立的韩国政府于 1948 年成立了。新政府一成立便迅速着手重建国家，然而，这些努力又被随后发生的朝鲜内战（1950—1953）搁置了。

2.2.1　建立财产私有的市场经济

1945—1948 年美国军政府统治南朝鲜期间，韩国政府努力引入现代市场经济制度。[①] 韩国工人对日本人遗弃的工厂进行自治管理的行为被美国军政府宣布为非法行为，他们禁止工人干涉工厂的管理。此外，军政府没有理会韩国右翼和左翼政治团体提出的将这些资产收归韩国政府的要求，开始出售所没收的日本人的资产。在美国军政府统治的三年中，出售的韩国公司财产和土地虽然不多，但这却为韩国向建立市场经济体制迈出了非常重要的一步，因为市场经济的基础是财产所有权私有化。

新成立的韩国政府继续进行财产私有化，私有化的资产值在 1951—1953 年间达到顶峰。到 1958 年，大多数原来由日本人占有的资产已经完成私有化。这部分资产在韩国国民经济总量中占据了很大的比重。例如，到 20 世纪 50 年代，在雇佣员工达到 300 人以上规模的韩国企业中，40％是私有企业。考虑到当时韩国政府内部存在着向社会主义发展的倾向，即便在

---

① 在 1948 年之前，北朝鲜一直未能建立一个独立的政府，苏联一直占领着朝鲜北方。

那些右翼政治人士的眼里,取得上述的成就也是相当引人注目的。[①]

2.2.2 农业土地改革

20 世纪初的 10 年里,日本殖民政府进行了土地调查与登记,在韩国建立了第一个现代产权制度,并大幅降低了土地交易成本。但是,它没有配套采取相应的措施保护小农户利益,导致了农村土地持有的严重不均衡[赵石根(Seok-gon Cho),2001]。为响应日益迫切的农业土地改革要求,韩国政府在 1949 年颁布了《农地改革法》(Farmland Reform Act),并在 1950 年进行了修订。韩国土地改革所依据的原则是"有偿没收和有偿分配",即政府从地主手里以迫售价格(forced prices)购买土地,再以低于市场水平的价格将土地卖给农民。

土地改革在很多方面侵犯了私有产权,政府补偿给地主的土地价格低于市场价格,使土地所有者遭受了巨大损失。[②]《农地改革法》明确禁止非农业生产者拥有土地,设定了每个农民持有的土地份额上限,并规定禁止出租农业土地。然而,从私有产权的角度来看,与左翼力量的"无偿没收和免费分配"以及中间力量的"没收补偿和免费分配"的主张相比,"有偿没收和有偿分配"是一个更好的选择。对于韩国政府来说,当时最迫切的任务是重建国家,虽然对土地所有者私有产权有所侵犯,但却得到了当时占韩国人口绝大多数的农民的支持。

农民插秧(1950 年)

农村土地改革不仅推动了国家建设,而且对财富进行了重新分配、减少了收入的不平等。每个人都处于大体平等的起跑线上,决定了每个人能否

---

① 实际上,1948 年韩国的第一部宪法已规定重要企业必须收归国有或由政府控制。根据这一法令,政府在 1951 年将指定的 50 家企业收为国有。但是,1954 年韩国和美国政府协商后,同意对韩国宪法进行修订,除少数战略性产业外,几乎所有的行业都在加快剥离国有资产。

② 迫售价格远低于市场价格。而且,因为战争延迟支付,加上高通胀率,使得政府给予土地所有者用来征收其土地的"土地补偿证券"(land compensation securities)的实际价值大打折扣。

第 2 章 韩国经济增长与政府角色转变

成功的最为重要的因素是个人的努力和能力,而不是家族的财富。许多人相信,韩国人特有的勤奋和他们对教育的重视都是出于对这种机会平等的认知。然而从消极方面来看,对土地持有的限制阻碍了农业规模化经营的发展,并成为在接下来的几年里农业生产率增长缓慢的主要原因。

2.2.3 经济重建计划和国外援助

李承晚(Rhee Syngman),这位年轻共和国的首任总统,致力于采取一系列重建计划来恢复国民经济。[①] 这些计划旨在通过扩建经济基础设施,建设重点行业(如水泥、钢铁等行业)来提高制造业的生产能力[崔江武(Sang-oh Choi),2005,pp. 358 - 359]。

李承晚希望通过一系列计划建立一个自给自足的韩国经济体,但这同美国政府的预想相抵触,美国企图重建以工业化的日本为中心的东亚经济圈。美国敦促韩国开放其市场,稳定韩元货币价值,并扩大同日本的合作。

庆祝大韩民国成立(1948 年)

然而对李承晚来说,这些要求意味着二战时期"大东亚共荣圈"的复活和韩国经济重新被殖民化。李承晚充分利用了韩国的地缘政治价值,阻遏了美国的企图,并通过重建计划来推行进口替代工业化战略。[②]

在接受何种形式的外国援助方面,韩国政府同美国也产生了分歧。援助主要有两种形式:一种是项目援助,另一种是非项目援助。前者用于重建计划,而后者则分配给私营企业去满足民用需求。20 世纪五六十年代,韩国

---

① 五年工业重建计划(1949)、重建计划(1951)、全面重建计划(1954)、五年经济重建计划(1956)和三年经济发展计划(1960)。诸如此类的发展计划不仅曾在社会主义经济体中有所运用,而且在资本主义经济体中也曾使用过,例如第二次世界大战之后的法国[耶金(Yergin)与斯坦尼斯劳(Stanishlaw),1998]。

② 相比韩国政府,中国台湾的国民党当局与美国的合作更加"和谐"[宇(Woo),1991,p.52]。

从联合国和美国获得了大量的援助。[①] 韩国政府首选项目援助,而美国则偏向提供非项目援助。最终,美国的意见占据了上风,美国国际合作总署(International Cooperation Administration,ICA)提供的援助中,项目援助和非项目援助所占比重分别为27％和73％。

不过很可惜的是,李承晚领导下的韩国政府所制定的重建计划也只是纸上谈兵而已,并没能促进经济增长。

韩国重建部部长柳万昌(**Ryu Wan-chang**)和美国驻韩国大使交换签署的 **1 500** 万美元的援助协议(**1955** 年)

2.2.4 汇率和贸易政策

在整个20世纪50年代,韩国政府一直沿用着一套复杂的复汇率机制[法兰克(Frank)、金(Kim)与韦斯特法尔(Westphal),1975],即除官方汇率以外,还有适用于对等基金[②]和美国军用支付券(military payments certificates,MPCs)的特别汇率。[③] 在复汇率机制作用下,韩元价值被高估,

---

① 援助的金额占GDP的比例最低点为1954年时的11％,最高点为1957年时的23％。
② 国际援助经常采取以美元为计量单位,从美国或者其他国家进口一定数量商品的形式。被授权的私人进口商或者是政府机构不得在国家银行的对冲基金中储备韩元,对冲基金中较低的韩元/美元的价值意味着对进口商和政府机构的压力较小[李(Rhee),2007,pp. 302 – 303]。
③ 在朝鲜战争期间,美国和其他国家的部队需要一种支付方式来购买韩国当地的物资和服务。为满足此需求,韩国政府提前转交给联合国军大量的韩元,默认的前提是后续会协商以美元来偿还此笔支出的条款。在协商中,韩国政府试图将韩元兑换美元的汇率保持在低水平,从而来获得最大限度的美元收入[克鲁格(Krueger),1977]。

結果要么是减轻了政府负担(如对等基金汇率的应用),要么增加了财政收入(如美国军用支付券汇率的应用)。不过在无法承受美国施加的压力时,韩国政府只能无奈地频繁调整汇率。

被高估的汇率抑制了韩国的进口贸易,此外,韩国政府为推动进口替代工业化战略而采取的数量限制贸易政策又进一步阻碍了韩国的进口贸易。韩国商工部(Ministry of Commerce and Industry)每隔半年发布一次进口贸易计划(Trade Programs),在贸易计划中包含三类商品:(1)自由进口的商品;(2)需相关部门提前批准进口的限制性商品;(3)禁止进口的商品。禁止进口的商品[李相哲(Sang-cheol Lee),2001,p. 459]是指那些能在国内大量生产并能充分满足国内需求的商品,而限制性商品是指那些在国内无法充足生产、不能充分满足国内需求的商品。

为保护本国工业,韩国政府还采用了一系列相应的关税政策。从1945年到1949年,除了国外援助货物外,韩国对其他所有进口商品按10%的单一税率征收关税。1950年,韩国政府颁布了关税法案,针对商品是否由本国生产、是否为制成品,而实施不同的关税税率。20世纪50年代后半期,韩国的关税税率普遍升高至27.4%—66.5%。

虽然韩国也奉行促进出口的政策,但是重点并不在于积极地推动出口贸易,而是在努力减少出口的障碍。以韩国外汇存款制度为例,它允许出口商将交易获得的外币存放在韩国银行(the Bank of Korea,BOK)(即韩国的中央银行,译者注),并且可使用这部分外币直接进行进口支付结算或以市场汇率出售给其他进口商。但是,除了与这些措施类似的一些政策外,几乎没有对出口贸易进行直接补贴的措施。

2.2.5 金融市场政策

宇(Woo,1991,p. 60)指出,20世纪50年代的韩国金融市场政策称得上是金融抑制的典型范例。在此期间,银行将官方的贷款利率上限设定在20%,而同期的证券场外市场交易利率远高于此。① 另外,采用信用等级和信贷额度的监管手段使韩国政府能够直接控制银行的贷款[金平珠(Pyung-

---

① 根据李相哲(Sang-cheol Lee,2001,p. 463),场外市场交易利率是48%—120%;根据宇(Woo,1991,p. 6),场外市场交易利率是150%—240%。

joo Kim),1995,p. 188]。

1954年1月,作为韩国唯一一家国有银行的韩国产业银行(Korea Development Bank,KDB)成立,它的任务就是为重点工业项目提供长期信贷。当时,占总额70%以上的机器设备贷款是由该行提供的。此外,它为众多的金融机构提供了超过其营运资本贷款总额10%的贷款额度[金平珠(Pyung-joo Kim),1993]。韩国产业银行主要通过政府财政借款(占50年代国债的50%)和发行债券(占50年代国债的37%)来筹集资金。

由于低官方利率与高通货膨胀率的状况并存,这一时期韩国的实际利率在大部分时间内维持在负利率水平,负利率一方面抑制了储蓄,另一方面也提升了信贷需求。虽然像上述提到的金融管制措施依然存在,但是信贷需求量始终高于存款供给量,迫使韩国的商业银行必须寻求中央银行的再贴现以实现存贷平衡。1957年之前,大约一半的商业银行贷款的资金来自中央银行的再贴现[宇(Woo),1991,p. 62]。

过度依赖中央银行的再贴现不可避免地会导致高通货膨胀。而中央银行向政府放款,为政府在国防、警察等基本公共服务领域提供资金,则进一步增加了货币的供给量。1946—1957年,韩国的年通货膨胀率在20%—400%之间波动(见表2-1)。造成如此严重的通货膨胀的根本原因是当时韩国的中央银行缺乏独立性。美国纽约联邦储备银行经济学家亚瑟·布鲁姆菲尔德(Arthur Bloomfield)建议韩国设立一个类似于美国联邦储备银行的独立的中央银行。根据他的提议,韩国政府于1950年5月颁布了《韩国银行法》(Bank of Korea Act)和《银行法》(Banking Act)。然而,《韩国银行法》并未能赋予中央银行充分的独立性。

由于银行的私有化和资本重组的延误,《银行法》的执行被推迟,直至1954年8月才付诸实施。自1954年以来,韩国政府曾五次尝试出售其在银行中的股份,均未能成功。直到1957年2月,在政府放宽了投标出价的资格要求后,它所持有的银行股份才被成功售出。结果是韩国的每个大财阀都拥有了自己的银行,这也加快了这些财阀对经济权力的掌控[金平珠(Pyung-joo Kim),1995,p. 90]。1961年,韩国发生了军事政变,掌握政权的军政府再次将银行国有化。

2.2.6　20 世纪 50 年代经济政策的效果

整个 50 年代,韩国政府都一直在进行着干预市场的行为,如维持过高的汇率水平、限制进口、调控利率和银行贷款,以及削弱韩国中央银行的独立性。根据金乐年(Nak-nyeon Kim,1999)的统计,这些市场干预行为所产生的经济租金,约占整个国民生产总值(the gross national product,GNP)的 16%—19%。其中,外汇管制产生的经济租金占 GNP 的 11%—15%,金融抑制产生的经济租金占 GNP 的 3%—8%。

问题的关键在于这些租金中有多少是被用于生产性活动的。崔江武(Sang-oh Choi,2005)认为,20 世纪 50 年代大部分的经济租金被分配至各部门,转化为生产力,并刺激了战后经济重建。他以棉纺织业为例,朝鲜战争中棉纺织业损失了 66% 的制造设备,然而在战后却能快速恢复生产,到 1956 年下半年甚至出现了产能过剩的情况。李(Rhee,2007)也提出,韩国政府在向民用部门分配来自外国援助和军费援助的资金时,也坚持一定的统一性和合理性标准。实际情况是,在 1953 年至 1960 年间,韩国的年均实际产出增长了 3.8%,虽然大约只是 60 年代及之后增长速度的一半,但也很难称之为"停滞"。

表 2－1　价格上涨指数

(单位:%)

	1946年	1947年	1948年	1949年	1950年	1951年	1952年	1953年	1954年	1955年	1956年	1957年	1958年	1959年
生产者价格	385.4	73.9	62.9	36.7	—	—	—	25.3	28.2	81.1	31.6	16.2	−6.2	2.6
消费者价格	280.4	78.9	58.4	24.9	167.5	390.5	86.6	52.5	37.1	68.3	23.0	23.1	−3.5	3.2

资料来源:韩国银行(2005a)。

与上述观点相反,其他一些学者认为韩国政府在这段时期的政策鼓励了零和关系下的(非合作的)寻租行为,而不是正和关系中的促进生产力的活动,因此,导致韩国经济的表现远没有达到其潜在增长水平。琼斯和司空

(Jones and SaKong,1980,pp. 270 - 274)描述了实施自由经济政策后韩国财阀的快速壮大,分析其财富积累主要来源于:(1) 进口配额和进口许可的非竞争性分配;(2) 廉价收购原日本殖民者资产;(3) 援助资金和物品的选择性分配;(4) 获取银行低息贷款的特权;(5) 不公正地获取政府与美国军方为重建活动订立的各类订单合同。企业家为了成功,他们必须与政客建立紧密联系,靠行贿来获得政客的支持。

然而,无论这些互相对立的观点听起来有多么真实可信,都不能对上述问题给出定量的判断。接下来,我们通过回顾1957年的政策变化来对50年代的韩国经济政策进行总结。50年代中期,有一种观点在美国得到了广泛的支持和认同,即战胜共产主义的最好的方法就是促进资本主义阵营的经济增长。美国政府随后将军事援助和经济援助分开,在开始减少军事援助的同时增加经济援助。此外,美国也开始减少无偿转让,新增了"发展贷款基金"这种方式。1957年,美国对韩国的援助达到顶峰,但随后迅速减少。同时,美国政府敦促韩国尽快实施"金融稳定计划"(Financial Stabilization Program)(1957—1960)来消除巨大的预算赤字和抑制快速的通货膨胀。与之前的政策不同,此项计划的稳定性依赖于一个系统性框架,这一系统框架包含狭义货币(M1)增长的年度目标和季度月度的实施计划。"金融稳定计划"的实施首次为韩国政府提供了学习控制货币供给技术手段的机会[金平珠(Pyung-joo Kim),1995,p. 187]。

2.3 振兴出口和政府主导型工业化(1960—1979)

1961年,朴正熙通过发动军事政变上台。为建立韩国的工业基础,朴正熙政府开始实施政府主导型增长战略。该项战略依赖于振兴出口和推进重化工业发展。以此为目标,韩国政府继续实行金融抑制,并限制进口。我们将在下文探讨韩国在20世纪六七十年代期间推进各个方面发展所采取的策略。

2.3.1 振兴出口

作为新一届政府领导人,朴正熙宣布把经济发展作为韩国政府的中心任务[赵顺(Soon Cho),1991,pp. 175 - 177]。他和他的助手们深深懂得经济成功对其政权巩固的重要意义。朴正熙政府并不以建立自由市场经济发展模式为理想目标，而且犯了很多错误。① 然而，他们积极努力地推行了振兴出口的政策，这项政策后来被证明是他们取得成功最为重要的原因。

最初，振兴出口的政策是为了应对外汇储备的急剧减少[李相哲（Sang-cheol Lee），2005，p.394]。1961年和1962年，韩国政府为推进"第一个五年经济发展计划（1962—1966）"的实施筹措了大批资金。② 为了偿还这些短期商业贷款，韩国的外汇储备量从1962的3月开始下降。面对此次外汇储备危机，政府采取了各种措施。1963年1月，韩国政府实施进出口连锁制，规定出口商有权进口与其出口商品数量等同的外国商品。

朴正熙参加出口商品展览会（1964年）

金星社（LG电子的前身公司）电视机生产车间

韩国开发研究院主楼开建仪式
（1972年4月7日）

韩国开发研究院奠基仪式
（1972年4月14日）

---

① 朴正熙政府在第一个五年计划时期（1962—1966）的前两年就放弃了"金融稳定计划"，转而实施扩张性的财政政策和货币政策。为了使国内居民家庭持有的闲置资金得以流动起来，韩国政府在1962年5月实施了货币改革，不过没有什么明显的成效。政府还不切实际地试图投资造成浪费的国内汽车和彩电制造行业，但这些项目实行不久后就被放弃了。

② 从1961年12月到1962年9月，韩国的外汇储备量在9个月内下降了一半（从2.05亿降到1.07亿）。

其实,在经历了1960年2月和10月两轮本国货币贬值之后,韩国的出口就已开始快速增长。[①] 1960年的出口较1959年同比增长了66%,而在1960—1964年,每年的出口增长率高达43%。在富有成效的政策的鼓舞下,1964—1965年,韩国政府开始进一步地全力推动出口。首先,韩国政府在1964年颁布实施新的汇率制度,将多元固定汇率制改为单一浮动汇率制,官方汇率从130韩元兑换1美元贬值到255韩元兑换1美元,韩元贬值近一半。自此之后,韩国的实际汇率维持着较好的稳定性并具备了较高的竞争力。图2-1显示了在过去几十年里,韩元兑换美元的实际汇率和韩元的实际有效汇率,并且将韩元的实际有效汇率和美元实际有效汇率进行了对比。

(100=1970年至2009年平均值)

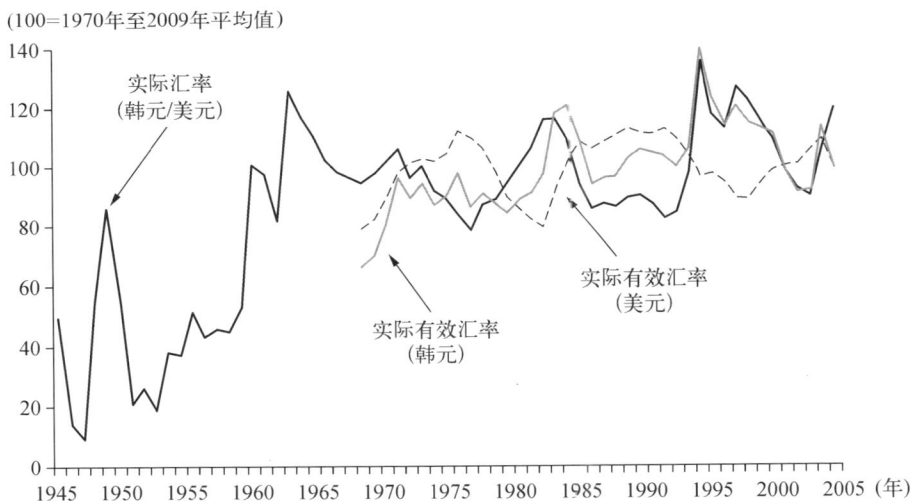

图2-1 实际汇率变动(1945—2009)

资料来源:经济合作与发展组织(以下简称经合组织)(http://stats.oecd.org)、韩国银行(2005a)。

注:汇率上升表示本国货币的贬值。

同时,韩国政府逐步取消各种特别出口补贴并废止进出口连锁制,建立了一个全面的、统一的出口激励机制[金光宿(Kwang Suk Kim),1994,

————————————

① 按照与美国政府签订的协议,韩国政府只能无奈地接受货币贬值。详情请参考第4章对20世纪60年代韩国出口促进政策的深入研究。

p. 322；安(Ahn)与金(Kim)，1995，p. 324]。主要措施包括：(1)出口信贷自动惠及已获取信用证(letters of credit，L/Cs)的出口商；(2)免征中间投入的进口关税等。① 这些措施中最重要的是出口信贷政策，该政策使出口信贷占银行信贷总量的份额，从1961年至1965年的4.5%提升到1966年至1972年的7.6%，后来又提升到1973年至1981年的13.3%(见表2-2)。出口信贷利率一直维持在低位水平，在1966年至1972年高利率时期，出口信贷的利率与一般利率的差额甚至达到了17个百分点。

表2-2　银行的出口信贷

(单位:%)

	1961—1965	1966—1972	1973—1981	1982—1986	1987—1991	1992—2001	2002—2008
出口信贷占银行信贷总量的比例	4.5	7.6	13.3	10.2	3.1	2.0	1.5
出口信贷利率(A)	9.3	6.1	9.7	10.0	10—11		
一般利率(B)	18.2	23.2	17.3	10—11.5	10—11.5		
(B—A)	8.9	17.1	7.6	0—1.5	0—2.0		

资料来源：金俊景(Joon-kyung Kim，1993，表4-3)；韩国银行(http://ecos.bok.or.kr)。

政府的行政手段增强了出口激励机制的作用。第一，通过对各个企业出口量预测的加总，来设定每年出口的总量指标。这种做法通常被称为"设定出口目标"。第二，朴正熙亲自主持月度出口扩大会议，此项会议主要由政府官员和企业界代表出席，会议期间他们共同对出口绩效进行监督，与出口目标进行比对，查找出问题并提出解决办法。第三，成立了韩国商人协会(Korea Traders Association)和韩国贸易促进机构(即大韩贸易投资振兴公社，Korea Trade Promotion Agency，KOTRA)。韩国贸易促进机构主要负责建设海外贸易网络，帮助国内企业开拓国际市场和收集海外市场信息。

振兴出口举措效果明显，出口占GDP的比重从1963年的5%提升到了

① 其他促进出口的措施包括：(3)对中间投入品和半成品出口免征间接税；(4)对出口商免征直接税(1973年取消)；(5)原材料进口损耗补偿；(6)根据出口绩效来获取相应的进口资质；(7)对韩国国内的出口供应商免征关税和间接税；(8)主要出口行业的固定资产加速折旧。

1973 年的 28%（见图 2-2）。国际贸易产生了多重效应。[1]

占GDP百分比(%)

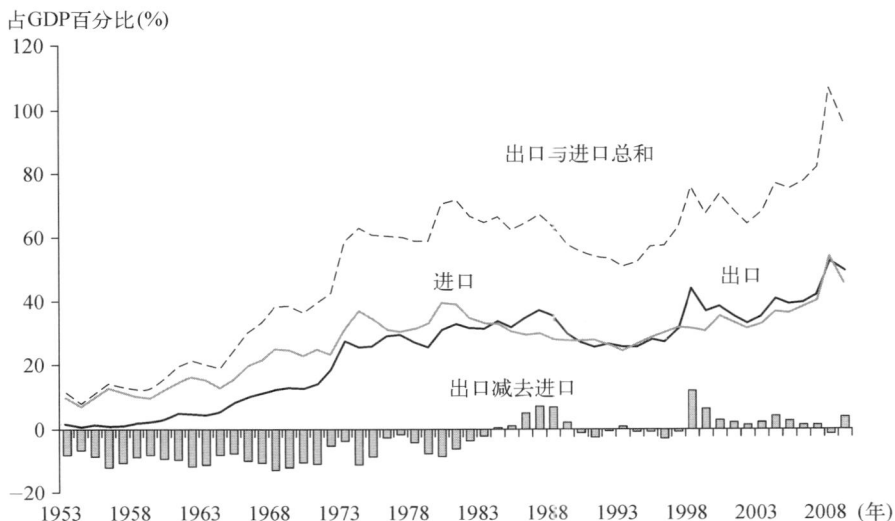

图 2-2　出口和进口（1953—2009）

资料来源：韩国银行（http://ecos,.or,kr）。

　　不过对于 20 世纪 60 年代中期的出口提升，上述政策是否真正起到了作用，部分学者提出了不同的看法。金光宿（Kwang Suk Kim，1994，p.326）强调，这些措施并没有为出口商带来更多的经济收益。在汇率改革之前，出口商就可以通过外汇存款机制将他们的出口外汇收入按市场利率兑换成本国货币。因此，韩元的贬值并没有马上增加出口商的收益。给予个体出口商的各种补贴的总和，60 年代相较于 50 年代，在总量上其实是接近的。琼斯和司空（Jones and SaKong，1980，p.96）认为，出口快速增长源于其他因素。根据他们的分析，"导致出口增长最重要的原因很可能是，为企业所得创造高收益的那些可选择的手段在减少。如果你能在短短几个月内冒很小的风险，通过特许获得外汇的方式就赚得 100% 的收益，那么付出巨大努力去应对困难复杂的局面来开拓出口市场，甚至组建具有国际竞争力的生产联合体都是没有任何意义的。汇率制度改革排斥产生经济租金的各种零和因

———————————

[1] 首先，国际贸易促进劳动分工，各个国家可以专注于其具有比较优势的领域。其次，国际贸易整合市场，使生产者和消费者获得规模经济的全部收益。最后，激烈的竞争促使生产者减少低效率生产，投入生产资料以提高生产力和进行创新。此外，从国际贸易中，发展中国家可以从发达国家那里获得有关产品开发、制造、营销以及其他方面先进的经验和知识。随后将这些知识传递到经济的其他领域，从而获得积极外部效应。

素,降低机会成本,驱使寻租者进入富有成效的正和活动中。"他们还强调了存在的其他可能因素,如汇率波动性的降低、政局稳定、政府对发展经济的承诺等,这些因素对营造一个良好的商业环境也都有着重要的意义。

2.3.2　政府主导型工业化

"工业化"是1962年开始的五年经济计划的核心主题。"一五计划"(原始版)(1962—1966)将国内总投资的34％分配给矿业和制造业[李恩博(Eun-bok Lee),1986,pp. 777 - 778]。而"一五计划"(补充修正版)(1964)则宣称韩国政府致力于实现工业现代化和提高国际竞争力,主要方式是快速扩张重点行业(水泥、化肥、工业机械、炼油以及其他),促进相关行业以及推动出口贸易和进口替代工业化战略。

朴正熙考察 Saenara 汽车厂(大宇汽车的前身)生产车间(1962 年)

朴正熙出席韩国镇海第四化肥厂的奠基仪式(1965 年)

"二五计划"时期(1967—1971),韩国政府将重点放在重化工业的建设上,其中包括钢铁、机械,以及石油化学工业。以钢铁工业为例,1969 年,《钢铁工业育成法》颁布实施[李基俊(Ki-jun Lee),1986,p. 786],该法律通过给予免税的方式支持建设一个大型钢铁联合集团以及其他各种企业。在其他工业部门,也颁布了类似的法律,如:《机械工业育成法》(1967)、《船舶制造业育成法》(1967)、《纺织业现代化法》(1967)、《电子产业育成法》(1969)、《石化工业育成法》(1970),以及《有色金属业生产经营法》(1971),这些法律为相关的工业部门提供了金融与财税方面的优惠激励政策[金(Kim)与金(Kim),1995,p. 49]。其中建设一个石油化学工业园区和一个大型钢铁工业集团对韩国政府特别重要。这两个大型工业项目几乎完全依赖外国的技术支持和资金资助,在建设初期就遇到了各种各样的困难。经过几年的努力,才分别于 1969 年和 1970 年开始动工建设。

此外,政府还做出了相当大的努力来弥补基础设施建设的不足。1962年,大批电力建设项目开始上马,至 20 世纪 60 年代中期,电力供应量开始超过需求量。随着几个主要高速公路建设计划的完成,韩国的交通压力得以逐步缓解。首尔(汉城)至仁川、首尔(汉城)至釜山、首尔(汉城)至湖南的高速公路,分别在 1968 年、1970 年和 1973 年建成通车。

1973 年,重化工业化战略开始全面启动。1973 年 1 月 1 日,总统朴正熙在新年记者招待会上宣布"政府要实施几个大型重化工业项目以促进重化工业的发展。到 1980 年,要实现年出口额 100 亿美元的目标,重化工业出口额要占总出口额的 50% 以上。从现在开始,政府将推动钢铁、船舶制造,以及石油化工等重化工行业的建设,努力推动出口并全力实现出口目标"[朴永高(Yeong-koo Park),2005,p. 406]。随后不久,政府成立了"重化工业促进委员会"(HCI Drive Committee),委员会于同年 6 月制定了重化工业建设计划。该计划旨在努力实现人均国民收入达 1 000 美元、年出口额达 100 亿美元的目标。通过深化工业发展和升级出口结构,实现将重化工业占工业生产总值的比重从 1972 年的 35% 提升至 1981 年的 51%,将重化工业产品的出口份额从 1972 年的 27% 提升到 1981 年的 65%。为实现这个目标,韩国政府选定钢铁、有色金属、机械、造船、电子、化工这六个工业部门作为战略产业进行扶持发展。由于受第一次石油危机的影响，这份计划在第四个"五年经济计划"（1977—1981）中略有修改，其余大部分内容都得以持续稳定地贯彻实施，在 1979 年 4 月"经济稳定化综合措施"（Comprehensive Economic Stabilization Program）推出之前，一直没有大的变动。

实施重化工业化政策是不同因素影响下的产物［安（Ahn）与金（Kim），1995，p. 329］。首先，政府迫切需要壮大国防工业以加强韩国的自我防卫能力。20 世纪 60 年代末以来，朝鲜对韩国的武装挑衅接连发生，引起广泛关注和担忧。此外，1968 年美国政府宣布，其地面部队将在 1971—1975 年逐步撤出韩国。朴正熙政府对国家的安全忧虑日益增加。其次，重化工业化政策被认为是实现产业结构升级、找到新的出口增长点，从而维持在新兴工业化国家中领先地位的必要途径。政策制定者们认为重化工业建设能够给经济增长带来新的动力。

韩国政府采取了下述各种措施来支持重化工业的建设：（1）对选定的工业部门给予长期的信贷支持和税收优惠；（2）建立、扩大职业技术学校和各种培训中心，培养重化工业建设需要的专业人才；（3）设立政府资助的科研机构，作为公共机构从事研发活动［金（Kim），1994，pp. 347 - 348；安（Ahn）与金（Kim），1995，p. 330］。

其中最重要的手段也许就是信贷支持政策。政府通过对金融机构的控制，可以以很低的贷款利率向相关工业部门提供大量的定向贷款，并与私营企业共担风险。1974 年成立的国家投资基金（National Investment Fund，NIF）在信贷支持政策中承担了重要的角色。银行、保险公司、公共基金被要求将一部分固定的资金出借给国家投资基金。[①] 国家投资基金反过来再把这部分存款以较长的时期（在某些情况下是 8—10 年）和较低的贷款利率（此利率低于 1982 年之前长期银行贷款利率 5 个百分点）出借给各个金融机构。1974—1991 年，借贷资金中的 80% 流向了政策性银行（包括产业

---

① 为了有足额的资金出借给国家投资基金，银行需从存款中多预留出 10%—30%，保险公司要留出总保费的 30%—50%，而公共基金（包括教师和公务员的退休基金）要留出 90% 的闲置资金。1974—1979 年，它们的份额分别占国家投资基金总额的 74%、14%、12%［金俊景（Joon-kyung Kim），1993，pp. 162 - 163］。

银行),17%流向了商业银行,余下的 3%则流向了地区性银行。1974—1981 年,国家投资基金的62%的贷款分配给了韩国产业银行,而且国家投资银行还承担了金融机构 57%的设备贷款任务。20世纪 70 年代后期,随着大型工业园区在全国各地的兴建,这一比重达到了 70%。[①]

韩国现代重工集团造船厂的第一艘 26 万吨油轮——"大西洋男爵号"下水(1974 年)

除了直接的信贷支持,政府对重化工业也实施了各种税收优惠政策。根据郭(Kwack,1985)估算:在重化工业建设的高峰期间,重化工业的边际有效税率要比轻工业低 30%—50%(图 2 - 3)。

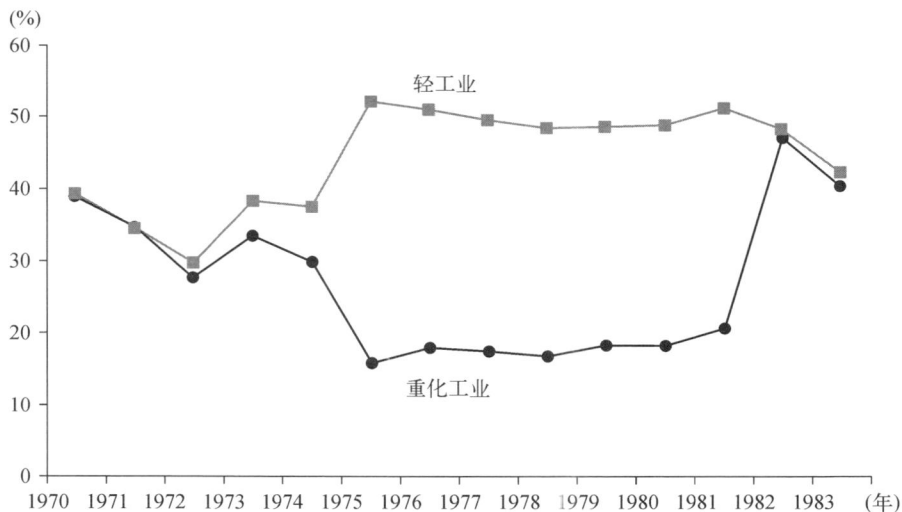

图 2 - 3　企业收入的边际有效税率

资料来源:郭(Kwach,1985),援引自柳钟浩(Jungho Yoo,1991)。

[①] 1982 年,政策性贷款利息补贴被取消。同时,韩国产业银行在国家投资基金中的再贷款份额开始下降,而进出口银行和其他特殊银行的份额则开始上升。

另一个值得注意的是韩国政府对公共部门的研发活动的资助。在整个70年代,韩国的公共部门和民间机构的技术研发支出总和占 GDP 总量的比例低于 0.5%,远低于目前的 3% 的水平(图 2-4)。在 40 多年的发展中,公共部门发挥了主要作用,承担了 50%—70% 的研发支出费用。政府成立了许多研究机构,它们的主要任务就是引进发达国家的先进技术,然后加以改造以适应本国国情,并推广惠及本国的企业。

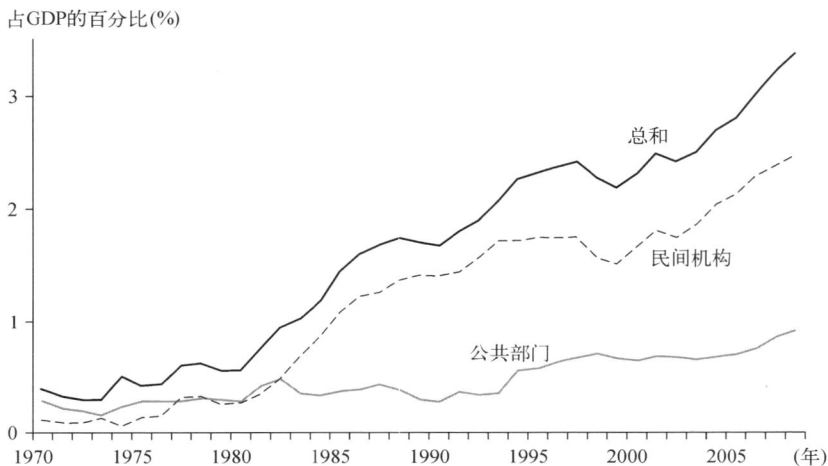

图 2-4　科技研发支出增长趋势

资料来源:韩国统计厅(http://www.kosis.kr)。

朴永高(Yeong-koo Park,2005)从以下几个方面总结了重化工业化政策的特征。首先,它是明确的出口导向型战略,超越了进口替代工业化模式。正如朴正熙在新年记者招待会上所宣称的,它的首要目标就是要提高年度出口总额,实现 100 亿美元这一目标。这样的国家政策导向迫使国内的企业直接面向国际竞争,促使它们持续不断地提高生产率。

其次,该政策由政府部门领导,但政策的实际执行者是大量的民间私营企业。大多数情况下,政府所承担的职能限定于向大型私营企业,如三星、现代集团等,提供金融支持和税收优惠,政府并不直接参与到工业生产中。这样的发展策略与同时期的其他发展中国家和地区明显不同。①

① 1973 年以来,中国台湾当局也重点实施了包括三个部门的重化工业发展战略——钢铁、石油化工、造船。然而与韩国不同的是,中国台湾地区的公营企业在政策实施过程中起到了主导作用。

最后,重化工业化政策充分考虑了需求情况和政府预算的限制。优先照顾的是制成品生产,然后才是中间产品和原材料的生产。即便在国防工业中,为了实现设备使用率的最大化,80％的设备都被用来生产民用商品。"重化工业建设计划"(HCI Drive Plan)还具体规定了每个项目所需的资金,并且强调需求不能超过预算。

然而,重化工业化战略并不都能规划合理并能得到很好地贯彻实施。金尹峰(Yung Bong Kim,2003)认为"鉴于'重化工业建设计划'出台得比较仓促,它不可能对每个项目的投资收益进行认真的评估"。在项目实施过程中,"每个项目的具体目标以及实现方式,经常是由政客、官僚和企业家讨价还价来决定的。官僚们去选择承接项目的企业,并使之从中获利"。如果这些观察结论属实,那么在"重化工业建设计划"的实施过程中,肯定存在大量的浪费和低效现象。

不同学者对重化工业化战略的成败持有不同观点。一部分学者认为重化工业化战略基本上是失败的。重化工业化实际导致了产能过剩。1975—1980年,机械、电子仪器和运输设备三个行业的设备使用率仅在50％左右,这一比率远低于已超过70％的全部制造业总和的平均设备利用率(表2-3)。这表明了资源配置效率低下。柳钟浩(Jungho Yoo,1991)认为,与轻工业化相比,重化工业化表现出非常低的资本效率,重化工业化拖累了总产出的增长。李钟华(Jong-Wha Lee,1996)认为,重化工业化战略中的产业政策,如税收优惠和信贷补贴等,与提升产业发展的全要素生产率的增长之间不存在相关性。他进一步指出,重化工业化中的贸易保护反而降低了劳动生产率与全要素生产率的增长速度。

还有的学者批评韩国的重化工业化战略对国民经济其他方面也产生了消极作用。例如,大量的政策性贷款导致了企业不良债务的积聚;以重化工业化为拉动经济的引擎,却使财阀获利,进一步增强了它们的经济实力;过度扩张的货币政策导致了慢性通货膨胀。最重要的是,金融抑制阻碍了金融行业的竞争力,同时却加重了金融中介机构的低效与无能。

然而,另一部分学者认为,对重化工业化战略应该从动态比较优势理论视角来进行评价。① 他们认为,韩国能在20世纪80年代中期充分地利用

---

① 见朴和萨吉(Pack and Saggi,2006)关于动态比较优势的讨论和他们对这一概念的评论。

"三低"①因素,是因为在重化工业化政策实施期间建立起来的工业基础,这为产业结构的优化调整和出口结构的升级提供了机会。

表 2-3 制造业设备利用率

(单位:%)

	1975 年	1977 年	1979 年	1980 年
全部制造业	70.1	81.5	81.9	71.8
钢铁	67.1	80.2	81.1	74.8
有色金属	67.1	85.0	69.6	62.0
机械	52.2	66.9	60.1	42.3
电子仪器	62.6	71.8	69.4	58.6
运输设备	42.0	37.6	35.3	44.0
纺织	70.8	58.9	82.8	79.1
木材与木制品	74.7	94.3	84.3	52.6
造纸与印刷	84.7	96.5	93.2	57.2

资料来源:李永宪(Young-Sun Lee,1986)。

由于构建反设事实(counterfactuals)能力的局限性,我们很难评估重化工业化战略对韩国经济发展道路的影响。然而,通过国家之间发展经验的比较能找到一些线索。拉德莱特、萨克斯和李(Radelet, Sachs and Lee,1997)在分析了东亚、东南亚国家和地区(韩国、中国台湾、中国香港、新加坡、泰国、马来西亚、中国大陆和印度尼西亚)不同的发展路径后,总结道:"尽管推动重化工业发展在某些情况下是有利的,但肯定不是这些东亚、东南亚国家和地区快速发展的共同特征。事实上,它们的共性是制造业出口,它们体制上的最明显的特征是采用自由贸易政策。这些东亚、东南亚国家和地区的不同经验表明,当本国和本地区的制造业面临严峻的国际市场考验时,建立一个开放的市场经济,同时又采用多种干预市场的手段来消除市场扭曲现象,这样的政策可以对本国、本地区的进出口贸易均产生良好的作用。**东亚成功的产业政策是支持劳动密集型制造业的出口,而不是资本密**

---

① "三低"指的是低原油价格、低国际利率水平和美元(韩元波动与之相近)相对于日元的贬值。

集型的重工业(原著作者所强调)"。

从上述观点来看,韩国经济增长的良好表现,不是来自重化工业化政策的推动,而是因为韩国自20世纪60年代以来就采取的出口导向型战略。当然,若没有确切的证据来支持或反对重化工业化政策的有效性,该争论还会持续下去。

2.3.3 进口贸易自由化

为了控制经常项目赤字和保护本国的工业,一方面,韩国政府在推动出口贸易的同时保持对进口贸易的限制。20世纪70年代早期,韩国关税税率才开始缓慢下降,但是直到80年代初期以前,韩国的关税税率仍保持较高水平(表2-4)。

表 2-4　关税税率(1957—1984)

(单位:%)

	1957年	1962年	1968年	1973年	1977年	1979年	1984年
简单平均关税率 a	30.2	39.9	39.1	31.5	29.7	24.8	21.9
普通关税率 b	35.4	49.5	56.7	48.1	41.3	34.4	26.7
关税率总水平 c	35.4	49.6	58.9	48.2	41.3	34.4	26.7
关税率总水平的倒数 d	73.9	66.8	62.9	37.5	70.8	74.4	78.9

资料来源:金光宿(Kwang Suk Kim,1988,表1和表5)。

注:阴影部分表明此时期关税率在上涨;a是法定关税率的简单平均值;b是以1975年产品产值作为权重的法定关税率的加权平均值;c是普通关税、特种关税、外汇税之和;d=1/(1+关税率总水平)。

另一方面,韩国政府对进口贸易数量限制也在明显减少。之前由韩国商工部制定的正面清单管理制规定了各种可自主进口、限制进口和禁止进口的商品。到了1967年7月该清单管理制转变为负面清单管理制。新清单中仅列明限制和禁止进口的项目,除清单禁区所列商品外,其他各类商品都可以自由进口。在图2-5中,"数量限制自由化率"(liberalization of quantitative restrictions)是指可自由进口的商品数除以所有商品总数得出的一个比率。这个比率由1966年9.3%跃升至1967年的52.4%。

但是,在1968年至1977年期间,进口贸易的数量限制又被强化了,并且总进口自由化比率指标维持在 55％左右。20 世纪 60 年代中期的日本和 70 年代中期的中国台湾地区的总进口自由化率都已经超过了 90％，对比之下韩国的进口自由化进程显得太慢了［李永善（Young-Sun Lee），1986，p. 812］。进口数量限制政策主要目的是为保护本国的重化工业和农业部门［柳钟浩（Jungho Yoo），1991，p. 70］。这一时期，韩国几乎不可能进口这些受保护产业的商品。

1978 年，韩国的进口自由化进程又有了一个新的开始，政府宣布了三项独立的自由化方案。虽然由于 1979 年发生了第二次石油危机，这些方案被迫推迟，但是在 1980 年后它们又得以继续实施。1984 年，随着国际收支外部均衡得到恢复，韩国的进口自由化重新获得了充足的动力。

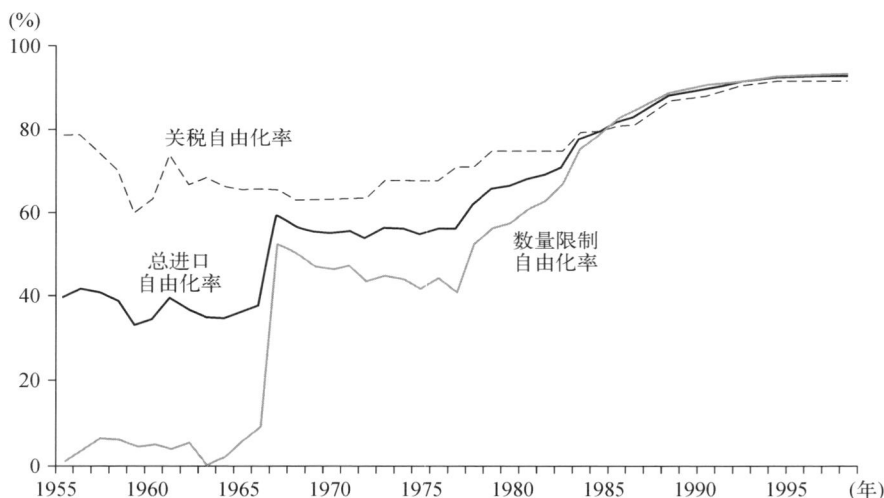

图 2-5　进口贸易自由化发展趋势（1955—1999）

资料来源：金光宿（Kwang Suk Kim，1988，表 5）；金光宿（Kwang Suk Kim，2001，表 IV-1）。
注：关税自由化率指表 2-4 中关税率总水平的倒数。数量限制自由化率指可自由进口的商品数除以所有商品总数所得比率。总进口自由化率指上述两种比率的平均值。数量限制包括韩国商工部及其他部门的强制规定的限制。

2.3.4　大量引进外资

韩国政府还追求开放资本账户。然而，在实现此目标前，韩国要做的是鼓励外国资本流入，以补充国内储蓄缺口，外资自由化是有选择性和针对性的。1960 年 1 月，韩国政府颁布了《外资引进促进法》（Foreign Capital

Inflow Inducement Act),但是并没有成功吸引到更多外国资本注入。1962年7月,新一届政府推出《外国贷款支付保证法》(Foreign Borrowing Repayment Guarntee Act),该法对国有和民营组织的公私借贷均提供担保。这两部法案在1966年8月被合并到《外资引进法》(Foreign Capital Inflow Act)中[金平珠(Pyung-joo Kim),1995,p.199]。与此同时,朴正熙政府同意与日本实现韩日邦交正常化,以此获得了日本5亿美元的赔款[1]和3亿美元的商业贷款[宇(Woo),1991,pp.85-87]。

美国国际开发署(AID)资助韩国忠州第三、第四化肥厂协议签字仪式(1965年)

　　韩国政府上述所有这些行动推动了外资引进的快速增长。获得政府担保被视为一种特权,所有的私营企业都想从中分一杯羹,不管它们的商业企划是否可行。1965年利率改革,政府大幅提高国内银行存贷款利率,导致国内贷款与国外贷款产生巨大利率差,刺激了向国外借款的需求。图2-6显示的是韩国未偿还的对外资产份额占GDP的比例,从1962年的4%上升到70年代的40%左右,再攀升至80年代初的50%—60%。而到了80年代后

---

① 该赔款是日本以经济援助的形式对韩国进行的战争补偿,包括3亿美元的无偿援助和2亿美元的有偿政府贷款。

半期,受"三低"因素的影响,经常账户出现了大量盈余,这又使比例下滑至20％左右。①

占GDP的比例(%)

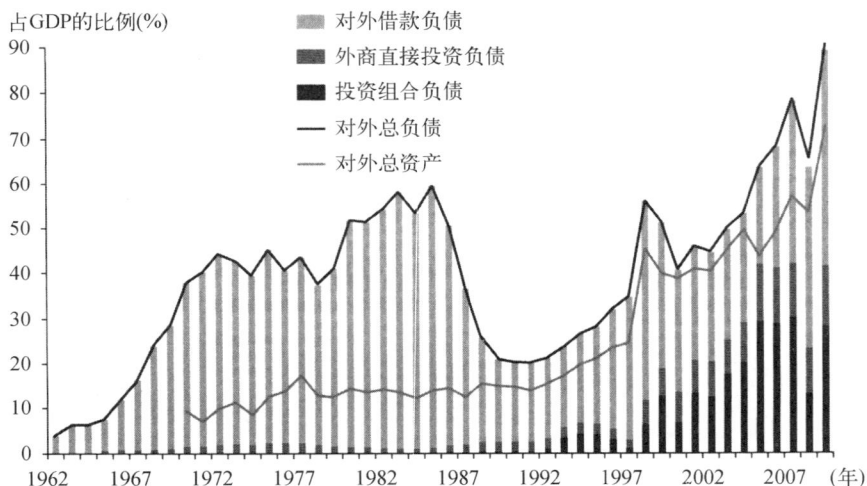

图例：
- 对外借款负债
- 外商直接投资负债
- 投资组合负债
- 对外总负债
- 对外总资产

图2-6 未偿还的对外资产和对外负债(1962—2009)

资料来源:(1)1962年的对外借款负债数据来自金俊景(Joon-kyung Kim,1993,表4-14);1963—1969年的数据来自宇(Woo,1991,表4-8)。1962—1969年的外商直接投资负债数据来自图2-8中每年外商直接投资累计所得。这期间对外总负债是对外借款负债和外商直接投资负债的合计数。
(2)1970—2004年的数据来自雷恩和米勒沙-法拉提(Lane and Milesi-Ferretti,2006)。2005年及以后的数据来自国际投资机构、韩国银行(http://ecos.bok.or.kr)。

在此期间,韩国国内对债务融资产生了严重的依赖性。制造业部门负债与净资产比率从20世纪60年代中期的100％上升到70年代的300％—400％(图2-7)。制造业部门的利息支付也变得更加繁重,表现在利息偿付比率从70年代100％上升到90年代的200％。这意味着,在那些年里企业的经营利润几乎都不够支付利息的。

到了20世纪60年代末,许多企业已经无力偿还对外借款。同时,负责为对外借款提供担保的银行也遇到了麻烦[金钦现(Jin-hyeon Kim),1986,p.600;李恩博(Eun-bok Lee),1986,p.783]。对此,韩国政府开始对借款的数量加以严格的限制,并加大了审核力度,同时将更多的注意力放在了引进

---

① 1962年,未偿还的对外借款负债相当于货币供应量M2份额中的25％(也就是相当于M2中的银行借款),到20世纪70年代这一比例上升到150％左右,在"三低"时期后又回落到了20％—30％。

外商直接投资上。政府启动了一项吸引外商投资的项目,在1970年设立了马山自由贸易区(The Masan Free Export Zone),并制定颁布了一个特殊法案,禁止在外商投资的公司建立工会[李基俊(Ki-jun Lee),1986,pp. 792 - 793;诺(Noh),1986,p. 567]。不过,吸收的外商直接投资仍然十分有限(图2-8)。这不仅是因为当时的韩国对于跨国公司来说,还没有足够的吸引力,而且政府对外商直接投资仍有诸多的限制。图2-6显示了韩国对外资产水平比较低,这反映出上述这些限制也施加于资本外流上。直到1997年亚洲金融危机之后,韩国才真正建成了一个成熟开放的市场,资本可以自由流入或流出。

　　20世纪60年代末以来,企业大规模的破产现象成了一个周期性的问题。破产的企业留给银行大量不良贷款,进而威胁到整个金融系统的稳定性。韩国政府频繁干预以稳定市场,但从来没有尽心去解决产生问题的根源(即过度债务融资)。政府使用公共财政资金或其他紧急措施来支撑境况不佳的企业,实际上,这些干预手段反而让企业加大了对政府在困难时期会提供援助之手的预期,从而进一步鼓励了企业的借贷。我们将在后面的章节对此进行详细讨论。

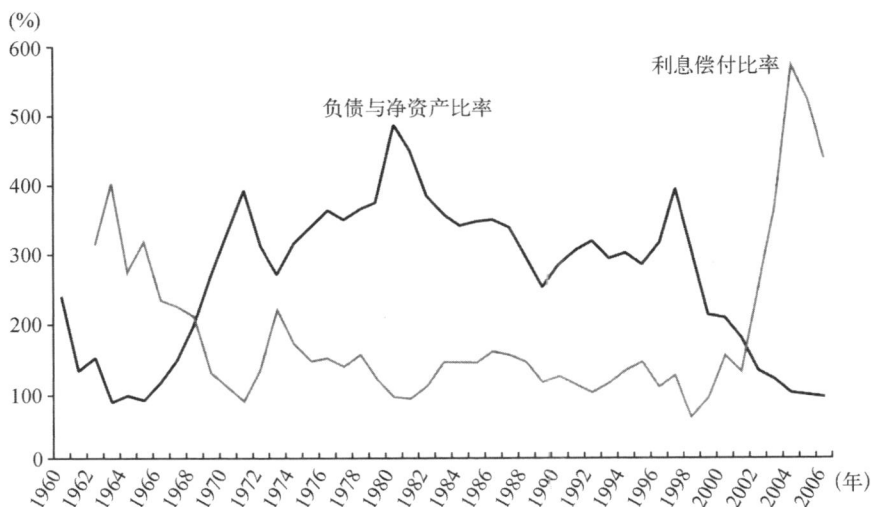

图 2-7　制造业部门的负债与净资产比率和利息偿付比率

资料来源:韩国银行(http://ecos. bok. or. kr)。
注:利息偿付比率=经营利润/利息费用。

占GDP的比例(%)

外商直接投资
商业贷款
公共贷款
经济援助

25
20
15
10
5
0

1953 1958 1963 1968 1973 1978 1983 1988 1993 1998 2003 2008 (年)

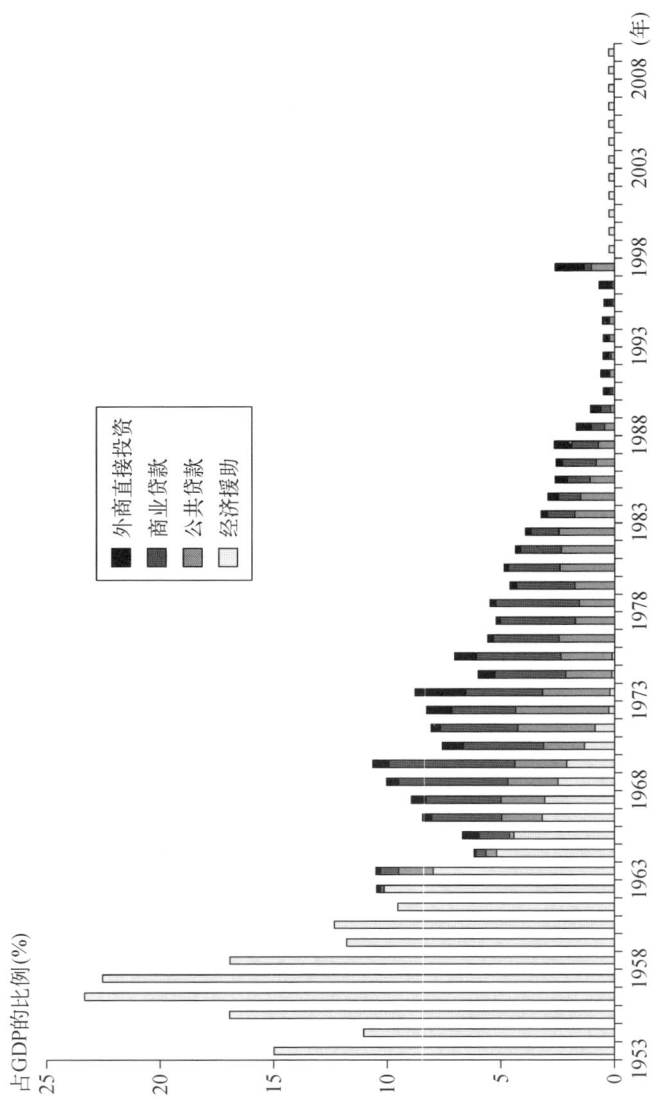

图2－8 经济援助、贷款、外商直接投资的流入

资料来源：(1) 经济援助中，来自美国、其他国家以及国际组织的援助数据出自韩国银行《经济统计年鉴》(1984，p.245)；日本的赔偿金数据来自韩国经济企划院《赔偿金白皮书》(1976，p.29)。

(2) 商业贷款和公共贷款(1962—1965)数据来自韩国财政部《财政和金融政策三十年历史》(1978，p.97)。

(3) 商业贷款和公共贷款(1966—2007)，外商直接投资和GDP数据来自韩国银行(http://ecos.bok.or.kr)。

2.3.5 金融抑制

最早从 20 世纪 50 年代开始,韩国就力图建立政府主导型的经济体制,为此采取各种措施加大对国内金融市场干预的力度[金平珠(Pyung-joo Kim),1995,p. 199;高(Koo),1986,p. 127]。首先,商业银行被重新国有化。1961年 7 月,政府迅速制定并实施《非法敛财处理法》,同年 10 月份又没收了民间持有的商业银行股份。至此,韩国政府全面控制了商业银行和专业银行。

其次,韩国政府于 1962 年 5 月重新修订了《韩国银行法》(the Bank of Korea Act),该法案加强了政府对韩国中央银行的控制。韩国的中央银行最高权力组织金融货币委员会更名为金融货币运营委员会,原来的名称强调政府的角色是政策制定者,而新的名称则突出政府更多承担的是运作管理的职能。例如,韩国财政部就有权要求该委员会审议其做出的决定。当委员会中绝大多数(超过三分之二投票)赞成最初决策时,最终的决定还是由政府内阁做出的。因此,货币政策的最终责任权清晰地归属于韩国政府。此外,韩国的中央银行也要受韩国财政部的监管,并接受韩国监察院的审计,中央银行每年的预算决定权从金融货币运营委员会转移到了政府手里。

韩国的《银行法》(the Banking Act)分别于 1962 年 5月和 1969 年 1 月进行了两次重新修订,用来增强政府对商业银行的控制。韩国财政部经常在没有明确的法律依据情况下,仅凭借通知和指示来实施这种控制,其影响波及银行管理的方方面面。与此同时,中央银行也通过实施商业银行严重依赖的再贴现工具来控制商业银行。

最后,韩国政府还设立了各种专业银行。除 1954 年建立的韩国产业银行外,陆续建立了韩

韩国国民银行开业典礼(1963 年)

国工业银行(1961 年)、全国农业合作联社(1962 年)、全国渔业合作联社(1962 年)、韩国国民银行(1963 年)、韩国外换银行(1967 年)、韩国发展金融公司(1967 年)、韩国信托银行(1968 年)、韩国住房商业银行(1969 年)和韩国进出口银行(1976 年)。

大量金融机构的成立使得政府能够更加广泛地干预金融市场。1965 年,韩国政府听从了美国顾问——休·帕特里克(Hugh Patrick)、爱德华·肖(Edward Shaw)和约翰·格雷(John Gurley)等人的建议,决定提高银行利率,这是仅有的一次放弃干预市场的行为。1965 年 9 月 30 日,银行的定期存款利率从 15％翻倍提升至 30％,而贷款利率也从 15％提高至 26％。急剧上升的利率震惊了已经逐渐习惯了低利率水平的韩国整个商业界。

利率改革有两个目的,其一是鼓励将私人储蓄吸收到银行和其他金融机构。希望较高的利率可以将更多的场外市场金融资源吸引到有管理的金融市场,而当时的场外利率高达 50％以上。其二是提高资源配置效率,更高的利率提高了资金的机会成本,防止投资浪费。

事实上利率改革确实起到了作用,到 1965 年 12 月,银行的定期存款就已增加了一半,此后的每一年都在翻倍增长。1964—1969 年,定期存款占 GDP 的比重从 2％增长至 21％,存款总额占 GDP 的比重从 6％增长至 29％。然而,利率改革也造成了很多意想不到的后果。由于贷款利率低于存款利率,使银行遭受了损失,中央银行不得不动用存款准备金去支付利息,来弥补商业银行的损失。更为严重的是,由于国内外金融市场的利率差距,外国资本输入过多,使国内遭遇破产的企业增多。

这些问题致使韩国政府放弃了利率改革,逐步降低利率[李颂尹(Seung-yun Lee),1986,pp. 196 - 197],从 1968 年 4 月至 1972 年 8 月,共进行了 6 个阶段的调整。此外,1969 年政府还在总统办公室成立了企业破产重组特别工作组,开始着手关闭破产的企业或对其进行合并重组[金平珠(Pyung-joo Kim),1995,p. 200;金锦勋(Jin-hyeon Kim),1986,p. 600;宇(Woo),1991,pp. 109 - 110]。

进入到 20 世纪 70 年代,由于主要贸易伙伴国的经济衰退,以及之前接受国际货币基金组织(the International Monetary Fund,IMF)的建议所采用的金融稳定计划,韩国的产出增长放缓。同时开始全额偿还国外贷款,那些借款的企业背负着沉重的债务负担。作为稳定计划的一部分,1971 年的货币大幅贬值进一步加重了企业的债务负担,许多公司为渡过难关而求助于场外市场[金冲言(Chung-yum Kim),2006,pp. 313 - 314]。

1972 年,韩国政府对商业界要求政府采取措施减轻他们财政负担的呼声做出了回应,分别于当年的 1 月和 8 月,实施了第五次和第六次降低利率的政策,并发布了"8 月 3 日总统令"①。这些举措旨在减轻企业来自场外市场的贷款压力,并为其提供特别的财政支持。法令规定,在场外市场交易的放债人和借款公司,于 8 月 3 日到 9 日期间将其在 1972 年 8 月 2 日之前所持有的全部借贷款向税务机关和银行进行申报。借款公司可免除偿还未申报的贷款,申报的贷款被转换为长期贷款,均为宽限三年后按 1.35％月利率(年利率 16.2％)在五年内偿还,这一利率远远低于当时月利率 3.5％(年利率 42.0％)的场外市场利率。申报的贷款总额相当于 M1 货币供应量的90％。表 2 - 5 概括了"8 月 3 日总统令"的主要内容。

表 2 - 5 "8 月 3 日总统令"的主要内容

主要内容	解释
整治场外货币市场	截至 1972 年 8 月 2 日在场外货币市场交易的所有贷款须向官方申报,并转为长期贷款,宽限三年后以月利率 1.35％(年利率 16.2％)在五年内偿还。
针对企业的特别金融信贷项目	由金融机构发行、韩国中央银行购买,总额达 500 亿韩元的特别金融债券,其年收益率达 5.5％。所得收益用来将给企业短期贷款的 30％转化为宽限三年后以 8％的年利率在五年内偿还的长期贷款。
降息	金融机构的最高存贷款利率和韩国中央银行的最高借款利率都将下调。专业银行和财政贷款的贷款利率将有所调整。韩国将会以支付存款准备金的利息和提供信贷补贴的方式来补偿金融机构遭受的损失。
信贷担保供应增加	政府拨款设置中小企业贷款担保基金、农渔业贷款担保基金,为抵押品不足的企业提供贷款便利。每个金融机构都会配备贷款担保基金。
产业合理化和促进投资	在总理办公室下设立产业合理化委员会,由该委员会来确定哪些产业要进行合理化改造。韩国产业银行将以较低利率向企业提供合理化长期贷款。政府通过针对特定企业提高固定资产投资折旧,以及增加企业与个人所得税投资抵免额度,来为所指定的产业减税。
取消法定税收分成比例	取消中央与地方法定的税收分成比例,改由中央政府按年度预算来对地方进行拨款,从而减少对地方政府和教育行政机构的拨款。

资料来源:金平珠(Pyung-joo Kim,1995)。

———————————

① 全称是"促进经济稳定和发展的总统紧急法令"。

"8月3日总统令"的效果并没有维持多久。经过短期收缩后，场外市场再度爆发，并在80年代引发了货币市场的另一次危机。事实上，在利率管制和信贷控制下，场外市场的存在是不可避免的。场外市场的规模取决于：（1）政府管制利率水平；（2）资金需求规模；（3）金融中介效率。

第一，政府管制的利率水平越低，场外市场规模就越大。那些希望获得更高收益率的人会将自己的储蓄投放到场外市场。从20世纪50年代到90年代初（图2-9），官方利率保持在非常低的水平。六七十年代，出口信贷的实际利率平均为-10%；1974年至1981年，实际国家投资基金贷款利率也为负值，此外一般贷款利率也非常低。

第二，信贷需求越大，场外市场规模越大。20世纪70年代后，负债与净资产比率高达300%—400%，这表明信贷需求非常大。其中一个原因是政府频繁地干预经济，重组私营企业。第一个实例是企业破产重组特别工作组于1969年5月开始，对30家背负外债的公司和56家被银行接管的公司进行重组整合。特别工作组于同年8月完成了重组计划，该计划旨在：（1）拯救所有为破产企业提供贷款和担保的银行；（2）帮助那些背负沉重外债的公司清理资产负债表；（3）强制破产企业的所有者出售其个人财产［金冲言（Chung-yum Kim），2006，p. 308］。类似的干预举措在70年代也实施过，80年代再一次实施[①]。这种干预措施强化了企业对政府的预期，他们相信企业在困难时政府总会施以援手。然而这样的期望在1997年亚洲金融危机中却落了空。图2-7中，突然下降的负债与净资产比率表明了这一点。

第三，金融中介效率越低，场外市场规模越大。如果政府的定向信贷大部分投向的是无利可图的投资项目，那么那些有着高收益的投资项目，虽然不能获得定向信贷，却能够在在场外市场寻求到资金。70年代，韩国的定向信贷资金规模估计占国内贷款总额的40%—60%［金（Kim）与朴（Park），1984，p. 354；钟（Chung），1986，p. 210；司空（Sakong），1993，p. 35；金俊景（Joon-kyung Kim），1993，p. 316；OECD 1996，p. 45］，当定向信贷资金的规模如此庞大时，金融中介的低效率是不可避免的。

[①] 具体的例子有：1972年的"8月3日总统令"、1979—1980年对重化工业发展的投资调整、20世纪80年代中期的产业合理化政策，后两项将在下面的内容中进行阐述。

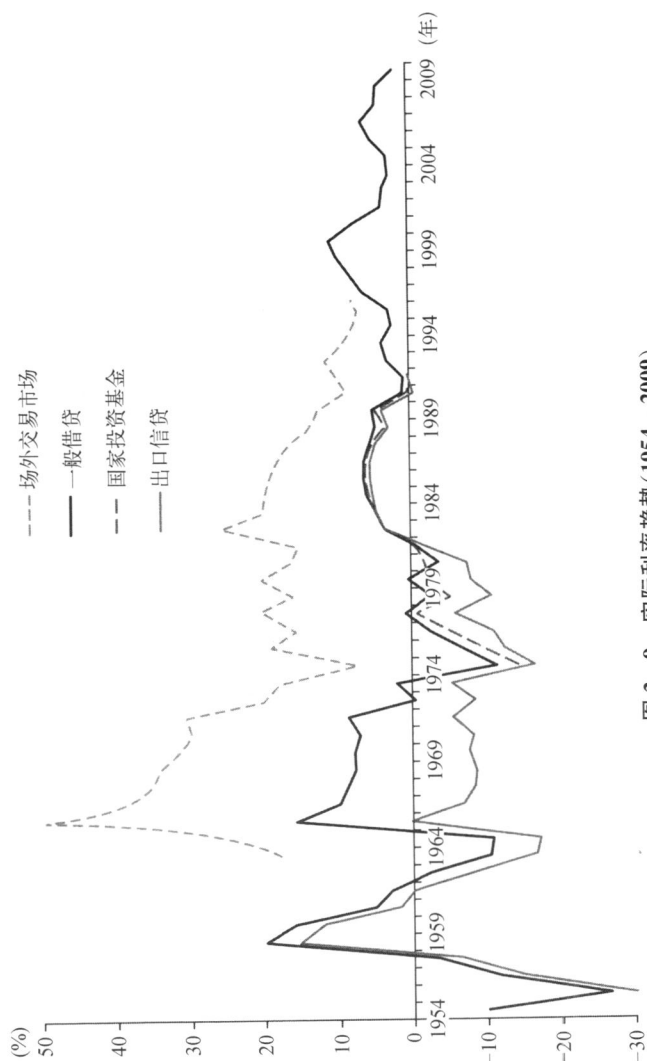

图 2-9　实际利率趋势（1954—2009）

资料来源：(1) 场外市场利率来自金乐年(Nak-nyeon Kim，1999，p. 134)和李迪勋(Duk-Hoon Lee，1998，p. 32)。

(2) 一般贷款利率来自韩国银行各期和韩国银行月度公报。

(3) 国家投资基金贷款利率来自司空(SaKong，1993，p. 244)。

(4) 出口信贷利率来自金乐年(Nak-nyeon Kim，1999，p. 134)和司空(SaKong，1993，p. 244)。

注：(1) 实际利率通过 GDP 平减指数获得(1954—1970 年减指数为 GNP 平减指数)。

(2) 一般贷款利率是指 1990 年之前商业银行的贴现率，1990—1995 年的一般贷款利率，1995 年后对企业新发放贷款加权平均利率。

"8月3日总统令"不仅未能将对外借款和有组织的金融市场纳入政府的有效控制之下,也无法管制无组织的场外货币市场,表明了政府实施该政策是不成功的。而消除场外市场的一个更好的方式本应该是:(1)政府通过利率自由化及逐步稳定物价,从而在组织有序的金融市场获得正回报;(2)政府宣布不再为私营企业提供隐形担保;(3)停止继续使用定向信贷。[①]这些举措等同于政府放弃了金融抑制政策。

2.3.6　宏观经济的稳定性

在政府主导型经济增长时期,金融货币管理部门的主要作用在于提供"增长的货币"(growth money),因此,维持价格稳定并不是那么重要。

商业银行没有充足的资金满足企业旺盛的信贷需求,不得不依靠中央银行贷款[金平珠(Pyung-joo Kim),1995,p. 219;金俊景(Joon-kyung Kim),1993,p. 138]。1968年,韩国政府取消了中央银行再贴现率调控的上限,而且给予商业银行权利,可以从自己的定向信贷中提取固定比例的贷款自动进行再贴现。结果是,从1965年至1993年,在商业银行(deposit money bank, DMB)的信贷总额中,中央银行融资的比重达到10%—20%,其份额在定向信贷总量中占30%—40%(表2-6)。特别是出口信贷,所占的份额尤其高,1973年到1981年商业银行89%的出口信贷要依赖中央银行的贷款。

表2-6　中央银行对商业银行贷款种类

（单位:%）

	1965—1972年	1973—1981年	1982—1986年	1987—1993年	1994—2001年	2002—2008年
全球性贷款最高限额	0	0	0	0	74.5	100
再贴现	72.2	72	45.6	37.1	0	0
出口信贷(A)	63.2	59.7	28.6	7.4	0	0
商业票据(B)	9	12.3	16.9	29.7	0	0
农业和渔业贷款	18.5	3.9	2.2	3.1	1.4	0
一般贷款	6.6	20.7	51.1	54.4	18.2	0

---

① 可以从图2-9中发现,一般贷款利率和场外市场利率两条曲线逐渐收敛,这也证实了上面的结论,由于这些因素的存在,特别是第(1)条和第(3)条,场外市场在20世纪90年代逐渐消失。

	1965—1972年	1973—1981年	1982—1986年	1987—1993年	1994—2001年	2002—2008年
其他贷款	2.7	3.4	1.1	5.4	5.8	0
中央银行贷款总额(C)	100	100	100	100	100	100
A/DMB出口信贷	75.4	89.1	65.6	44.2	0	
B/DMB商业票据贴现	22.5	51.3	47.7	44.6	0	
C/DMB贷款	11.3	20.2	23.7	16.7	5.4	1.4
C/DMB直接贷款	—	32.5	40.2	29.3	—	—

资料来源:1965年至1972年数据来自金俊景(Joon-kyung Kim,1993,p.138),其他数据来自韩国银行(http://ecos.bok.or.kr)。

中央银行发放的贷款是基础货币的主要来源(表2-7),1973—1981年,韩国基础货币量年均增长25.1%,其中20.2%来对商业银行的贷款。如此迅速的增长不可避免地带来了通货膨胀。20世纪六七十年代,居民消费价格指数增长了10%—20%,远高于当时的日本、中国台湾和新加坡(表2-8)。

这一时期,韩国政府经常地通过收紧货币供给量来遏制通货膨胀。然而,由于在那个时代政府奉行"经济优先"的政策,除了1963—1964年和1970—1971年外,货币供给量仍然在快速增长,财政赤字也依然很高。政府不去使用宏观调控工具,而是严重地依赖于价格管制。而这种手段韩国政府从四五十年代就断断续续地一直在使用,但是收效甚微。1961年11月,《价格管制暂行办法》(the Act on Temporary Measures for Price Controls)的出台为价格管制提供了法律基础,依照该法案实施的价格管制一直持续到了1971年[李载宪(Jae Hyung Lee),2005,p.439;朴圣尚(Seongsang Park),1986,p.939;韩国经济企划院,1982,pp.52-53]。

表2-7　基础货币量增加的影响因素[a]

(单位:%)

	1951—1964年	1965—1972年	1973—1981年	1982—1986年	1987—1993年	1994—2001年	2002—2009年
对政府贷款的净额[b]	29.7	1.1	6	−1.8	−7.0	−1.6	2.9
对商业银行的贷款	12.7	9.5	20.2	32	6.7	−3.1	0.4

	1951—1964 年	1965—1972 年	1973—1981 年	1982—1986 年	1987—1993 年	1994—2001 年	2002—2009 年
国外净资产数额增加	—	1.5	5.8	4.5	22.1	62	45
货币冲销[c]	0	−3.8	−8.6	−38.8	−30.7	−29.8	−21.1
其他项目	6.6	31	1.6	17.2	34	−21.8	−17.5
基础货币增加	49.0	39.3	25.1	13.0	25.0	5.7	9.7

资料来源：1950—1969 年数据来自韩国银行经济统计年鉴,其他来自韩国银行(http://www.kosis.kr)。

注：a＝当年的增长率×上一年现金占基础货币量的比率。

b＝韩国银行购买的政府债券和对政府的贷款—政府在韩国银行的存款。

c＝通过韩国银行的货币稳定债券和货币稳定账户来冲销。

20 世纪 70 年代,韩国政府大大加强了价格管制。1973 年 3 月,在货币贬值通胀加剧以及国际大宗商品价格飞涨的背景下,韩国政府颁布了《物价稳定法》(Price Stabilization Act)取代了之前的暂行措施。新法案对价格干预的范围更为广泛,从商品价格延伸到服务价格,包括租金、各种交易费用和使用费用等。通胀暂时降低,不过随着 1974 年石油价格的上升,国内通货膨胀再次加剧。

韩国政府持续地进行价格管制,但又不得不允许价格偶尔向上调整。1975 年在对《物价稳定法》进行修订后,政府颁布实施了《价格稳定与公平交易法》(Act on Price Stablization and Fair Trade)。新法进一步扩大了政府管制价格的范围,甚至包括垄断商品价格和寡头垄断价格。此外,新法还包含了鼓励竞争的政策,例如对反竞争性行为和不公正的贸易行为加以管制。他们相信通过制定新法案,建立一个自由竞争性市场结构,通货膨胀会被根本"治愈"。但该法案主要用来实施价格管制,而改善市场竞争环境并没有被放到首要位置[李载宪(Jae Hyung Lee),2005,pp. 439 - 440]。根据该法案,政府可以通过直接干预生产、流通和消费的全过程来设定"标准价格",并影响垄断商品价格和寡头垄断价格。不过,由于政府没有对货币政策和财政政策的变化做相应的调整,价格管制并未能消除通货膨胀,只是起到了延迟通货膨胀发生的作用,最终无法阻止价格的上涨,反而导致民众对政府政策的不信任,过高预估了通货膨胀的程度。企业生产者将产品转移至国外市场销售,以逃避价格干预,加大了国内通货膨胀的压力,还扩大了黑市规模。这又促使政府必须在市场上对企业的生产配额和出口额实施进一步的干预[正(Jeong),1986,p. 970]。

20世纪80年代,政府开始放松价格管制。1980年,第一部全面彻底的保护市场竞争的法案——《垄断监管与公平交易法》(the Monopoly Regulation and Fair Trade Act)得以推出,该法替代了《价格稳定与公平交易法》,用来推动支持市场的竞争性政策。虽然一些原来的价格管制措施在最初仍然被保留,但最终在1994年2月都被废除了。[1]

表 2-8 消费者价格指数的国际及地区比较

	1960—1970 年	1970—1980 年	1980—1990 年	1990—2000 年	2000—2009 年
韩国	13.8	16.3	6.3	5.1	3.2
美国	2.8	7.8	4.7	2.8	2.5
日本	5.6	9.0	2.0	0.8	—0.2
中国台湾	3.4	10.4	3.1	2.6	0.9
中国香港	—	—	7.8[a]	5.3	0.2
新加坡	1.1	6.4	2.2	1.7	1.5

资料来源:经合组织(http://stats. oecd. org);中国台湾"统计局"(http://eng. stat. gov. tw);中国香港特别行政区政府统计处(http://www. censtatd. gov. hk);新加坡统计局(http://www. singstat. gov. sg)。
注:a 为 1981—1990 年。

2.3.7 劳动力市场政策

在日本殖民统治时期,劳工运动也被视为反抗日本占领的一种政治运动[金(Kim)与李(Lee),1995]。许多工人将他们的雇主,大部分是日本人,看作反抗的对象而不是互利共荣的伙伴。这样的观念在60年代至80年代还在一直延续着,只是他们的对手已不再是日本雇主,而是国内的威权统治者。

解放后,韩国出现了大量的工会组织,这些工会组织带有强烈的政治倾向,或是左翼或是右翼,相互争斗。韩国政府在朝鲜战争期间制定了《劳动

---

① 这意味着普遍的价格管制不再继续。但根据特别部门法案,还会针对特定商品(如手机收费)进行价格管制。

基本法》(basic labor law)，该法旨在保护工人，本身具有相当大的进步性。政府这样做是为了在与共产主义势力的对抗中能获得工人们的好感和支持。但是由于当时的政府缺乏执行力，同时企业的盈利能力不足，《劳动基本法》并没有起到实际作用。在此之后，法律文本和现实行动之间存在差距也变得司空见惯了。

韩国的各个工会组织，都有高度的政治性，醉心于明争暗斗，并且受各自不同政治路线的影响，因此，这些工会组织不断地建立或解散。1960 年 11 月，韩国工会联合会(Federation of Korean Trade Unions，FKTU)成立，但是它几乎没产生什么影响。1961 年，军政府暂停劳动法，解散韩国工会联合会，将企业级别的工会转变为 15 个行业级别的工会。1962 年，军政府还限制了公务员群体的三项基本劳动权利，即组织权、集体谈判权和罢工权。

韩国政府为了进一步削弱工会的力量，采取了以下措施：禁止一家企业拥有多个工会；强化禁止工会参与政治运动的命令；如果雇主纠正了其不当劳动行为，可免除对其进行惩罚。与此相对应，政府给工人增加了法定的福利和保护措施，包括每周和每年度的带薪休假、裁员时的遣散费和对工作时长的限定。

20 世纪 70 年代，韩国政府对劳工运动的压制日益严厉。1972 年（1971 年，可能是作者笔误——译者注）12 月，朴正熙政府宣布全国进入紧急状态，国会也强行通过了《国家保卫特别措施法》(Act on Special Measures on National Security)。工人们的集体谈判和罢工活动均受到独裁当局的管制。此外，1973 年（1972 年，可能是作者笔误——译者注）修订的宪法——"维新宪法"(the Yushin Constitution)规定，工人的三项基本权利可以被法律所限制，甚至被禁止。工人运动变得更加暴力，更加政治化，尤其是在"全泰壹自焚身亡事件"（1970 年 11 月一名血汗工厂的工人为抗议政府的政策而自焚）发生之后。

对劳工运动的镇压一直持续到了 80 年代。1981 年上台的全斗焕政府修订了宪法，对劳工集体行动作了额外限制。工会法也被修改，通过禁止设立工会商店和行业工会，以及对单个企业里的工人组建工会设定最低投票数来限制工人组织运动的权利。劳资纠纷中第三方的介入也被视为非法行为。此外，政府对《劳动争议调整法》(Labor Dispute Adjudication Act)进行了修改,禁止工人在他们工作场所之外进行示威。这实际上给企业造成了更大的损失,因为罢工工人占据了工作场所,扰乱了生产秩序。

1987年6月29日,执政党的总统候选人卢泰愚公开承诺,如果他在大选中获胜,将扩大公民权利,重振民主。扩大民主权利导致了劳资纠纷爆发式的增长,仅在当年的7月和8月就有3 500起劳资纠纷案,一年之内共发生3 749起劳资纠纷案,比1986年的289起有了一个飞速的增长。大部分纠纷案是关于提高工资的,但真正的矛盾是要求在无真正工会组织的公司里组建新的工会组织,或者要求解散原来由企业主所控制的工会。同年11月,政府对相关法律进行了修改,放宽了对工人组织工会权利的部分限制。在之后的几年,劳资纠纷逐渐减少(1988年1 878起,1989年1 616起,1990年只有322起)。

总之,从20世纪60年代至80年代,压迫性的劳动力市场政策推动了经济的高速增长,就业机会也得以快速增长,但与此同时也造成了政治的不稳定,破坏了社会的和谐,依然存在暴力劳工运动的历史遗留问题。

■ 2.4 稳定和自由化(20世纪80年代—1997年金融危机)

在20世纪七八十年代之交,韩国政府力图在发展政策方向上作出重大改变。将"增长优先"战略改为"巩固基础,稳定增长"战略。政府强调"民营主导"而非"政府主导"型增长,特别是推行了紧缩政策以实现物价稳定,实行银行私有化以及增强竞争力的政策。然而,在重新界定政府与私营部门在经济发展中各自角色方面,这些尝试仅仅是事倍功半。

2.4.1 稳定宏观经济

20世纪70年代,韩国产出增长率迅速达到9%。与此同时,韩国宏观经济发展处于不平衡状态[金(Kim)与金(Kim),1995,p. 66]。重化工业化战略的驱动、建筑业在中东市场的蓬勃发展、财政赤字以及两次石油危机的冲击,都造成了需求过度,从而导致通货膨胀迅速加剧。在高通货膨胀时期,延迟的货币贬值①使人们高估了韩元的价值,进而使韩国在产品出口方面失去价

---

① 1974年12月—1979年12月的五年之间名义汇率保持484韩元/美元。

格优势。自60年代初以来,韩国在1979年首次出现了出口萎缩。粮食歉收以及朴正熙遇刺后的政治动荡,使韩国产出在1980年出现了负增长。

朴正熙政府时代首次提出了变革的要求。1978年初,韩国经济企划院(Economic Planning Board,EPB)的官员会同韩国开发研究院(Korea Development Institute,KDI)的经济学家们研究了影响韩国经济的诸多问题,并努力劝说总统朴正熙实施稳健的经济政策[金兴基(Heung-ki kim),1999,p.276],最终促成了1979年4月《宏观经济全面稳定计划》(the Comprehensive Economic Stabilization Program)的出台。

该计划涉及政府政策制定最核心的部分,包括提出了减少出口补贴、放缓重化工业投资、缩减农村住房改善项目等建议。此外,该计划还提议实现价格和利率自由化,这在当时是不可想象的事情。

《宏观经济全面稳定计划》遭遇到其他部门的强烈反对,总统朴正熙只能亲自下令延续对出口的补贴。然而最终,"稳健"还是成了经济政策的中心。全斗焕上台以后,把"宏观稳定"和"民营主导增长"作为其政府的经济政策导向,这些变化在其政府制定的第五个"五年计划"中(1982—1986)也得以体现。①

以宏观经济的稳定增长为目标,韩国政府实施了财政和货币紧缩政策。广义货币M2年均增速从1975—1982年的35%下降到了1983—1985年的20%(表2-9)。但是,广义货币M2增速下降很大程度上是对通货膨胀减速的被动反应,其实际增长率从13%增至14%,是略有上升的。对稳定物价起到更重要作用的是大米价格上涨的放缓和积极的财政整顿措施。

1981年,政府向农民收购大米的价格较上年同比增长14%,远远低于反对党或农业和渔业部(the Ministry of Agriculture and Fisheries)所要求的水平(前者要求增长45.6%,后者要求至少增长24%),这体现了政府在稳定经济方面做出的努力[金兴基(Heung-ki Kim),1999,p.289;韩国经济企划院,1994,p.109]。

---

① 宇(Woo,1991,p.191)指出,这些变化是由那些在美国受教育的韩国开发研究院的经济学家和韩国经济企划院的技术官僚造成的。在此之前,大多数政策制定者接受的是日本模式的教育,并在殖民统治时期完成了他们在银行业的职业训练。

1982 年,韩国政府开始引进"零基预算方式"(Zero based budgeting,ZBB)①,削减已经实施的预算。1983 年,韩国政府进一步加强了预算约束,中央政府在同年的综合支出实际下降了 2.7%(表 2-9)。这种财政整顿方式一直持续到 1986 年,并成功地遏制了财政支出的增长。财政收支平衡也取得明显成效,GDP 增长从 1981 年的—4.3%回升到 1987 年的 0.2%。

在石油价格稳定的大背景下,政府实施财政整顿政策,按居民消费者价格计算的通货膨胀率(consumer price inflation,CPI)由 1981 年的 20%多下降到 1983 年的低于 5%,通货膨胀率控制到 10%以下并持续到现今。

表 2-9 宏观经济主要指标(1975—1990)

(单位:%)

	M2(年末终值)		中央政府指数							失业率	居民消费者价格指数
	名义增长率	实际增长率	财政平衡占 GDP 比例(%)	支出和净负债			财政收入				
				名义增长率	实际增长率	占 GDP 比例(%)	名义增长率	实际增长率	占 GDP 比例(%)		
1975 年	25.2	0.6	—0.4	52.2	22.3	20.6	51.4	21.7	16.2	4.1	25.2
1976 年	35.1	11.5	—2.8	34.8	11.2	20.2	48.4	22.4	17.4	3.9	15.3
1977 年	40.1	22.0	—2.6	25.8	9.6	19.8	26.8	10.4	17.2	3.8	10.1
1978 年	35.4	10.8	—2.5	36.6	11.8	20.0	37.7	12.6	17.6	3.2	14.5
1979 年	29.7	9.5	—1.4	24.2	4.8	19.4	31.6	11.0	18.0	3.8	18.3
1980 年	44.5	16.2	—3.0	36.1	9.5	21.6	26.2	1.5	18.6	5.2	28.7
1981 年	36.1	16.0	—4.3	34.3	14.4	23.0	27.0	8.2	18.8	4.5	21.4
1982 年	37.0	29.1	—3.9	8.3	2.0	21.7	9.0	2.6	17.8	4.4	7.2
1983 年	22.9	17.2	—1.4	2.0	—2.7	18.8	15.1	9.7	17.4	4.1	3.4
1984 年	19.0	13.9	—1.2	11.3	6.5	18.2	12.5	7.7	17.0	3.8	2.3
1985 年	18.1	13.3	—0.8	9.0	4.6	17.8	11.2	6.7	16.9	4.0	2.5

① 在零基预算中,每个项目的费用是从头到尾地进行清查。而在增量预算中,只有增加的资金才进行详细检查,但上一年的经费则是既定的。从这个角度来看,零基预算毋疑是预算编制的绝佳方法,但采用零基预算来稳定价格之前必须要先进行"公告天下"的宣传,方便政府各部门之间以及政府官员间进行有效合作。

续　表

	M2(年末终值)		中央政府指数							失业率	居民消费者价格指数
			财政平衡占GDP比例(%)	支出和净负债			财政收入				
	名义增长率	实际增长率		名义增长率	实际增长率	占GDP比例(%)	名义增长率	实际增长率	占GDP比例(%)		
1986 年	29.5	24.3	−0.1	4.6	0.4	15.9	9.3	4.9	15.8	3.8	2.8
1987 年	30.3	24.3	0.2	17.0	11.6	15.8	19.1	13.6	16.0	3.1	3.0
1988 年	29.8	21.7	1.2	15.2	8.0	15.3	22.3	14.7	16.4	2.5	7.2
1989 年	25.8	19.0	−0.0	22.1	15.5	16.5	13.4	7.2	16.5	2.6	5.7
1990 年	25.3	13.5	−0.8	29.9	17.6	17.8	23.9	12.3	17.0	2.4	8.5

资料来源：韩国银行(http：//ecos.bok.or.kr)。

注：实际增长率通过 GDP 计算所得。

　　财政整顿措施还使韩国的公共财政走上了可持续发展之路。从20世纪80年代中期开始,财政收支基本保持在平衡状态(图 2－10)。中央政府债务持续下降,在1997年金融危机之前降到了一个非常低的水平(1996 年 GDP 的 8％),这为韩国政府应对危机奠定了基础(图 2－11)。

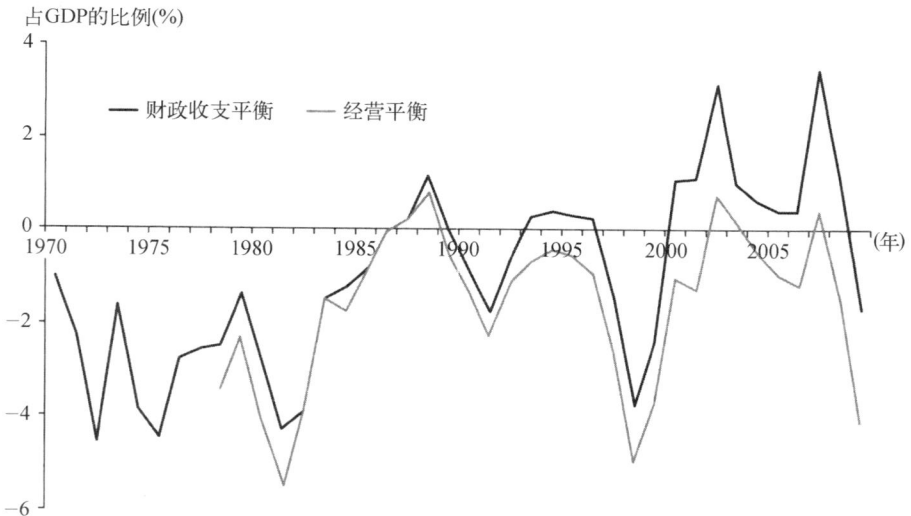

图 2－10　韩国中央政府财政收支综合平衡(1970—2009)

资料来源：韩国企划财政部。

注：经营平衡是由财政收支平衡扣除金融部门重组成本和社会保障金盈余部分而得来的。

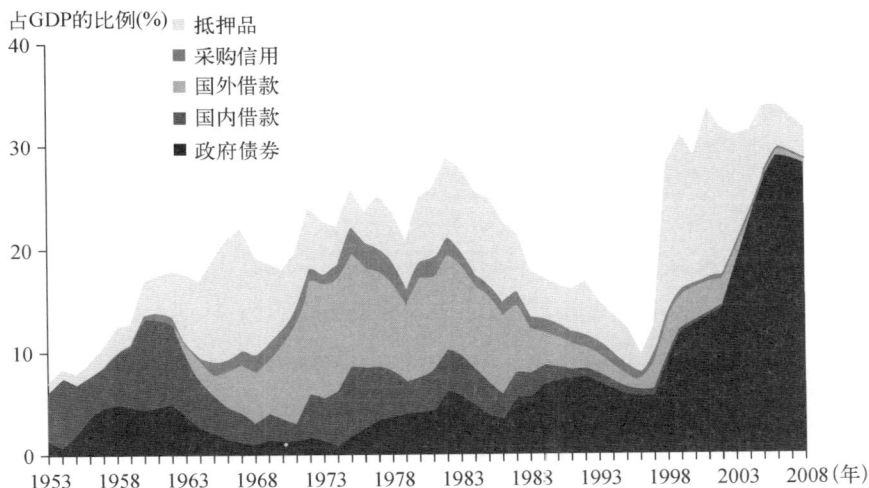

图 2‑11　韩国中央政府的负债（1953—2008）

资料来源：韩国企划财政部。

注：中央政府负债包括政府采购信用、国内外借款、政府债券，不包含政府担保。

　　然而，财政整顿也是以损失产出和增加失业为代价的，失业率从 1979 年的 2.8% 跃升至 1980 年的 5.2%，其后一直保持在 4.0%—4.5% 之间，直到 1987 年和 1988 年才分别下降至 3.1% 和 2.5%（表 2‑9）。财政整顿似乎使 80 年代开始的经济衰退又延长了。

　　综上所述，政府的货币政策并没有对价格稳定起到实质性的作用。这是因为定向信贷一直存在。韩国的中央银行在商业银行中持有的可流通负债在 1981 年已超过其基础货币量的 100%，至 1985 年超过了 200%，这迫使中央银行发行"货币稳定债券"（Monetary Stabilization Bonds，MSBs）来冲销增长的储备（图 2‑12）。这也表明只要定向信贷继续存在，以稳定为目标的货币政策就会面临一个根本性的困境。

　　韩国的中央银行所面临的另一个难题是其国外净资产（net foreign assets，NFAS）的增长。1988 年底，中央银行的国外净资产值增长到基础货币量的 87%。"三低"时期（1986—1988 年），账户盈余中的很大一部分经常被用来偿还外债，其余部分则在中央银行资产负债表中用增加的国外净资产来呈现。政府推迟汇率调整以维持出口和鼓励企业投资，直到 1988 年才对韩元进行了升值。而此前，日本和中国台湾地区在1985年9月广场协议签署之后就对它们的货币进行了升值。相对延迟的韩元升值被认为阻碍了韩国企业提高其自身的竞争力，延迟了国内产业结构的调整，增加了货币稳定债券，并刺激了房地产投机[金兴基（Heung-ki Kim），1999，p.334；韩国经济企划院，1994，p.25]。

图2-12和图2-13表明，货币稳定债券在控制货币供应量上发挥着重要作用。除货币稳定债券外，韩国的中央银行还使用了其他金融调控手段，包括存款准备金和控制银行信贷规模，不过并没能将货币供应量的增长有效控制在年度目标内。从1979年至1996年的18年里有12年是超标的。货币稳定债券中大量的利息支出扩大了货币供应量，使中央银行遭受了巨大损失。中央银行希望通过要求商业银行以低于市场利率标准购买货币稳定债券从而减少其损失，而这样的利率差达到了3个百分点（经合组织，1994年，第113页）。随着全面市场竞价拍卖制度的引入和全面推广，直至1997年2月这种操作才最终停止。

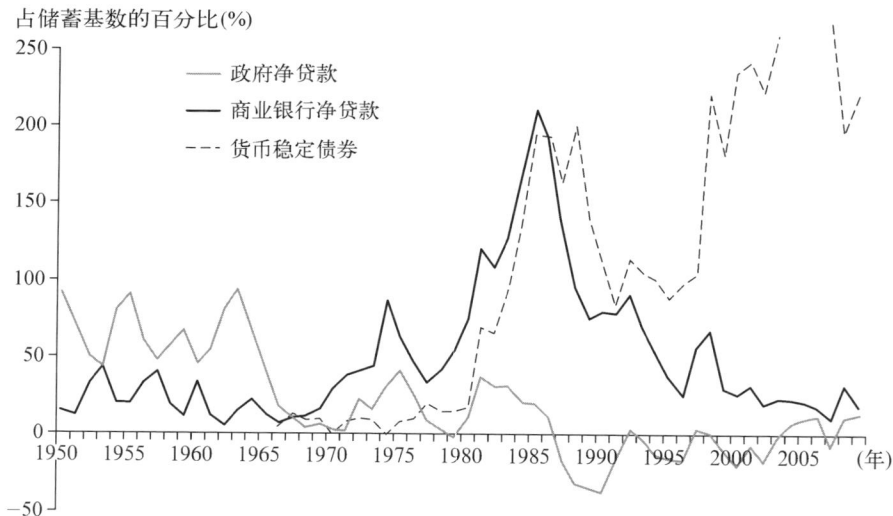

图2-12　韩国的中央银行再贷款的冲销变化（1950—2009）

资料来源：1950—1969年的数据来自韩国银行、经济统计黄皮书、各类杂志。1970年后的数据均来自韩国银行（http://ecos.bok.or.kr）。

注：（1）政府净贷款＝政府借款＋政府持有债券－政府在中央银行的存款。

（2）货币稳定债券包括稳定通货账户中的存款。

占储蓄基数的百分比(%)

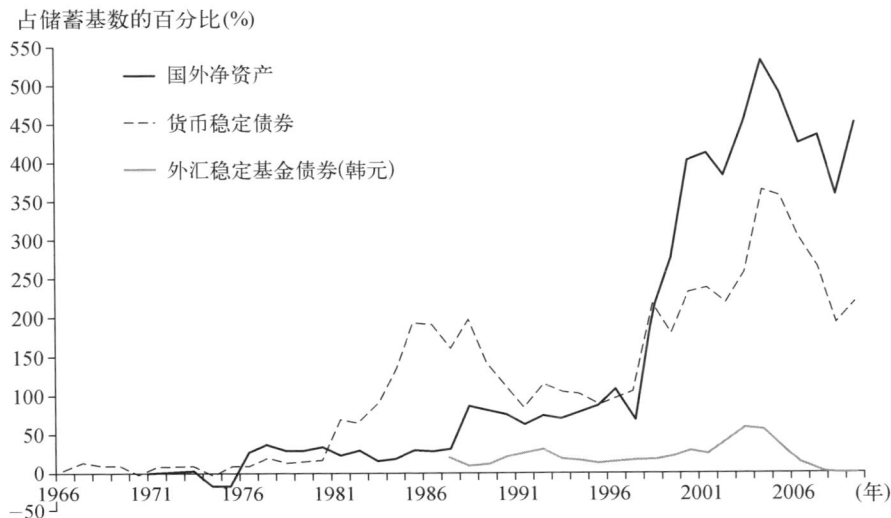

图 2-13 韩国的中央银行国外净资产冲销变化（1966—2009）

资料来源：韩国银行(http://ecos. bok. or. kr)。

注：货币稳定债券包括稳定通货账户中的存款。

2.4.2 重化工业投资调整与产业合理化

到了20世纪70年代末,重化工业日益严重的产能过剩和亏损加剧使韩国政策制定者面临着巨大挑战。韩国政府从1979年到1980年进行了三轮"投资调整",调整直至1983年才全部完成。1979年5月,第一轮"重化工业投资调整"是紧跟着"经济稳定化综合措施"的实施开始进行的,但随后由于朴正熙遇刺造成的韩国政局动荡,这一轮投资调整被迫延迟,直到1980年8月才由新政府继续实施。政府宣布对发电设备、汽车和重型建筑装备制造三个部门中的9家公司进行"投资调整"(investment coordination)。1980年10月,第二轮"重化工业投资调整"开始推进,对重型电器、电子交换机、炼铜业等领域进行调整改造。这些调整措施,以及与之相伴随的企业重组一直持续了整个80年代［安(Ahn)与金(Kim):1995,p. 333;韩国经济企划院,1994,pp. 151-152］。同时,政府还提供了救助方案,包括从国有银行贷款投向陷入困境中的重组企业。

尽管重组改造是由政府主导进行的,重化工业的困境还是一直持续到80年代中期。重组加快了经济力量的集中,强化了垄断的市场结构。最关键的是它没能消除产能过剩,因此"产业合理化"("industrial rationalization")在80年代中期就成为必然的选择。

1985年,为了系统推行产业合理化进程,政府修订了《减免税管理法》(Tax Reduction and Exemption Regulation Act,TRERA),废除促进私营公司发展的条款,同时推出了《制造业发展法》(Manufacturing Development Act,MDA)。《减免税管理法》为服从合理化调整的公司提供各种税收优惠政策(如资本利得税免税等),《制造业发展法》也使政府得以监管合理化产业市场的准入和投资制度。

基于《减免税管理法》的产业合理化在很多行业得以推行。在1985年以前,它既涵盖了重化工业中的化肥、重型机械、发电机制造和液化石油气进口部门,也包括了航运业。产业合理化在20世纪80年代初期遇到了很多严峻的挑战。1985年以后,除了发电机制造业和航运业的产业合理化进程得以持续进行外,海外建筑、煤炭开采、造船业等行业也被加入到合理化行业名单之中。同时,韩国政府在1986年至1988年间,分五个批次重建了78个陷入困境的企业[金俊景(Joon-kyung Kim),1991,p.46]。

现代汽车开始出口到北美(**1987年**)

丽水化工产业园区

1986年7月,根据《制造业发展法》,产业合理化在包括汽车、建筑机械、柴油机、电器仪表、金属合金、纺织、印染等7个行业中开始推行。肥料(1987年12月)和鞋类(1992年2月)后续也进入产业合理化过程。在合理化进程期间,政府对这些行业的新市场准入进行了限制,财政支持也只分配给现有的公司。在1988年至1990年期间,大部分公司的产业合理化基本完成。

实现投资调整与产业合理化需要依靠强有力的反竞争措施,如进行垄断和实施禁止新市场准入制度。表 2 - 10 反映了汽车制造业的具体情况。同时,政府还提供了财政支持并采取了税收优惠政策。那些在 1986 年至 1988 年重组后破产的企业,其超过资产的所有负债都会被免除。9 863 亿韩元的债务被注销了,另一笔 16 406 亿韩元被允许推迟支付,还有 41 947 亿韩元的利息支付被推迟或减少。与此同时,政府还提供了 4 680 亿韩元的新的低息长期贷款。此外,这些公司还获得了价值 2 414 亿韩元的税收优惠。为了弥补商业银行的亏损,韩国的中央银行以 3% 的利率批准了 6 家银行总计 17 221 亿韩元的专项贷款(1985 年 2 999 亿韩元、1986 年 6 844 韩元、1987 年 7 738 亿韩元)。这一金额相当于在 1984 年至 1987 年期间储蓄基数净增了 53.5 个百分点。

表 2 - 10　汽车制造业的投资调整与产业合理化

日期	事件	备注
1980 年 8 月 20 日	乘用车生产将统一整合,现代汽车公司接手大宇汽车公司该类型汽车的生产。起亚将成为 1—5 吨的卡车垄断生产商。	投资调整
1981 年 2 月 28 日	允许现代和大宇双头垄断生产乘用车辆。起亚工业和东一电机将被合并负责其他类型汽车的生产。	投资调整
1986 年 7 月— 1989 年 6 月	禁止新的市场项目准入,由现有的四大生产商形成的格局确定。	产业合理化

资料来源:韩国经济企划院(1994,表 2.3.2 和表 2.3.6)。

有人也许会说,韩国政府因为要对参与重化工业建设而遭受失败的公司负责,所以必须对经济结构进行调整。这个说法并不是完全正确的,因为政府同样在努力对那些并不属于重化工业的部门施以援手,比如航运业、海外建筑及纺织业。事实上,政府对市场进行干预的一个更为重要的原因是担心大量公司或银行的破产①会引发新一轮的经济危机。政府的干预在短期内重振了那些濒临倒闭的企业,成功地阻止了经济危机的发生。但从长期来看,政府的干预其实影响了经济的稳定,因为政府规避了艰巨的重组,

---

① 朴永浩(Yeong-hyo Park,1985)宣布在 1985 年 10 月,银行的不良贷款已达到 4 万亿韩元,占总贷款的 14.5%。同样的,据安(Ahn,1986)估计,1985 年 11 月不良贷款超过了 5 万亿韩元。

同时又加剧了银行和公司的道德风险。在 20 世纪 80 年代,政府和民营企业之间的风险伙伴关系愈发紧密,而之前政府一直强调的以民营企业为主导的增长并没能够实现。如果政府在 80 年代任由那些公司破产,公司债务和之后银行的不良贷款数额就会大大减少,1997 年亚洲金融危机的冲击也就会缓和许多。另外值得我们关注的是,那些财阀在重组和产业合理化期间也顺势扩大了他们的产业规模。

2.4.3　金融市场自由化

20 世纪 80 年代到 90 年代初期,韩国的金融市场自由化进展得极为缓慢。80 年代初期,随着通货膨胀趋于稳定,实际利率逐渐升为正值,这就为利率改革创造了一个好的时机。但是,巨大的公司债务妨碍了利率的自由化,因为即便是细微的利率上涨也会造成利息支付的显著增加。韩国政府在 1984 年和 1986 年努力推行了部分金融市场自由化的政策,但是未收到显著的成效。随后在 1988 年 12 月,政府又宣布推动一个更具雄心的计划,可惜由于价格波动导致利率飙升,该计划在 1989 年夭折了。

1991 年 8 月,政府宣布实施"四阶段利率自由化方案"(Four-Stage Interest Rate Liberalization Plan),开始进行新一轮的利率改革。该方案建议利率自由化从长期利率转向短期利率,从证券市场利率转向银行利率,从使用大额工具转向小额工具。然而,在实际进行自由化操作时却没有遵循这个方案所制定的准则。全面实施自由化改革也被拖延了许多年,直到 1991 年的下半年才正式开始全面改革,最终完成则是在 1996 年至 1997 年间[赵润济(Yoon Je Cho),2003,pp. 85 - 86;经合组织,1996,p. 48]。

定向信贷(Directed credits)仍然在持续。1982 年,韩国政府将不重要的信贷项目并入一般信贷项目,显著地减少了利息补贴。但同时,政府又增加了对中小型企业(small-and medium-sized enterprises,SMEs)的贷款项目。从 1980 年开始,中小型企业贷款在银行借贷组合里所占最低比重加大,到了 1985 年,这一规定被非银行金融机构(non-bank financial institutions,NBFIs)所沿用。1983 年,韩国的中央银行开始对商业银行给各种中小型企业的贷款提供再贴现,并且在 80 年代中期之后进一步加大了扶持力度。因此,定向信贷额度的下降非常缓慢[金俊景(Joon-kyung Kim),1993,pp. 131 - 134]。

当然,韩国的中央银行在定向信贷方面存在的问题并没有限制其对中小型企业的支持。正如上文所述,1985—1987 年的韩国产业合理化调整期间,韩国的中央银行为商业银行提供了 17 221 亿韩元的现金。1987 年,作为减免农民和渔民债务计划的一部分,中央银行还对农业、渔业和畜牧业合作社发放了 2 500 亿韩元的贷款。1992 年,三家投资信托公司也从中央银行获得了 2.9 万亿韩元的贷款。其实在此之前,政府要求这些公司购买股票来支撑即将崩溃的股市,不过这种尝试最终失败了,并给它们带来了巨大损失,因此,政府只能通过中央银行借贷来弥补这些损失[金平珠(Pyung-joo Kim),1995]。

各方对韩国的中央银行一系列借贷行为的批评日益高涨。作为对这些批评的回应,1994 年韩国政府着手调整,精简中央银行的借贷项目,减少贷款规模(表 2 - 11)。其中,最重要的调整是取消了自动再贴现,以及将各种贷款项目合并为一种统一的项目,并设定贷款额度上限,这个上限由中央银行内部提前设定。这样的安排给了中央银行更大的调整空间(韩国银行,2005b,p. 97)。

表 2 - 11　韩国的中央银行信贷项目的变更(1994 年 3 月 14 日)

借贷项目	改革措施
· 商业票据再贴现 · 出口信贷 · 原材料和零部件生产基金 · 本地中小型企业基金	统一的借贷项目,贷款总额设定上限
· 暂时非流动性借贷	不变
· 农、渔、畜牧业基金	逐渐转变为预算项目
· 出口设备融资 · 中小型企业技术研发基金、污染治理设备基金、顾客融资 · 国防工业融资 · 流动性基金 · 无新增贷款基金	终止
· 投资信托公司正常基金	每 6 个月进行延期核检

资料来源:韩国银行(2005b)。

20世纪80年代早期，韩国涌现了一股商业银行私有化的浪潮。除了在1973年已经完成的一家私有化商业银行之外，1981年至1983年期间又有4家银行完成了私有化。[①] 然而，在银行私有化的过程中，政府的干预仍然在持续，包括管理人员的任命、资产的配置，以及组织的变动等方面。直到1993年，政府对银行行长任免权才被正式取消，但是其对银行的政治影响力仍然存在[经合组织，1996，p. 43；赵润济（Yoon Je Cho），2003，p. 94]。

80年代到90年代初期，韩国的金融市场可以见证大量银行和非银行金融机构的沉浮（进入或撤出）。韩国的非银行金融机构的前身包括了融资公司[②]，以及70年代就已存在的综合金融公司（merchant banking corporations）[③]。其他形式的非银行金融机构也纷纷涌现，如公募银行、人寿保险公司、投资信托公司、证券公司、投资咨询公司、风险投资公司，以及融资租赁公司，等等。这些非银行金融机构受到的市场监管相较银行要稍微宽松一些，因为它们的使命是从无序的金融市场里吸引资金转入受管理的市场中去。它们的存贷款利率也要高于银行利率水平，资产组合的限制要少，市场进入也较为容易，还有直接贷款也不是它们的义务。特别是一些财阀可以很容易地获取这些非银行金融机构的控制权，并能成功地游说政府进一步放松管制。这些因素使非银行金融机构在80年代获得了快速的发展[赵润济（Yoon Je Cho），2003，p. 94]。

80年代中期以前，非银金融机构不断挤占银行业务市场份额。韩国政府意识到了银行所面临的不利处境后，同意银行通过非银行中介的特殊账户（"信托账户"）开展信托业务。之后信托业务快速扩张，其国内债务总比重由1984年的5%增长到1993年的40%以上（经合组织，1994，pp. 102-103）。

[①] 韩国商业银行（1973年）、韩一银行（1981年）、韩国第一银行和首尔（汉城）信托银行（1982年），以及韩兴银行（1983年）。

[②] 融资公司在1972年"8月3日总统令"发布后首次被引入金融市场。主要业务包括贴现和商业票据交易。1982—1983年，在两起严重的金融诈骗案件发生后，共计有12家新的融资公司被引入，而到了1990年达到32家。但是之后几年愈发糟糕的商业环境迫使它们不得不转型为非银行金融机构。1991年，其中的5家变成了证券公司，3家转为银行，剩下的都转为综合金融公司（1994年9家，1996年15家）。

[③] 综合金融公司是由英式商业银行和美式投资银行混合而成，另外增加了中长期的贷款业务。在韩国，综合金融公司在第一次石油危机的冲击下诞生，旨在帮助国内公司进入国外资本市场，但是它们也会经营国内市场中的商业票据、证券及公司债券等业务。90年代初期，韩国只有6家综合金融公司。而随着24家融资公司的转型，1997年综合金融公司达到了30家。然而1997年金融危机发生后，其中的29家被迫倒闭或者被兼并，只有1家新的公司成立，整个韩国也只剩下2家综合金融公司。

进入 1993 年,韩国政府开始对商业票据(commercial papers,CPs)进行市场化改革,允许银行信托账户接受商业票据投资。另外,信托账户资产组合中证券份额的上限也由 40% 提高到了 60%。这些变化推动了商业票据市场的迅速扩张。1990—1992 年,商业票据在公司总融资额中所占比重仅为 2.5%,1993—1996 年,这一比重上涨到了 13.1%,并在 1997 年达到顶峰占到 17.5%。大额的银行贷款通常需要详细的项目计划,而商业票据只要求公司拥有信用评级机构给予的合格评级,因此,商业票据在企业中更受欢迎 [赵润济(Yoon Je Cho),2003,p. 96]。

银行和非银金融机构不断成立、转型、兼并以及多元化发展,这些对金融市场自由化而言是利好现象。不过,由于韩国政府对金融市场的审慎管理并未同时加强,因此,自由化使得金融系统变得不稳定。当时审慎监管存在的问题可以总结如下:

第一,随着商业票据市场和银行信托账户的扩张,脱离了审慎监管的贷款数额增长了。例如,银行对一般账户的贷款规定了单个借款人贷款的最高数额,而信托账户申请相同金额贷款时,贷款人则不受类似规定的限制 [赵润济(Yoon Je Cho),2003,p. 87]。

第二,金融市场审慎监管采用的标准仍然是过时的标准。在 1997 年的金融危机之前,银行的监管以《管理完善措施》(Management Improvement Measure)为基础,类似于在危机之后所采取的一些及时纠错行为。然而,该措施存在诸多的缺陷,如识别"问题银行"的标准十分复杂,对纠正措施的规定既不客观也不透明,由政府自行决定是否采取行动,政府不能关闭陷入困境的银行,等等 [崔元炯(Won-hyeong Choi),1996]。至于非银行金融机构,由于缺乏相应的监督制度(例如没有对资本充足率的要求),以及韩国财政部(the Ministry of Finance,MOF)没有实施强有力的管理,因此,对它们的监管实际上是不存在的。金融危机发生后,一些综合金融公司竟然被发现仍在从事金融诈骗活动 [申(Shin)和韩(Hahm),1998,p. 28]。

第三,政府各个管理部门都参与了审慎监管,这在实际监管时就产生了管理重叠区和空白区的问题。韩国的中央银行内的银行监管办公室负责对银行部门、财政部以及大多数非银行金融机构部门进行监管。在银行部门内部,一般账户由银行监管,办公室负责监督,而信托账户则由财政部负责监管。韩国的中央银行主要关注的是银行业是否遵守政府制定的信贷分配准则,而对银行信用风险敞口的评估和如何防止银行存在过度冒险经营行动不太重视。韩国财政部则是没有足够的人力和专业知识对金融机构进行恰当的管理[赵润济(Yoon Je Cho),2003,p. 95]。

第四,以市场为主导的金融体系的健康运行需要加强基础设施建设,但韩国政府对此不够重视。例如,会计核算制度和会计信息披露规范始终没有改变,信用评级能力也未得到加强[赵润济(Yoon Je Cho),2003,p. 96]。

总而言之,在 20 世纪 80 年代到 90 年代初,金融市场自由化程度逐渐提高,当时很多掌控着非银行金融机构的财阀尤其要求放松管制。然而,自由化进程却缺乏明确的方向,也没有与之相配套的强有力的审慎监管制度。这项根本性的改革由于政客和官僚不想承担短期成本而被推迟了。执行审慎监管需要对许多企业和金融机构进行重组[1],这将有助于明确国家、企业和金融机构各自的责任,解除它们之间的风险伙伴关系,但是它们却没有朝这个方向去努力。菲利普·林源赫(Phillip Wonhyuk Lim,2001,p. 15)将政府放弃直接指导经济却仍然要承担经济风险描述为"未去除保护的放松管制"。如果政府为解除对企业和金融机构的保护而采取计划周详的行动,即使不能阻止 1997 年金融危机的发生,也会大大减轻危机所带来的痛苦。

2.4.4　市场开放

由于第二次石油危机的发生,韩国政府在 1978 年宣布的进口自由化在 1979 年至 1980 年遭遇停滞,但在 1984 年外部不平衡消除后,进口自由化得以继续并加速推进。1986 年,韩国经常账户余额首次转为盈余,在接下来的几年里迅速增长。1989 年,韩国与美国之间的贸易冲突加剧,韩国政府开始减少对进出口的数量限制。1990 年 1 月,由于出口盈余的增长,韩国成为遵守《关贸总协定》第 11 条(GATT Article XI)的国家之一,因此,韩国不能再像以前那样,为实现国际收支平衡而进行贸易限制。总体而言,在 1981 年至 1995 年期间,韩国平均法定关税税率从 34.4% 下降到了 9.8%,同时随着进口自由化程度的提升,取消进口数量限制的比重也从 60.7% 上升至 92.0%

---

① 如上所述,利率改革因为同样的原因被推迟了。

[金光宿(Kim Kwang Suk),2001,p. 82]。

韩国进口自由化的主要目的不是为了提高消费者的福利,而是要将国内企业推到国际竞争的环境中以提高国内产业的竞争力[安(Ahn)与金(Kim),1995,p. 342]。收支平衡也是韩国政府要考虑的一个重要因素,其中一个例子是在1979年至1980年自由化遭遇的停滞;另一个例子是进口多元化体系(1977—1999)的引进,该体系通过禁止特定商品的进口来减少与日本的贸易逆差。尽管如此,到20世纪90年代中期,韩国市场自由化的程度已经可以与其他经合组织成员国的自由化程度相媲美(经合组织,1994,p. 64),而且并未削弱对农业保护的重视。

资本市场的开放进程远远滞后于贸易自由化。最值得关注的是韩国政府对国内货币供给和实际汇率波动的控制。在70年代末和80年代初期,经常账户出现巨额赤字,政府加强了对资本外流的限制(经合组织,1996,pp. 51-55)。在80年代后半期,随着外商直接投资领域限制的放松和政府对有关进口信贷及商业银行贷款使用法规的严格执行,经常账户盈余十分可观,因此,政府又采取了相反的措施。公共部门停止从国外借贷并开始偿还外债。随后,在1990年至1993年间,当经常账户又一次出现赤字时,政府开始推动长期资本流动的自由化。1992年1月,股票市场开始对外商开放,允许外商在特定上限以下对上市公司进行投资。

尽管出现了零星的、局部的自由化,国内资本市场在很大程度上仍是对国外关闭的,这种状态一直持续到了90年代初。1992年,在经合组织有关资本账户自由化的条目中,韩国市场限制的比重达到89%,远远高于经合组织17%的平均水平(经合组织,1994,p. 118)。1993年6月,韩国政府宣布了三阶段金融自由化和市场开放计划(Three-Stage Financial Liberalization And Market Openting Plan),标志着解放资本市场的努力开始了,这是韩国加入经合组织和促进韩国经济全球化策略的一部分。随后,政府又制定了外汇体制改革计划(Exchange System Reform Plan,1995年12月)。尽管如此,在1997年金融危机发生以前,韩国资本市场的开放在本质上是被动的,自由化计划所采用的是正面清单管理方法(positive-list approach)[经合组织,1996,p. 62;姜(Kang)、车(Cha)与纳赫(Nah),1996,p. 54]。

金（Kim）和申（Shin）认为，金融危机前的资本市场自由化是以银行为中心的。韩国政府放松了企业对外贸易融资和银行短期外汇借款的管制，但却推迟了对其他类型资本流动的自由化计划。政府是在传统的手段足以监控金融系统稳定的前提下授予银行更大的自由度来进行海外活动的。其实，银行一直以来承担着调节货币供给（韩国的中央银行直接控制银行的信贷，向银行出售央行票据来吸收过剩的流动货币）和扶持陷入困境的企业（正如在 80 年代中期产业合理化过程中的操作）的任务。韩国政府这样做的理由是，这些政策在稳定经济方面获得了显著的成功。

90 年代中期，韩国政府大幅减少了对银行和非银行金融机构的海外活动的约束。政府相信，资本市场自由化不会影响国内宏观经济的稳定，反而可能会有利于提升国内金融机构的国际竞争力［金（Kim）与申（Shin），2003，p. 24］。1994—1996 年，多达 24 家融资公司转型为综合金融公司，并且走上了国际化的道路，国内各家银行也创建了 28 家海外分支机构。海外投资的热潮导致对低成本资本的强烈需求，综合金融公司的借贷量激增。鉴于政府对长期借款的监管比较严格，银行主要依靠短期而非长期借款来满足海外借贷的需求。而政府对银行短期借款管制的放宽进一步提高了借贷需求，放宽管制的举措主要是将商业银行债务组合中的长期负债的最低份额由 60％降至 40％［赵润济（Yoon Je Cho），2003，pp. 89 - 90］。①

外币资产和负债之间的平衡对私有金融机构甚至整个经济系统都构成了严重的威胁，但韩国政府并没有对此加强必要的监管。与韩国金融市场自由化进程一样，政府没有对资本市场开放进行相应配套的审慎监管。直到 1997 年 6 月，银行监督办公室才制定了外币流通性比率指引。而在金融危机之前，财政部对非银行金融机构没有制定任何形式的指引准则［申（Shin）与韩（Hahm），1998，pp. 27 - 28］。政府相信通过银行自我调节足以确保宏观经济的稳定。不过，后来发生的 1997 年的危机证明了这种观念是严重错误的。

2.4.5　竞争政策和财阀政策

如上文所述，韩国政府对市场进行广泛的干预，这种干预一直持续到了

---

① 撤销监管的目的在于让银行的外汇借贷业务相对商业银行更具有竞争性。

90 年代初期。在这种情况下,很多时候企业进入或退出市场并不是由市场力量决定而是由政府主导的。与此同时,韩国经济发展的规模在稳步扩大,发展的力度也在持续增强。例如,在制造业方面,造船业每年的实际产值在 1975—1995 年的 20 年期间增长了 5.5 倍,公司的数量增加了 4.2 倍。相应地,市场竞争程度也日趋激烈。

1980 年,韩国政府立法通过了《垄断监管和公平贸易法》(Monopoly Regulation and Fair Trade Act,MRFTA),并于 1981 年正式开始实施该法案,这对提升市场竞争水平起到了重要的作用。该法案明文规定限制或者禁止下列行为:滥用市场主导地位、进行非竞争性的并购、过度的联合经营行为、采取不平等的经营模式、通过同业公会来压制市场竞争、控制转售价格和签订非竞争性的国际合约,等等。该法案随后又几经修订,将之前在传统竞争法案监管范围外的财阀集团也纳入监管对象。[①] 负责竞争法案的监管部门也有所调整。1981 年,韩国经济企划院成立了公平贸易委员会(Fair Trade Commission,FTC),1994 年该委员会从企划院脱离出来,成了一个独立的机构。1996 年,公平贸易委员会的主席获得了等同于韩国政府部长级别的地位。

尽管取得了很多成绩,《垄断监管和公平交易法》在履行促进市场竞争的职责时还是遭遇了许多问题。比如,该法案对许多政策制定者来说仍比较陌生,并且没有获得民众的广泛支持。政府主导市场的传统影响深远,让很多人怀疑自由公平竞争能否有效促进工业发展。80 年代,韩国政府持续广泛地干预市场,设立进入市场壁垒,推进产业合理化,牢牢掌控大部分国有企业,同时实施价格监管。非竞争性的政府管理规定不仅在制造业,而且在服务业与一些国有企业部门中也很普遍。废除监管规定与进行私有化的进展均比较缓慢,这严重限制了该竞争法案作用的发挥[柳圣敏(Seong Min Yoo),1997a]。

直到 20 世纪 80 年代末,这种现象才逐渐好转。1988 年,新一届韩国政府最先选定酒类、炼油等 10 个行业部门作为放松管制的对象,旨在提高这些

---

① 最初,《垄断监管和公平交易法案》只是强调预防市场过度集中的必要性,并没有明确规定具体的措施。之后在 1986 年的第一次修订版中,首次提出了对交叉持股的管控;1992 年第三版,将交叉担保纳入监管。1994 年,在第四次修订版中,降低了交叉持股的比例上限。

行业内部的竞争。1989 年,航运、公路客运等 8 个行业也被纳入该政策监管目标中。此后,公平贸易委员会又与私营企业及相关管理部门进行了协商,筹划新的放松监管计划。1990 年,作为政府全面振兴经济计划(Comprehensive Economic Vitalization Program)的一部分,韩国总理办公室成立了解除管制管理委员会(Administrative Deregulation Committee)。1993 年,金泳三(Kim Yong-sam)继任总统,其政府继续推行放松管制的措施,扩大放松管制的范围。

然而,韩国经济在经历了 1986 年至 1988 年的快速增长后,在 1989 年急转直下陷入衰退,政府迅速对市场改革的主要目标作出调整。解除市场管制是为了将企业从政府官僚控制下解放出来,刺激投资,而不是通常所认为的构建一个竞争性的市场结构体系。1990 年的全面振兴经济计划就是一个典型的例子。

改革目标的转变引发了市场混乱,同时也扭曲了改革的进程[柳圣敏(Seong Min Yoo),1997b]。在经济、社会和行政法规三个方面,尽管经济法规对市场竞争的影响最大,但政府却往往将解除市场管制的改革集中在行政法规方面。监管制度的改革不仅仅是要解除管制(废除不必要的、破坏市场竞争的规定),还需要引入好的制度(改进必要的规定,提高其有效性)。可惜韩国政府并没有做到这一点。监管制度改革对整个市场有益,但对企业来说不一定有好处,改革会给它们带来更多的竞争,使它们的处境更加艰难。但"对企业友好的放松管制"方式很可能导致政策制定者采取不利于市场竞争的规则去解除管制。

私有化是实施有效竞争政策的另一个先决条件,但是韩国政府也没能始终如一地贯彻下去。韩国的产业私有化可以追溯到 20 世纪 50 年代,当时的政府向民众公开出售二战后日本人留下的资产。此后,航空业、航运业、采矿业以及制造业中的国有企业都在 1968 年完成了私有化,到 80 年代初,银行和炼油业中的国企也都完成私有化进程。1987 年,政府又公布了一项雄心勃勃的计划,决定将部分大型国有企业实行私有化,包括韩国电信公司、韩国电力公司,以及浦项钢铁公司等。然而,私有化计划只完成了的一部分,后来就被迫终止了。因为大量新股的发行给股市带来了沉重的负担,而一旦财阀们大量收购国有企业的股票,则会导致经济权力的进一步集中。

此外,大型国有企业的管理者和员工也强烈反对这些私有化政策。1993年,金泳三政府宣布了另一项突破性的计划,即政府将抛售在剩余133家国有企业中的58家企业里所持有的全部股份。但是该计划在实施的过程中同样遭遇了抵制,持续的时间很短,远远少于计划最初预计的时间。

尽管政府推出的市场竞争政策仍然处在尽力落实的阶段,但对财阀们的监管则在逐渐增强。1974年,政府为了阻止财阀经济权力的过度集中,开始实行信贷控制制度(credit control system),然而此项制度并没有得到强有力的执行,不久就被废弃了。之后,在1980年,其他一些相关法规陆续出台,但同样一年后就都被撤销了。直到1987年,针对财阀的监管政策才又有了一些新的进展。在新修订的《垄断监管和公平贸易法》中,加入了对企业集团之间交叉持股管理的规定与所谓的一揽子信贷控制条款①。此后,这两个规定也成了财阀监管政策中的重要组成部分。政府还加强了对其他方面的管理,包括企业集团之间的交叉担保、内部交易、商业多元化和所有权结构等。不过,尽管政府制定了如此众多的监管措施,还是未能有效地阻止经济权力过度集中的趋势。1980—1990年,采矿业和制造业的前100强公司始终拥有约40%—45%的市场份额和20%左右的劳动力,而且没有显现任何下降的趋势(图2-14)。

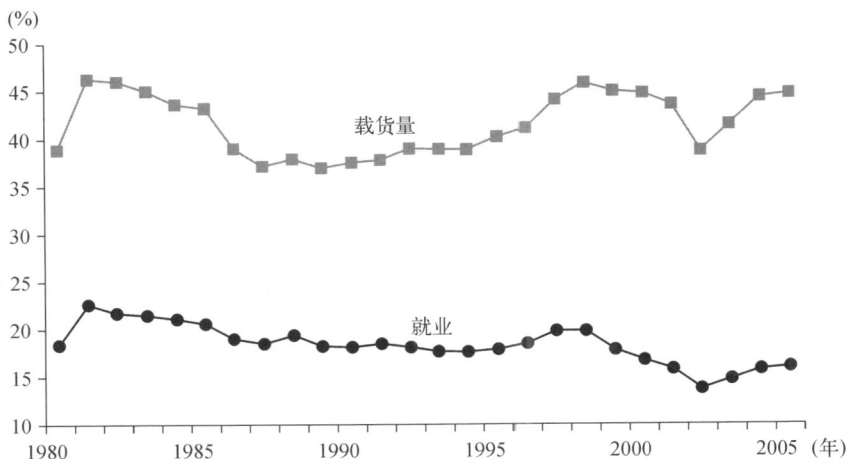

图2-14 采矿业和制造业前100强企业市场份额

资料来源:李载宪(Jae Hyung Lee,2007,表4-4)。

---

① 一揽子规定被用于最大的50家财阀,旨在监督和管理银行对每个财阀及其子公司贷款的总流入。

考虑到那个时代财阀所面对的各种机会,这种现象并不令人感到意外。一方面,根据"太大不能倒"的原则,韩国政府为财阀的扩张提供了隐性的担保。事实上,财阀的规模越大,政府就越有可能施以援手,使其免于破产。而市场的低利率也鼓励财阀通过借贷来融资。另一方面,对于财阀来说,国内市场规模太小,无法通过专业化实现规模经济,因此,多元化经营是它们的自然选择。而且,韩国政府的进口管制措施削弱了外商在国内的竞争力,这样保障了财阀能顺利地实现多元化发展。政府施行的各种针对财阀的监管规定治标不治本,并没有触及财阀问题产生的根本原因,因此,注定是失败的[李(Lee)与柳(Yoo),1995,p.414]。

韩国财阀不仅在经济领域的影响力越来越大,同时它们在政治上的影响力也在逐渐增强。1988年,韩国从政治独裁制度转型为民主制度后,财阀也逐步挣脱了政府的控制。他们变得更加活跃,甚至在必要的时候会毫不犹豫地站出来批评政府。

面对这些变化,韩国政府只有两个选择[柳圣敏(Seong Min Yoo),1997a,p.34]。其一,不再为财阀提供隐性政府担保,并加快市场自由化的进程,引入竞争和破产机制削弱财阀的影响力;其二,根据财阀的具体获利行为,采取相关法律有针对性地进行管理。政府选择了后者,但显然未能起到根本作用。

最根本的解决方法在于取消韩国政府和企业之间风险伙伴的捆绑模式,强化促进市场竞争机制、放开利率,以及对国外生产商开放国内市场。不过,直到1997年金融危机之后,这些改革措施的大部分才得以实施。

2.4.6 快速增长的政府支出

1987年,当财政平衡账户恢复稳定后,为满足快速增长的公共服务的需求,韩国政府开始大幅增加财政支出。结果,政府的一般性支出①从1987年占GDP总量的18%上涨到2009年的30%(图2-15),其中,中央政府的支出也出现了类似的增长。

如果我们将政府的支出按照职能进行分类,可以看出韩国政府在社会福利方面支出增长的幅度特别大(图2-16)。一个重要的因素是,韩国政府

---

① 一般性政府支出是指中央和地方政府的总支出。

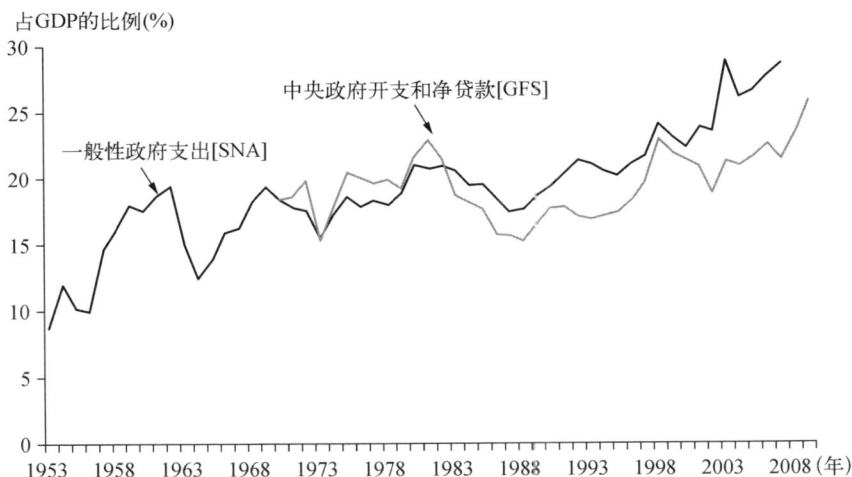

图 2 - 15　一般性政府支出和中央政府支出（1953—2009）

资料来源：韩国银行（http://ecos. bok. or. kr）、韩国企划财政部（http://www. mosf. go. kr）

注：SNA 指的是国家账户体系，GFS 是指政府财政统计。前者数据由韩国银行提供，后者数据来自韩国企划财政部。

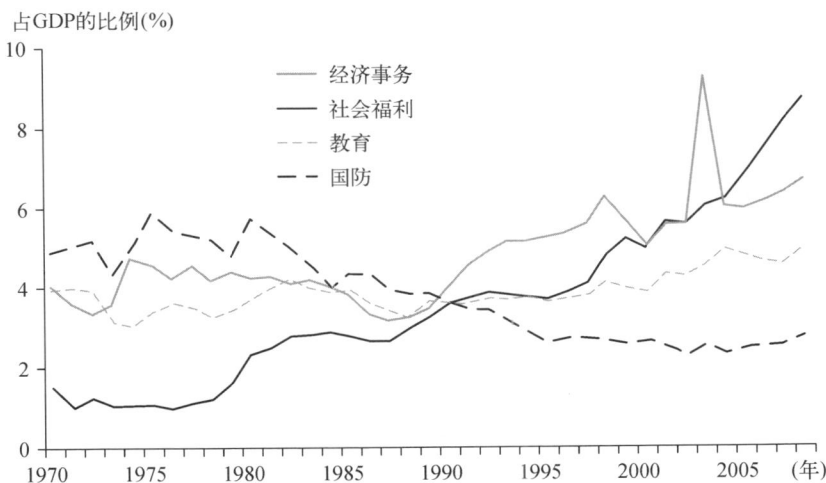

图 2 - 16　按职能划分的政府支出（1970—2008）

资料来源：韩国银行（http://ecos. bok. or. kr）。

注：（1）经济事务还包括基础设施投资，以及对中小型企业和农民的补贴。
（2）社会福利包括社会保障、医疗保健、住房和社区服务。

在 1977 年颁布实施了《国民健康保险制度》(National Health Insurance, NHI)，该制度最初适用于员工规模在 500 人以上的大企业。经过此后几个阶段的扩展，最终在 1989 年覆盖到了全部的韩国国民，韩国政府在这一段时间内的支出也因此显著增加(表 2-12)。①

表 2-12　国民健康保险的主要指标(1977—2008)

(单位:1千人,％,10 亿韩元)

	1977 年	1980 年	1985 年	1990 年	1995 年	2000 年	2005 年	2008 年
参保人	3 200	9 226	17 995	40 180	44 016	45 896	47 392	48 160
占总人口比重(%)	8.8	24.2	44.1	93.7	97.6	97.6	98.5	99.1
收入(A)	15	113	639	2 432	5 614	9 828	21 091	29 787
保险缴纳	14	96	598	1 884	3 601	7 229	16 928	24 973
政府补贴(B)	0	1	2	364	755	1 553	3 695	4 026
支出(C)	5	91	648	2 164	5 076	10 744	19 980	28 273
占 GDP 比重(%)	0.0	0.2	0.7	1.1	1.2	1.8	2.3	2.8
平衡(A—C)	10	22	−9	268	538	−917	1 111	1 514
平衡(A—B—C)	10	21	−11	−96	−217	−2 469	−2 584	−2 512

资料来源:韩国统计厅(www. kosis. kr)。

政府还努力地增加住房供给。韩国的住房供给率在 1990 年至 2000 年期间由 72.4％增加到了 96.2％(表 2-13)。

表 2-13　住房供给率(1960—2008)

(单位:％)

	1960 年	1970 年	1980 年	1990 年	2000 年	2002 年	2007 年	2008 年
住房供给率(修订)	82.5	78.1	71.2	72.4	96.2	100.6	108.1 (99.6)	109.9 (100.7)

资料来源:韩国统计厅(http://www. kosis. kr)。

注:(1) 住房供给率＝房屋数量÷户数，其中户数包含单人和无家庭住户。

(2) 修订指的是根据一套住房多个家庭进行调整，也包含单人住户。

---

① 其他社会保障制度包括工伤保险补偿制度(1964 年)、国民养老保险制度(1988)，以及就业保险制度(1995 年)均按照类似的方式建立和逐步扩展，但是这些制度的实施对政府总支出的影响相当有限。

除了社会福利方面的支出,韩国政府对国内经济事务上的支出从20世纪90年代初期也在迅速增加,开工建设了公路、地铁、水坝以及供水设施等一系列的项目。[①] 一直以来,经济和教育方面的支出占据政府一般性财政支出的40%左右,其中经济支出略高于教育支出。经济事务上的支出促进了经济基础设施的快速扩展(表2-14),而教育支出则保证了入学率的快速增长(图2-17)。目前,韩国的中小学的入学率接近100%,私立学校和公立学校都主要依赖中央政府的财政资助。[②]

表 2-14 交通设施的扩建

	公路		高速公路		铁路		海港(货物吞吐能力)		机场(航班)	
	千米	(1980=1.00)	千米	(1980=1.00)	千米	(1980=1.00)	(万吨)	(1980=1.00)	(千架次)	(1980=1.00)
1962 年	27 169	0.58	—	—	2 032	0.97	—	—	140	0.14
1970 年	40 244	0.86	—	—	3 193	1.02	—	—	600	0.6
1980 年	46 951	1.00	1 225	1.00	3 135	1.00	82.3	1.00	1 006	1.00
1990 年	56 715	1.21	1 551	1.27	3 091	0.99	224.3	2.73	1 331	1.32
2000 年	88 775	1.89	2 131	1.74	3 123	1.00	430.4	5.23	2 025	2.01
2008 年	104 236	2.22	3 447	2.81	3 381	1.08	758.6	9.22	2 222	2.21

资料来源:韩国国土海洋部(http://www.mltm.go.kr)。

---

① 例如,西海岸高速公路、首尔(汉城)至釜山高速铁路、仁川国际机场等。即使这些基础设施投资占据了政府财政支出的很大一部分,但还应该注意的是,政府支出也包含了对生产者的补贴以及其他可能的非生产性支出。详见第5章有关基础设施投资的讨论。
② 另一方面,大学和专科学校的教育主要依靠学费支持。详见第6章有关教育政策的讨论。

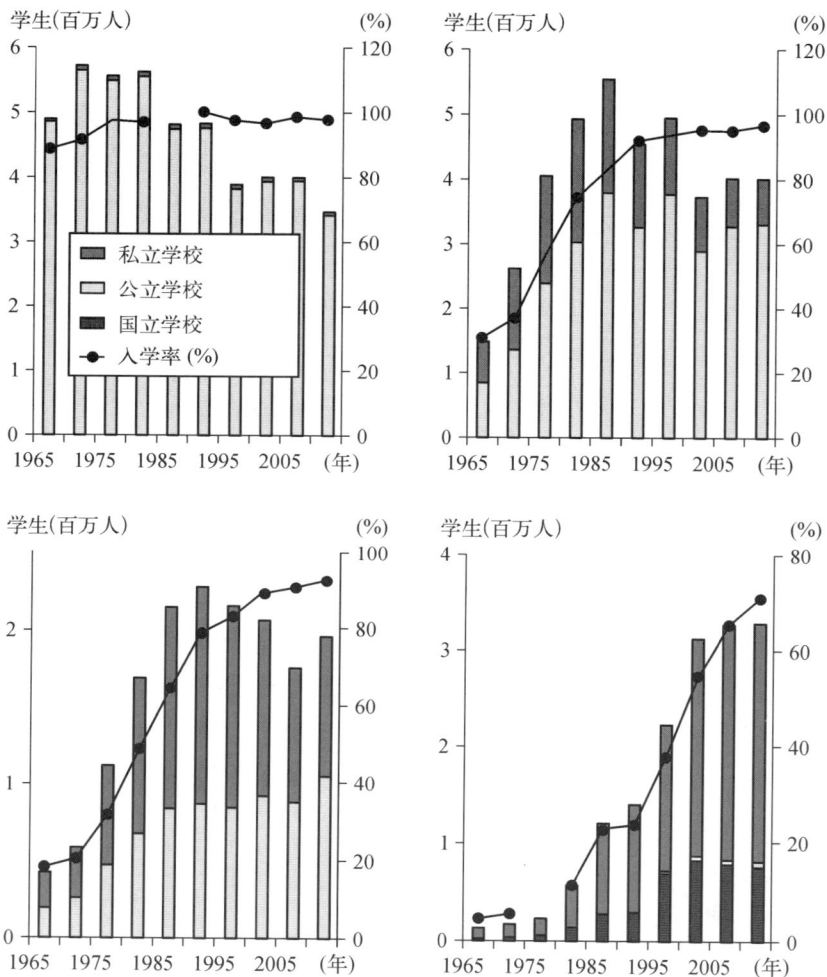

图 2‑17　入学率和入学人数（1965—2009）

资料来源：韩国教育研究院（http://cesi. kedi. re. kr）。

注：(1)"公办学校"是指由地方教育局或地方政府设立的学校。

(2) 在册率＝适龄在册学生数量/适龄人口。适龄范围为：小学 6—11 岁，中学 12—14 岁，高中 15—17 岁，大学 18—21 岁。

(3) 图表中最近的一年为 2009 年。

■ 2.5 金融危机至今（1997—2009）

2.5.1 金融危机及其原因

1997 年 11 月,国外投资人紧急撤走他们投入到韩国国内银行的贷款,金融危机在韩国开始爆发。韩国的中央银行立即向商业银行提供了紧急贷款,但是贷款的规模远远不够银行迅速扩大的对外币的需求。韩国外汇储备迅速减少,随之韩元价值开始暴跌。

在危机爆发之前,韩国各项宏观经济指标并没有出现什么异常变动(表 2 - 15)。产出增长、货币供给量、利率、居民消费者价格通胀率、汇率以及财政平衡指标的变动都在正常区间之内。唯一不稳定的信号来自对外部门。1996 年,由于半导体价格的暴跌带来的贸易条件的冲击,国际现金账户赤字在当年激增至 GDP 的 4%。从 1992 年开始到 1996 年,韩国的对外债务总额每年增长 27%,1996 年的债务总额达到 1 633 亿美元。更为重要的是,1996 年短期外债上升到了当年外汇储备的 280%。这些外债疯狂增长大多是由于金融机构的外币借贷引起的。

应对金融危机的黄金筹备活动

风险管理水平的低下导致韩国国内的金融机构在面对外来冲击时变得愈发脆弱。数据的缺乏又使得政府无法估量问题的严重性,据韩和米西金(Hahm and Mishkin,2000)估计,1996 年不良贷款占企业信贷总额的比例高达 22%,这充分反映了当时韩国企业盈利能力的低下(表 2 - 16)。在 1996 年和 1997 年,韩国最大的 30 家财阀的平均资产收益率(return on assets,ROA)分别为 0.2% 和 -2.1%。1997 年初,一些财阀濒临破产,再加上普遍的流动性资金的短缺,整个韩国的企业都被拖入到困境之中。

表 2‑15 主要宏观经济指标（1991—2000）

单位 年份	产出增长	货币供给增长	公司债的实际收益率	居民消费者价格通胀率	实际有效汇率	财政收支平衡	经常账户收支平衡	商业票据违约率	失业率
	%	%	%	%	2005＝100	占 GDP 的百分比%	占 GDP 的百分比%	%	%
1991	9.7	12.1	7.9	9.3	89.0	−2.2	−2.7	0.06	2.4
1992	5.8	13.0	7.7	6.2	104.2	−1.1	−1.2	0.12	2.5
1993	6.3	11.8	5.8	4.8	107.3	−0.6	0.2	0.13	2.9
1994	8.8	15.8	4.9	6.3	106.1	−0.4	−0.9	0.17	2.5
1995	8.9	10.8	5.9	4.5	104.9	−0.5	−1.6	0.20	2.1
1996	7.2	11.2	6.6	4.9	101.2	−0.9	−4.0	0.17	2.0
1997	5.8	9.7	9.2	4.4	107.9	−2.5	−1.6	0.52	2.6
1998	−5.7	7.2	9.7	7.5	142.1	−5.0	11.3	0.52	7.0
1999	10.7	9.2	10.0	0.8	124.6	−3.7	5.3	0.43	6.3
2000	8.8	6.1	8.3	2.3	115.6	−1.0	2.3	0.39	4.1

资料来源：韩国银行（http://ecos. bok. or）；经合组织（http://stats. oecd. org）；韩国统计厅（http://kosis. kr）；韩国经济企划院。

注：产出增长率和货币供给增长率使用的是实际值。它们和公司债的实际收益率都是从 GDP 平减指数获得。

国际金融市场也变得愈发不稳定。1997 年 8 月，外汇危机开始在泰国和其他东南亚国家爆发。1997 年 10 月，亚洲股票市场崩盘，对金融市场的恐慌蔓延到了日本。国际信贷评级机构开始下调韩国评级等级，最终在当年的 11 月末，韩国全面爆发金融危机。

关于这场金融危机爆发的原因众说纷纭。大致可以分为两种，一种是从国家的经济基础层面去寻找根本原因，另一类则强调危机"自我产生"的天然性。第一种解释认为，汇率政策与其他政策（特别是货币政策和财政政策）之间产生的矛盾；企业与银行部门中的财务弊端（financial weakness）；政府对企业和金融机构的隐形担保；以及不可持续的经常账户赤字，等等，这些造成经济疲软的基本因素都是导致金融危机发生的主要原因。例如,在东亚、东南亚国家中,政府与私营企业之间存在的不合理的关系,即所谓的裙带资本主义(crony capitalism),在经济发展中产生了各种问题,并不断扩散。当国际投资者们意识到这些缺陷可能产生巨大风险并开始大量从这些国家撤出资本时,金融危机就爆发了。

与此相反,第二种解释认为国际金融市场具有高度的内在不稳定性。当每一个债权人都预期其他债权人会从该国撤出资本时,会使该国发生"逃离"("run")现象,从而使货币贬值、银行破产。即使该国的经济基本面是健康的,它的经济也会被这样的集体行为摧毁。拉德莱特和桑切斯(Radelet and Sachs,1998)认为,危机之后东亚国家的迅速崛起表明,它们的问题并不是因为疲软的经济导致的无法偿债,而在于国际投资者不正常的撤资导致的流动性资金不足。以韩国为例,只有在国外的债权银行一致同意将短期债务延期时,韩国才有可能走出危机。

表 2-16 三十大财阀平均资产收益率

(单位:%)

财阀资产排位	1993 年	1994 年	1995 年	1996 年	1997 年
前五 次前五 次前二十	1.86 0.87 −0.40	3.54 1.17 −0.06	4.86 1.10 −0.08	1.41 −0.49 0.08	0.43 −2.15 −3.00
三十大总计	1.11	2.19	3.15	0.23	−2.13

资料来源:韩国公平贸易委员会,引用高永善等学者(2007)。

这两种对立的观点都没有充足明确的证据来获得支持,不过这也意味着在某种程度上两种观点都说明了一定的真相。韩国政府采取应对的政策集中在:(1) 重组企业和金融业以解决经济基础的疲软问题;(2)寻求国际帮助以克服流动性资金不足。下面的章节主要阐述危机后的韩国政府的应对政策。

2.5.2 应对危机的政策

2.5.2.1 货币政策和财政政策

韩元的突然贬值使企业和银行部门遭受了巨大灾难,韩国经济遭遇了前所未有的危机。最初,政府实施紧缩的货币政策和财政政策,目的是减少国内需求、提高经常账户余额并稳定汇率。在危机爆发前,公司债券收益率为12%,而到了1997年底飙升至30%以上,到了1998年的第二个季度,汇率开始稳定,且经常账户开始出现大量盈余。(表2-15)

然而,韩国的紧缩性政策加剧了经济衰退,受到国际货币基金组织的公开批评,国际货币基金组织要求紧缩性政策要以流动性为支撑。很难确定如果韩国采取更为宽松的政策将会发生什么;不过,紧缩性政策对于稳定外汇市场似乎已经是不可或缺的。面对外国债权人的大规模撤资,国内金融机构涌向外汇市场,并用借来的资金购买外汇。如果没有高利率限制金融机构借债,韩元早已大幅贬值[金(Kim)与赵(Cho),2003,p.379]。

随着流动性危机的平复,政府转向实施宽松性政策,降低利率,适度增加财政赤字。由于发达国家市场的需求拉动了强劲的出口,韩国产出增长得以迅速恢复,增长率从1997年的-5.7%增加到1998年的10.7%。政府还对企业、金融、公共部门及劳动力市场进行了一番彻底的改革。宽松的货币政策和财政政策降低了宏观经济风险,推动了微观经济改革。

2.5.2.2　企业改革

韩国企业改革有两个目标:一是重组无偿债能力的破产企业;二是强化市场纪律以预防未来可能出现的危机。

首先,危机企业重组工作依赖于两个策略。一个策略是在韩国财阀之间进行的,由政府安排并强制执行业务交换,即所谓的"大交易"(big deals)。另一个策略是实行庭外债务清偿,也被称为"场外"程序,即公司和其债权人采用比正式诉讼更灵活的方式协商,安排缓期偿还或进行债务重组。这些手段是加快重组的紧急措施。它们与20世纪80年代韩国产业合理化的区别在于,处理不良贷款的规模要大得多。此外,通过邀请国内外投资者购买破产企业,也使企业重组过程变得公开透明。

其次,企业的结构改革要基于"5+3"原则。1998年1月,当选的金大中总统和四大财阀的所有者们就以下几点达成了统一意见:(1)提高企业管理的透明度;(2)禁止债务互保;(3)彻底改善资本结构;(4)专注于核心业务并加强与中小企业合作;(5)加强控股股东和管理者的责任。根据这5条原则,强制要求财阀合并财务报表;引入国际会计准则;上市公司必须要任命外部董事;所有公司的债资比率(debt-equity ratio)的上限统一设定为200%(计划在1999年底实现);修订商业法,承认了事实上的董事,这些董事虽然没有名义上的头衔,但是执行董事长职责(如控股股东)。1999年8月,又增加了另外3条原则:(1)改善非银行金融机构的管理结构;(2)制止财阀集团内部循环持股,并阻止不公平的内幕交易;(3)禁止非法继承及赠予。这3条原则的主要目的是阻止财阀利用他们控制之下的非银行金融机构来逃避重组,并防止财阀所有者将他们的控股权非法移交给他们的后代及亲属。

在"5+3"原则中,有两个原则(增强企业透明度和加强控股股东及管理者的责任)对于加强市场纪律是必不可少的。其他的原则(禁止债务互保,改善资本结构等)是在市场规则不能正常起作用期间所采用的临时措施。大宇集团(Daewoo)认为政府不会让五大财阀衰败,在1997年底至1998年9月间发行大量的公司债券(17万亿韩元),这起事件也说明了市场秩序的缺失。

抗议财务重组

除了"5+3"原则,韩国政府在消除企业道德风险、改善公司管理、加强市场竞争等方面也做了进一步的努力。首先,为了消除企业的道德风险,政府引入了部分存款保护制度和对不良贷款设定风险预警标准,并允许资不抵债的企业破产,例如1999年破产的大宇集团,当然,这会给相关的股东、金融机构以及其他有关部门带来一定的损失。其次,为了改善公司管理,政府放宽了对行使股东权利条件的限制,扩大了机构投资者的作用,并解除了对并购(mergers and acquisitions,M&As)的管制,使得股东拥有了相对于管理层更有利的地位。最后,为增强企业的市场竞争能力,政府几乎完全解除了对外商直接投资的管制,废除了进口多元化制度,并修订了企业破产法。

2.5.2.3　金融业改革

与企业改革一样,金融部门的改革也有两个目标:一方面,希望通过重组整顿尽快规范金融体系;另一方面,重建金融安全网,防止未来可能出现的危机。

首先,为规范金融体系,韩国政府计划在国家主导下对金融机构进行快速重组。一方面,政府通过资本注入的形式整顿了那些会带来系统性风险的金融机构(如大型银行)。为将企业道德风险降到最低、维持市场纪律,政府撤换了现有金融机构的管理层,抛售了持有的股票,裁减冗余员工。另一方面,政府逐步缩减了那些对金融体系构成微小系统性风险的机构(如小银行和商业银行)。

其次,为重建金融安全网,政府成立了对银行、证券以及保险进行统一监管的组织。此外,政府还及时采取了纠正措施,不良贷款的设定标准变得更加严格,1999 年成立的韩国资产管理公司(the Korea Asset Management Corporation)主要职责就是购买和处置金融机构的不良资产。

1998 年 5 月,第一轮金融债券发行,韩国政府筹集到 64 万亿韩元的金融机构重组资金。2000 年 12 月,第二轮金融债券发行又增加了 40 万亿韩元,用于购买银行不良资产、推动银行资本结构调整,以及偿还能够生存下去的金融机构的存款。除了发行债券,政府还依赖其他机构输入资金以整顿金融系统,如国际金融组织、国有资产中持有的股份,以及公共基金等,共筹集了约 168.3 万亿韩元,相当于 1998 年 GDP 的 35%。

2.5.2.4　劳动力市场改革

在企业和金融机构重组整顿的过程中,不可避免地要大规模裁员。然而,激进的工会历来都是这些组织中的顽固力量,可以预料到实施这些必要的改革将会非常困难。为凝聚改革的社会共识,韩国政府于 1998 年 1 月成立了由政府、雇主团体和两个全国性劳工联盟的代表组成的三方委员会(Tripartite Commission)。

关键问题是实现以管理为目标的裁员合法化。三方委员会达成了协议,并在 1998 年 2 月修订了相关法律。雇主可以在包括并购等"紧急管理需要"的情况下裁员,并且对使用临时劳务派遣的约束也减少了。此外,在诸如公务员工会(一个力量较弱的工会组织)与教师工会的合法化问题上也取得了较大进展,还满足了工会自 90 年代早期就开始坚持参与政治活动的诉求。

不过,改革并没有对增强韩国劳动力市场的灵活性做出更多贡献,因为在大多数工作场所中裁员和使用劳务派遣已经相当普遍。但改革结束了有关裁员以及爆发于 1997 年之交的全国性劳资关系问题的争议,具有非常重要的政治意义。此外,工人的大多数基本权利因改革得以恢复。对集体解雇的过度限制大部分也被解除了。[①]

2.5.2.5　公共部门改革

为了给私营企业的重组整顿树立榜样,韩国政府对国有企业也进行了具有深远意义的改革。中央政府的各部进行了调整,并成立了一个负责审慎监管的新机构。政府筹划了一项大规模私有化计划,5 家国有企业[②]被要求立即私有化,6 家国有企业[③]被要求分阶段逐步私有化,还有 15 家国有企业被要求进行内部重组或改善管理。与此同时,大幅削减中央和地方政府的雇员并精简机构。

韩国政府努力进行职能转型,提高其管理水平。为了领导完成在整个政府机构范围内发动的改革新倡议,从而精简规章制度,政府只保留一半原有的规章,总理办公室设立了专门的监管改革委员会(Regulatory Reform Committee)。对于监管改革的正确目标应该是什么一直存在着困惑,但是经合组织的一项指标表明,在 1998 年至 2003 年间,韩国政府对商品市场的管制是大幅减少的[康威(Conway)、加纳德(Janod)与尼科莱蒂(Nicoletti),2005]。此外,韩国政府还向外界开放了一些管理职位,引入绩效工资系统,并积极推动电子政务,强调要不断改善其服务质量。

---

① 然而,对劳动者个体解雇的过度限制,例如,禁止长期雇佣非正式员工仍然存在,需要在将来加以解决。
② 浦项钢铁公司、韩国重工业和建筑有限公司、韩国通用化学公司、韩国科技银行、国家教科书出版社。
③ 韩国电信公司、韩国烟草人参公司、韩国电力公司、韩国石油公司、石油管道公司以及韩国区域供热公司。

2.5.2.6　福利政策

在金融危机之前，韩国就已经建立了基本的社会福利体系，这套体系由一项社会救助制度——基本生活保障项目（Livelihood Protection Program）（1961）与四项社会保险制度——《工伤事故赔偿保险法》（Industrial Accident Compensation Insurance）（1964 年）、国民健康保险制度（National Health Insurance）（1977 年）、国家养老金计划（National Pension Scheme）（1988 年）、就业保险法制度（Employment Insurance System）（1995 年）所构成。[①] 然而，大多数制度只能在它们所覆盖的范围里发挥作用。例如，就业保险制度（Employment Insurance System，EIS）的失业救济金只能覆盖到员工规模达 30 人以上的企业，而不是所有实际缴纳保险金的机构和单位。

1997—1998 年，韩国的失业率从 2.6% 猛增到 7.0%，许多人的收入跌到了贫困线以下。为了解决这个问题，政府加大了对公司的工资补贴，使其能雇佣更多的员工，并在就业保险机制内扩大了失业者的职业培训规模。1998 年 3 月，政府利用财政税收推出了一个公共就业项目，直接创造就业机会。这个项目在金融危机期间发挥了重要作用，为穷人提供紧急支援。未能找到工作的大学毕业生可以由政府资助，在私营企业实习，并从中受益。

与此同时，政府对就业保险制度和社会救助制度作出了重大修改。首先，在 1998 年，政府先将就业保险制度的覆盖范围迅速扩展到员工规模在 10 人以上的企业（1 月），接着扩展到员工规模在 5 人以上的企业（3 月），并最终扩展至所有企业（10 月）。[②]

一项新的社会救助法案《国民基本生活保障法》（National Basic Livelihood Security Program，NBLSP）在 2000 年颁布实施，这项法律取代了原有的保障法案。《国民基本生活保障法》规定了政府为贫困线以下的家庭

[①] 就业保险除了提供失业救济金外，还为各种积极劳动力市场政策提供资金。

[②] 不过，在 1998 年只有 10% 的失业者能够领到失业救济金，因为领取的资格取决于其对就业保险制度的最低贡献。

提供救济,保证全体国民的最低生活水平。不过,它也因此降低了失业者主动寻找工作的积极性,并因此一直饱受批评。[①]

2.5.3 应对政策的成果

2.5.3.1 恢复企业和金融部门的财务健康

经过重组整顿,企业和金融机构的财务健康状况得到显著改善。据估计,到 2001 年底,企业中潜在的不良资产有 18.6 万亿韩元,相当于 GDP 的 3.4%。这个比例远远低于金融危机前(超过 20%),此时人们认为韩国政府的干预不再是必不可少的。债资比率和其他财务指标也有了显著的改善。尤为重要的是政府对企业的隐性担保不再存在。在目睹了大宇集团和其他一些财阀的消亡后,许多企业集团都加紧处理掉不赢利的业务,减少债务,进行投资决策时也变得更加谨慎。财阀的部分根源性问题解决了。

值得注意的还有在金融领域进行的大刀阔斧的改革。除了大型银行之外,所有弱小的金融机构都被关闭或者合并了(表 2-17)。在直接引发金融危机的 30 家商业银行中,29 家都已消失。至于其他非银行金融机构,包括保险公司、互助储蓄银行、信用合作社和租赁公司,它们中有一半以上已经停止了业务。银行的数量减少了一半,剩下来的银行的财务健康状况得到了显著改善,平均资本充足率从 1997 年的 7.0% 上升到了 1999 年的 10.8%,并在 2005 年创下了 12.4% 的记录。

公共部门改革基本按计划完成。被要求立刻私有化的 5 家国有企业已经完成私有化,预计分阶段私有化的 6 家国有企业中有 3 家也完成了私有化。因此,国有企业及其子公司的总数减少了 64%,从 98 家减少到了 35 家,它们的员工人数减少了 62%。1997—2001 年,整个公共部门,包括中央和地方政府以及它们的隶属机构在内的员工数量下降了 20%。此外,私有化还带来了 24.3 万亿韩元的收入。

[①]《国民基本生活保障法》受益人的隐性税率是 100%,因为随着他们收入的增加,他们得到的福利也会同等地减少。所有类型的福利(包括医疗、住房、教育等)都是给予处在贫困线以下的人,但是在贫困线以上的人则根本享受不到这些福利,这样的特征就会鼓励《国民基本生活保障法》的受益人不去努力摆脱贫困。

表 2 - 17　金融机构数量的变化

	1997 年底（A）	关闭或合并（B）	（B/A）	创立（C）	2007 年 5 月底（A－B＋C）
银行	33	16	0.48	1	18
非银行金融机构	2 070	897	0.43	113	1 286
商业银行	30	29	0.97	1	2
证券公司	36	15	0.42	19	40
保险公司	50	22	0.44	21	49
信托投资公司	32	13	0.41	30	49
互助储蓄银行	231	138	0.60	16	109
信用合作社	1 666	666	0.40	15	1 015
租赁公司	25	14	0.56	11	22
合计	2 103	913	0.43	114	1 304

资料来源：高永善等（Youngsun Koh et al.，2007，表 4 - 8）。

2.5.3.2　建立发达的市场经济

韩国经济以一种完全不同的方式摆脱了危机。第一，韩国对国际资本流动的开放程度大大提高。1997 年末，韩国解除了对外商直接投资的大部分限制。外资大量涌入，在 2004 年 10 月其累积流入资金量达到了 1 000 亿美元，其中 82％都是在金融危机之后流入的。政府在 1999 年 4 月到 2001 年 1 月之间分两个阶段来推动外汇交易的自由化，这促使日交易量从 1998 年的 40 亿美元（占 GDP 的 1％）跃升到 2006 年的 300 亿美元（占 GDP 的 3％）。[①] 政府还在 1998 年 5 月废除了上市公司的外资持股上限。总市值中的外资份额迅速扩大，从 1996 年的不足 15％增加至 2004 年的 40％以上。[②]

第二，企业管理的透明度显著增强。韩国政府修订了会计准则，要求财阀编制合并财务报表，并且要求外部审计师和企业会计人员遵守更严格的规定。对大宇集团的管理层及其会计师事务所的处罚更是发出了一个强烈

---

① 但是，外商直接投资流入量及外汇交易量与其他发达国家相比仍然很小。

② 相比之下，美国的外资份额为 10.3％，日本为 17.7％，法国为 38.8％，中国台湾地区为 23.1％。

的信号：企业犯罪将不再被容忍。① 在公司治理方面，外部董事成为管理机构的一个永久组成部分，股东的权利得到极大加强。②

第三，金融市场的运作得到显著改善。最重要的是，利率实现了完全自由化，并且能够像价格机制那样发挥其应有的作用。过去，由于韩国的中央银行控制着货币供应量，利率的自由化会放大利率波动，自由化的进程被延误。由于金融危机的发生，中央银行的货币政策转变为实行通货膨胀目标制（inflation targeting），它不再继续追求控制货币供应量，而是通过公开市场操作来直接影响利率。与此同时，国债市场的规模扩大了，并提供了一个稳定的基准利率。从 2003 年起，韩国的股票市场也在稳步壮大，这主要得益于股东权利的增强、市场对外国投资者的全面开放、机构投资者角色的加强，以及较低的利率。

2.5.3.3 金融危机以来韩国经济的增长表现

这些结构性改革使韩国经济的整体面貌发生了怎样的转变？我们可以看到，韩国经济的年均增长率从 1990 年至 1995 年间的 7.9% 下降到 2000 年至 2005 年间的 4.5%，年均增长率的下降伴随着投资率的明显降低。2007 年，韩（Hahn）和申（Shin）将经济总量的增长分解为资本的增长、劳动力的增长和全要素生产率的增长。他们的研究成果表明，资本和劳动力增长的放缓是经济总量增长速度下降的主要原因。相比之下，全要素生产率从 1990 年至 1995 年间的 0.8% 上升到 2000 年至 2005 年间的 2.0%，略高于 1960 年至 1990 年间的数据 1.5%。他们对上述研究成果的解读证实了结构性改革有利于韩国经济效率提高的假设。

2.5.4 2008 年全球金融危机与韩国经济

2.5.4.1 全球金融危机的爆发及其对韩国国内经济的影响

全球金融危机开始于 2007 年美国房价的暴跌，2008 年 9 月雷曼兄弟公司（Lehman Brothers）申请破产，由此演变为全球性金融危机。韩国在 2008

---

① 1999 年，韩国的监管部门暂停了大宇集团下属的两家会计师事务所承接新业务的资格，并且吊销了两名会计师的执照，整个行业为之震动。2006 年，韩国最高法院对前大宇集团的高管人员处以 23 万亿韩元的罚款，其中一些人还因参与做假账和其他的公司犯罪行为而锒铛入狱。这也是韩国有史以来最大数额的企业罚款。

② 但是外部董事的作用仍然有限，而股东并没有积极行使他们的权利。

年第四季度的产出缩减了 4.5％（以年度计 17％）。在这场全球金融危机爆发之前，韩国就已经遭受了各种大大小小的冲击。比如，韩国科斯达克（KOSDAQ）市场在信息技术泡沫破裂之后于 2000 年崩溃，又如 2003 年的信用卡危机。不过这些冲击都是由国内原因引起的①，并不是由全球经济衰退导致的。

美国经济是全球金融危机的中心地带，它的结构性问题已经持续存在了好几年。布兰查德（Blanchard，2009）指出了这场危机产生的四个初始条件②：（1）在金融资产的创造和交易过程中，其显现的风险远低于真实风险；（2）证券化导致金融机构资产负债表中的资产愈发复杂且难以定价；（3）证券化和全球化导致国内外金融机构之间的联系不断增强；（4）金融体系内部杠杆率不断提高。这些问题产生了资产价格泡沫，并增大了金融系统的脆弱性。

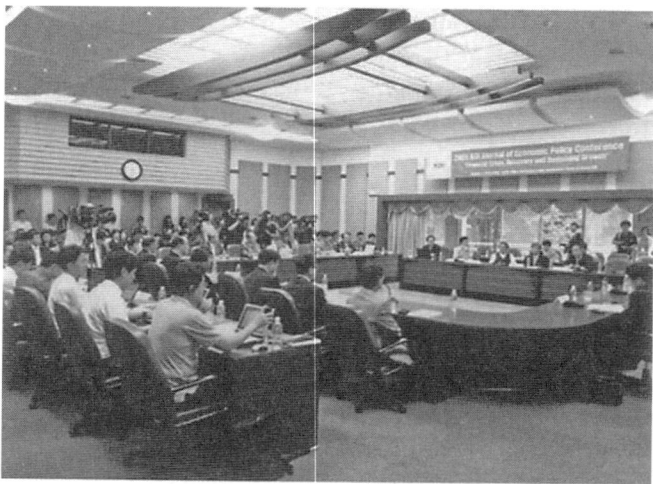

金融危机、经济复苏及稳定增长国际会议，
韩国开发研究院（2009 年 8 月 7 日）

---

① 2000 年科斯达克（KOSDAQ）市场的崩溃是源于 1998 年末开始的为刺激经济复苏一直维持的低利率。2003 年的信用卡危机也是由于在信息技术泡沫破灭和"9•11"恐怖袭击之后一直维持的低利率。信用卡危机的另一个原因是信用卡公司利用解除管制迅速扩大业务产生的企业道德风险，以及监管部门对此缺乏适当的应对措施。

② 该结论引自金俊景（Joon-kyung Kim，2009）。

全球金融危机使韩国金融市场陷入混乱。突如其来的资本外流造成了国内金融市场严重的信贷紧缩。股市在 2008 年期间急剧下跌了 40.7%,在 2009 年前两个月又下跌了 5.5%。国内银行在延期偿还外债方面面临着严重的困难。韩元在 2008 年 10 月至 2009 年 2 月之间相较于美元贬值了 40%。

韩国工业也因出口和投资的急剧下降遭受重创。2008 年第四季度,工业出口萎缩了 41%,投资萎缩了 45%,产出按年度计算萎缩了 17%。尽管如此,萎缩带来的痛苦与 1997 年金融危机期间相比,还是轻了很多;工业产出于 2009 年第一季度回归了正增长(图 2-18)。

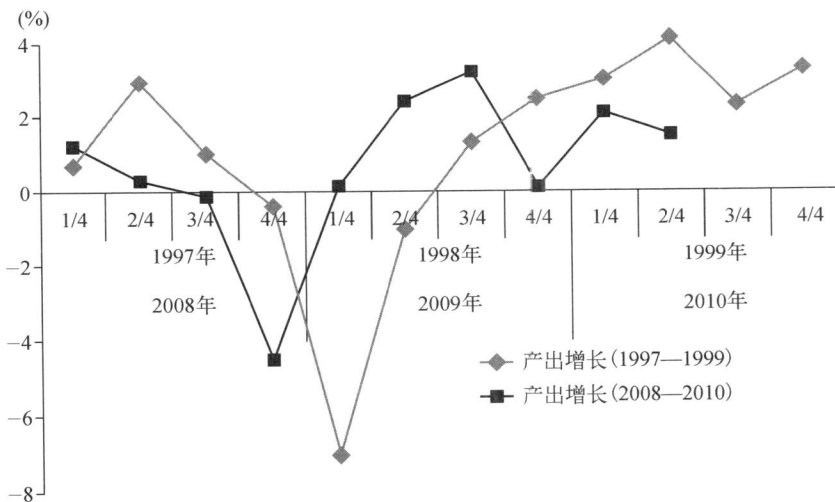

图 2-18 1997—1999 年与 2008—2010 年的产出增长率比较

资料来源:韩国银行(http://ecos.bok.or.kr)。

注:产出增长率是相较于前一个季度的季度调整数据。

2.5.4.2 应对危机的政策

韩国经济在此次危机中能够迅速恢复还有以下原因:1997 年金融危机后的重组整顿减小了金融和企业部门的脆弱性;由于各种政策的施行使得 2008 年金融危机前的住房权益贷款(home equity loans)减少;韩国政府能够及时出台政策应对危机。政府应对危机的政策有以下几个主要方面:

第一,韩国政府和韩国的中央银行在 2008 年 10 月至 2009 年 2 月期间向银行业提供了 550 亿美元外汇储备资金(包括出口信贷 210 亿美元、紧急流动性贷款 340 亿美元）。韩国政府还宣布，直到 2009 年 6 月为止，政府都将为国内银行及其海外分支机构新产生的外国借款提供担保。2008 年 10 月，韩国的中央银行与美联储（Federal Reserve）签署了价值 300 亿美元的货币互换协议。同年 11 月，韩国的中央银行与日本及中国的相应金融机构签署了类似的货币互换协议，每一份协议都价值 300 亿美元。这些措施加上经常账户盈余，有助于缓解流动性外资的短缺；银行的外国借款滚动利率在 10 月份下降到 50％左右，但在 2009 年 3 月又恢复至 106％。

第二，韩国的中央银行在 2008 年 9 月至 2009 年 2 月期间将基准利率从 5.25％下调至 2％。此外，中央银行还通过回购可赎回债券（repurchase agreements，RPs）、国债，以及提前偿还货币稳定债券（MSBs）等手段，提供了 23 万亿韩元，迅速增强了国内货币市场的流动性。

第三，实施积极的财政政策。除金融危机前宣布的减税政策之外，韩国政府在 2008 年 9 月出台了一项追加预算，以增加财政支出。2008 年政府的财政支出增长了 14％，远高于前几年的 5％—10％。2009 年政府的财政支出又增长了 14％。其结果是，2009 年财政收支赤字达到了当年 GDP 的 4％。

第四，政府宣布了一项计划，即通过各种公共基金来扩大中小型企业的信用担保。所有在 2009 年到期的担保将自动延期，借款人获得新的担保的门槛将降低，并且某些类型的借款人（如出口公司）的担保率将从贷款额的 85％增长至 100％。

第五，政府采取措施减轻购房者在房屋净值贷款（home equity loans）上的负担。购房者能够得到房价跌幅不超过 1 亿韩元的担保。房屋净值贷款的最大宽限期延长为 5—10 年，还款期延长为 30—35 年。那些想将浮动利率贷款更换为固定利率贷款的购房者还将免于支付相关费用。

第六，为了维护金融体系健康稳定运行，推动企业部门的改革，政府推出了各种资本重组方案。在政府第一轮融资中，设立了规模达 20 万亿韩元的银行资本重组基金（Bank Recapitalization Fund），分别由韩国的中央银行注资 10 万亿韩元，韩国产业银行注资 2 万亿韩元，机构投资者注资 8 万亿韩元。在第二轮融资中，为了支持银行及非银行金融机构的资本重组，政府在韩国金融公司(Korea Finance Corporation)内部设立了金融稳定基金(Financial Stabilization Fund),该公司是一家专门从事政策性贷款的国有金融机构。此外,为了购买和处置金融机构及重组企业所持有的不良资产,政府又在韩国资产管理公司(Korea Asset Management Corporation)内部设立了规模为40万亿韩元的重组基金(Restructuring Fund)。

■ 2.6 挑战

当前,韩国经济在长期可持续发展方面仍面临着诸多挑战。

第一,韩国的经济增长由于就业率和储蓄率的下降而放缓。国际货币基金组织预计到2050年左右,韩国经济潜在的年均增长率将由最近几年的4.5%下跌到2%,其人均GDP永远不可能赶上美国的水平。如何提高与国际相比依然偏低的就业率(第6章图6-19)对促进经济增长来说至关重要。此外,减少储蓄率下降所带来的负面影响也非常重要,可以通过改革养老和医疗保险制度(pension and health insurance systems)以及实现财政盈余来减少负面影响。

第二,制造业和服务业之间的生产率差距日益扩大(第3章图3-11)。制造业中,从重化工业在制造业总附加值中所占份额不断增长的趋势上可以看出(第3章图3-3),重化工业与轻工业之间的差距正逐步拉大。由于大型企业在重化工业中占据主导地位,因此,大型企业与中小型企业之间的差距也在日益扩大(第3章图3-12)。这些差距拖延了韩国整体生产能力的提高,阻碍了高质量工作机会的创造。如果不果断地采取措施,这些差距在未来还将进一步扩大。

第三,居民收入差距日益扩大。基尼系数在1992年至2008年之间从0.26增长到0.32(第6章图6-35)。收入差距的日益扩大是全球化和知识经济的副产品,知识经济使得低技能劳动力处于劣势,因此,这也是一个世界性现象。就韩国而言,就业增长率的停滞、人口老龄化的加重、教育机会的不平等,以及社会保障体系覆盖范围狭窄等因素都加剧了这一问题的严重性。日益加剧的不平等不仅当前不受欢迎,而且也不利于未来经济的稳定增长和社会的发展。但是,由于它在很大程度上是经济的结构性转变的一种体现,所以扭转这样的趋势将会非常困难。

第四,全球金融危机表明,韩国所面临的外部冲击已经大大增加。它还表明发达国家与发展中国家一样,危机的爆发几乎没有预兆。维护国内金融市场的稳定变得越来越困难。

第五,政府的财政健康状况正在恶化。中央政府的债务占 GDP 的比例从 1996 年不足 10％增加到了 2006 年的 30％。2007 年到 2008 年债务增长趋于稳定。2009 年,受全球金融危机的影响,中央政府的债务又开始上升。从更长远来看,人口老龄化将加速养老金和医疗开支的增长,并且会带来更大的威胁。未来如果与朝鲜统一也将带来庞大的财政开支。

韩国需要新的增长战略以应对这些挑战。随着劳动力和资本增长的放缓,全要素生产率作为增长引擎将更为重要。投入驱动型（Input-driven）的增长,特别是投资驱动型（Investment-driven）的增长,将不再持续。政府应尽力使总体全要素生产率得到加速提升,为实现这个目的,当务之急就是要大幅度提高服务业和中小型企业的生产率。这也将有助于增加就业机会,并缩小收入差距等。此外,更要注意维持金融体系的稳定和改善政府的财政健康状况。

■ 2.7 结论

20 世纪六七十年代,韩国政府集中精力推动经济增长,实施了金融管制,以支持出口企业和重化工业行业。也许更重要的是,韩国强有力的政治领导层将私营企业从零和的寻租性活动引向了共赢的生产性活动［琼斯（Jones）和司空（SaKong）,1980］。尤其是改革汇率和促进出口都将韩国国内生产商置身于国际竞争环境之中,同时也鼓励企业将精力集中在提高生产率的投资上。当时,其他"正确的"政策包括:完善的私有财产权制,维持一个相对稳定的宏观经济环境,重视对教育（特别是中小学教育）和基础设施的投资。得益于这些政策,韩国能够在相对较短的时间内取得经济增长和社会发展的空前成功。

但是,政府主导型增长战略也产生了许多问题,包括重化工业的产能过剩,经济权力集中在财阀手中,长期的通货膨胀,以及扭曲的劳资关系。政府和私营企业之间的风险伙伴关系更加紧密,企业和银行部门的金融体系愈发脆弱。进入到 20 世纪 80 年代之后,风险伙伴制度没有被废除反而得到了加强,最终在一定程度上引发了 1997 年的金融危机。

金融危机的到来迫使韩国政府开始对企业和金融部门进行重组,努力通过体制改革建立发达的市场体系。在追求经济自由化的过程中,政府加强了公司管理,增强了审慎监管,并健全了社会保障体系。经济基础层面的改善使得韩国在 2008 年到 2009 年的全球金融危机中并未遇到很大困难。

不过,韩国经济也面临着许多挑战:就业增长率和储蓄率的下降使韩国经济增长缓慢;制造业和服务业之间、重化工业和轻工业之间、大型企业和中小企业之间的生产率差距日益扩大;韩国经济的全球化、部门间生产率差距的日益扩大、人口老龄化以及其他因素所导致的收入差距日益扩大。

为了解决这些问题,政府应当加强其在稳定宏观经济中的职能,完善市场秩序,扩大社会保障体系。

首先,为了降低宏观经济风险,政府有必要保持低通货膨胀率、增强金融稳定性,以及确保财政支出的可持续性。应当把通货膨胀目标降低到其他发达国家采用的 2% 左右。除了其他措施之外,对房屋净值贷款的限制,严格的外汇流动性要求,监管机构之间的紧密合作,以及在新的监管框架下积极参与国际交流都可以增强金融稳定性[赵(Cho)等人,2009]。此外,还有必要强化中期财政规划,从而有效约束政府的跨期预算。

其次,在微观经济层面,政府应当确立牢固的市场主导型增长的原则。尽管在金融危机过后政府对市场自由化进行了部分改革,但是经济活动的某些环节仍然受政府直接强硬地干预。例如,对市场准入和专业化服务的企业经营进行限制;在财政、税收和金融方面对中小型企业进行支持;政府投资以推动特定行业发展(比如在韩国两座城市里正在兴建的高科技医疗中心)。这些干预表明人们一如既往的相信着政府的全能,对市场经济抱有怀疑,这也是政府主导型增长时期留下来的后遗症。这些干预会扭曲资源配置、抑制创新、鼓励寻租,从而可能阻碍全要素生产率的增长。

政府应当只对那些市场调节不起作用的领域进行干预。例如，对于中小型企业的支持应将重点放在遭受信息不对称之苦的创业公司之上。与此同时，政府应当进一步努力来加强市场竞争。以市场为主导的增长不等同于放任市场不管，与此相反，政府需要促进生产商之间的竞争、加快市场开放、管控垄断行为并保护消费者。应当牢记，竞争是创新和全要素生产率增长的主要动力。

最后，要重视社会凝聚力。社会保障体系应当覆盖到那些最需要帮助的社会阶层，尤其是积极的劳动力市场政策，如职业培训等。就业服务应当为低技能劳动者等其他弱势群体提供有效的支持。此外，韩国政府应当增加对低收入家庭的教育援助。对于被普遍认为质量不高的教育服务，政府也应当努力去提高其质量。

■ 参考书目

Ahn，Choong Yong. 1986. "Developing High-tech Industries and Industrial Restructuring（1980 – 1985）." ［In Korean.］In *Forty-year History of the Korean Economic Policy*，816 – 825. The Federation of Korean Industries.

Ahn，Choong Yong，and Joo-Hoon Kim. 1995. "The Outward-looking Trade Policy and the Industrial Development." ［In Korean.］In *The Korean Economy 1945 – 1995：Performance and Vision for the 21st Century*，edited by Dong-Se Cha and Kwang Suk Kim，312 – 369. Korea Development Institute.

Amsden，Alice H. 1989. *Asia's Next Giant：South Korea and Late Industrialization*. Oxford University Press.

Aoki，Masahiko，Hyung-ki Kim，and Masahiro Okuno-Fujiwara. 1997. *The Role of Government in East Asian Economic Development*. Oxford：Clarendon Press.

Bank of Korea. 2005a. *Sixty Years after Liberation in Statistics*. ［In

Korean.〕

_____ , 2005b. *Monetary Policy in Korea*. 〔In Korean.〕

_____ . *Economic Statistics Yearbook*, various issues.

_____ . *Monthly Bulletin*, various issues.

Blanchard, Olivier. 2009. "The Crisis: Basic Mechanisms and Appropriate Policies." CESIF Forum 10 (1).

Cho, Dongchul et. al. 2009. "Changes in Economic Environment and Policy Directions." 〔In Korean.〕 KDI Focus, July 21.

Cho, Seok-gon. 2001. "Changes in the Korean Land System in the 20th Century and the Farmer-owner Ideology." 〔In Korean.〕 *In The Korean Economic History: A Preliminary Study*, edited by Byeong-jik Ahn, 329 – 364. Seoul National University Press.

Cho, Soon. 1991. "Starting the Compressed Growth and Setting out a Development Strategy: The 1960s." 〔In Korean.〕 In *A Historical Study of the Korean Economy*, edited by Bon Ho Koo and Kyu-Uck Lee, 169 – 205. Korea Development Institute.

Cho, Yoon Je. 2003. "The Political Economy of Financial Liberalization in South Korea." In *Financial Liberalization and the Economic Crisis in Asia*, edited by Chung H. Lee, 82 – 103. Routledge Curzon.

Choi, Sang-oh. 2005. "Foreign Aid and Import-substitution Industrialization." 〔In Korean.〕 In *New Korean Economic History: From the Late Joseon Period to the High-growth Period of the 20th Century*, edited by Dae-geun Lee, 349 – 375. Nanam.

Choi, Won-hyeong. 1996. "Prompt Corrective Actions for a Sound Management of Banks." 〔In Korean.〕 *Monthly Bulletin*, 3 – 22. Bank of Korea.

Chung, Un-Chan. 1986. "Reorganizing the Financial System and Supporting Industries (1975 – 1979)." 〔In Korean.〕 In *Forty-year History of the Korean Economic Policy*, 203 – 212. The Federation of

Korean Industries.

Conway, Paul, Veronique Janod, and Giuseppe Nicoletti. 2005. "Product Market Regulation in OECD Countries: 1998 to 2003." Economics Department Working Papers 419, OECD Publishing.

Economic Planning Board. 1976. *White Paper on Reparation Payments.* [In Korean.]

——— 1982. *Thirty-year History of the Economic Planning Board I (1961 – 1980): Economic Policies in the Development Era.* [In Korean.]

——— 1994. *Thirty-year History of the Economic Planning Board II (1981 – 1992): Economic Policies in the Liberalization Era* [In Korean].

Frank, Jr., Charles R., Kwang Suk Kim, and Larry E. Westphal. 1975. *Foreign Trade Regimes and Economic Development: South Korea.* Columbia University Press.

Hahm, Joon-Ho, and Frederic S. Mishkin. 2000. "Causes of the Korean Financial Crisis: Lessons for Policy." NBER Working Paper 7483, National Bureau of Economic Research.

Hahn, Chin Hee, and Sukha Shin. 2007. "An Empirical Evaluation of Korea's Slower Economic Growth after the Crisis." [In Korean.] In *Understanding the Economic Growth after the Crisis: Evaluation and Implications*, edited by Chin Hee Hahn, 23 – 76. Research Monograph 2007 – 05, Korea Development Institute.

International Monetary Fund. October 2006. "Republic of Korea: Selected Issues." IMF Country Report No. 06/381.

Jeon, Yong-deok. 1997a. "Business Ownership and Industrial Policy." [In Korean.] In *Growth of the Korean Economy and Institutional Changes*, edited by Yong-deok Jeon, Yeong-yong Kim, and Ki-hwa Jeong, 161 – 177. Korea Economic Research Institute.

_____. 1997b. "Korea's Farmland Reform, Income Redistribution, Agricultural Production and Transaction Costs." [In Korean.] In *Growth of the Korean Economy and Institutional Changes*, edited by Yong-deok Jeon, Yeong-yong Kim, and Ki-hwa Jeong, 103 – 158. Korea Economic Research Institute.

Jeong, Tae-seong. 1986. "Imported International Price Inflation and Expanded Price Controls (1975 – 1979)." [In Korean.] In *Forty-year History of the Korean Economic Policy*, 967 – 976. The Federation of Korean Industries.

Jones, Leroy P. , and Il SaKong. 1980. *Government, Business, and Entrepreneurship in Economic Development: The Korean Case*. Harvard University Press.

Kang, Moon-Soo, Buhmsoo Choi, and Dongmin Na. 1996. *Financial Deregulation to Enhance the Efficiency of the Financial System*. [In Korean.] Research Monograph 96 – 02, Korea Development Institute.

Kim, Choongsoo, and Inseok Shin. 2003. "Economic Liberalization of Korea for an Advanced Market Economy." Working Paper 2003 – 03, Korea Development Institute.

Kim, Chung-yum. 2006. *From the Poorest Country to an Advanced Country: Thirty-year History of the Korean Economic Policy*. [In Korean.] Random House Joong-ang.

Kim, Heung-ki. , ed. 1999. *Thirty-three Year History of the Economic Planning Board: Glory and Shame of the Korean Economy*. [In Korean.] Maeil Economic Daily.

Kim, Jin-hyeon. 1986. "Expanding and Diversifying International Economic Cooperation (1967 – 1971)." [In Korean.] In *Forty-year History of the Korean Economic Policy*, 590 – 600. The Federation of Korean Industries.

Kim, Joon-kyung. 1991. "A Study on the Disposal of Impaired Assets of

Banks. " [In Korean.] *Korea Development Review* 13 (1): 35 – 63.

_____. 1993. "Improving the Funding of Policy Loans. " [In Korean.] In (ed.), *National Budget and Policy Objectives*, edited by Daehee Song, 114 – 176. Research Monograph 93 – 03, Korea Development Institute.

_____. June 2009. "Global Financial Crisis and Koreas Policy Response. " [In Korean.] Manuscript.

Kim, Joon-kyung, and Dongchul Cho. 2003. "Overcoming the Economic Crisis of 1997. " [In Korean.] In *Cases of KDI's Policy Study: Reflections on the Last Thirty Years*, 361 – 391. Korea Development Institute.

Kim, Kwang Suk. 1988. *The Economic Effect of Import Liberalization and the Industrial Adjustment Policies*, Korea Development Institute.

_____. 1994. "Trade and Industrialization Policies in Korea: An Overview." In G. K. (ed.), *Trade Policy and Industrialization in Turbulent Times*, edited by Helleiner, 317 – 363. London: Routledge.

_____. 2001. *Korea's Industrial and Trade Policies*. [In Korean.] Institute for Global Economics.

Kim, Kwang Suk, and Joon-kyung Kim. 1995. "Korean Economic Development: An Overview." [In Korean.] In *The Korean Economy 1945 – 1995: Performance and Vision for the 21st Century*, edited by Dong-Se Cha and Kwang Suk Kim, 25 – 117. Korea Development Institute.

Kim, Nak-nyeon. 1999. "Korea's Economic Growth in the 1960s and the Role of Government. " [In Korean.] *Economic History* 27:115 – 150.

Kim, Pyung-joo. 1995. "Financial Institutions and Economic Policies. " [In Korean.] In *The Korean Economy 1945 – 1995: Performance and Vision for the 21st Century*, edited by Dong-Se Cha and Kwang Suk Kim, 179 – 254. Korea Development Institute.

Kim, Pyung-joo, and Yung-Chul Park. 1984. *The Korean Economy and Finance*. [In Korean.] Pak-yeong-sa, 354.

Kim, Sookon, and Ju-Ho Lee. 1995. "Industrial Relations and Human Resource Development." [In Korean.] In *The Korean Economy 1945 – 1995: Performance and Vision for the 21st Century*, edited by Dong-Se Cha and Kwang Suk Kim, 524 – 565. Korea Development Institute.

Kim, Yung Bong 2003. "A Study on the Industrial Policy during the Heavy and Chemical Industry Promotion Period." [In Korean.] In *Cases of KDI's Policy Study: Reflections on the Last Thirty Years*, 169 – 190. Korea Development Institute.

Koh, Youngsun, Kyungsoo Choi, Inseok Shin, Phillip Wonhyuk Lim, Jin Park, Chin Hee Hahn, Sukha Shin, Chang-Gyun Park, Chang Yong Lee, and Daekeun Park. 2007. *Ten Years after the Economic Crisis: Assessment and Future Tasks*. [In Korean.] Korea Development Institute.

Koo, Seok-mo. 1986. "Pendulating between Growth and Stability." [In Korean.] In *Forty-year History of the Korean Economic Policy*, 122 – 134. The Federation of Korean Industries.

Krueger, Anne O. 1977. "The Role of Foreign Sector and Aid in Korea's Development." Working Paper 7708, *Korea Modernization Series* (5), Korea Development Institute.

Kwack, Tae-Won. 1985. *Depreciation Allowance and Capital Income Taxation*. [In Korean.] Korea Development Institute.

Lane, Philip R., and Gian Maria Milesi-Ferretti. 2006. "The External Wealth of Nations Mark II: Revised and Extended Estimates of Foreign Assets and Liabilities, 1970 – 2004." IMF Working Paper 06/69.

Lee, Duk-Hoon, Buhmsoo Choi, Dong-won Kim, Jong-gil Ahn and Choon-Geol Moon. 1998. *Korea's Financial Industry*. Research Monograph 98 – 03, Korea Development Institute.

Lee, Eun-bok. 1986. "Promoting Import-substitution Industries and Starting Industrialization." [In Korean.] In *Forty-year History of the Korean Economic Policy*, 774 – 783. The Federation of Korean Industries.

Lee, Jae Hyung. 2005. "Regulation on Transactions: Regulatory Reform and Competition Policy." [In Korean.] In *A Study on Regulatory Reform to Improve the Business Environment*, edited by MoonJoong Tcha, 429 – 479. Research Monograph 2005 – 08, Korea Development Institute.

_____. 2007. *An Analysis of the Market Structure of Korean Manufacturing and Service Industries*. Research Monograph 2007 – 07, Korea Development Institute.

Lee, Je-min. 2001. "Korea's Industrialization and the Industrialization Policy." [In Korean.] In *The Korean Economic History: A Preliminary Study*, edited by Byeong-jik Ahn, 483 – 524. Seoul National University Press.

Lee, Jong-Wha. 1996. "Government Interventions and Productivity Growth in Korean Manufacturing Industries." *Journal of Economic Growth* 1(3): 391 – 414.

Lee, Ki-jun. 1986. "Laying the Ground for Industrialization and Enhancing International Competitiveness." [In Korean.] In *Forty-year History of the Korean Economic Policy*, 784 – 796. The Federation of Korean Industries.

Lee, Sang-cheol. 2001. "Import-substitution Industrialization, 1953 – 1961." [In Korean.] In *The Korean Economic History: A Preliminary Study*, edited by Byeong-jik Ahn. Seoul National University Press.

_____. 2005. "Switching to an Export-led Industrialization Strategy and its Outcome." [In Korean.] In *New Korean Economic History: From the Late Joseon Period to the High-growth Period of the 20th Century*, edited by Dae-geun Lee, 377 – 401. Nanam.

Lee, Seung-yun. 1986. "Resetting the Direction of Financial Market Policies (1968 – 1974)." [In Korean.] In *Forty-year History of the Korean Economic Policy*, 193 – 202. The Federation of Korean Industries.

Lee, Sung Soon, and Seong Min Yoo. "Evolution of Industrial Organization and Policy Responses." [In Korean.] In *The Korean Economy 1945 – 1995: Performance and Vision for the 21st Century*, edited by Dong-Se Cha and Kwang Suk Kim. Korea Development Institute, 1995, 370 – 426.

Lee, Young-Sun. 1986. "Promoting Heavy and Chemical Industries and Transforming the Industrial Structure (1975 – 1979)." [In Korean.] In *Forty-year History of the Korean Economic Policy*, 807 – 815. The Federation of Korean Industries.

Lim, Phillip Wonhyuk. 2001. "The Evolution of Korea's Development Paradigm: Old Legacies and Emerging Trends in the Post-Crisis Era." [In Korean.] ADB Institute Working Paper 21.

Ministry of Finance. 1978. *Thirty-year History of Fiscal and Financial Policies*. [In Korean.]

Noh, In-hwa. 1986. "Rapid Changes in Domestic and External Economic Environment and the Evolution of International Economic Cooperation (Overview)." [In Korean.] In *Forty-year History of the Korean Economic Policy*, 560 – 576. The Federation of Korean Industries.

Noland, Marcus, and Howard Pack. 2003. *Industrial Policy in an Era of Globalization: Lessons from Asia*. Institute for International Economics.

OECD. 1994. *OECD Economic Surveys: Korea*.

————. 1996. *OECD Economic Surveys: Korea*.

————. 2007. "Making the Most of Globalisation." ECO/CPE(2007)5.

Pack, Howard, Kamal Saggi. 2006. "Is There a Case for Industrial Policy? A Critical Survey. "*World Bank Research Observer* 21 (2): 267 – 297.

Park, Seong-sang. 1986. "Moderate Stability of the Aid-dependent Economy (1954 – 60). " [In Korean.] In *Forty-year History of the Korean Economic Policy*, 935 – 944. The Federation of Korean Industries.

Park, Yeong-hyo. August 1985. "Special Rescue Loans of the Bank of Korea: A Desperate or a Clever Measure?" [In Korean] Shin-dong-a, 246 – 253.

Park, Yeong-koo. 2005. "Structural Changes and the Drive to Heavy and Chemical Industry. " [In Korean.] In *New Korean Economic History: From the Late Joseon Period to the High-growth Period of the 20th Century*, edited by Daegeun Lee, 403 – 428. Na-nam.

Perkins, Dwight H. 1994. "There Are At Least Three Models of East Asian Development. "*World Development* 22 (4): 655 – 661.

Radelet, Steven, and Jeffrey D. Sachs. 1998. "The East Asian Financial Crisis: Diagnosis, Remedies, Prospects. " *Brookings Papers on Economic Activity* 29 (1): 1 – 90.

Radelet, Steven, Jeffrey Sachs, and Jong-Wha Lee. 1997. "Economic Growth in Asia. " Development Discussion Paper 609, HIID.

Rhee, Younghoon. 2007. *A Story of the Republic of Korea: Re-understanding the Post-Liberation Period*. [In Korean.] Ki-pa-rang.

SaKong, Il. 1993. *Korea in the World Economy*. Institute for International Economics.

Shin, Inseok, and Joon-Ho Hahm. 1998. "The Korean Crisis—Causes and Resolution. " KDI Working Paper 9805. Korea Development Institute.

Woo, Jung-en. 1991. *Race to the Swift: State and Finance in Korean Industrialization*. Columbia University Press.

World Bank. 1993. *The East Asian Miracle: Economic Growth and Public Policy*. Oxford University Press.

Yergin, Daniel, and Joseph Stanislaw. 1998. *The Commanding Heights*. Simon & Schuster.

Yoo, Jungho. 1991. "The Effect of Heavy and Chemical Industry Policy of the 1970s on the Capital Efficiency and Export Competitiveness of Korean Manufacturing Industries." [In Korean.] *Korea Development Review* 13 (1): 65 – 113.

————. 2004. *Freeing the Economy of Government Control: the Road to the Market Economy*. [In Korean.] Chaek-se-sang.

Yoo, Seong Min. 1997a. "Evolution of Government-Business Interface in Korea: Progress to Date and Reform Agenda Ahead." KDI Working Paper 9711, Korea Development Institute.

————. 1997b. "Regulatory Reform: Reflections on the Last Ten Years and the Tasks for the Coming Ten Years." [In Korean.] Paper presented at a press meeting organized by the Korea Fair Trade Commission, May 16.

第 3 章　韩国的产业发展

金道勋　高永善

■ 3.1　引言

在过去的 60 年里,韩国在经济上所取得的巨大成功离不开政府对产业结构进行的根本性变革。在经济发展的初期,韩国以农业及其他第一产业为主要发展对象。20 世纪 60 年代,由于韩国工业化强劲推动,凭借着国内拥有充裕的高质量劳动力资源的优势,劳动密集型制造业开始成为提升总产出的主导产业。然而,进入到 70 年代,随着国内工资水平的上升以及国外其他地区低工资经济体的竞争日益激烈,对韩国来说,高效资本密集型制造业比低效劳动密集型制造业显得更加重要。

80 年代以后,为了进一步提高生产率,韩国私营企业加大了对研发部门的投资。90 年代,这些努力的成效开始逐渐显现,韩国私营企业的生产率与发达国家之间的差距显著缩小。并且,韩国在信息通信技术(information and communication technology,ICT)等一些行业已经走在世界前列。这一趋势一直延续到了 21 世纪,在此期间,很多韩国重要产业(如电子、钢铁、汽车、造船等行业)的公司走向了全世界。

韩国在高附加值的生产活动方面能够不断取得进步,不仅是因为依靠国内储蓄增长所带来的资本的快速积累,还依赖于在每一个发展阶段上对技术研发进行的大量投资,以及将资源从生产率低的产业灵活配置到生产率高的产业。韩国政府鼓励创新,不断加快推动资源再分配,这些措施对促进对外贸易的发展起到了至关重要的作用,韩国还因此学到了发达国家的先进经验,并进军快速扩张的全球市场。韩国企业家致力于进入新的市场和推出新产品,以适应环境的变化,韩国政府则为这些企业家的活动提供必要的制度和基础保障设施。

韩国要想维持经济增长并使其产业结构适应不断变化的环境,还面临许多任务。不但需要在高新技术行业、零部件和原材料行业以及知识型服务业等领域努力寻求新的经济增长点,还需要不断增强中小型企业和内向型企业(domestic-oriented industries)的竞争力,同时还要确保产业发展不会对自然环境造成破坏。

这些任务大部分是由私营部门来承担,韩国经济发展也将继续依赖这些私营企业的活力。尽管韩国已经大大缩小了与发达国家之间的技术差距,而且已经成了某些行业的领导者,但是投资后果的不确定性依然很大,政府几乎无法从中挑选出能够获利的投资主体。现在政府的作用主要体现在发现并消除创业障碍,通过监管改革和贸易自由化来鼓励创新,市场失灵时政府要及时纠正(尤其是积极的外部效应)、提供优质的人力资源——上述措施均需要与市场参与者进行密切磋商。政府的所有干预行为都应当基于合理的经济分析并有明确的成败标准,设定具体的活动目标(比如研发活动),而不是以发展具体的行业为目标(如发展医药业)。

本章将回顾韩国产业的发展路径,阐述影响发展的深层因素,并提出其未来发展方向的政策性建议。本章的讨论重点将集中在制造业领域,同时也会根据需要对第一产业、建筑业和服务业的发展路径进行分析。

■ 3.2 韩国产业的结构性转变

3.2.1 产业结构的快速转变

韩国经济在经历了较长时期停滞之后,于20世纪60年代开始迅速增长。经济增长的突然加速源于制造业部门的快速发展。60年代,韩国制造业产值的年均增长率为17%,到70年代年均增长率为16%(表3-1)。制造业在总增加值中的比重从1953—1960年的12%上升到1971—1980年的23%(图3-1,表3-2)。制造业的就业率在总就业率中比例快速提升(图

3-2)。与此同时,服务业在总增加值和就业率方面所贡献的比重也不断增加,农业所占的比重却大幅降低。而制造业中,重化工业份额的增加不可避免地造成了轻工业份额的减少(图3-3,表3-2)。

表3-1 各类行业每年的产值变化

(单位:%)

	1953—1960 年	1960—1970 年	1970—1980 年	1980—1990 年	1990—2000 年	2000—2009 年
农业、林业和渔业	2.3	4.4	1.6	3.5	1.9	1.8
矿业和制造业	12.1	15.7	14.1	11.4	8.2	5.3
矿业			4.7	−0.2	−1.3	−0.3
制造业	12.7	16.8	15.8	12.2	8.4	5.4
轻工业			12.7	7.0	1.1	−0.6
重化工业			17.2	14.4	9.8	6.6
公共事业和建筑业	9.3	19.2	10.3	10.3	2.7	3.3
公共事业			15.8	17.6	10.3	5.8
建筑业			10.1	9.7	1.4	2.6
服务业	3.8	8.6	6.8	8.4	6.1	3.6
国内生产总值(GDP)	3.8	8.4	9.0	9.7	6.5	3.9

资料来源:韩国银行(http://ecos.bok.or.kr)。

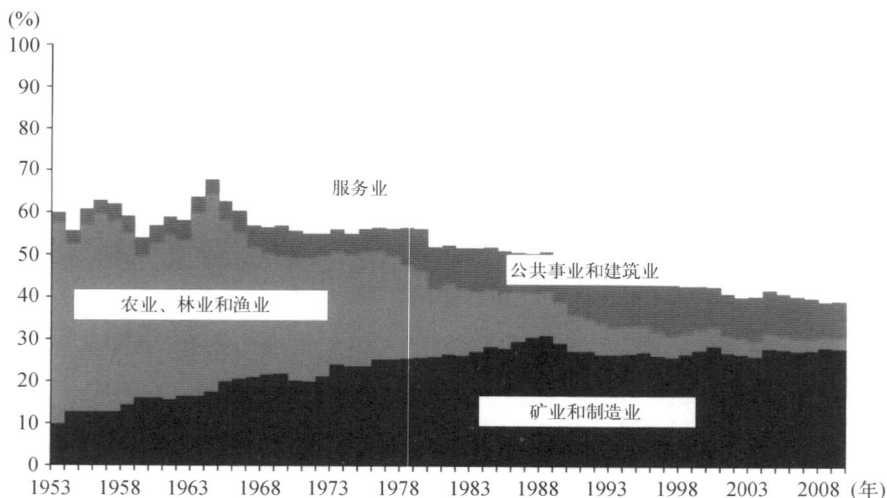

图3-1 各类行业在总增加值中所占比重

资料来源:韩国银行(http://ecos.bok.or.kr)。

注:服务业包括公共事业和建筑业。

表 3-2　各类行业在总增加值中所占比重

(单位:%)

	1953— 1960 年	1961— 1970 年	1971— 1980 年	1981— 1990 年	1991— 2000 年	2001— 2009 年
农业、林业和渔业	41.9	35.5	24.6	12.4	6.0	3.4
矿业和制造业	13.4	19.1	24.0	28.4	26.9	27.3
矿业	1.4	1.8	1.3	1.1	0.5	0.2
制造业	12.0	17.3	22.7	27.3	26.5	27.1
轻工业	9.5	11.5	11.3	9.8	6.5	4.5
重化工业	2.5	5.8	11.4	17.5	20.0	22.6
公共事业和建筑业	3.7	5.2	6.8	10.0	11.9	9.6
公共事业			1.4	2.7	2.1	2.2
建筑业			5.5	7.3	9.7	7.4
服务业	41.1	40.2	44.5	49.2	55.2	59.6
总增加值	100.0	100.0	100.0	100.0	100.0	100.0

资料来源:韩国银行(http://ecos.bok.or.kr)。
注:期内平均。

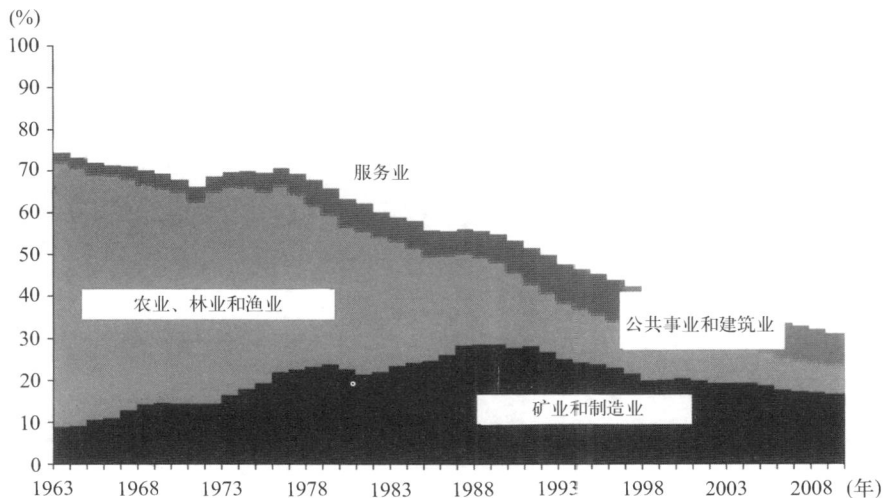

图 3-2　各类行业在总就业中所占比重

资料来源:韩国统计厅(http://www.kosis.kr)。

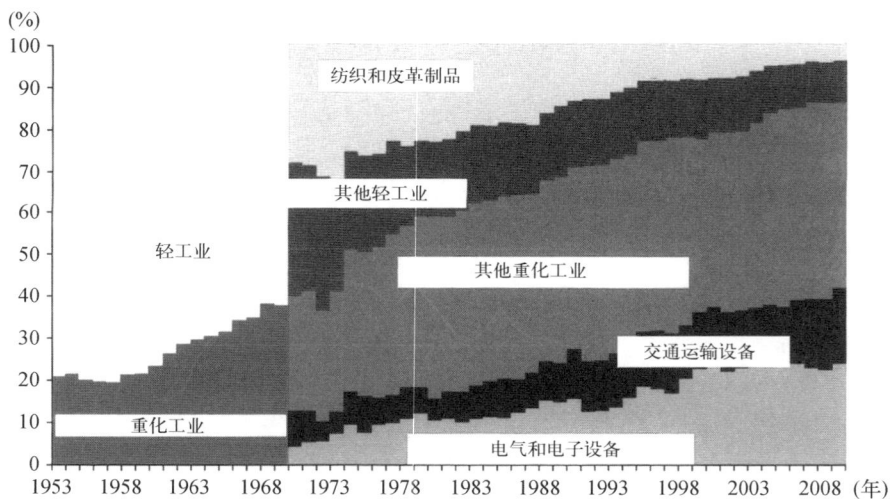

图 3-3　制造业中各类行业在制造业增加值中所占比重

资料来源：韩国银行(http://ecos.bok.or.kr)。

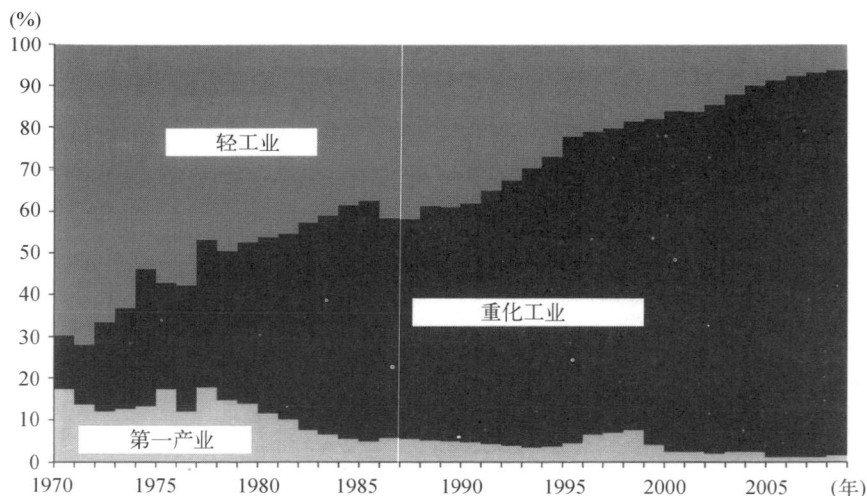

图 3-4　各类行业在出口总额中所占比重

资料来源：国际贸易研究所(http://www.kita.net)。

　　韩国的出口结构也发生了类似的变化(图 3-4)。1970 年，第一产业(主要是矿业和渔业)占出口总额的 17％；轻工业占 70％；重化工业占 13％。到了 2008 年，它们所占出口总额的比重分别变为 2％、6％和 92％。排在前 10 位的出口商品所占的份额也发生了巨大的变化(表 3-3)。

表 3 - 3 出口总额中排名前 10 位出口商品所占的份额

(单位:%)

排名	1961 年		1970 年		1980 年		1990 年		2000 年		2008 年	
1	铁矿石	13.0	纺织品	40.8	服装	16.0	服装	11.7	半导体	15.1	船舶和船舶构件	10.2
2	钨	2.6	胶合板	11.0	轧钢	5.4	半导体	7.0	计算机	8.5	石油产品	8.9
3	未加工纤维	6.7	假发	10.8	鞋	5.2	鞋	6.6	汽车	7.7	手机	8.5
4	煤炭	5.8	铁矿石	5.9	船舶	3.6	视频设备	5.6	石油产品	5.3	汽车	8.3
5	墨鱼	5.6	电子产品	3.5	音频设备	3.4	船舶	4.4	船舶	4.9	半导体	7.8
6	活鱼	4.5	甜食	2.3	人造纤维	3.2	计算机	3.9	手机	4.6	平板显示屏	4.4
7	石墨	4.2	鞋	2.1	橡胶制品	2.9	音频设备	3.8	合成树脂	2.9	轧钢	3.8
8	胶合板	3.3	烟草	1.6	木材和木制品	2.8	轧钢	3.8	轧钢	2.8	合成树脂	3.5
9	大米	3.3	铁制品	1.5	视频设备	2.6	人造纤维	3.6	服装	2.7	汽车零部件	3.3
10	猪鬃毛	3.0	金属制品	1.5	半导体	2.5	汽车	2.5	视频设备	2.1	计算机	2.5
合计		62.0		81.1		47.6		53.4		56.6		61.3

资料来源:国际贸易研究所(http://www.kita.net)。

其他国家也发生了类似的结构性转变。表3－4说明韩国在20世纪60年代的产业结构与英国在1700年、美国在1880年、日本在20世纪前几十年时的发展水平几乎相同。这些国家在随后的几十年的经济发展中都出现了制造业和服务业取代了农业重要地位的情况。不过，与发达国家不同的是，韩国完成产业结构转变的速度要快得多。1990年韩国的产业结构已经接近1890年英国、1950年美国和1970年日本的水平。[①]

表3－4 不同国家及地区不同时代的三大产业就业比重比较

（单位：%）

国家及地区	年份	农业	工业	服务业
英国	1700	60.0	15.0	25.0
	1820	40.0	30.0	30.0
	1890	16.0	44.0	40.0
美国	1880	51.9	25.9	22.2
	1900	43.0	30.0	27.0
	1920	30.9	38.7	30.4
	1940	25.5	37.4	37.1
	1950	17.7	43.0	39.3
日本	1880	80.9	6.5	12.6
	1900	68.5	13.5	18.0
	1920	54.4	20.5	25.1
	1940	44.3	26.9	28.8
	1948	56.0	43.0	39.3
韩国	1963	63.1	11.2	25.6
	1970	50.4	17.2	32.3
	1980	34.0	28.7	37.3
	1990	17.9	35.0	47.1
	1996	11.7	32.1	56.2
	1997	11.3	30.9	57.8
	1998	12.4	27.5	60.1
	1999	11.6	27.1	61.3

① 1970年日本数据引自金俊日（Jong-il Kim，2002，表10）。

续　表

国家及地区	年份	农业	工业	服务业
中国台湾地区	1952	56.1	16.9	27.0
	1960	50.7	21.5	27.9
	1970	35.7	34.4	29.9
	1980	19.6	42.9	37.5
	1990	12.9	41.3	45.9
	1997	8.5	38.1	53.5

资料来源：金俊日（Jong-il Kim，2002）。

注：农业包括林业和渔业；工业包括矿业、制造业、公共事业和建筑业；服务业包括剩下的其他行业。

为了进行国际比较，柳（Yoo，1997）将"工业化"定义为经济发展中农业的就业比重从高于 50% 下降到低于 20% 的过程。图 3-5 表明较早启动工业化的国家相比较晚开始的国家，工业化持续的时间要更长。

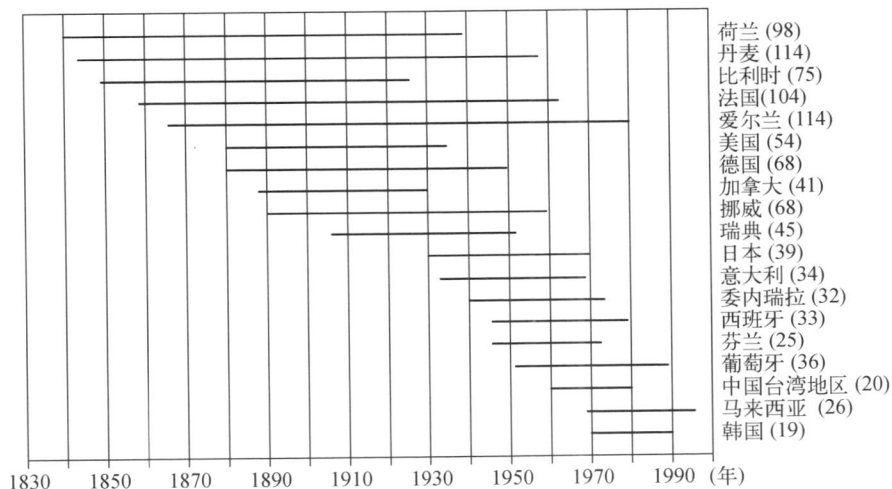

图 3-5　各国及地区工业化时期

资料来源：柳（Yoo，1997）。

注：括号中的数字表示工业化进程持续的年数。

制造业的升级转型，以轻工业主导向重化工业等相关行业主导的转变是这些经济体的另一个共同特征。图 3-6 表明无论是这些发达国家还是韩国，轻工业增加值与重化工业增加值的比率（霍夫曼比率，Hoffman ratio）一直在下降。同样,韩国与这些发达国家的区别在于霍夫曼比率下降的速度有所不同。过去的几十年里,韩国取得"压缩式"增长,其所采取的方式实质上与中国台湾地区和其他一些东亚国家及地区是相同的。

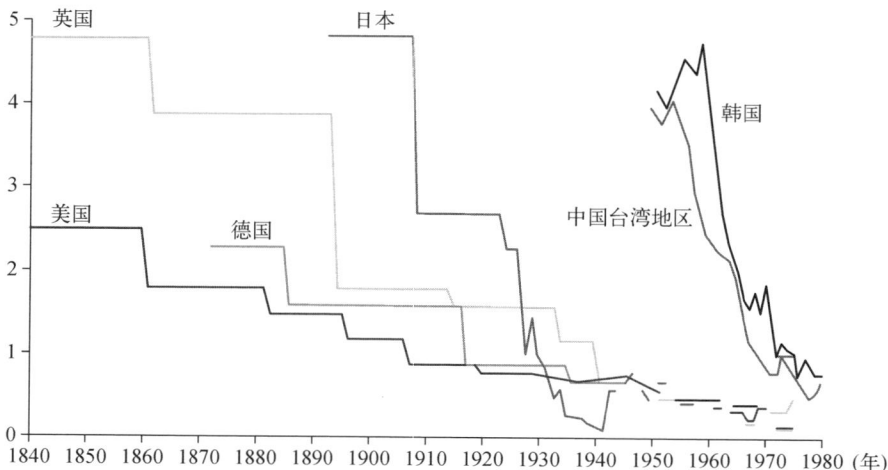

图 3 - 6 国家及地区之间霍夫曼比率的趋势

资料来源:金俊日(Jong-il Kim,2002)。

注:霍夫曼比率是轻工业增加值与重化工业增加值之间的比率。

3.2.2 资本积累与生产率增长

3.2.2.1 产量增长的组成部分

韩国经济的快速增长和产业结构转变的首要原因是生产性资本的快速积累。从 20 世纪 70 年代中期至今,韩国的投资率一直保持在 30%到 40%之间,并于 1991 年达到了最高点 40%(图 3 - 7)。除了 60 年代中期到 80 年代中期经常账户出现大规模赤字的期间,韩国的国内投资资本主要来源于储蓄。

实际上,克鲁格曼(1994)认为东亚经济的增长主要是由生产要素积累所驱动,而不是源于生产率的提高。他还提出东亚国家及地区经济增速将会因收益递减规律而放缓。他的观点是基于杨(Young,1992,1993,1995)所做的一系列增长核算分析,这些分析表明全要素生产率对东亚经济增长的贡献较小。韩(Hahn)和申(Shin)(2010)最近的一项研究也得出了类似的结论(表 3 - 5)。1961—2004 年,韩国人均 GDP 年均增速为 4.7%,其中,1.8%来自全要素生产率的增长,2.9%来自人均资本的积累,而已经工业化的国家相应的数据分别为 2.1% 和 1.1%。由此可得到结论,韩国人均 GDP 增长率的 38% 来自全要素生产率的增长,工业国人均 GDP 增长率的 52% 来自全要素生产率的增长。

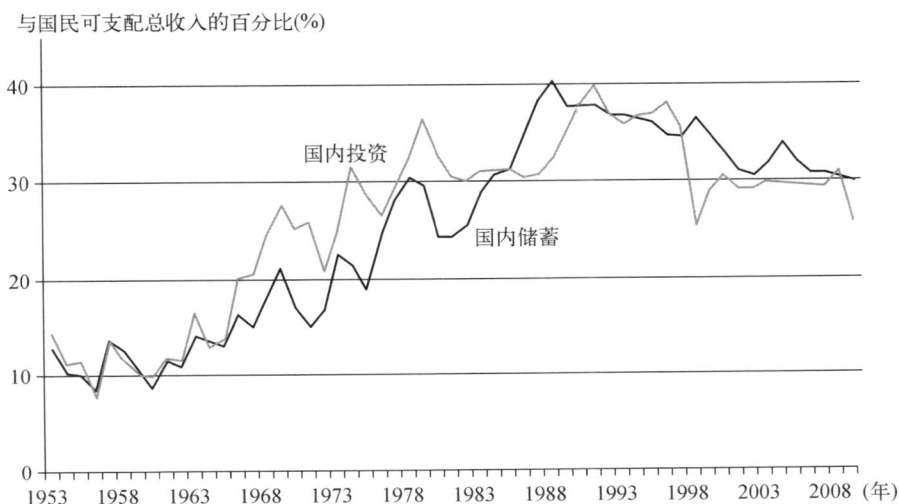

图 3-7 投资率与储蓄率

资料来源:韩国银行(http://ecos.bok.or.kr)。

表 3-5 世界主要国家及地区经济增长来源贡献(1961—2004)

(单位:%)

	年均GDP增长率	人均GDP增长率	贡献来源	
			资本/劳动	全要素生产率
世界(82)	4.0	2.4	1.2	1.3
工业国(22)	3.3	2.1	1.1	1.1
中国	7.2	5.4	2.1	3.4
韩国	7.1	4.7	2.9	1.8
1961—1970	7.7	4.7	3.0	1.6
1971—1980	7.3	4.6	3.8	0.8
1981—1990	8.6	6.1	2.8	3.4
1991—2000	5.8	4.1	2.7	1.5
2001—2004	4.5	2.9	1.3	1.5

	年均GDP增长率	人均GDP增长率	贡献来源	
			资本/劳动	全要素生产率
东亚(5)	5.7	2.8	1.8	1.0
拉丁美洲(22)	3.7	1.0	0.6	0.4
南亚(4)	4.9	3.0	1.1	1.8
撒哈拉以南非洲(19)	3.4	1.0	0.6	0.3
中东和北非(9)	4.4	2.0	1.2	0.9

资料来源：韩（Hahn）和申（Shin）（2010）。
注：括号中的数字表明国家及地区的数量。

　　对于全要素生产率对东亚经济发展所起作用较小这一现象，金俊日（Jong-il Kim）（2002）提出一个有趣的设想。他认为，在现代经济发展的早期阶段，技术进步往往会使资本使用偏重于有形资本。然而，当工业化的第一阶段即将完成，技术进步就会减少对有形资本的使用，而偏向无形资本，这就造成了对全要素生产率增长的高估。从这个角度来看，对韩国和其他东亚国家来说，为了促进经济增长模式由低全要素生产率向高全要素生产率的转变，向教育和科技研发这类无形资本投资就显得尤为重要。

　　但是从表3-4可以发现，韩国过去的全要素生产率的增长水平已经相当可观，高于主要的工业国家，且仅低于中国。那么到底是什么经济因素推动了韩国全要素生产率的提升呢？答案是以下三种主要的驱动力：技术进步、资源再分配和国际贸易。我们将在下文对这些因素进行详细讨论。

3.2.2.2　技术进步

　　国内研发投入、进口高新技术的资本品、引进国外技术，或者通过外商直接投资进行的知识转移（向内或向外的转移），这些都使得技术进步成为可能。此外，发展中国家的出口商可以学习发达国家在产品开发、制造、市场营销和其他经营实践方面的先进经验，通过出口获得的这些先进经验、知识随即可以推广至国内的其他经济部门，并产生积极的外部效应。国际贸易使市场规模扩大的同时竞争压力也随之增加了，这加强了对企业创新的激励。

在韩国,除了外商直接投资以外,上述这些因素均发挥了重要的作用。
20世纪80年代,为了应对国内外日益激烈的竞争,私营企业的技术研发投
资迅速增长(图3-8),韩国国内的科技研发活动激增。目前韩国的科技研
发支出总额(2008年占GDP的3.4%)处于世界最高水平。60年代以来,韩
国的进口一直以原材料和资本品为主。例如,2000年,供韩国国内使用的
进口资本品相当于设备投资总额的57%(表3-6)。而随着时间的推移,
专利使用费和许可费的支出也一直在增加,2009年达到了GDP的0.8%
(图3-9)。

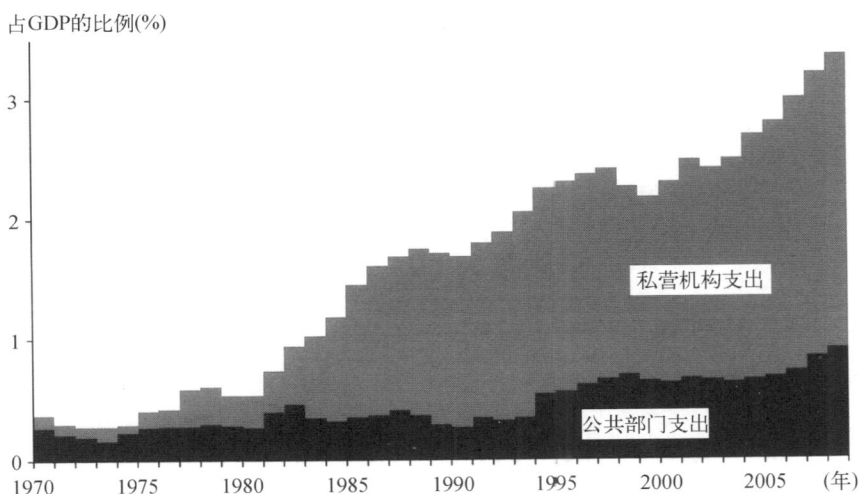

图3-8 研发部门支出

资料来源:韩国统计厅(http://www.kosis.kr)。

表3-6 不同类型商品的进口

(单位:10亿美元,%)

	1970年	1980年	1990年	2000年	2009年
进口总额 a (进口总额的百分比)	2.0 (100.0)	22.3 (100.0)	69.5 (100.0)	160.5 (100.0)	323.1 (100.0)
原材料 (进口总额的百分比)	1.0 (52.9)	14.5 (65.0)	38.2 (54.9)	81.6 (50.8)	186.1 (57.6)

续　表

	1970 年	1980 年	1990 年	2000 年	2009 年
资本品	0.5	5.1	25.6	64.6	104.0
（进口总额的百分比）	(23.1)	(23.0)	(36.8)	(40.2)	(32.2)
用于国内的资本品				37.2	59.1
（进口总额的百分比）				(23.2)	(18.3)
（GDP 的百分比）				(7.0)	(7.1)
（固定资本形成总值的百分比）				(23.2)	(24.2)
（设备投资的百分比）				(56.7)	(77.8)
消费品	0.5	2.7	5.7	14.0	32.7
（进口总额的百分比）	(24.0)	(12.1)	(8.2)	(8.7)	(10.1)

资料来源：韩国国际贸易协会（http：//www. kita. org）；韩国银行（http：//ecos. bok. or. kr）。

注：a 包括其他未分类的商品。

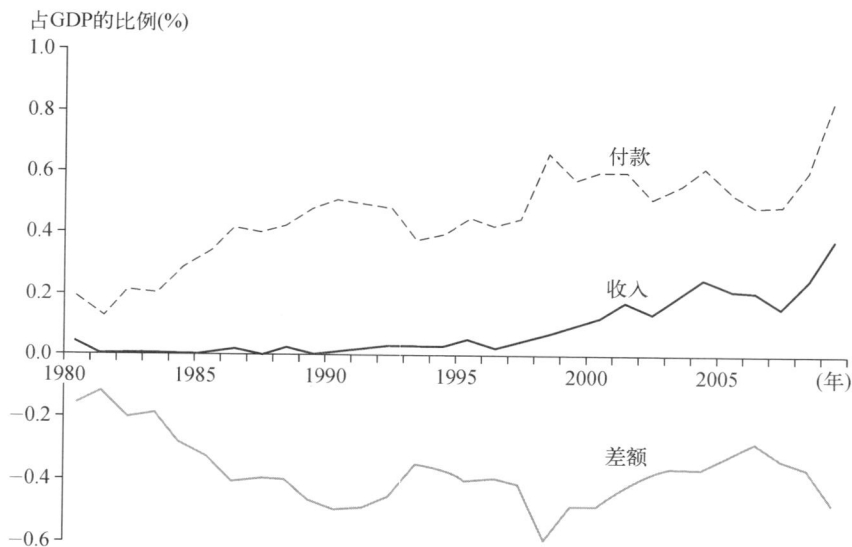

图 3-9　专利使用费和许可费

资料来源：韩国银行（http：//ecos. bok. or. kr）。

3.2.2.3　资源再分配

全要素生产率提高的第二个重要动力是将资源从生产率较低的部门再

分配到生产率较高的部门。一个显著的做法就是将劳动力和资本从农业转移到制造业,从轻工业转移到重化工业,从农村地区转移到城市。当这样的转移顺利进行时,整个经济的生产率就会得到提高。相反,当劳动力市场缺乏弹性,要素投入存在地理限制,政府对衰退产业和亏损企业进行保护,金融中介效率低下,或者是支持城市发展的基础设施供应不足,等等,都会造成生产资源配置转移受到阻碍,从而就会限制经济生产率的提高。

韩国在过去几十年的产业结构的快速转变(图3-1,图3-2,图3-3)表明资源在各部门间的再分配已经相当灵活。金俊日(Jong-il Kim,1998)指出,1970—1986年间韩国的全要素生产率的年均增速为1.45%,其中0.74%归因于技术进步,0.71%归因于资源再分配,这说明对于提高生产率来说,后者与前者具有同等重要性。

在韩国的劳动力市场方面,金(Kim)和托佩尔(Topel)(1995)认为劳动力的流动不仅在城乡之间很频繁,在经济高速增长时期(20世纪70年代和80年代初期),制造业各部门之间劳动力的流动也很频繁。进入90年代,随着农村地区年轻劳动力的供给率下降,就业灵活性和部门之间流动性随之出现一定程度的降低[李(Lee)与金(Kim),1997]。

地域劳动力流动性也达到了很高的水平,这可以从快速城市化的趋势中推断出来(图3-10)。韩国政府不遗余力地扩大城市基础设施建设,以容纳不断增长的人口。目前韩国政府的全国资本存量水平占GDP的份额与那些主要经济体相比毫不逊色[崔(Choi)、刘(Ryu)与朴(Park),2005]。[1]

然而,韩国政府在同一时期采取的很多政策也阻碍了以市场为基础的资源再分配,如:提供定向信贷、推动重化工业发展、多次使用财政援助破产企业,以及保护中小企业。或许更重要的是,长期的金融抑制阻碍了金融中介建立高效制度的进程,并且削弱了金融业的竞争力。对于这些政府干预到底是加速还是阻碍了经济的增长和经济结构的转变,目前仍存有争议。

在认识了资源再分配的本质后,仍存在一个问题需要解决。除了政府的影响之外(无论是有意的还是无意的),还有哪些因素驱动着资源的再分配?一个肯定的答案是高生产率部门的高利润,这会诱使资本和劳动力进

---

[1] 基础设施投资在本书的第5章进行讨论。

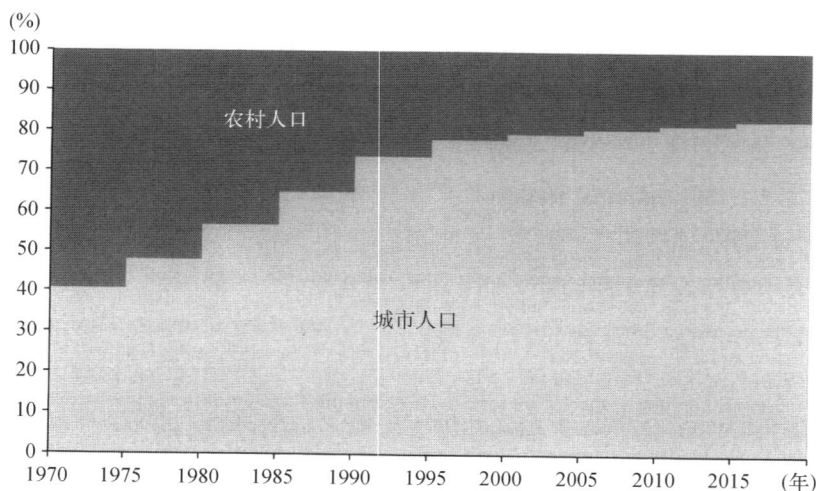

图 3 - 10 城镇化趋势

资料来源：韩国统计厅（http://www.kosis.kr）。

入这些部门。但是，当市场规模有限时，资源再分配也将随之受到限制。①
就这个限制而言，进行国际贸易能够让一个国家克服国内市场的有限规模，
并刺激其资源向着具有相对优势的领域进一步地再分配。如果没有国际贸
易提供的契机，韩国无法将其制造业的规模扩大到如今的程度。

我们需要对相对优势的含义进行一些拓展。从传统意义来看，人们相
信要素禀赋决定了一个国家的相对优势。但这无法解释近些年来，产业内
部贸易的增长以及规模经济作为相对优势的决定性因素，这样的观点得到
了越来越多的关注［吉尔（Gill）和卡拉斯（Kharas），2007，p. 13］。同属于一
个宽泛的产业分类、仅存在着细微差别的产品，可以是在不同国家制造并互
相交易的。随着规模报酬递增，国际贸易通过扩大市场规模使该国可以充
分发挥其技术优势，并且鼓励了该国的专业化生产；专业化反过来又促进了
技术创新，进一步增强了其相对优势地位。在过去的几十年里，韩国的经济
增长就可以用这种比较优势的动态发展来清晰地描述。

---

① 还应当注意的是，零售业生产率的提高会减少而不是增加就业。问题的关键同样在于市场规模。

3.2.2.4　国际贸易

前面的讨论主要强调了各种国际贸易活动在推动技术进步和资源再分配方面所起的关键作用。它们产生了知识溢出（通过进口资本品，引进国外技术，以及外商直接投资），促使国内企业从出口中学习先进经验，提高了对国内企业创新的激励。国际贸易还使国内生产商进入了全球市场，并充分利用了他们的相对优势。许多研究通过实证分析为国际贸易促进韩国经济增长的作用提供了有力支持。[1]

一些学者认为东亚经济成功的关键在于实施了出口商自由贸易制度［拉德莱特（Radelet）、萨克斯（Sachs）和李（Lee），1997］。产业政策在选择成功者和挽救失败者方面的作用不如它在促进出口方面效果好。二战后迅速扩张的国际贸易为东亚各国快速提高生产力、实现经济的快速增长提供了契机［柳（Yoo），1997］。

3.2.3　挑战

韩国经济的结构转型是一个持续的过程。韩国政府应继续通过推动技术进步和资源再分配来提高生产率的增长。然而，存在的诸多潜在困难仍然在影响生产率的持续上升。

第一，很多人认为韩国经济已经完成了"粗放型"增长阶段，该阶段的主要挑战是要引进和推广国外技术——用已知的方式做已知的事情［艾肯格林（Eichengreen）与钟（Chung），2004，p. 3］。通过追赶发达国家来实现经济增长的机会基本上已被耗尽，韩国未来的经济增长很大程度上将取决于如何通过本土创新来拓展自身的前沿技术。即使有技术进步，其增长的速度也将比以前慢，不确定性也更高。

由于韩国政府无法掌控技术进步的进程，因此建立一个市场化的创新体系尤为重要。在这样的体系中，不同行业的企业家们开发和测试各种技术，由市场对他们的成功和失败进行奖励和惩罚。传统政府主导型的投资策略会阻碍韩国与世界技术前沿的交汇［阿西莫格鲁（Acemoglu）、阿格依奥（Aghion）与兹里波提（Zilibotti），2006］。因此，政府的干预应该仅限于市场失灵的情况。

---

① 见第 4 章的讨论。

第二，在过去的一段时期，韩国国民受教育的机会迅速扩大（第6章图6-6），但是从接受学校教育的学生数量来看，现在的增长空间较小。2009年，小学入学率为98％，初中入学率为96％，高中入学率为93％，高等教育入学率为70％。这意味着人力资本的增长率在未来将放缓，生产率的增长也将会随之放缓。

在此阶段的一个重要问题是，如何提高与各个层次学生数量扩张相匹配的学校教育质量。这是推动使用无形资本的技术进步和生产率提高的根本［金俊日（Jong-il Kim），2002］。政府的重点应该是努力增加消费者接受教育的选择机会，督促并提高教育服务部门的责任感。本书将在第6章着重阐述上述问题。

第三，韩国经济中的一些行业，如服务业，以及中小型企业等，饱受生产力赤字的困扰。制造业和服务业之间的生产率差距不断扩大（图3-11）。我们可以从重化工业在制造业总增加值中所占比重的提升推断出，制造业中的重化工业和轻工业之间的差距也在不断扩大（图3-3）。由于重化工业的企业主要是大型企业，轻工业和服务业中多为中小型企业，因此大型企业与中小型企业之间的生产率差距同样在不断扩大（图3-12）。

（制造业劳动生产率基数为100）

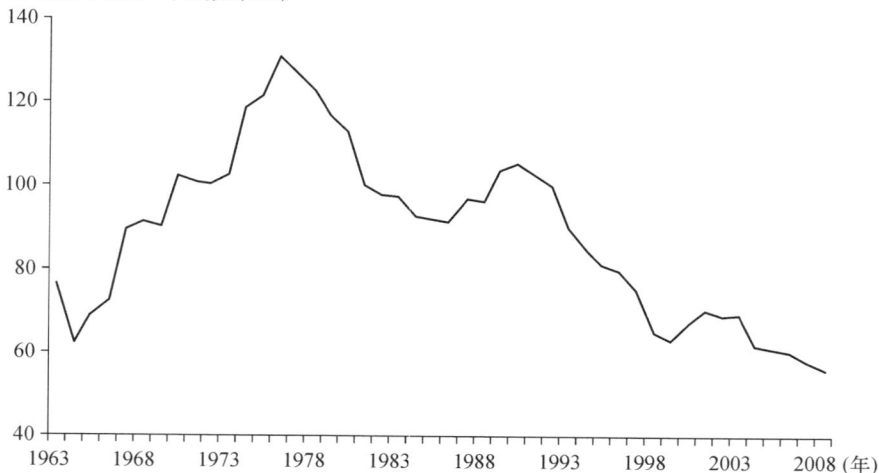

图3-11　服务业的劳动生产率（1963—2008）

资料来源：韩国银行（http：//ecos. bok. or. kr）。

低生产率的服务业集中在两个子行业:(1)批发和零售业;(2)餐饮和酒店业。在2006年,这两个子行业中的员工人均劳动报酬仅相当于制造业的26%。

(500人以上时公司基数设定为100)

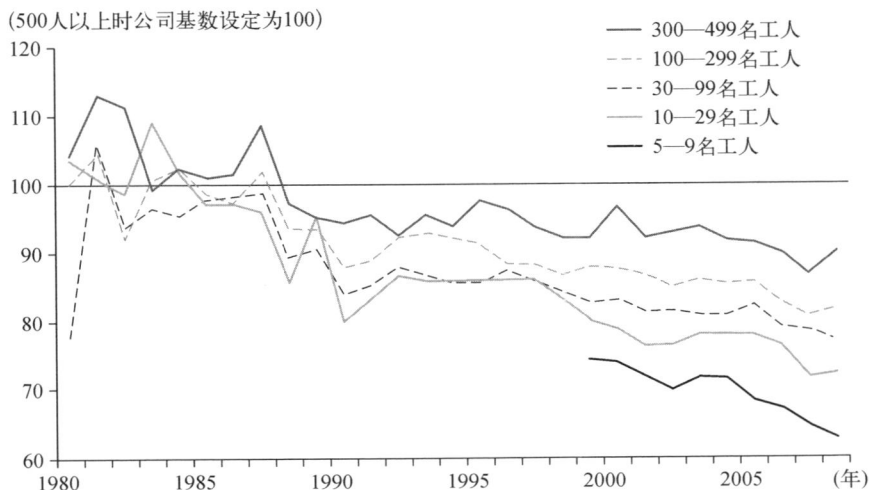

图3-12　制造业中不同规模企业的平均工资(1980—2008)

资料来源:韩国统计厅(http://www.kosis.kr)。

在G7(七个最发达的工业化国家)国家中,相应的数据是55%(图3-13)。在2007年,这些子行业员工人数占服务业总和的37%(图3-14)。尽管这比1982年所统计的55%要少很多,但仍处于很高水平。由于在这两类行业中就业所需要的劳动技能最少,因此,它们也常和其他一些类型的个人服务一起,成为劳动力市场边缘劳动者的最后选择。目前,韩国政府也没有采取更多措施去帮助那些游离在积极劳动力市场政策(Active labor market policies,ALMP)(提供职业训练、就业服务等)或福利计划(收入所得税抵免、降低社保缴费等)框架之外的劳动者。

此外,政府在其他类型服务业方面的政策还需进一步完善。例如,很多专业性服务(医疗、法律、会计、房地产等)仍被政府严格管制,这些管制的存在部分是因为要纠正因信息不对称和消极外部效应导致的市场失灵[高永善等学者(Koh et al.),2009;尹(Yun)与高(Kch),2009]。实际上,这些法规限制了服务业提供商之间的竞争从而保护了他们的利益,因此更多地损害了消费者的福利。与此同时，政府还未能充分监督专业人员提供的服务质量。政府应该健全专业服务法规，即废除有害法规并加强对服务质量的监管，这将有助于增加消费者福利和提高一些服务行业的竞争力。其他服务行业同样也需要政府努力去做出相类似的改变。

对于中小型企业而言，政府应简化其复杂的中小型企业援助制度，将政策重点调整到对市场机制进行补充上，而不是取代市场机制，同时需要重新调整完善执行机制。政府还应该中止那些与私营金融机构构成直接竞争关系的信贷项目[赵（Cho），2009]，将更多的权力下放给地方政府[金俊日（Jong-il Kim），2007]。

总之，政府迫切需要建立市场化的创新体系，提升教育服务质量，健全服务行业的监管框架，改革中小型企业援助制度。如果政府不在上述这些方面作出努力，韩国的经济生产率在未来将很难有所提高。在此背景下，以下的章节将详细阐述自20世纪50年代以来韩国的产业发展。

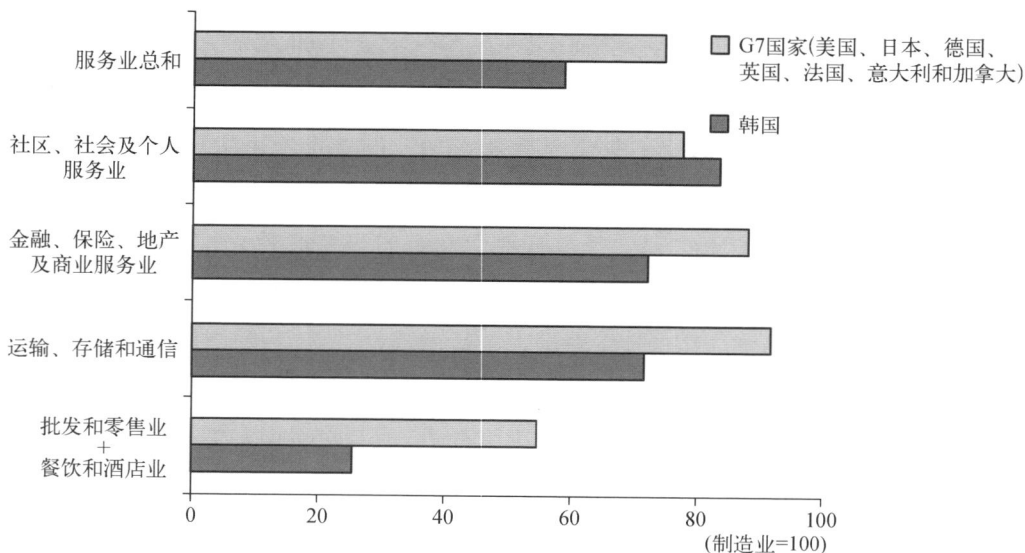

图 3－13　员工人均劳动报酬（2006 年）

资料来源：经合组织结构分析（STAN）数据库（http：//stats.oecd.org）。

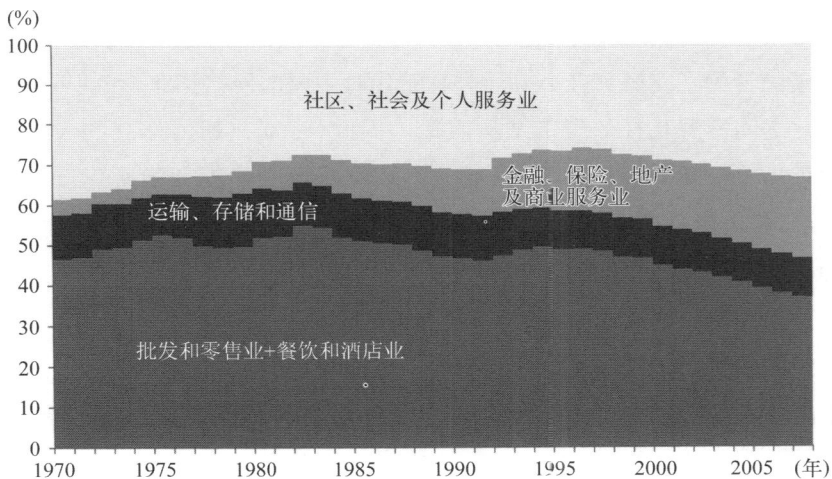

图 3 - 14 服务业中各行业的就业比重

资料来源：经合组织结构分析（STAN）数据库（http://stats.oecd.org）。

3.3 韩国产业的发展历史

3.3.1 第一产业在 20 世纪 40 年代和 50 年代的主导地位

韩国在 20 世纪 60 年代初走上了全面工业化道路，在此之前其经济发展一直以农业、林业和渔业这些第一产业为主。在 30 年代以前，韩国的第一产业占 GDP 的 40％，而第二产业中的制造业仅占 GDP 的 10％左右，约占总出口的 25％左右。

农庄中的集市日（1960 年）

由于当时韩国经济并不发达，以第一产业为主是很正常的现象。而且，日本殖民者为了支援其在 20 世纪 30 年代对中国的侵略扩张，在朝鲜半岛实施南北之间资源互补的经济结构政策。因此，日本在朝鲜建立的大多数制造业工厂位于朝鲜半岛北部，靠近日本政府扶持的伪满洲国所建造的制造业工厂，朝鲜半岛南部则作为食品供应的主要来源地。此外，大部分南部地区拥有的生产设施在朝鲜战争期间（1950—1953）被摧毁了。

韩国在这一期间最重要的政策调整是 1950 年开始的土地改革。土地所有权再分配激发了小农户的生产积极性，从而促进了农业生产率的提高。新出现的农民阶层有更多的钱用于子女教育，并因此培养出一批素质高、技术熟练的劳动者，而这些劳动者对支持韩国的工业化建设至关重要。卖掉自己农场的地主们则通常用这些收入投资工业企业，这些投资成为制造业发展初始阶段重要的资本来源。

尽管渔业在这一时期占经济总量的比重较小，但其在第一产业中扮演着和农业同样重要的角色。20 世纪 40 年代末，随着外国援助的结束，韩国的渔业出口成为获取外汇收入的唯一也是最大的来源，渔业也成为最重要的外贸行业（表 3-7）。例如，1949 年韩国的水产品出口占到当年商品出口总量的 93%。渔业不同于农业，农业土地改革政策中禁止租佃，并对农民人均土地持有量设定了限制，而渔业则越来越商业化，并且为饱受营养不足之苦的人们提供了一个重要的补充蛋白质的来源。

表 3-7 20 世纪 40 年代后半期的渔业出口

（单位：百万吨，%）

	渔业出口	占出口总量的比重
1946 年	594	69.5
1947 年	2 279	57.4
1948 年	5 984	60.3
1949 年	10 921	93.3

资料来源：韩国银行、韩国国际贸易协会。

20 世纪四五十年代，韩国的工程建设部门也在经济建设中发挥了重要的作用，重建和修复了在 40 年代末以及朝鲜战争时期大量荒废和遭受破坏的基础设施。基础设施的大规模重建推动了韩国经济的增长,并为其他产业的发展奠定了基础。

在此期间,韩国的制造业发展缓慢,而且严重依赖国外援助。仅有少数生产日用消费品的行业有不错的发展态势,如制糖、纺纱、面粉加工这三种"白色行业"。这些行业的生存得益于国外援助所提供的原材料和国内需求的支撑。然而,快速发展的日用消费品行业,却造成了产业结构的失衡,并且加深了对进口原材料和外国生产设备的依赖,导致了国际收支状况的恶化。即使如此,日用消费品行业的发展还是为 60 年代及以后韩国工业化的发展提供了有力的支持。

韩国政府利用外国援助的资金购买化肥来提高粮食产量,发展电力和煤炭这样的能源产业,并建造了用于战后国家重建的必要基础设施和设备。此外,在接收外国援助的过程中建立了一大批由政府直接控制的国营企业。虽然这些国营企业在初期阶段为韩国产业结构的转变做出了巨大的贡献,但由于管理不善和债务的不断增加,在后来却反而渐渐成了国家的经济负担。

3.3.2 20 世纪 60 年代和 70 年代的快速工业化

3.3.2.1 制造业的发展

20 世纪 60 年代,韩国的制造业在经济增长中开始发挥主导作用。在 1960 年到 1970 年期间,制造业年均增速达 17%,这是自 1953 年以来的最高水平,并且持续了 10 年之久(表 3-1)。70 年代,制造业继续保持快速增长,在总增加值中的比重从 1953 年至 1960 年的 12% 翻了近一番达到 1971 年至 1980 年的 23%(表 3-2)。制造业在出口总额中的比重从 60 年代初的 25% 增加至 70 年代初的近 90%(图 3-4),在主要的出口商品中也出现了类似的变化(表 3-3)。

在此时期,制造业的增长以劳动密集型的轻工业(如服装和鞋帽类)为主。这些行业通过快速创造就业机会吸纳了从农村流出的剩余劳动力。由于这些行业在城市附近的工业园内开展生产活动,因此它们也推动了大城市的发展和韩国人口城镇化的进程。首尔(汉城)九龙工业综合体就是一个例子。

韩国制造业的快速发展有几个潜在的因素。首要因素来自第一代企业家们，他们察觉到国际市场蕴藏的机遇，并通过进口国内短缺的各种商品来满足国内市场的需求，从中获取利润。当时的那批小商贩后来成了第一批在劳动密集型产业中创业的企业家。

第一代企业家的创业精神与农村源源不断的劳动力供给相结合，带来了轻工业的爆炸性增长。当时，尽管韩国的劳动者受到过相对良好的教育，并且十分勤奋，但韩国仍是世界上工资水平最低的国家之一。因此，韩国的劳动密集型产业能够迅速获得成本竞争优势，提高其在国际市场上的占有份额。

不同于劳动力的充足供给，韩国制造业发展的另一个重要因素——资本因素，在当时并不充裕。1961—1970 年和 1971—1980 年期间，韩国国内的储蓄率分别为 15％和 23％，而投资率分别为 19％和 29％（表 3 - 8）。储蓄与投资之间的差距不得不通过向国外贷款来弥补，上述两个时间段的储蓄与投资的差额分别达到了国民可支配收入（gross national disposable income，GNDI）的 3％和 6％。

表 3 - 8　储蓄与投资

（单位：占国民可支配收入的百分比％）

	1953—1960 年	1961—1970 年	1971—1980 年	1981—1990 年	1991—2000 年	2001—2009 年
储蓄总额（A）	11.1	15.5	23.3	33.0	35.8	31.3
私人储蓄	8.6	9.9	19.0	26.8	27.1	21.4
家庭			11.5	14.1	15.2	5.5
企业			9.8	12.7	11.9	15.9
政府储蓄	2.5	5.6	4.3	6.2	8.7	10.0
投资总额（B）	11.5	18.8	29.2	32.1	34.6	29.4
来自世界其他地区的净贷款（A—B）	—0.4	—3.4	—5.8	0.9	1.2	1.9
来自世界其他地区的经常转移收入（C）	7.1	5.4	1.0	1.1	0.3	—0.3
（A—C）	4.0	10.1	22.3	31.9	35.5	41.6

资料来源：韩国银行（http://ecos.bok.or.kr）。

除了国外贷款，韩国从其他国家获得的经常转移收入也显著缓解了国内储蓄的短缺状况。若没有这部分资本的流入，国内储蓄将会少很多（表3-8最后一行）。

随着1965年韩国和日本外交关系的正常化，日本给予韩国的5亿美元赔偿金和3亿美元的商业贷款也成为韩国制造业发展的一个重要因素。这些资金用于创建浦项钢铁公司（现称浦项制铁），以及投资于韩国经济的各行业中。

越南战争期间（1965—1973），韩国派出部队参战，换取了美国的经济援助。因此，越南战争也成了支持韩国制造业发展的另一个外部资金来源。同时，韩国企业还通过为在越南服役的美国军队提供军事设施建设等服务，生产军事制服等商品，从而获得大量外汇收益。

士兵登上开往越南的军舰（1965年）

最后，韩国政府在加快制造业发展方面同样发挥了重要作用。20世纪60年代韩国的"一五计划""二五计划"期间，政府在公共基础设施上的大举投资，如建设发电厂、高速公路，以及港口等，为出口驱动型工业化奠定了基础。同时，政府在化肥、水泥、炼油，以及钢铁等关键的制造业行业建立了一批国营企业，这对韩国的工业化发展是必不可少的。此外，政府还实施了其他政策措施，涉及外汇、税务、金融及海关法规等，用来推动出口驱动型产业的发展。除了这些常规政策之外，韩国政府还采取了一些非同寻常的方法，如总统主持的旨在解决相关问题以及消除出口瓶颈的月度出口扩大会议等。

3.3.2.2　其他行业的发展

20世纪六七十年代，韩国的建筑业发展迅速，它在基础设施建设和工业厂房建设方面发挥着主要作用。大规模的设施建设使韩国积累了相关经验，从而大大提高了其在建筑业的竞争力，因此70年代开始韩国成功争取到了大量海外建设项目。海外建设工程订单额从1973年的1.7亿美元增加到1981年的130亿美元，这为韩国外汇收入的增长作出了巨大贡献。

六七十年代，韩国的第一产业，特别是农业停滞不前，其年均产量的增速仅为3％。不过考虑到农村的劳动力从农业向制造业转移，从农村向城市转移，农业发展的缓慢也是必然的。然而，城乡之间出现的劳动力就业，以及其他发展机会的不平衡却造成了社会关系紧张，引发了政治压力，这也促使韩国政府采取干预措施，振兴农业和恢复农村地区的活力。

水稻收割

更为重要的一个问题是,随着农村地区隐形失业人口数量的降低,农业生产率是否还能得到提高。在此方面,韩国政府推出的重要措施是,在70年代初大力推广种植一种新型水稻——"统一稻"("Tong-il"),这种水稻比传统水稻生产的粮食要多得多。此外,政府还推动农业机械化,采用新的农作方式来提高农业生产率。传统的农村地区在"新村运动"(Saemaul Movement)的影响下发生了巨大的改变。韩国政府组织这项运动的意图在于,从提高粮食生产、改善农民生活条件等各个方面来对农村地区进行现代化改造。该运动的目标是,在同一时期进行的农作物"绿色革命"的支撑下,实现韩国粮食生产的自给自足。

上述所有的这些改变使韩国农业生产率大幅提高,加快了劳动力从农村向城市的转移,有助于韩国实现粮食基本自给,至少水稻的产量能保证自给自足(表3-9),还有利于政府收购大米再低价供应给城市里的产业工人。

表 3-9 粮食自给率(1956—2005)

(单位:%)

	大米	大麦	小麦	玉米	大豆	马铃薯	其他	合计
1956 年	100.0	87.3	35.9	100.0	100.0	100.0	100.0	92.1
1960 年	100.8	110.4	33.9	18.9	79.3	100.0	100.0	94.5
1965 年	100.9	106.0	27.0	36.1	100.0	100.0	100.0	93.9
1970 年	93.1	106.0	15.4	18.9	96.1	100.0	96.9	80.5
1975 年	94.6	92.0	5.7	8.3	85.8	100.0	100.0	74.1
1980 年	95.1	57.0	4.8	5.9	35.1	100.0	89.9	56.0
1985 年	103.3	63.7	0.4	4.1	22.5	100.0	11.6	48.4
1990 年	108.3	97.4	0.1	1.8	20.1	95.6	13.9	43.1
1995 年	91.4	67.0	0.3	1.1	9.9	98.4	3.8	29.1
2000 年	102.9	46.9	0.1	0.9	6.4	99.3	5.2	29.7

资料来源:韩国农林部对农业和林业各类别作物的主要统计。

在渔业发展方面,韩国政府将日本赔偿金中的较大一部分(10%)投资于该领域,支持渔业部门的快速增长。1965年《韩日渔业协定》(Korean-Japanese Fishing Agreement)的签订推动了韩国渔业部门的发展。该协定不仅保护了韩国的渔场，同时也为韩国渔业的复兴提供了较好的机会。此后随着时间的推移，远洋渔业逐渐成为一个新兴行业，并且成为韩国的一个重要的外汇收入来源。此外，它还为韩国国内带来大量新的海产品食物，从而提高了韩国人的平均营养水平。但在1977年美国和苏联以及其他一些国家宣布实施200海里专属经济区以后，韩国的大型远洋捕捞船队的活动受到了限制，远洋渔业经受了很大打击。尽管如此，大型远洋渔船能深入到世界各处遥远的海域，由此而形成的冒险精神却成为韩国人民自豪感的一个早期来源。

第一艘驶向大海的深海船

3.3.2.3　促进重化工业发展

韩国的劳动密集型产业（轻工业）的发展取得了骄人的成绩，但是也有其局限性。劳动密集型产业一般是指专门从事制造如服装、鞋帽、电子产品等轻工业制成品的行业，这些行业的快速发展大幅提升了对原材料、零部件和为生产这些制成品所需要的成套设备的进口量。推动韩国的产业结构升级，向产业上游转移，制造高附加值产品的需求也随之增加。

20世纪70年代，韩国政府推动了一项雄心勃勃的产业政策以促进重化工业的发展。① 政府首先先确定几个重点发展的工业部门，给予它们财政金融上的支持；其次为重化工业的大型企业选择位置有利的建设地区，建立工业园，并为其建造配套的基础设施；再次由于重化工业企业需要大量资金去购买设备并进行运行管理，因而政府还为这些企业提供了低于市场利率的政策性贷款；最后政府还推动创立了一批综合贸易公司来扩大重化工业产

---

① 参见第2章2.3节的讨论。

品的出口。

70 年代重化工业的发展与 60 年代劳动密集型产业的发展存在很大的区别,重化工业需要更多的能源供应、更多的熟练劳动力和更先进的技术支持。

重化工业发展的首要任务是保障能源供应。韩国政府转变过去依赖煤炭作为主要能源的做法,决定依靠廉价且供给充足的石油能源来推动重化工业的发展。但是,当 1973 年第一次石油危机爆发时,政府的能源政策又发生了反转,重新强调煤炭在能源供给上的重要性。对"煤炭优于石油"和"石油优于煤炭"之间如何选择的政策争论,充分说明了当时的能源政策对于韩国政府来说已经成为一个存在巨大争议的问题。最终,油价上涨的影响被韩国在中东地区的海外建设工程的盈利

古里核电站的建设现场

抵消了,这使得韩国能够抵御住石油危机的冲击。不过在 1979 年的第二次石油危机期间,对电能拥有巨大需求的重化工业的扩张发展,导致了韩国能源需求较第一次石油危机时期有大幅增长,韩国经济经遭受了严峻的挑战。政府最终认识到,需要寻找石油以外的新能源来支持未来的工业发展。核能被视为是石油的一个重要的替代能源,此时政府也成功地启动了一个核能项目的建设(表 3－10)。

表 3－10 不同能源的消耗量

(单位:%)

	1968 年	1973 年	1978 年	1983 年	1988 年	1993 年	1998 年	2003 年	2008 年
总消耗	100.0	100.0	100.0	100.0	100.0	100.0	100.0	100.0	100.0
煤	34.2	30.2	26.0	33.4	33.4	20.4	21.7	23.8	27.4

	1968 年	1973 年	1978 年	1983 年	1988 年	1993 年	1998 年	2003 年	2008 年
石油	34.8	53.8	63.3	47.0	47.0	61.9	54.6	47.6	41.6
液化天然气	—	—	—	—	3.6	4.5	8.3	11.2	14.8
水利	1.5	1.3	1.2	1.4	1.2	1.2	0.9	0.8	0.5
核能			1.5	4.5	13.3	11.5	13.5	15.1	13.5
可再生能源和其他[a]	29.5	14.7	8.0	4.8	1.5	0.6	0.9	1.5	2.2
人均消费量（TOE）	0.51	0.73	1.03	1.24	1.79	2.87	3.58	4.49	4.95

资料来源：韩国统计厅（http：//www. kosis. kr）。

注：a 其他能源包括木炭。

接下来的任务是如何获取相关技术。这些技术的引进升级要和国家经济发展的步伐相协调。重化工业的起步阶段，相关技术是从外国公司提供成套生产设备时获得的。但是，到了 70 年代，随着重化工业的发展，需要技术升级，因此政府将政策的重心转变为培养更多的熟练劳动力和提升国内的科技研发能力。许多重要的国家科研机构在此期间建立，这也是上述政策最为显著的成果代表。

在实施重化工业化战略过程中，韩国政府非常依赖私营企业的创造力和活力。韩国的企业家们抓住了这一机遇，并成功克服了各种新挑战。他们自己也成了这一时期韩国企业发展史上的传奇。例如浦项制铁的创立者朴泰俊（Tae-joon Park），尽管在钢铁厂建立之初困难重重，缺乏技术、资本和原材料，但他敢于从零开始，艰苦奋斗撑起了整个韩国的钢铁工业。还有现代集

浦项钢铁厂的落成典礼

团的创始人郑周永(Ju-yung Chung),在最初没有造船设施的情况下,他想方设法说服了一群希腊船主将船舶采购订单交给自己,然后利用希腊船主的订单说服了伦敦银行家提供了建造船厂所需要的资本,通过这种方式开创了韩国现代造船业。

对于实施重化工业化战略是否推动了韩国经济的发展存在着争论。支持者认为,重化工业化政策的推进为国家重点产业的发展奠定了坚实的基础,这对韩国经济的上升是起决定性作用的,而且这些产业支撑着韩国经济未来的发展。他们认为如果没有重化工业的驱动,韩国将永远不可能完成产业结构的升级。

然而,重化工业化政策也确实对韩国经济产生了意想不到的负面影响。韩国政府的低息政策性贷款专门用于重化工业以及相关产业,这意味着轻工业很大程度上丧失了国家的财政支持,处于不利的地位。从而导致了重化工业与轻工业之间存在增长不平衡的问题。

重化工业化政策的实施带来的另一个消极后果是,它促成了一些大型企业集团(即财阀)的形成,至今这些财阀仍然主导着韩国的产业格局。现今的财阀在60年代还处于轻工业的发展阶段,到了70年代,由于政府的支持,他们将其产业拓展到重化工业领域并不断膨胀。经济权力集中产生了诸多财阀,至今依然是难以解决的一个问题。

对重化工业化政策的另一种批评是,政府鼓励财阀在指定的行业进行投资,但对他们的长期盈利能力却几乎没有考虑。在各个财阀争夺政府援助的过程中,政府对重化工业的财政支持造成了某些产业领域的过度投资和重复投资,浪费了大量的资源。重化工业化政策的实施也为后来很多大企业的破产制造了隐患。由于一些大企业参与重化工业政策的实施,从银行获取了大量的贷款,因而该政策在阻碍银行业正常发展方面也产生了负面的连锁效应。

浦项钢铁厂

3.3.3　80年代的产业合理化

20世纪70年代末，在重化工业中存在的产能过剩、盈利能力下降等诸多问题受到了人们越来越多的关注。[①]　由此，韩国政府开始启动针对重化工业的投资调整计划，这个计划就是1979年5月政府推出的"经济稳定化综合措施"（Comprehensive Economic Stabilization Program），随后在1980年政府对重化工业进行了两轮的投资调整。1980年8月20日，第一轮调整开始，集中在发电机、汽车、建筑机械设备等行业；10月7日，第二轮调整开始，重点是重型电机、电子交换机、柴油发动机、炼铜行业。在这些行业中，政府投资调整的主要内容是合并一些重复投资的企业，取消一些投资项目来压缩过剩产能，还有在过度竞争成为经济发展的隐忧时，政府就会对垄断进行保护。

除了投资调整计划，80年代韩国政府还实施了一系列的产业结构调整项目，用来帮助困难企业渡过难关。其中，船舶工业经历了4轮重组，分别在1983年12月、1984年5月、1985年7月和1985年12月。在此期间，很多船舶公司利用政府的税收优惠政策和金融支持实现了兼并与重组。海外建筑业的企业重组开始于1984年，并于1986年加快了发展势头。

上文提到的部分行业以及国民经济中的其他行业，相关产业结构调整与企业重组均是以《减免税管理法》（Tax Reduction and Exemption Regulation Act，TRERA）和《制造业发展法》（Manufacturing Development Act，MDA）为法律依据的。这两部法律使得韩国政府有权对特定的行业采取产业合理化措施，为其提供各类税收优惠政策（例如免征资本利得税）和财政金融支持，并进一步对行业市场准入和企业投资进行监管。韩国政府对每个行业的产业合理化周期也事先作了具体规划：1985年后，9个行业的产业合理化进程开始启动——汽车（1986—1989）、建筑机械设备（1986—1988）、船用柴油机（1986—1989）、重型电机（1986—1989）、合金（1986—1989）、纺织（1986—1997）[②]、印染（1987—1988）、肥料（1987—1990）和鞋类（1992—1995）。

---

① 参见第2章2.4节的讨论。

② 纺织业合理化调整开始于1986年7月，随后在1989年7月、1992年7月和1992年7月进一步推行，最终在1997年12月全部完成。

产业合理化政策旨在提升相关产业的竞争力。然而,这项政策取得的成绩也很有限,因为韩国政府在评估有哪类行业和哪些公司需要进行合理化改造时并没有一套合理的评判标准,而且政府在对企业资产进行处置时也没有进行有效的监管。

产业合理化政策也产生了许多消极影响。它加速了财阀经济权力的集中,因为在合并和调整一些问题企业时,财阀是唯一具有金融资源的商业力量。在某些情况下,它限制了新竞争者的进入,使得核心产业被少数几家大型企业操控。这就形成了在很多行业内出现的垄断或者寡头垄断的市场结构。更重要的是,它成为韩国在 70 年代发起重化工业化战略之后政府干预经济产生问题的又一案例,而重化工业化政策驱动经济的结果是阻碍了市场机制的发展。

认识到这些问题后,韩国政府在 20 世纪 80 年代后期开始调整产业政策。政府不再直接干预市场,而是采取更多间接性和功能性的手段,例如对科技研发进行支持等。同时,政府也开始逐步放开对金融行业的管制。

不过,完全依赖私营企业来推动改革也有其固有缺陷。90 年代初期,当部分大型企业集团为了拓展它们的商业帝国而进行过度投资时,政府没有做到严格的监管,这也最终导致了 1997 年的金融危机。正如在本书第 2 章已经讨论过的,根本的问题是,在尚未解除国家和私人企业集团之间的风险伙伴关系、未能强化市场纪律之前就进行一系列的经济自由化改革是非常不合适的。

3.3.4 应对 90 年代的新挑战

3.3.4.1 新挑战

很明显从 20 世纪 90 年代开始,两大潮流对于韩国的工业发展进程产生了极为深刻的影响:技术开发和市场开放。

当发达国家试图阻止先进技术外溢到包括韩国在内的新兴工业国家时,韩国也在担心第二波工业化国家——中国和东南亚地区的国家——带来的经济竞争。因此,韩国认为应对这些挑战最好的对策就是发展基于新技术的新产业,并通过技术提升来增强既有产业的生产力。

与此同时,全球贸易乌拉圭回合谈判的结果和 1995 年世界贸易组织的成立给韩国带来了更大的国际竞争压力，这些压力对制造业、第一产业，以及服务业等部门都有很大的影响。此时的韩国经济面临着空前的挑战。

3.3.4.2　技术开发

韩国在工业发展的早期阶段就已经意识到了技术研发的重要性。因此，当发达国家开始对韩国树立高新技术壁垒时，韩国政府和企业界决定自己研发技术。

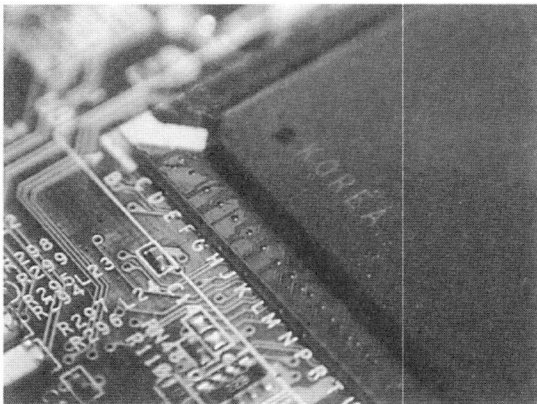
三星半导体芯片

20 世纪 90 年代中期以来，韩国工业的发展更多依赖的不是从国外引进的技术，而是国内自己研究开发的科技成果。这样的成就很大程度上得益于六七十年代在国家财政资助下建立的各个科研机构，这些机构专注于开发核心产业部门的应用技术。80 年代，这些机构的研发覆盖到了经济的各个方面，它们在国内技术研究领域处于领先地位。这些科研机构也培养了大批优秀的研究人员，他们中的很多人后来进入企业和大学继续研发新的科技产品，同时与国家的科研机构紧密合作，联合研发新的技术项目。20 世纪 80 年代，很多私营企业也在政府的支持下开展科技研发活动，并参与了很多政府推动的国家级技术发展项目。90 年代以来，韩国的企业已经有足够的实力来扩展它们的研发能力，并创建了很多隶属于私营企业的研究机构。

企业的科技研发规模的扩大，使得它们有能力来发展那些需要自主开发的核心技术，而这些核心技术通常运用在诸如半导体、信息通信等新兴行业，以及其原有的核心产业中。90 年代之前，相对于其他的组织机构，高等院校的科技研发能力偏弱，但此后在许多国家级的研究课题带动下，高等院校的基础研究活动开始发力，随之催生出大量的高校科技研究中心。

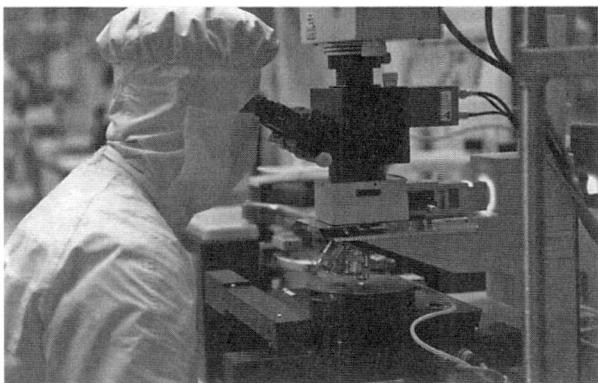

三星半导体工厂车间

　　90 年代期间的技术开发活动主要集中于信息通信技术产业,信息通信技术产业的蓬勃发展也刺激了更多的私营企业进入这一领域。信息通信及其相关技术产业的崛起代表了韩国工业发展史的一个重要转折点。这表明韩国能够在急剧变化的国际竞争环境中占有一席之地,也表明了韩国的经济发展可以不再依赖于国家指导的产业政策。信息通信技术产业的成功还为韩国的重化工业提供了一个新的发展愿景,韩国的重化工业刚刚走出产业合理化的时代,要为未来的发展寻求新的途径。不仅如此,这也是值得韩国骄傲的一个时期,在这个时期韩国摆脱了从发达国家引进先进技术的历史,开始发展自己的核心技术产业。

首尔的夜晚

通过这种方式，新兴技术产业能够应对不同领域的各种挑战，也为韩国工业发展的结构性变革贡献了力量。在此之前，韩国的工业没有应对这些挑战的能力，主要是因为相对于发达国家，韩国存在低效的产业结构、缺乏先进科学技术知识以及其他不利条件。韩国的新型材料、生物技术以及信息通信技术等产业在世界上也正追求得到技术领先地位，而且由于政府对信息通信技术产业的支持，使得这一行业的发展远胜过其他领域（表 3-11）。

韩国在信息通信技术上的迅猛发展，使其在世界上能较早地进入信息化社会。例如，1978 年第一台个人电脑由 IBM 公司制造，但是个人电脑在美国的大规模普及要到 1981 年才开始。而在仅仅两年之后的 1983 年，三星电子公司就开始在韩国发布拥有自主品牌的个人电脑。

在电信发展领域，韩国的固定电话网络建设远远落后于发达国家，但在进入移动电话时代，韩国却能迅速赶上，成为移动通信强国。在互联网发展方面，韩国不仅没有落后于美国，某些方面如互联网网络带宽与网速甚至超越了美国。

在研发和引进其他信息通信技术方面，韩国也被证明走在世界前列。三星电子公司在世界各国开发下一代存储器芯片的竞争中，第一个成功开发出 256 兆动态随机存储器（DRAM）。其他的重要创新发明有 TDX 电子交换技术和 CDMA 数字通信系统。这些科技研究突破性成果部分归功于韩国政府在创建高效的国家级通信基础设施中所做的努力。1994 年，韩国信息通信部（Ministry of Information and Communication, MIC）成立，政府确定建设基于高速宽带网络的"国家级信息高速公路"（national information super-highway）综合计划。该计划由信息通信部的"信息化推广基金"支持，"信息化推广基金"也促进了信息通信技术产业的高速发展。

韩国信息通信技术产业的大发展是在两类大规模投资的支持下发生的。第一类是由政府对研发机构的投资，主要受科技发展的推动，其投资量从 1990 年占 GDP 的 1.7% 增加到 1997 年占 GDP 的 2.4%。第二类是私营企业的技术研发支持，目前已经占到整个韩国科技研发投资的 70%—80%，投资量与之前政府在这个领域投资占主导地位时呈现出明显的逆转。私营的科技研发机构由 1990 年的不足 1 000 所迅速发展到 2000 年的 7 100 所，这一数字表明科技研发的进步主要由私营部门来主导。由此,韩国在全球的半导体行业中领先于其他国家,而该领域私营部门申请的专利数的速度呈现爆炸性增长。

表 3-11　信息通信技术产业对经济增长的贡献

(单位:%)

	1998 年	1999 年	2000 年	2001 年	2002 年	2003 年	2004 年
GDP 增长率	−6.9	9.5	8.5	3.8	7.0	3.1	4.6
ICT 增长率	23.0	35.3	33.8	10.5	17.6	14.2	20.4
贡献(百分点)	1.1	2.2	2.3	1.0	1.8	1.6	2.5

信息通信技术产业的发展

　　韩国信息通信技术产业的腾飞,主要归功于一批高科技公司的推动。它们生产的半导体器件、液晶显示屏和移动电话等信息通信技术产品在世界市场上极具竞争力。这些公司对技术研发和产品制造进行快速大量的投资,使它们在全球市场竞争中优势凸显。它们也在引领未来全球信息通信技术产业的发展。2008 年,韩国生产的液晶显示屏在全球市场上的份额达到 46.5%,是该领域当之无愧的领导者。2009 年一季度,韩国制造的移动电话在全球市场份额中排名第二。韩国在全球半导体市场中排位第三。2008 年,韩国成为全球最大的存储芯片制造国。

　　韩国的研发机构和高科技公司预见到个人电脑(PC)、数字化产品,以及无线通信技术这三个领域的快速发展,因此,较早地专注于研发半导体、液晶显示屏以及移动电话等产品。例如,韩国电子技术研究院(Korea Electronics Technology Research Institute)在 1979 年就获得了世界银行的 290 万美元的贷款来开发半导体。正因如此,在美国苹果公司 1978 年开发出第一台个人电脑,随后 1981 年 IBM 公司在个人电脑产品中开始使用 MS-DOS 操作系统时,韩国生产的个人电脑已经成为良好的替代品。1983 年 12 月,三星公司成功研制并生产了64兆的动态随机存储器芯片。从那时起，三星公司就在研发和投资的激烈竞争中一直保持着世界领先水平，1994年三星公司成为世界上第一家成功开发256兆动态随机存储器的公司。

韩国信息通信技术产业的高速增长也离不开政府对信息通信技术基础设施的大力建设，这些基础设施促进了信息通信技术的广泛应用。信息通信技术产业的发展还得益于政府制定的市场竞争、信息化和产业发展等相关政策。这表明企业和政府之间的通力合作对新技术产品和服务的商业化是有利的，同时也展现了在面对信息通信技术产业急剧变化的环境时，政府和企业所拥有的快速反应能力。

3.3.4.3　市场开放

世界贸易组织（World Trade Organization，WTO）规则体系的启动、韩国加入经合组织，以及1997年的亚洲金融危机，共同促使韩国大规模地开放市场，这给韩国企业带来了新的挑战。一方面，市场开放使韩国的制造业要直接面对国际竞争，为它们带来了新的发展机遇；另一方面，市场开放也使韩国的农业和渔业等第一产业陷入困境，这些行业被迫进行改革重组［金道勋等（DoHoon Kim et al.），2005］。

世界经济的全球化浪潮很早就刺激韩国的制造业企业专注于国际市场，而不是依赖需求有限的国内市场。如今，韩国的制造业企业走出国门，通过在海外建立产品生产线，开始了下一步的"产业全球化"，这也增加了韩国产业在相关领域的竞争力。目前，韩国的汽车制造业、船舶制造业、电子工业、钢铁工业均位列世界前五位。世界经济的全球化也促使韩国企业提高了公司管理水平，并成长为世界一流公司。越来越多的韩国企业进入全球五百强，这一事实也说明了韩国成功地融入了经济全球化的进程。

然而，韩国企业的快速全球化也产生了一些负面影响。以国内市场为导向的企业和专注于出口的企业之间的关系逐渐弱化，并最终导致了"产业发展的两极分化"。产生的后果是，尽管出口贸易繁荣，依赖国内需求的企业却无法从中获益。

　　世界经济全球化导致了"失业人口增加"（increase in number of jobless）现象的产生，这一现象在 20 世纪 80 年代首次出现在发达国家，90 年代的韩国也出现了相同的情况。由于很多韩国企业将整条生产线转移到国外，自然就减少了本国工人的就业岗位数量。

现代重工集团造船现场

　　市场开放对韩国农业和渔业的影响最为严重。资源向其他产业部门转移使外部竞争的压力加大，因此，市场对这两个行业的未来发展前景普遍悲观。廉价的农产品和渔业产品的进口也导致了需求结构的改变，同时降低了国内自给自足的粮食生产。外部竞争迫使韩国国内农产品和水产品价格下降，则进一步加剧了对这两个产业部门的冲击。农民和渔民通过游行示威来抵制新的市场开放政策，但是这样的行为并不能为他们自己和国家带来实际的利益。

　　20 世纪 90 年代末期的亚洲金融危机加大了韩国产业结构调整的压力。一些行业，例如信息通信技术行业，在危机中变得更加强大并且能够更好地参与国际竞争。但是，农业、渔业，以及纺织业、制鞋业等其他劳动力密集型的轻工业，则深陷困境面临着更加残酷的未来。

3.3.5 21世纪寻求新的经济增长引擎

进入21世纪,韩国经济面临的最大挑战是如何进行产业结构的改革来摆脱产业发展的困境。这种困境表现为,一部分韩国产业能够应对因市场开放和技术进步带来的挑战,可以稳步健康地发展,而另一部分的产业则无法应对挑战,处于发展不振的局面。此外,韩国还需要合适地选择与培育能够推动未来发展的经济增长引擎。

鉴于韩国已有的资源和产业结构,各界普遍认为韩国政府和企业应专注于发展高科技产业、零部件与新材料制造业,以及以知识经济为驱动的服务业,并将这些产业作为未来经济增长的源泉。这些新兴产业不仅有望在推动韩国经济未来的发展中发挥主导作用,而且还会对现有的产业格局产生深刻的影响。此外,李明博(Lee Myung-bak)政府规划的未来60年国民经济"绿色增长"战略也有望影响一些行业的发展。

从21世纪初期开始,韩国政府就已经制定了若干长期规划来推动高新技术产业的发展。这些长期规划包括《下一代增长动力发展项目》《生物科技发展基本计划》《纳米科技综合开发项目》,以及《融合技术发展基本计划》等。由于目前韩国在这些领域尚且缺乏核心技术支持,因此这些规划还需要政府的大规模投资,并需要相当长的时间来推进实施。

21世纪将会是"系统竞争"的时代,各种制造业行业需要与其零部件生产者和原材料供应商,以及其他相关产业部门紧密配合才能提高竞争力。但零部件和原材料生产是韩国产业结构中最薄弱的环节。为了振兴这一行业的发展,韩国最初采取的是进口替代与产品本土化政策,后来又通过《关于培育零部件、原材料专门企业的特别措施法》(the Special Act for Assisting Specialized Firms in Parts and Materials)(2001年)的支持,鼓励该产业部门在全世界建立分销基地。同时,这部法案还建立了一个制度框架,让韩国政府能够将政策重点集中在开发零部件制造和原材料供给之上。

当然,仅仅依靠制造业是无法引领未来韩国经济发展的。韩国在20世纪90年代开始进入去工业化时代。随着国民经济朝着"第三产业化"方向发展,将服务业培育为新的经济增长动力之源成为韩国政府的必需之举。在21世纪头十年的中期,韩国政府就开始制定综合性的方案来提升服务业的竞争力。方案主要聚焦于发展知识服务业，其中包含了大部分高附加值服务业。

不仅如此，李明博政府高度关注的"绿色增长"产业代表了未来韩国经济的另一个增长引擎，因为要应对全球气候变化的挑战而被寄予厚望。政府主要采取的措施包括投资绿色科技、发展新型可再生能源、为符合更高环境标准推动生产设备升级，以及提高能源利用率来减少有害物质的排放，等等。

但是，在专注于培育新的经济增长引擎的同时，韩国不能忽视现有产业在未来的发展。

首先，第一产业目前面临的挑战是非常严峻的，因为农业和渔业部门都面临着劳动力老龄化的问题。随着韩国签署更多的自由贸易协定（Free Trade Agreement，FTA），市场将会进一步开放，那么这些部门面临的竞争压力可能会更大。当务之急是既要甄选出仍具有竞争力的农业部门，也要在第一产业中寻找未来的经济增长引擎。

其次，制造业一直在韩国经济发展中发挥着主导作用，并且这种情况也将会持续下去。但是制造业现在却饱受"两极化现象"的困扰，这一现象的发生来自出口导向型企业与国内市场导向型企业之间、大企业与中小企业之间不断扩大的鸿沟。不仅如此，制造业还面临着其他结构性问题，例如对日本零部件和原材料的严重依赖，以及来自中国和其他新兴工业化国家的巨大挑战。

韩国的能源业最大的问题是如何提高能源利用率，以及如何获取新能源。在联合国气候变化框架公约的推动下，韩国政府采取优先发展绿色产业的政策。因此开始强调提升能源效率、发展核能以及可再生能源的重要性，并将它们作为产业发展的主要手段。不过这也正在给包括电力部门在内的能源产业的改革和重组带来较大的压力。

信息通信技术产业增长在放缓，与此同时，它与其他产业部门的融合却在加速。未来的经济发展生产力将会更多地依赖包括广播、电信行业在内的技术融合，而不是仅仅依靠一家独大的信息通信产业。

在科学技术方面，韩国所作出的努力和付出已经使其处于世界科技发展的前列。但是韩国要想跻身成为世界一流科技强国，还有赖于建立世界领先的研究团队，这需要创建科学的制度框架来鼓励顶尖人才留在韩国发展。对现行大学制度的改革也势在必行，政府需要推进更多国外顶尖院校与国内的教育机构进行合作。与此同时，也需要培育高科技的中小企业，创建高科技零部件、原材料产业，发展区域性技术创新中心。另外，还要通过促进跨行业、跨院校、跨研究机构的高效合作来发展高新技术。

最后，或许也是最重要的，韩国政府需要为企业家提供良好的发展环境。在产业技术开发过程中，企业家无疑是解决问题的主要力量。企业家精神对于中小企业的培养和发展、对于初创公司也尤为重要。

■ 3.4 结论

在过去的 60 年里，通过迅速的工业化韩国经济获得了显著增长。20 世纪 50 年代，占据韩国经济主导地位的是第一产业，60 年代让位于劳动密集型产业，70 年代又被资本密集型产业所替代，而现在，则是知识型服务产业引领着国家的经济发展。韩国的这种产业结构的调整遵循着发达国家的发展模式，但是其发展速度却要快得多。

韩国能取得这样的进步，不仅因为其能够使国内的劳动力和资本进行大规模地流通，还因为在每个发展阶段韩国都能对科学技术研发进行大量投资，以及灵活地进行资源调配，将资源从低生产率部门转移配置到高生产率部门。此外，参与国际贸易对韩国经济的进步也发挥了关键作用。对外贸易鼓励技术创新与加速资源配置，使韩国既能够从发达国家获取先进技术，学习先进经验，还能充分利用日益全球化的国际市场。在这个过程中，企业家们致力于推动企业进入更多的新兴市场，研发新兴产品，从而应对不断变化的市场环境，增强企业的竞争力；而政府则为企业家的活动提供必要的政策支持和物质保障。

韩国工业化进程的一个明显特点是它非常倚重私营企业的发展活力。虽然政府针对市场出台了大量的干预政策和管理措施，但是具体的项目主要还是依靠私营企业来实施和完成的。这样做的好处是充分利用了私营企业的创造力，并可将政府对市场行政干预带来的无谓成本损耗降至最低。即使是在重化工业化战略推进的顶峰阶段，这样的做法也是正确的。从 20 世纪 80 年代开始，随着政府对市场的干预不断减弱，私营企业对创新和市场的扩展也逐渐发挥出越来越重要的作用。

对于韩国来说，要保持经济的持续增长和不断调整产业结构以应对变化的内外环境，还有很长的路要走。为了发展新的增长动力，韩国还需要在以下几个领域不断做出努力：发展高科技产业、零部件和原材料产业，以及知识型服务业。与此同时，提升中小企业和专注国内市场产业的竞争力，在发展的过程中处理好经济发展与环境保护之间的关系也同样重要。

这些工作大多仍要由私营企业来完成，韩国经济的持续发展需要继续依赖私营企业的活力。不过，这并不意味着政府可以置身其外。政府的某些作为可能促进也可能削弱产业的发展。政府要做的不是用陈旧的方式来激励先进、保护落后，而是应该像罗迪克（Rodrik，2004）所强调的那样，用正确的方法来发挥政府的作用。罗迪克指出，产业政策是一种发现的过程，在这一过程中，企业和政府可以了解到隐性成本和潜在的机遇，并且能够形成战略协调。

如今，韩国已经大大缩小了与发达国家之间的技术差距，并在某些领域达到了世界领先水平。但是，投资回报的不确定性比以前更大了，而且政府对投资的项目是否能获得成功也毫无信心。政府现在扮演的角色应该是，发现和消除企业创新过程中存在的障碍，纠正市场失灵现象（尤其是产生积极的外部效应），提供高素质的劳动力，所有这些任务的执行都需要和市场参与者紧密沟通。所有政府的干预行为都应该建立在全面严谨的经济分析之上，对成功与失败要有明确的标准，并且针对的只是具体的经济行为而非行业部门。

实际上，韩国政府在 20 世纪 60 年代实施"出口导向型工业化发展"战略时就是这样做的。政府消除了企业的寻租空间，并且通过汇率改革鼓励私营企业参与实现双赢的经济竞争活动［琼斯（Jones）和司空（SaKong），1980］。政府还出台了出口补贴政策，这可以被理解为在寻找新市场和推动新产品出口的过程中，对国内生产商产生的知识外溢效应（积极外部效应）

的补偿。政府出口补贴的数额根据企业出口的比例而定,这是判别成功与否的清晰客观的标准。所有行业部门的出口企业,都能享受同样的优惠。政府每月都会召开内阁会议,与来自私营企业部门的代表商谈并解决与出口相关的问题。政府还将重点放在教育和培训上,以支持出口产业的发展。

如果政府的产业政策仅仅是对目标部门发放补贴,而没有考虑到这样会对企业家创业精神带来的负面影响,那么这种产业政策最终会沦为寻租工具,导致惨重的失败。如果政府不能准确认识解决市场失灵的本质,对判定成功与否没有客观的标准,或者缺乏政企之间紧密的结构化协调机制,那么问题就会更加严重。事实上,产业政策在经历了最近的全球金融危机后变得更受欢迎,不过不是所有国家都能准确预知其潜在的危机(《经济学人》杂志,2010 年 8 月 7 日)。

在此方面,韩国政府需要抵制将某些产业指定为"战略产业"的诱惑,这种做法往往是打着产业政策的旗号对某些企业提供补贴。相反,政府今后的注意力应该集中在鼓励创新方面,要想达到创新的目的需要做到以下几个方面:进行监管改革和实施外部自由化,纠正市场失灵现象,提高政府内部分析能力,与私营企业建立有效的沟通渠道,以及升级目前的教育体系等。

■ 参考书目

Acemoglu, Daron, Philippe Aghion, and Fabrizio Zilibotti. 2006. "Distance to Frontier, Selection, and Economic Growth." *Journal of European Economic Association* 4(1): 37 - 74.

Cho, Young-sam. 2009. "Directions of Fiscal Policy for SME Credit Programs." [In Korean.] Paper presented at the Conference for National Fiscal Management Plan 2010 - 2014. Korea Development Institute, June 24.

Choi, Joonook, Deockhyun Ryu, and Hyungsoo Park. 2005. *The Sectoral Allocation of Government Functional Expenditure*. [In Korean.] Korea

Institute of Public Finance.

The Economist. 2010. "Picking Winners, Saving Losers." August 7, 46 – 48.

Eichengreen, Barry, and Duck-Koo Chung. 2004. "Introduction." In *The Korean Economy Beyond the Crisis*, edited by Duck-Koo Chung and Barry Eichengreen. Edward Elgar.

Gill, Indermit, and Homi Kharas. 2007. *An East Asian Renaissance: Ideas for Economic Growth*. World Bank.

Hahn, Chin Hee, and Sukha Shin. 2010. "Understanding the Post-crisis Growth of the Korean Economy: Growth Accounting and Cross-country Regressions." In *The Rise of Asia and Structural Changes in Korea and Asia*, edited by Takatoshi Ito and Chin Hee Hahn, 97 – 141. Edward Elgar.

Jones, Leroy P., and Il SaKong. 1980. *Government, Business, and Entrepreneurship in Economic Development: The Korean Case*. Harvard University Press.

Kim, Dae-Il, and Robet H. Topel. 1995. "Labor Markets and Economic Growth: Lessons from Korea's Industrialization, 1997 – 1990." In *Differences and Changes in Wage Structure*, edited by Richard B. Freeman and Lawrence F. Katz, 227 – 264. The University of Chicago Press.

Kim, DoHoon et al. 2005. *Market Opening and Industrial Restructuring*. [In Korean.] Korea Institute for Industrial Economics and Trade.

Kim, Jong-il. March 1998. "The Sources of Growth of Korean Industries and their Productive Efficiency." [In Korean.] *Kyong Je Hak Yon Gu* 4(3): 3 – 24.

————. 2002. "Total Factor Productivity Growth in East Asia: Implications for the Future." *Asian Economic Papers* 1(2): 50 – 74.

————. 2007. "Redefining the Role of SME Policies." [In Korean.] In *Redefining the Role of Government for Economic Advancement*, edited by Youngsun Koh, 97 - 157. Research Monograph 2007 - 03, Korea Development Institute.

Koh, Youngsun, Wankyo Chung, Duol Kim, Siwook Lee, and Kyoung-Soo Yoon. 2009. *Improving the Regulatory Framework of Professional Services in Korean.* [In Korean.] Research Monograph 2009 - 02, Korea Development Institute.

Krugman, Paul. 1994. "The Myth of Asia's Miracle." *Foreign Affairs*, 73 (6): 62 - 78.

Lee, Ju Ho, and Dae-Il Kim. March 1997. "Labor Market Developments and Reforms in Korea." KDI Working Paper 9703.

Radelet, Steven, Jeffrey Sachs, and Jong-Wha Lee. 1997. "Economic Growth in Asia." Development Discussion Paper 609, HIID.

Rodrik, Dani. 2004. "Industrial Policy for the Twenty-first Century." CEPR Discussion Paper 4767, Center for Economic Policy Research.

Yoo, Jungho. 1997. "The Impact of the Size of the Global Market on the Speed of Industrialization." [In Korean.] *KDI Development Review* 19 (2): 73 - 157.

Young, Alwin. 1992. "A Tale of Two Cities: Factor Accumulation and Technical Change in Hong Kong and Singapore." In *NBER Macroeconomics Annual* 1992, edited by Olivier J. Blanchard and Stanley Fisher, 13 - 54.

_____. 1993. "Lesson from the East Asian NICs: A Contrarian View." NBER Working Paper 4482, 1993.

_____. 1995. "The Tyranny of Numbers: Confronting the Statistical Realities of East Asian Growth Experience." *Quarterly Journal of Economics* 110(3): 641 - 680.

Yun, Heesuk, and Youngsun Koh. 2009. *Improving the Regulatory Environment of the Healthcare Healthcare Industry.* [In Korean]. Research Monograph 2009 - 01. Korea Development Institute.

第4章 国际经济政策

李俊奎　柳钟浩　崔乐勇　金正根　金准东　玄慧定　金尚俭
徐真奎　尹德龙　李洪植　宋右哲

■ 4.1　引言

过去的60年,韩国经历了经济的高速增长和快速的工业化进程。在此期间,特别是20世纪六七十年代,韩国努力推动对外贸易的发展,同时政府采取了积极的市场干预政策。因此,这段时期的经济增长被打上"出口导向型"和"政府导向型"的烙印。有关国家经济发展的一个主流的观点是要求利用进口替代工业发展模式和采取贸易保护政策,那么根据韩国的实践经历就会发现一些有趣的问题。推动出口的政策对韩国的经济增长到底有多重要?汇率和对外贸易的增长之间存在怎样的关系?韩国对于双边和多边贸易关系以及外国投资的政策是什么?韩国如何管理农业、服务业和金融业的市场开放?在国际经济政策上,韩国将面临怎样的挑战?上述这些问题都将在本章予以回答。

本章内容共有9个小节,包括引言和结论。第2节讨论了20世纪六七十年代,韩国对外贸易的急速扩张,以及这一时期采取的汇率和贸易政策。韩国曾经是世界上最贫穷的国家之一,但在这几十年中,已经从一个以农业为主、经济上停滞的国家转变为人均收入快速增长、充满经济活力的工业化国家。第3节阐述了20世纪80年代以来韩国对外贸易政策的演变,这些政策的演变加快了韩国经济融入全球经济体系的进程。第4节分析了对韩国境内外产生影响的外商直接投资政策。第5节研究了韩国的双边和区域经济合作、发展援助,以及相关政策。第6节讨论了存在争议的韩国农业贸易自由化问题。第7节考察了服务业的自由化。第 8 节探讨了外汇和资本市场的金融自由化改革。

■ 4.2 国际经济政策初期的演变（20 世纪 50—70 年代）

4.2.1 概览

1945 年,日本在韩国的殖民统治结束,韩国获得了解放,但同时随着日本商人、管理者和技术人员等的全部撤出,韩国经历了严重的经济混乱阶段。1950 年,朝鲜战争爆发,摧毁了韩国约 42%—44% 的生产设施［金(Kim)与罗默(Roemer),1979］。来自联合国(United Nations,UN)和美国的援助对韩国经济的重建起着至关重要的作用。1945—1950 年,美国提供了"占领区救济行政拨款"(Government and Relief in Occupied Areas,GARIOA)和"美国经济合作署"(Economic Cooperation Administration,ECA)援助,联合国提供了"韩国民间救济"(Civil Relief in Korea,CRIK)、"联合国韩国复兴署"(the United Nations Korean Reconstruction Agency,UNKRA)援助[1],以上这四个援助项目,向韩国一共输入了约 5.85 亿美元的援助物资。大量的日用生活品、建筑材料和农业生产肥料等物资源源不断地被送往韩国。

20 世纪 50 年代后半期,韩国的年均出口额为 2 000 万美元,年均进口额达到 3.7 亿美元,产生的贸易逆差由国外援助填补,如表 4-1 所示,大部分国外援助来自美国,这一时期韩国经受了严重的外汇短缺。正是在这样的背景下,韩国的外汇汇率政策和对外贸易政策开始发生了变化。50 年代,韩国推行高度的贸易保护政策。60 年代中期,韩国政府致力于推动出口贸易的增长,并一直将此作为经济发展政策的重中之重。与此同时,韩国开始放开对进口贸易的管制,尽管在 70 年代出现了回潮,但从 80 年代初期开始,政府坚定了进口自由化的进程,并单方面地降低了关税税率。

本节内容主要探讨了韩国在 20 世纪 50 年代的汇率和贸易政策,60 年代初期的出口贸易的增长和扩张,以及六七十年代之间对外贸易政策的演变。本节也尝试着分析这些政策产生的影响,并解释韩国在这 20 年里实际

---

① 卞(Byun,1996,p.73)。

的发展经验,以此来确定这一时期的韩国经济是否能被称为"出口导向型"和"政府导向型"经济。

表 4 - 1　国际援助(1953—1960)

(单位:百万美元,%)

	1953 年	1954 年	1955 年	1956 年	1957 年	1958 年	1959 年	1960 年
美国	12.8	108.4	205.8	271.0	368.8	313.6	219.7	245.2
CRIK	158.8	50.2	8.7	0.3				
UNKRA	29.6	21.3	22.2	22.4	14.1	7.7	2.5	0.2
国际援助合计	201.2	179.9	236.7	293.7	382.9	321.3	222.2	245.4
进口额	345.2	243.3	341.4	386.1	442.1	378.2	303.8	343.5
援助/进口比例	58.3	73.9	69.3	76.1	86.6	84.9	73.1	71.4
进口/GNP 比例 (现行价格)	12.9	7.3	9.8	13.1	12.0	10.7	10.1	12.6
进口/GNP 比例 (不变价格)	n. a.	8.8	11.2	13.0	14.3	11.7	9.3	10.4
经常账户赤字 /GNP	n. a.	6.2	8.7	11.7	10.5	8.7	7.5	9.3

资料来源:克鲁格曼(1979)。
注:CRIK 为联合国对韩国民间救济,UNKRA 为联合国韩国复兴署援助。
"n. a."指"信息无法获取"。

4.2.2　20 世纪 50 年代的汇率和贸易政策

外汇汇率对一个国家的经济,特别是其对外贸易方面的重要性不言而喻。如果本国货币价值被高估,那么所有本国生产的商品和提供的服务在国际市场上则会定价过高;同样的,如果本国货币价值被低估,那么本国的商品和服务则会定价过低。本小节将首先论述韩国汇率政策的演变,重点是朝鲜战争至 20 世纪 60 年代初这一时期的汇率政策。

"1945 年 10 月韩国的官方汇率是 0.015 韩元兑换 1 美元,这与日本的日元汇率等价。"[①]这是韩元兑美元汇率的开端,但是直到朝鲜战争结束之

[①] 汇率以目前的货币面值表示,并考虑了两次货币改革的因素:一次是 1953 年的货币改革,发行新货币,兑换率为 1 : 100,另一次为 1961 年的货币改革,兑换率为 1 : 10[弗兰克(Frank)、金(Kim)与韦斯特法尔(Westphal),1975,p.28]。

前，汇率并没有在对外贸易中发挥什么重要作用，因为这一时期韩国的外贸交易主要是易货贸易。同期发生了一件深刻影响韩国汇率政策的事件。1950年7月，在朝鲜战争爆发后不久，韩国和美国政府就联合国派遣军队到朝鲜半岛事宜签署了一项财政协议。根据这份协议，韩国政府预先支付"联合国军"（United Nations Command，UNC）在韩国日常开支所需的韩元，以后这部分韩元预付款再以美元进行偿还①。

这份协议意味着，韩元对美元的价值越高，韩国政府因预支韩元而得到偿还的美元就会越多。这似乎成为韩国汇率政策的主导性因素，并不奇怪，因为用美元支付的韩元清偿款是当时外汇供给最重要的来源②。在达成该协议之前，韩国政府还在担忧韩元币值会被高估；然而，后来汇率政策的目标却反而是尽可能将韩元币值保持在高位。从1948年8月韩国政府成立至1950年7月这份协议签订，在近两年内，韩元共发生了四次货币贬值，而且也引入了竞价机制。在此后的10年，直到1960年2月，又发生了四次货币贬值。这样的政策不可避免地导致了韩国与美国之间在汇率问题上的一场"拉锯战"，因为只有韩元贬值才符合美国的利益。

因此，在20世纪50年代，韩元的官方汇率总保持在国内货币被高估的水平上。表4-2对官方汇率和市场汇率做了对比，显示出了高估的程度。当时，出口商将其收入存于韩国银行（the Bank of Korea，BOK）的美元结算账户中，并在市场上用存款单进行交易，由此形成市场汇率（1961年废止）。

除了官方汇率和市场汇率之外，还有许多基于不同美元分配方式下的其他汇率。这些美元一部分是韩国政府对联合国指挥部售出韩元之后获得的，还有一部分是政府直接从出口金属钨中获得的。分配方式包括"特殊外汇贷款""竞价""博彩""修正的竞价系统"以及其他方式。

进口政策源于1946年引进的进出口许可制度，政府简单地根据这一制度宣布哪些产品可以进口，哪些产品不可以进口，而没有对其进行适当的量化控制。紧接着在1949年，进口配额制取代进口许可制，政府限定了进口商品的种

---

① 即"美国政府和韩国政府之间关于联合国军队开支的协议"，参见［弗兰克（Frank）、金（Kim）与韦斯特法尔（Westphal），1975，p. 28］。

② 该来源供给的外汇在1952年总额为6 200万美元，在1953年总额为1.2亿美元，换而言之，分别相当于当年总外汇收入的62%和70%［弗兰克（Frank）、金（Kim）和韦斯特法尔（Westphal），1975，p. 28］。

类和数量。1955年,制定了国际贸易计划(进口计划),这是一种正面清单制度,规定了"允许进口的商品",而允许进口的商品又被划分为"自动批准商品"和"受限商品"。如果某种商品国内产量充足,足以满足国内需求,那么就会禁止该种商品的进口。如果某种商品的国内产量不能完全满足国内需求,那么这种商品就会被划为自动批准商品,或是被划为受限商品。韩国商工部对禁止进口商品和受限进口商品具有自由裁量权。很明显,这种国际贸易政策带有很强的贸易保护主义色彩,并且与当时盛行的进口替代战略相一致。

表 4-2 对韩元的高估程度(1955—1970)

(单位:韩元/美元)

	汇率			出口/官方	市场/官方
	官方	出口	市场		
	(1)	(2)	(3)	(2)/(1)	(3)/(1)
1955 年	30.0	78.1	77.6	2.60	2.56
1956 年	50.0	102.9	96.6	2.06	1.93
1957 年	50.0	108.9	103.3	2.18	2.07
1958 年	50.0	114.7	118.1	2.28	2.36
1959 年	50.0	134.7	125.5	2.69	2.51
1960 年	62.5	146.4	143.7	2.34	2.29
1961 年	127.5	142.1	148.3	1.11	1.16
1962 年	130.0	NT	134.C	n.a.	1.03
1963 年	130.0	169.8	174.5	1.31	1.34
1964 年	214.3	254.0	285.6	1.19	1.33
1965 年	265.4	NT	316.0	n.a.	1.23
1966 年	271.5	NT	302.7	n.a.	1.11
1967 年	270.7	NT	301.3	n.a.	1.11
1968 年	274.6	NT	304.1	n.a.	1.11
1969 年	285.3	NT	323.6	n.a.	1.13
1970 年	304.5	NT	342.8	n.a.	1.13

资料来源:附表 2。

注:(1) 除了 1955、1960、1961、1964、1965 年的市场利率,所有的汇率估计来源于弗兰克(Frank)、金(Kim)和韦斯特法尔(Westphal)(1975,p.28)。对市场利率的估计兼顾了天数对利率的影响。

(2) "NT"指"无交易","n.a."指"信息无法获取"。

20世纪50年代，韩国的关税不断上涨。1946年，除了外国援助品，其他所有商品的关税税率都定在10%。到了1950年，为了增加关税收入和保护国内产业发展，韩国颁布海关关税新法，将平均关税税率调至40%。针对食品、原材料以及国内基本不生产的必需品制定的新的关税税率较低，对那些与国内生产商品具有竞争关系的半成品制定的关税税率较高，而对那些与国内生产商品具有竞争关系的制成品，征收关税的税率最高。1952年，政府引进了进口关税免除制度，免除对象是特定重要行业建设所必需的资本设备，这些行业包括：电力、造船、金属冶炼、机械、化工、炼油、纺织、采矿和渔业等。1957年，个人物品进口关税也进行了微调，平均上升约4.1%。但是，基本的关税结构并没有发生改变。

在出口政策方面，最初的出口管制旨在防止国内必需品流出。50年代，韩国政府推出了一系列鼓励出口的政策，其中的大部分措施是为了降低强势货币对出口产生的不利影响。最早的一项鼓励出口的政策是1950年政府推出的贸易信贷制度（之后改称为出口信贷制度）。根据这项政策，出口商可以优先享受国内信贷分配。另一项较早的政策是1951年政府推出的出口特惠制度，依据该政策，出口非必需品的出口商有权利用特定比例的外汇收入来进口国内受欢迎的商品，但这些商品只能以此种方式进口。从1950年到1954年，政府将持有的外汇储备（foreign exchange reserves，KFX）分配给国内使用者，出口商则享有优先获取这些外汇贷款的权利。1955年，政府开始对出口商进行直接补贴，但是由于政府的财政预算不足，补贴政策项目在第二年被中止。1959年，韩国对为加工出口产品而进口的原材料和半成品，采取进口关税减免制度。1974年，改为出口退税制度。此外，1957年，韩国开始实施的《对外贸易法》（Trade Transaction Act）中的进出口商登记制度鼓励了出口，规定那些出口量达到最低标准的出口商才可注册为进口商。

4.2.3　20世纪60年代初期出口快速扩张的开启

20世纪60年代初，韩国出口开始迅速扩张，以现行美元计算，出口额平均每年上涨40%，在1970年达到8.53亿美元——大约是50年代出口额的40多倍，由此，年出口额占GDP的比例从1959年不到1%迅速提升到了

1970 年的 10％以上。在以后的几十年,韩国的出口仍在持续快速增长。本小节旨在追溯这一现象的起始,并探讨其产生的原因。

出口的快速扩张表现得很突然,我们借助表 4－3 和图 4－1 可以追溯这一现象的开端。图表将出口总额根据产品分成三大类,分别为制造业的两个子类和非制造业。制造业的一个子类包含了国际贸易标准分类(SITC：Standard International Trade Classification)第六条和第八条所规定的产品。国际贸易标准分类第六条产品(根据生产材料简要分类的制造业产品)包括

表 4－3　韩国的进口和出口(1955—1970)

(单位:百万美元)

	进口总额	出 口				
		出口总额	制造业			非制造业
			制造业总额	SITC 6＋8	SITC 5＋7	
1955 年	341.4	18.0	1.6	1.3	0.3	16.3
1956 年	386.1	24.6	2.5	2.3	0.2	22.1
1957 年	442.2	22.2	4.1	4.0	0.1	18.1
1958 年	378.2	16.5	2.6	2.5	0.0	13.9
1959 年	303.8	19.8	2.4	2.2	0.1	17.4
1960 年	343.5	32.8	4.5	4.0	0.5	28.3
1961 年	316.1	40.9	6.2	4.8	1.5	34.6
1962 年	421.8	54.8	10.6	8.2	2.4	44.2
1963 年	560.3	86.8	39.5	34.5	5.0	47.3
1964 年	404.4	119.1	58.3	55.5	2.8	60.7
1965 年	463.4	175.1	106.8	100.9	5.9	68.3
1966 年	716.4	250.3	153.6	143.4	10.3	96.7
1967 年	996.2	320.2	215.2	198.6	16.6	105.1
1968 年	142.9	455.4	338.2	310.6	27.6	117.2
1969 年	1 823.6	622.5	479.1	416.1	63.0	143.4
1970 年	1 984.0	835.2	646.3	573.4	72.9	188.9

资料来源:韩国银行,《经济统计年鉴》及其他各种发行物。

纺织品、皮革品和橡胶品，国际贸易标准分类第八条产品（杂项制成品）包括服装、鞋类和旅游产品。这一子类产品，大部分是劳动密集型的轻工业产品。制造业的另一子类产品是国际贸易标准分类第五条和第七条规定产品的集合，前者是化工品，后者是机械和交通设备。第二个子类产品大部分是资本密集型的制造业产品，和第一个子类相比，在技术上要求也更加精细。第三大类非制造业产品，包括来自农业、渔业和采矿业的各种产品。

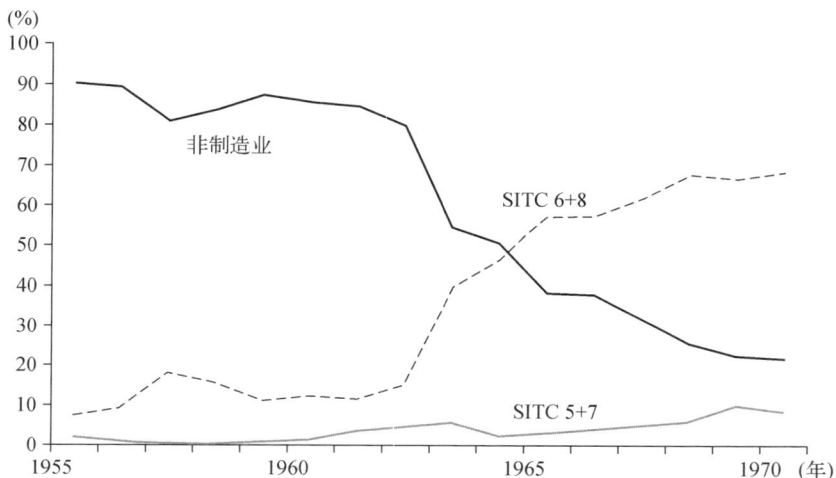

图 4-1　出口构成

资料来源：柳（Yoo），2008。

正如图中所示，在 50 年代，韩国几乎所有的出口产品都来自非制造业。后来，随着制造业产品份额的急速扩张，到了 1970 年，非制造业产品所占比例下降到 20％左右。尤其是劳动密集型的轻工业（SITC 6＋8）产品所占比例从 20 世纪 60 年代初期的大约 10％上升到了到 60 年代末期的 70％。这是韩国早期出口扩张的一个典型特征。因此，研究 1962 年韩国的出口扩张似乎最为合适，正是在这一年韩国出口开始快速扩张，轻工业产品占总出口产品的比例也开始上升，并且一直保持上涨势头。

轻工业产品的出口为何会突然快速增长呢？既然 20 世纪 60 年代初期韩国出台了新的政策来推动出口，我们不禁要考虑这些政策是否就是出口增长背后的原因？1961 年，韩国政府对出口商所得税减免 30％，第二年，减免额又提升至50%。从1961年至1963年,政府一直对出口商实施直接补贴政策。1962年,"出口预期目标"确定,结果实际出口额远超出这一目标。同年,韩国贸易促进委员会(the Korea Trade Promotion Agency,KOTRA)成立,帮助出口商搜集国外新市场的相关信息。然而,尽管政府采取了多种手段推动出口,这些政策并未使出口商收入大幅增加,因此并不能作为韩国出口快速扩张的主要原因。

这一点可以从图4-2中看出,图表以1965年作为基准年份,显示了从1958年至1970年韩国实际每美元出口收入。该图将出口商的收入分为三部分:官方汇率;出口美元的溢价,即官方汇率与市场汇率之间的差值;出口补贴。根据该图,60年代初期,出口补贴占出口商实际收入的比重基本可以忽略不计。而且60年代初期出口快速扩张开始时,每美元出口收入呈现下降趋势。因此,政府的出口激励政策并不能解释韩国出口突然急速扩张这一现象。

第一届年度出口日

另一方面,图4-2反映出的最显著的变化是:1961年之前的几年中,出口美元溢价就在大幅收缩,并于1962年消失。这是1960年2月至1961年2月这整整一年期间的三次韩元贬值的直接后果。韩元贬值使韩元对美元的官方汇率由 50∶1 下降到了 130∶1,韩元的高估值几乎被完全消除。这从表 4-2 和附表 2(在最后附录)中官方汇率和市场汇率的对比中也能看出。一旦消除了韩元的高估汇率,官方汇率开始传递正确的价格信号,轻工业的出口就开始起步,并以惊人的速度增长。[①]

(1965=100)

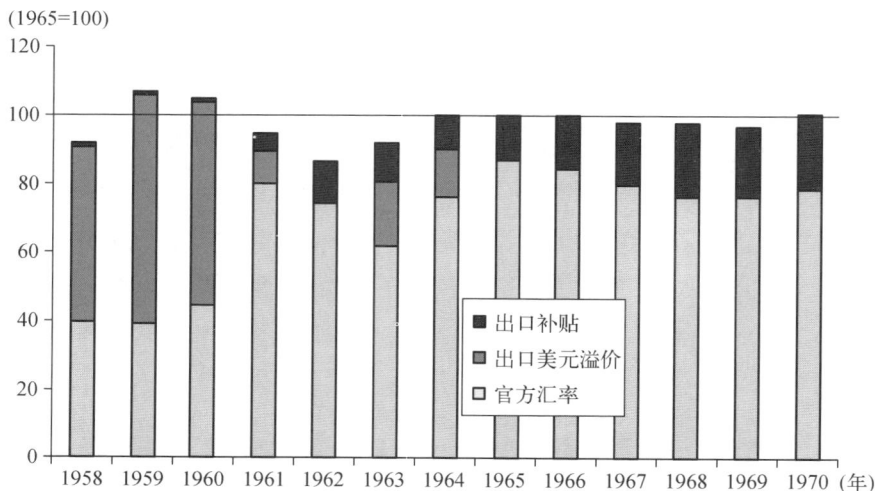

图 4-2　每美元出口收入

资料来源:弗兰克(Frank)、金(Kim)和韦斯特法尔(Westphal)(1975,表 5-8)。

4.2.4　20 世纪 60 年代中期开始的贸易和汇率政策

60 年代初期韩国出口的快速增长对此后政府出口政策的制定产生了深远影响。[②] 1964 年 6 月,韩国政府推行了全面促进出口计划(the Comprehensive Export Promotion Program),试图将原来具有临时性、非持续的出口模式纳入到全面持续的模式内,从而推动出口。该计划扩大了对出口生产和出口本身的政策支持。该计划既可被看作一项贸易政策,也可被视为一项产业政策,主要是因为它要求挑选支持出口的产业并推动相关产业商品的出口。政府还扩大了对出口企业的信贷激励,主要采用

---

① 宇(Yoo,2008)进一步的讨论。

② 1963 年,韩国政府建立了一个全面的进出口连锁制度。在该制度下,以出口为条件准许进口,将出口与进口挂钩连锁,同时将几乎所有自动批准的进口商品从进口项目清单中删除。这是对过去两年扩张性财政政策和货币政策所导致的进口激增和外汇储备迅速下降做出的反应。这一制度产生的影响在图 4-2 中 1963 年和 1964 年的出口美元溢价中得到体现。

增加利率优惠的出口贷款的种类和数量这样的方式。① 此外，即使在1965年金融改革中银行存款利率几乎翻倍上涨的同时，政府对出口商贷款的利率优惠还在持续，而且利率还在进一步降低。

1965年，韩国政府对出口商品给予了大量的"损耗津贴"（wastage allowances），这使得出口商能够进口超过它们实际生产需要的原材料。由于韩国对半成品和原材料的进口实施数量限制或征收高关税，这些未使用的半成品和原材料就能够在国内市场出售，出口商从而能赚取利润。同年，韩国引入了国内信用证制度（local letters of credit，L/Cs），凭借国内信用证，出口商可以向国内生产企业提供出口产品以及半成品。同样地，拥有信用证的本国生产企业也可在贷款优惠、进口许可证和税收优惠等方面享受与出口商同等的待遇。这一年，韩国总统朴正熙（Park Chung-hee）开始主持月度出口扩大会议，众多代表出席会议，包括与经济相关各部的部长、中央银行的行长、大韩贸易投资振兴公社的社长，韩国国际贸易协会（the Korea Internation Trade Association，KITA）、韩国商会、银行和金融机构的首席执行官，主要的出口企业的总经理以及贸易专家等。这些新政策的实施体现了韩国政府全力支持扩大出口所做的努力。

G20 首尔经济峰会（2010 年）

---

① 参见弗兰克（Frank）、金（Kim）和韦斯特法尔（Westphal）（1975，p. 49）。利率优惠的贷款协议包括：对美国海外采购供应商的出口贷款（主要是针对越南）；对出口企业生产所需进口的原材料和设备提供的信贷凭证；出口远期汇票（即对那些无国内信用证先装船运输后收款的出口商提供的信贷凭证）；促进出口产业发展的贷款；对转型为生产出口商品的企业提供的中型产业银行设备贷款；对专门生产出口商品的企业提供的中型产业银行设备贷款。

除了上述各种促进出口的措施以外，韩国政府还针对出口商制定了很多相应的政策和设立了相关的机构。在政策方面，1969年，韩国引入了出口保险制度，以补偿出口商、生产商和外国投资者因信用风险（即进口商破产）和政治政策风险（如战争和外汇贸易限制）可能造成的损失。在机构设立方面，除了1962年成立的大韩贸易投资振兴公社（KOTRA）外，早在1946年就由政府设立的韩国国际贸易协会（KITA），致力于韩国的对外贸易工作，维护韩国贸易商的利益，该协会在开拓海外市场、促进政府与私营贸易机构的合作、组织调研和提供相关信息方面发挥了关键的作用。此外，为了满足国内企业进出口中长期信贷的需求，1976年，韩国进出口银行成立，它一直在为国内的企业提供出口贷款和贸易融资，在促进对外经济合作方面发挥了重要的作用。

汇率政策也与促进出口联系在一起。1964年5月，韩元大幅贬值，韩元兑美元的汇率从130：1下跌到256.5：1，韩国政府取消了诸如直接补贴、全面进出口连锁制等政策，这些政策旨在抵消由汇率高估带来的负面效应。1965年3月，在货币贬值期间，韩国政府宣布执行单一浮动汇率制度。这一新制度规定，韩国的中央银行每日公布基于自由交易市场上外汇兑换券价格的汇率。由此开始，政府维持并管理单一汇率制度。从1968年开始，韩元被允许逐步贬值，到1971年韩元再次突然贬值。

20世纪60年代中期，随着国际收支平衡的改善，韩国的进口政策也逐渐得到放松。此后，符合进口条件的商品数量显著增加，禁止进口的商品数量大大减少。1967年，韩国签署了关税及贸易总协定（General Agreement on Tariffs and Trade，GATT），并于同年采取负面清单贸易模式。进口自由化比率，即自动批复项目占进口总项目数的比重由12%上升至60%。20世纪70年代初期，韩国开始缩减促进出口的措施，例如1972年废止了出口收入所得税的减免政策。1975年，韩国政府将此前针对生产出口商品原材料的进口关税减免政策改为关税退税制度。图4-3生动地概括了进口政策的变化，显示了平均关税税率和数量限制自由化率，"数量限制"自由化率是自动批复项目数占可进口总项目数的比率。

4.2.5　政府政策的影响

本小节主要是对韩国在出口方面取得的成绩进行解读。传统观点认为,韩国政府选择将进口替代政策转变为促进出口的政策,这样的做法推动韩国出口获得成功。这种观点认为成功是源于政府在推动出口方面实施的各种干预措施。但是,这种解释未免太过简单,现实情况要复杂得多。

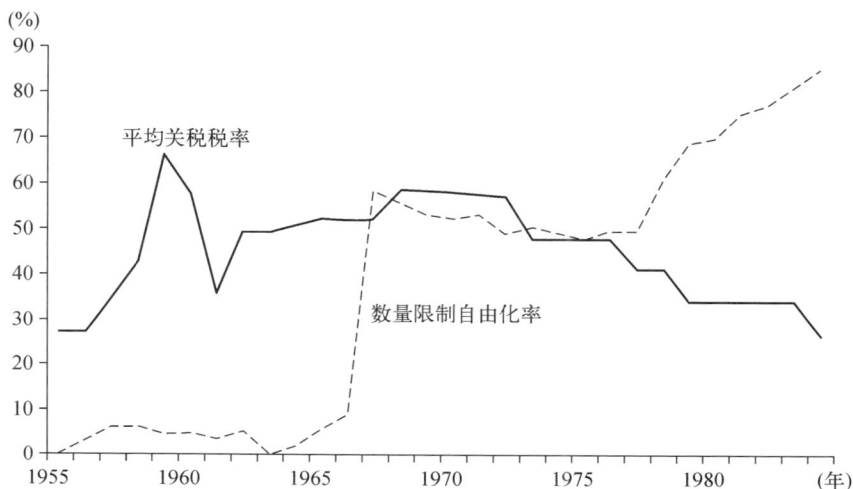

图 4-3　进口自由化

资料来源:金光宿(Kwang Suk Kim,1991)。

首先,如前所述,韩国出口的快速扩张是由三次货币贬值引发的,但是这三次货币贬值的发生从本质上看却相当偶然。1960 年 2 月,由于韩国政府与美国政府达成了按照物价指数来调整汇率的协议,韩国政府勉强接受了第一次货币贬值。1960 年 10 月,当韩美两国政府恢复了在学生革命期间(1960 年 4 月爆发的学生革命事件推翻了李承晚政权)被暂时中断的经济援助及合作时,韩国政府接受了由美国政府提议的第二次货币贬值。第三次货币贬值是韩国政府独自做出的决定,如果没有前两次的贬值,这样的决定会很难做出。从这个角度来看,引发出口快速扩张的三次货币贬值很难说是韩国政府推动出口快速扩张政策的结果。前两次货币贬值明显不是。

其次,在出口早已开始并快速扩张之后,韩国政府才将发展战略从进口替代型向促进出口型转变。1961 年,新一届军人政府通过的第一个五年经济计划仍然将进口替代放在优先位置,而把出口仅仅视为对外汇短缺的补救手段。随着出口的快速扩张,1964 年,政府对第一个五年经济计划进行了修订,政策方向急速转变。修订后的计划明确了促进出口与出口产业是政策推行的目标。此后,韩国政府才如前文所述全力以赴地推动出口。因此,是出口开始快速扩张导致了 60 年代中期经济政策从进口替代型转变为促进出口型,而不是反过来由政府政策导致了出口的扩张。

不过做出这种政策转变的决定是值得称赞的,因为它使得出口扩张型增长在此后得以延续。要理解其意义,需指出的是贸易保护主义对出口产生的负面影响。第一,贸易保护主义造成国内商品销售利润比出口更高,从而使大量资源被用于国内消费商品的生产;第二,贸易保护主义也抑制了外汇需求,造成本国货币的升值。如图 4-3 所示,韩国六七十年代的进口政策具有强烈的贸易保护主义色彩,60 年代中期,当政府决定扩大出口时,并没有摒弃 50 年代为推动进口替代性增长所采取的贸易保护主义政策。因此,六七十年代的政府实际上同时执行着两种目的相互矛盾的政策。对于生产企业来说,促进出口政策比国内销售有吸引力,而贸易保护主义政策又比出口到国外更有吸引力。那么问题来了:两种政策哪一种效力更强? 最终的结果会是什么?

韦斯特法尔(Westphal)和金(Kim)(1982)对这一问题进行了定量分析,并得出如下结论:60 年代末,这两种政策对韩国生产企业的影响基本上相互抵消了。换句话说,生产企业在对外出口和国内销售之间所面临的选择的激励作用几乎是一样的。对政策效果进行的定量估算的准确性或许值得商榷,但毫无疑问促进出口政策在相当大的程度上抵消了贸易保护主义对出口的负面影响。因此,将促进出口政策作为出口快速扩张的原因是完全错误的,因为它忽略了贸易保护主义政策同时也在对出口产生负面作用。此外,还需要关注无法预期到的后果。在出口促进政策和贸易保护主义政策的共同影响下,相对于非贸易性的服务价格,进出口贸易商品的价格被推高,这使得制造业比服务业能够吸引更多的生产资源。事实上,与其他行业相比,出口扩张是由制造业日益加大的投资推进的,制造业吸引了更多来自其他经济部门的资本。

20 世纪六七十年代出口扩张的经验表明,韩国虽然资源匮乏但劳动力充足,因此,在劳动密集型的轻工业制造方面具有比较优势。但是,这种出口的潜力仍被两大贸易障碍所抑制,即本国货币的高估和贸易保护主义的进口政策。60年代初期,历经三次货币贬值后,第一道障碍被消除,劳动密集型的轻工业制造品的出口就开始了爆发性增长。在接下来的几年,政府全力以赴推动出口,消除了贸易保护主义的进口政策对出口的负面影响,进而又解除了第二道障碍。

■ 4.3　快速发展的经济自由化与全球化(1980年至今)

4.3.1　1980—1997年的经济自由化

1979年,韩国政府停止了大力推动重化工业的发展,韩国走上了一条由市场驱动且更加开放的经济发展之路。20世纪80年代,在经历了推行重化工业化政策带来的短期衰退之后,政府开始真正推行进口自由化政策。政府减少了对经济的干预并强调主要依靠市场调节来推动经济的发展,确定采取市场开放措施来鼓励形成具有竞争性的商业环境。快速增长的出口额也鼓励了政府去实行进口自由化。此外,80年代中期,全球能源价格趋于稳定、国际利率走低,以及有利的汇率条件(特别是韩元与日元的汇率),这些因素也加速了韩国贸易自由化的进程。

1984年,为了帮助贸易企业做好准备,韩国政府公布了关于关税减让的提前通知,并在此后的11年中逐步降低关税。这项政策成功实施,明确表明了韩国政府开放国内市场的意图。

1986—1994年期间的"乌拉圭回合(Uruguay Round,UR)"谈判,对韩国贸易和经济政策的影响最为深远。根据该谈判的约定,韩国将关税减让54%,同时提高免税商品占总商品的比例,该比例从谈判之前的4%跃升至谈判后的26%。因此,1989年韩国平均关税税率仅为12.7%,1995年又进一步降到了7.9%,差不多与最近几年的平均关税税率水平持平(图4-4)。

除了减让关税,1987年韩国政府还通过了《对外贸易法》(the External Trade Act),进一步扩大贸易自由化,并且大幅减少对出口的扶持。此外,韩国政府取消了以往对外商投资的严格限制,鼓励外商投资,1980年拟订了引进外商直接投资的计划,并于1988年开放资本市场(也有部分限制被提高)。

80年代中期,全球能源价格稳定、国际利率走低、韩元贬值,这些有利条件使得韩国的贸易顺差越来越大。因此,韩国主要的贸易伙伴强烈要求其开放市场。其中,韩国同美国的双边贸易顺差增长迅速(由1983年的19亿美元增长至1987年的95亿美元),成为韩国同美国贸易摩擦的主要问题。而在"广场协议(Plaza Accord)"之后,日元迅速升值,韩国的出口产业借机迅速膨胀,同美国的贸易顺差进一步扩大。因此,美国依据1974年贸易法案第301条就开放市场问题对韩国政府施加压力,1988年美国施行《综合贸易和竞争法》,两国双边贸易紧张关系达到顶峰。1979—1988年,美国就贸易法案第301条对韩国展开了8次全面调查,调查内容涉及保险、鞋、钢丝绳、知识产权、香烟、牛肉以及酒类;但是所有的争端最终都通过双方协商得到解决,美国并未采取报复性的措施。不过,第301条的相关内容对韩国市场的开放产生了影响。

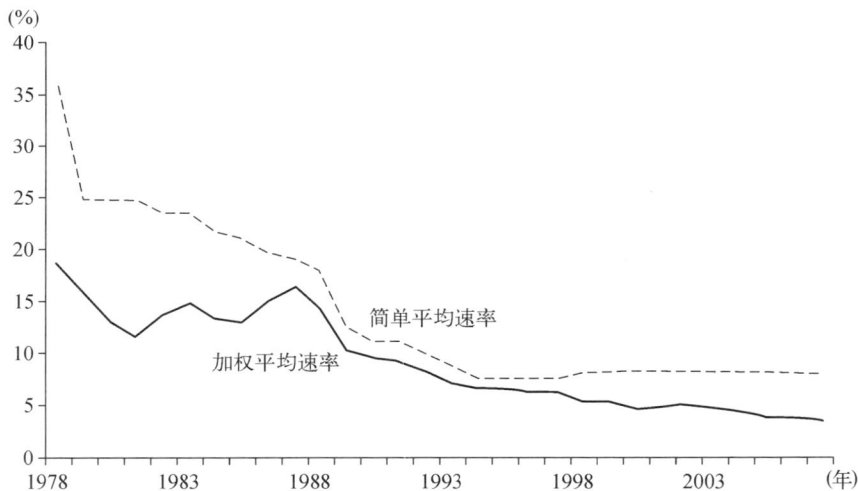

图4-4 韩国关税税率(1978—2007)

资料来源:亚太经济合作组织(Asia-Pacific Economic Cooperation APEC)(http://www.apectariff.org)。

从90年代以后,韩国开始开放服务业市场和外商直接投资市场。建立在劳工低工资水平上的竞争力也不再有效。80年代中期以来,由于韩国社会民主化进程和劳动力过剩的终结,韩国的工资水平迅速上升。与此同时,日本公司为了从东南亚国家的低工资水平中获益,增加了在那些地区的外包业务。面对这种情况,韩国不得不发展技术密集型产业。除此之外,乌拉圭回合谈判、世界贸易组织(World Trade Organization,WTO)和全球化趋势带来的全球经济一体化也迫使韩国开放市场。

1993 年,韩国政府发布了新经济五年计划(the New Economy Five-Year Plan),内容包括:(1)实现经济自由化和国际化;(2)积极参与新的国际贸易秩序,如乌拉圭回合谈判;(3)提高出口产品的质量;(4)通过外商直接投资促进本国技术发展。政府同时宣布了一项将由私营企业推动的经济政策,这项政策通过开放市场、取消管制和刺激竞争等手段来促进产业结构调整。在 20 世纪 90 年代初期,韩国实施了一系列市场自由化政策,如:分销市场的开放、金融市场自由化计划(1992 年),海外直接投资(Oversears Direct Investment,ODI)管理条例的改进(1992 年),金融交易实名制(1993 年),以及韩元国际化计划(1993 年)。1994 年实施的外商直接投资自由化政策取消了若干外商直接投资的相关义务并增加了市场自由化的业务类别。

4.3.2　1998 年至今韩国经济的全球化

1997 年的亚洲金融危机使韩国陷入严重的经济危机。人们认为危机发生的部分原因在于,韩国政府未能采取适当措施应对混乱的银行管理和政府与企业之间过于紧密的关系所带来的道德风险问题,另一原因是当时存在的一种论调:大型企业集团"太大不能倒"。韩国政府在追求经济快速增长的过程中,没能建立起一个公平、透明的经济体系[钟(Chung)和朴(Park),1995]。韩国经济的快速增长主要依赖国外过剩资本的投资,在高达 1 800 亿美元的贷款中,大部分是短期贷款。1997 年,韩国制造业的净资产负债率高达 400%,相当于同期美国或日本的 2 倍、中国台湾地区的 5 倍[李奎成(Kyu Sung Lee),2006]。

韩国与国际货币基金组织(International Monetary Fund,IMF)的救助协议加速了韩国经济自由化的进程。在简化和改进进口认证程序、提高透明度的基础上,韩国政府依照约定取消贸易补贴、废除限制性的进口许可制和进口对象多元制。此外,因为对本国可能存在的国际收支失衡的担忧,韩国政府还决定不推迟既定的经济自由化计划。

从 20 世纪 90 年代末开始,韩国积极推动签订自由贸易协定(Free Trade Agreement,FTA)的政策,放弃了只依赖世贸组织的多边贸易自由化的单一政策。在全世界广泛采用自由贸易协定的大环境下,这种转变对韩国经济的快速发展至关重要。此外,韩国需要根据其他地区的区域一体化趋势推行相应的自由贸易协定政策,如欧洲联盟(European Union,EU)和北美自由贸易协定(North American Free Trade Agreement,NAFTA)——这些协定在欧洲和美国内部都对韩国构成贸易歧视的威胁。自由贸易协定也被视为稳定出口市场和提高韩国经济体系效率的必要环节。随着政策的推行,韩国已相继与智利、新加坡、欧洲自由贸易联盟(European Free Trade Association,EFTA)、东南亚国家联盟(Association of Southeast Asian Nations,ASEAN)、美国、印度,以及欧盟签署了自由贸易协定。2007 年 4 月,韩美自由贸易协定(The Korea-US FTA)最终达成,这一事件引人注目,因为该协定确定的贸易额在太平洋周边国家中首屈一指。

尽管韩国在外商直接投资开放水平上仍然低于其他国家,但是贸易整体开放的程度在世界上已处于前列。韩国贸易的开放程度可以用进出口总额占 GDP 的比例来衡量:1988 年韩国的进出口总额占 GDP 的比例是 79%(出口占 45%,进口占 34%),到 2008 年这一比例上升到了 92%(出口 45%,进口 47%)。然而,1990 年外商直接投资总额仅占 GDP 的 3%,远低于其他国家水平(表 4－4)。在 2007 年,韩国外商投资存量占 GDP 比重在 55 个国家中位于第 52 位,低于大多数发达国家和主要的发展中国家。即使在获得更多的政策支持后,韩国的外商投资存量依然很小。因此,韩国未来的贸易政策应与如何改善国内市场的投资环境密切相关。这就需要对国内金融机构进行改进,并消除边界壁垒。

然而,这些措施使国内一些集团的利益遭受了很大损失,因而韩国自由化进程遭到了它们的反对。为了减少反对意见,进行金融机构援助和扩大社会保障网络就显得尤为重要。在韩美自由贸易协定达成之后,韩国政府立即着手建立贸易调整援助制度。

表4-4 主要国家市场开放度排名

国家	贸易/GDP^b	FDI/GDP^a	ODI/GDP^b	贸易壁垒级别^c	对外放开的股权^c
荷兰	9	7	4	32	24
爱尔兰	14	8	9	6	1
新加坡	1	2	5	3	3
英国	43	19	8	26	5
德国	26	37	17	13	7
美国	54	46	23	36	43
日本	53	54	33	53	77
中国	33	42	43	83	87
马来西亚	5	27	22	45	49
泰国	15	26	45	90	104
韩国	25	52	38	56	95

资料来源:国际发展管理研究院(http://www. wor.dcompetitiveness. com);
世界经济论坛(2007)

注:a:FDI/GDP 和 ODI/GDP 为 2006 年数据,其他数据来自 2007 年;b:55 个国家的
排名;c:125 个国家的排名;ODI:海外直接投资。

2008 年 9 月美国雷曼兄弟公司破产引发了全球经济动荡,全球经济遭
受了自 20 世纪 30 年代经济大萧条之后最为严重的一次经济衰退。作为
2010 年 G20 峰会的轮值主席国,韩国承诺抵制贸易保护主义,在 G20 第一
次峰会和第二次峰会期间,韩国在推动世界各国领导人共同抵制贸易保护
主义方面发挥重要作用。

在过去的几十年中,韩国采取了诸多措施来降低关税,消除非关税壁
垒。虽然韩国已经遵守国际贸易规则,并在市场自由化方面取得很大进展,
但其自由化程度仍有待提高,特别是在农业和服务业方面。同时,韩国的投
资环境也亟须改善。通过吸引更多的外商投资,韩国能够加快经济结构调
整进程,有利于其从"制造型经济"向"知识型经济"转变。此外,韩国也需要
完善贸易调整援助制度,使社会福利设施更加适应开放的市场经济。

韩国是开放的、以规则为基础的多边贸易体系中最大受益者之一。现
在,作为世界上一个主要的贸易国,韩国应该在多哈发展议程谈判(Doha

Development Agenda，DDA)中发挥主导作用，以保持全球贸易自由化发展的势头。此外，韩国应努力去推动亚太经济合作组织（Asia-Pacific Economic Cooperation，AREC)发展成为一个有效的区域性贸易组织。

汇率制度是韩国出口促进政策的重要组成部分。在 20 世纪 80 年代之前，韩国采用固定汇率制度，即韩元与美元挂钩。然而在固定汇率制下，每次利率调整都会给韩国经济带来巨大冲击。因此，政府转而采取"盯住一揽子货币"汇率制度。但是，当韩国开始出现经常账户盈余时，以美国为代表的主要贸易伙伴则会认为其涉嫌操纵汇率，强烈反对韩国实行该制度。

1990 年 3 月，韩国的汇率制度又改为市场平均汇率制度，设定每日汇率波动的区间。由于汇率只能在区间内波动，该制度常常因无法充分地反映外汇供求状况而造成韩元对美元的高估，即便在经常账户赤字的情况下也不例外。这就导致韩国外债的上升与外汇储备的下降。

1997 年的金融危机造成了韩元的迅速贬值。为了捍卫本国货币，韩国政府扩大了韩元的交易区间，并最终取消了汇率限制，允许韩元自由浮动。自 1997 年以来，由于汇率的传递效应减弱，出口对汇率的弹性也在不断下

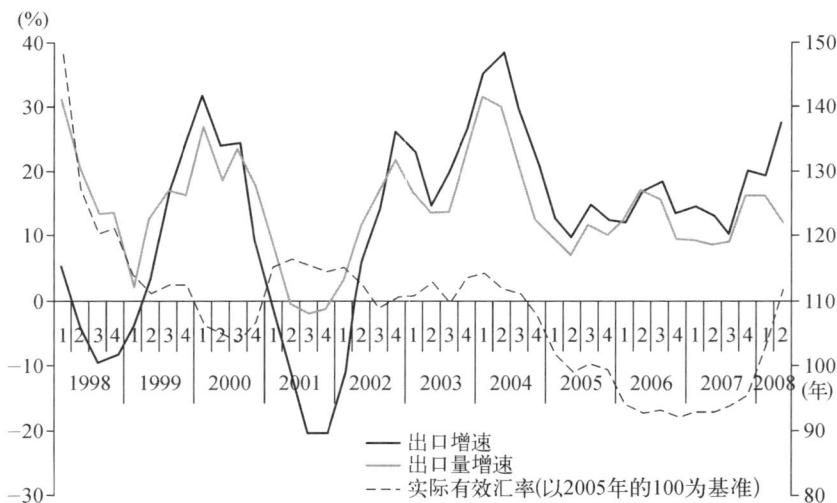

图 4-5　出口增长和实际有效汇率

资料来源：韩国银行（http：//ecos. bok. or. kr）。

降;换句话说,当汇率波动时,出口企业更愿意调整韩元出口价格而不是美元价格。

如图4-5所示,韩国的出口与汇率之间的另一个显著特点是:从1997年起,尽管实际有效汇率持续提高,韩国的出口额或出口量的增速均保持在20%以上。

4.3.3 关税及贸易总协定(世界贸易组织)与自由贸易协定的政策

4.3.3.1 关税及贸易总协定(世界贸易组织)的政策

1947年缔结的关税及贸易总协定(简称关贸总协定),以多边主义原则为基础,通过降低贸易壁垒和消除差别待遇来扩大自由贸易。在其后的8轮谈判中,关贸总协定确定了公平和自由贸易的总原则。1967年第6轮多边贸易谈判(肯尼迪回合)召开时,韩国加入关贸总协定成为其第71个成员国。韩国接受肯尼迪回合谈判所约定的60种货物关税协议,到了第7轮东京谈判时,这一数量增加到了657种,已达到所有关税货物种类的十分之一。

第8轮乌拉圭回合谈判至关重要,因为它涉及的领域非常广泛,包括劳务贸易、知识产权、农业和纺织品,以及若干用以阐明反倾销与保障措施的议案。在乌拉圭回合谈判之后,成立了世界贸易组织,规范了国际贸易争端问题解决的程序。

与以往几个回合不同的是,在乌拉圭回合谈判中,韩国积极地发挥成员国的作用,将本国的关税约束从24%提高到65%,同时减少54%的关税。在劳务贸易方面,韩国接受了155个协议项目中的78个。更加严格的贸易争端解决规则对韩国来说是有好处的,因为韩国当时正面临刚出现的全球贸易保护主义问题。同时依照协议,韩国被迫取消了出口补贴。

2001年,根据乌拉圭回合谈判的要求,世界贸易组织在卡塔尔首都多哈(Doha,Qatar)召开了第1轮的多边贸易谈判。这次谈判涵盖9个主要议题,包括农产品、非农产品市场准入(non-agricultural market access,NAMA)与劳务贸易,但是目前谈判处于停滞状态。韩国总体上对多边贸易谈判秉持支持态度。对于非农产品市场准入和劳务贸易,韩国要求放宽市场准入。但就农产品进口而言,韩国作为一个发展中国家,坚持只能实行逐步开放农产品市场的政策。

4.3.3.2 自由贸易协定的政策

随着 20 世纪 90 年代到 21 世纪初区域贸易协定(regional trade agreements,RTAs)的扩展,韩国紧跟潮流积极参与其中。对于高度依赖对外贸易的韩国来说,推进自由贸易协定的政策是十分必要的,因为签订自由贸易协定会使任何一个成员国在与其他国家竞争中避免处于不利的地位。2003 年,韩国公布了自由贸易协定发展路线图,并同其他主要经济体共同努力,去促成一系列优质、全面的自由贸易协定的签署。到 2010 年 1 月,韩国已经签署了 7 个自由贸易协定,其中 5 个已经生效,另外还有 10 个贸易协定的谈判正在进行中。在此要特别指出的是,韩国与美国的自由贸易协定(2007 年)和韩国与欧盟的自由贸易协定(2010 年),因为韩国在这两个贸易协定中所做出的承诺远比之前的各个贸易协定更具深远意义,所以将对韩国的经济产生全面、重大的影响[李(Lee)与李(Lee),2005]。借助这些自由贸易协定,韩国有望加强与推进经济体制建设,并通过更多地进入国外市场,实现增长潜力在数量和质量上的双重提高。

尽管最初国内存在担忧,但是随着一些自由贸易协定相继生效,韩国的出口大幅提升,进口也呈现小幅增长。如表 4-6,优惠关税的利用率显示了签署国利用自由贸易协定低价格优势的程度。当然,也存在着一些与自由贸易协定相关的问题亟须解决,包括随着越来越多的自由贸易协定达成,本国如何应对国内经济结构的调整,自由贸易协定带来的收益应如何分配等问题。

表 4-5　韩国自由贸易协定的现状

已达成(签署 7 个协定,5 个生效)	智利(2004 年 4 月生效);新加坡(2006 年 3 月生效);欧洲自由贸易联盟(2006 年 9 月生效);东盟(商品贸易:2007 年 6 月生效,服务贸易:2009 年 5 月生效,投资:2009 年 9 月生效);美国(2007 年 4 月达成);印度(2010 年 1 月生效);欧盟(2011 年 7 月生效);秘鲁(2010 年 9 月达成)
正在协商中	加拿大(2005 年 7 月开始);墨西哥(2006 年 2 月);海湾合作委员会(2008 年 7 月);澳大利亚(2009 年 6 月);哥伦比亚(2009 年 12 月)
正在考查中	日本(2003 年 12 月至 2004 年 11 月);中国(正在联合研究);中日韩(同意开展联合研究);南方共同市场(正在联合研究);土耳其(结束联合研究);俄罗斯(正在联合研究);以色列(正在联合研究);南部非洲关税同盟(同意就私营企业开展联合研究)

资料来源:韩国外交通商部(2010)。

表 4 - 6　优惠关税的利用率

年限	韩国—智利	韩国—新加坡	韩国—欧洲自由贸易联盟	韩国—东盟
第 1 年	77.7	28.2	43.2	27.0
第 2 年	93.8	31.4	41.9	/
第 3 年	93.6	/	/	/
第 4 年	93.3	/	/	/
平均	90.5	29.8	42.5	27.0

资料来源：金（Kim）等学者（2008）。

注：韩国—东盟自由贸易协定相关数据只包含印度尼西亚、马来西亚、菲律宾、老挝和越南。

4.3.4　贸易对经济增长和就业的影响

20 世纪 60 年代以来，韩国实施了各种形式的贸易政策。除静态效应外，这些政策还通过各种方式促进了经济的动态增长。例如，1979 年洪（Hong）报告称，由工业产品出口增加的工作机会占总就业的比例由 1963 年的 6％增加到了 1975 年的 30％。2008 年南（Nam）的研究表明，由贸易产生的净就业量占总就业量的比例从 1976 年的 1.9％上升到 1985 年的 6.7％。此外，李洪植（Hongshik Lee，2008）认为在 1980 年至 2004 年期间，减少关税帮助创造了就业机会。[1]

可以说正是由于出口和市场开放，韩国经济的竞争力和实效性得到了大幅提升，国内全要素生产率得以提高。劳伦斯（Lawrence）和温斯坦（Weinstein）（1999）表明，从日本和韩国经济发展的过程中，我们可以看出市场开放政策促进了生产率的提高。

4.4　外商（对外）直接投资自由化

4.4.1　外商对内投资

4.4.1.1　政策的演变

1962 年，韩国开始允许外商直接投资。然而，在政府的发展战略中，更

---

[1] 然而，根据韩国的中央银行 2008 年最新的研究显示，韩国进出口贸易的良性循环已经减弱。

多的是依靠外国贷款而不是投资，外商直接投资被严格限制，这一状况直到20世纪80年代初期才有所改善。主要原因在于韩国政府担心外国公司会控制国内的产业，对政府而言，与外国资本流入相比，通过外国贷款进行融资则更容易掌控。

80年代初期，外债过多成为许多发展中国家经济发展的严重威胁，因此，韩国政府改变了策略，减少对外国贷款的依赖，鼓励外商直接投资。1984年7月，政府的外商直接投资政策从正面清单制度（positive list system）转变为负面清单制度（negative list system），从而扩大外商直接投资的商业种类并使之自由化。政府将外国公司控股上限提高到50%。1992年又引入了公示制度。1996年，随着韩国加入了经合组织，政府进一步开放外商直接投资，开始放开服务业，包括金融、通信和分销服务。1997年2月，政府放宽了外国公司对国内企业的并购（mergers and acquisitions，M&As）政策，允许实施经目标公司董事会批准的良性并购。

1998年，为了使韩国经济从亚洲金融危机中得到复苏，韩国政府颁布了《外商投资促进法》（the Foreign Investment Promotion Act）来推动外商直接投资。政府允许恶意并购的发生，也允许外商投资固定资产。涉及免税等各种投资激励措施期限被延长至10年，扩大了投资覆盖范围，包括高科技产业、产业支持配套服务以及外商投资开发区内的企业。同年4月，大韩贸易投资振兴公社设立下属机构韩国投资服务中心（Korea Investment Service Center，KISC），为潜在的外国投资者提供一站式服务。随着员工规模扩大，2003年韩国投资服务中心（KISC）改名为韩国投资促进局（Invest Korea）。1999年，监察专员制度实施，用以解决外商投诉事宜。

2003年，韩国政府指定仁川、釜山镇海以及光阳湾三个地区为自由经济区（free economic zones，FEZs）。在这些区域内，凡不符合国际标准的各项法规均被废除，此外，政府还向区域内企业提供帮助，改善管理水平和员工生活条件。2008年4月，政府又将黄海道、新万金群山和大邱庆北三个地区指定为新的自由经济区。

4.4.1.2 外商对内直接投资的发展路径

20世纪90年代中期以前，韩国的外商直接投资额度相当小，但是在韩国加入经合组织并在经历金融危机从而进行了经济体制改革之后,外商直接投资额大幅增加。作为体制改革进程的一部分,许多国内企业被外国投资者收购。据正式通告,1999—2000 年,外商直接投资额飙升到了 50 亿美元。在经济结构重组之后,外商直接投资自 2001 年起,又回落到每年大约 10 亿美元。

表 4-7 韩国外商直接投资十大来源国及地区的投资变化趋势

(单位:百万美元,%)

	1970 年	1980 年	1990 年	2000 年	2005 年	2006 年	2007 年	2008 年	1962—2008 年
总计	76 (100.0)	143 (100.0)	803 (100.0)	15 265 (100.0)	11 566 (100.0)	11 242 (100.0)	10 514 (100.0)	11 705 (100.0)	149 013 (100.0)
美国	45 (59.5)	71 (49.3)	318 (39.6)	2 921 (19.1)	2 690 (23.3)	1 705 (15.2)	2 341 (22.3)	1 328 (11.3)	40 327 (27.1)
日本	21 (28.1)	43 (29.7)	236 (29.3)	2 452 (16.1)	1 881 (16.3)	2 111 (18.8)	990 (9.4)	1 423 (12.2)	21 952 (14.7)
荷兰	1 (1.2)	2 (1.3)	36 (4.5)	1 775 (11.6)	1 150 (9.9)	800 (7.1)	1 979 (18.8)	1 224 (10.5)	16 979 (11.4)
德国	1 (1.6)	9 (6.0)	62 (7.8)	1 627 (10.7)	705 (6.1)	484 (4.3)	439 (4.2)	685 (5.9)	8 404 (5.6)
英国	0 (0.1)	2 (1.6)	45 (5.6)	86 (0.6)	2 308 (20.0)	698 (6.2)	338 (3.2)	1 231 (10.5)	8 052 (5.4)
马来西亚	/	/	/	1 408 (9.2)	211 (1.9)	66 (0.6)	75 (0.7)	53 (0.5)	6 961 (4.7)
法国	/	/	22 (2.8)	616 (4.0)	85 (0.7)	1 173 (10.4)	439 (4.2)	538 (4.6)	5 697 (3.8)
新加坡	/	/	14 (1.7)	297 (1.9)	389 (3.4)	557 (5.0)	516 (4.9)	916 (7.8)	5 479 (3.8)
加拿大	/	/	8 (1.0)	520 (3.4)	193 (1.7)	83 (0.7)	51 (0.5)	90 (0.8)	3 631 (2.4)
开曼群岛	/	/	10 (1.2)	898 (5.9)	144 (1.2)	95 (0.8)	560 (5.3)	329 (2.8)	3 394 (2.3)

资料来源:韩国知识经济部。

然而，按照国际标准，韩国的外商直接投资数据仍差强人意。根据联合国贸易和发展会议（United Nations Conference on Trade and Development，UNCTAD），韩国被列入外商直接投资业绩低于其潜力国家的名单。韩国的外商投资环境也因缺乏竞争力而被批评。根据瑞士洛桑的国际管理发展研究所（International Institute for Management Development，IMD）公布的数据，55个国家中，在放松管制和劳动力市场灵活性方面，韩国排名分别为第53和54位，其政策的透明度排名也较差，排在第35位。如表4-7所示，美国是韩国最大的外国投资者，其次是日本和荷兰。

4.4.1.3　外商对内直接投资对韩国经济的影响

1997年金融危机后，在推动外汇储备增长方面，外商直接投资发挥了重要作用。资料显示，1998年和1999年，外商直接投资使得韩国外汇储备分别增加了17%和42%，为韩国解决危机做出了重大贡献。

外商直接投资也扩大了韩国的生产规模。1999年到2006年，外商投资企业的制造业产量占社会总产量的比例从8%上升到13%（表4-8），服务业规模也从4%上升到10%（表4-9）。

表4-8　外商投资企业对韩国制造业的贡献

（单位：百万韩元，%）

	1999年	2000年	2001年	2002年	2003年	2004年	2005年	2006年
总计	464 790	533 373	536 165	606 461	654 268	761 576	827 721	884 306
外商投资公司	37 648	62 938	64 876	69 743	80 475	95 197	106 776	118 497
比率	8.1	11.8	12.1	11.5	12.3	12.5	12.9	13.4

资料来源：韩国知识经济部。

表4-9　外商投资企业对韩国服务业的贡献

（单位：百万韩元，%）

	1999年	2000年	2001年	2002年	2003年	2004年	2005年	2006年
总计	339 585	378 709	379 675	450 613	407 738	426 239	512 237	547 758
外商投资公司	13 923	20 829	31 513	36 049	43 628	49 443	54 809	54 228
比率	4.1	5.5	8.3	8.0	10.7	11.6	10.7	9.9

资料来源：韩国知识经济部。

4.4.2　韩国对外直接投资

由于政府限制资本外流,1981 年之前,韩国对外投资总额仅为 5 700 万美元。不过到了 1986 年,韩国政府开始转变政策,放宽对资本外流的限制。随着 1994 年进一步自由化措施的出台,韩国对外直接投资迅速增长。直到亚洲金融危机爆发,对外直接投资的上涨趋势才在 1998 年短暂停止。

随着 2000 年经济的复苏,韩国企业设立的外国子公司数量有所增加。从 2005 年开始,韩国企业的对外投资规模出现爆发性增长,并于 2008 年达到 22 亿美元。韩国的跨国公司已经成为包括海外并购在内的海外投资的主力军。图 4 - 6 显示了 1981—2008 年韩国对外投资的变化趋势。

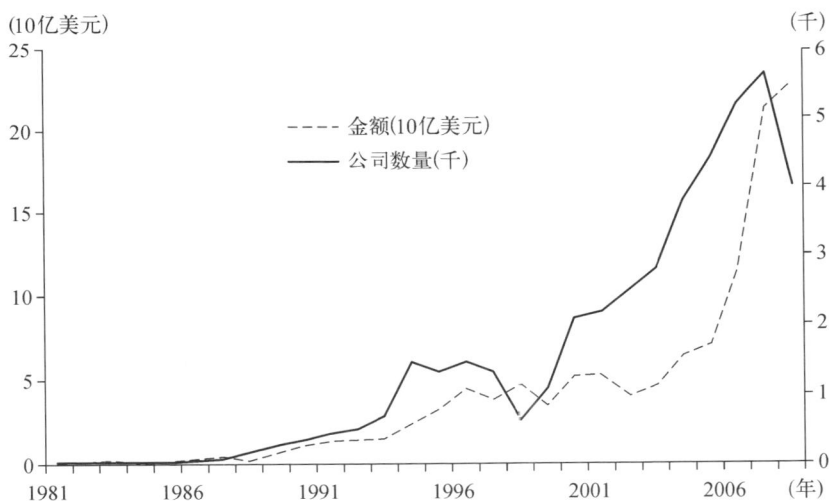

图 4 - 6　韩国对外直接投资(1981—2008)

资料来源:韩国进出口银行。

大多数韩国跨国公司选择在亚洲投资,近一半在中国内地(47%)。不过在 2005 年之后,随着韩国在中国香港地区和越南的投资加大,韩国在中国内地的投资份额开始下降。如表 4 - 10 所示,亚洲已经吸引了约 560 亿美元的外商投资,在 1968 年至 2008 年的投资中,韩国占 48%,欧洲和北美分别占 15% 和 23%。然而,自 2005 年以来,韩国加大了对北美和拉丁美洲的投资,在亚洲的投资则一直在减少。

表 4-10　韩国对外直接投资的区域分布情况

（单位：百万美元，%）

	1981 年	1990 年	2000 年	2005 年	2006 年	2007 年	2008 年	1968—2008 年
总计	57 (100.0)	1 069 (100.0)	5 282 (100.0)	6 954 (100.0)	11 579 (100.0)	21 508 (100.0)	21 808 (100.0)	116 324 (100.0)
亚洲	5 (9.6)	366 (34.3)	1 646 (31.2)	4 139 (59.5)	6 283 (54.3)	11 039 (51.3)	10 809 (49.60)	55 969 (48.1)
中东	3 (6.0)	40 (3.8)	31 (0.6)	43 (0.6)	170 (1.5)	158 (0.7)	179 (0.8)	1 441 (1.2)
北美	33 (58.7)	455 (42.5)	1 463 (27.7)	1 293 (18.6)	2 195 (19.0)	3 599 (16.7)	5 097 (23.4)	27 012 (23.2)
拉丁美洲	1 (1.7)	67 (6.2)	1 506 (28.5)	542 (7.8)	1 213 (10.5)	1 464 (6.80)	1 617 (7.40)	9 424 (8.1)
欧洲	2 (2.60)	82 (7.7)	292 (5.5)	654 (9.4)	1 213 (10.5)	4 372 (20.3)	2 988 (13.7)	18 023 (15.5)
非洲	1 (1.6)	27 (2.5)	156 (3.0)	129 (1.9)	214 (1.8)	239 (1.1)	292 (1.3)	1 688 (1.5)
大洋洲	11 (19.7)	32 (3.0)	90 (1.7)	154 (2.2)	193 (1.7)	539 (2.5)	730 (3.3)	2 755 (2.4)

资料来源：韩国进出口银行。

在韩国跨国公司的海外投资中，农业、林业、渔业的份额持续下降，到了2008 年仅占海外总投资的 0.4%，而在采矿业上的投资则从 1981 年的0.2% 增加到了 2008 年的 16%，这反映出韩国对获取国外原材料的需求在日益增长。2006 年之前，海外投资主要集中在制造业，其次是服务业。而2007 年以来，这种情况发生逆转，服务业占海外投资的份额超过 50%。表4-11 显示了韩国跨国公司海外投资的行业分布情况。

许多学者就韩国海外投资对经济产生的影响进行了分析研究。如李洪植（Hongshik Lee，2010）发现韩国企业在海外设立子公司能够促进本国的出口。林（Lim）和文（Moon）（2001）发现，在韩国国内生产率较低产业的公司到其他发展中国家进行投资时，这种对外投资会有效改善国内公司的贸易。至于资本外流和国内投资的关系，金玄正（Hyunjeong Kim，2008）的研究显示没有任何证据表明海外投资会对国内资本积累产生"挤出效应"。事实上,对外投资反而与国内投资形成互补,特别是在发展中国家投资高新技术产业时,这种互补作用更加显著。就业方面,德巴尔(Debaere,2010)的研究认为对海外投资的影响在不同地区存在差异:在韩国企业总部增加管理人员可能会降低对发展中国家的投资,而在对发达国家的投资并不会出现这种情况。总的来说,没有证据表明海外投资对本国经济会造成"产业空心化"的影响,投资效果也会因为投资模式的不同面存在差异。

表 4-11 韩国对外直接投资的行业分布情况

(单位:百万美元,%)

	1981 年	1990 年	2004 年	2005 年	2006 年	2007 年	2008 年
农林渔	11 (18.6)	42 (3.866)	34 (0.5)	30 (0.4)	44 (0.4)	101 (0.5)	84 (0.4)
采矿	0 (0.2)	152 (14.2)	317 (5.0)	506 (7.3)	1 436 (12.5)	2 051 (9.6)	3 491 (16.1)
制造业	5 (8.02)	476 (44.5)	3 480 (54.4)	3 657 (52.7)	5 422 (47.2)	8 063 (37.7)	6 767 (31.2)
服务业	42 (73.2)	400 (37.4)	2 561 (39.6)	2 746 (39.6)	4 579 (39.9)	11 195 (52.3)	11 368 (52.4)

资料来源:韩国进出口银行。

4.5 经济合作

4.5.1 双边经济关系

20 世纪 50 年代,韩国的经济重建极大地得益于美国的援助,援助金额几乎占到韩国 GDP 总量的 10%。然而到了 80 年代,当韩国对美国产生贸易顺差时,两国之间却发生了激烈的贸易摩擦。尽管受到中国经济崛起的影响,以及韩国对国外市场采取多元化战略,韩国与美国的贸易份额近年来有所下降,但美国仍然是韩国三大贸易合作伙伴之一。其后随着韩美自由贸易协定的签署,韩国和美国进入了一个新的经济合作时期,也代表着双方的经济合作发展到一个更高水平的阶段。重要的是,两国政府在促进环境友好型发展、科技合作、向最贫困国家提供经济发展援助等问题上达成了一致。

同美国相比，韩日两国的合作关系在 1965 年两国外交关系恢复正常之后才开始建立。日本提供的发展援助资金在为韩国基础设施投资项目融资及促进韩国工业发展方面做出了很大贡献。这为韩日之间贸易与投资的增长创造了条件。随着韩国出口的产业呈现出向资本密集型和技术密集型发展的趋势，韩国企业与日本企业在全球市场上的竞争变得日益激烈。但与此同时，竞争也推进了韩日之间在机械和零部件等工业产品贸易方面的合作。随着韩国同越来越多的国家开展贸易与进行投资，韩日合作关系的重要性有所下降。尽管如此，作为韩国的主要贸易与投资伙伴，日本与韩国的双边合作仍具有进一步提升的巨大潜力。

1992 年，韩国与中国正式建立外交关系后，韩国加快了与中国建立双边经济合作的步伐。中国已经成为韩国重要的贸易合作伙伴与投资流向地。韩国与中国的经济关系也折射了中国经济发展的活力。不过将中国视作更广泛的东亚生产网络的一部分，利用中国廉价劳动力的模式已经达到一个临界点，经营简单加工制造的公司被迫搬迁或者关闭。在中国，大量的投资从制造业向金融、物流、房地产等拥有"高附加值"的服务产业转移。中国的这种经济结构变化要求韩国对此迅速做出调整，从而顺应形势。

欧盟已经成为韩国本土最大的投资者，同时它也成为在韩国仅次于中国的第二大出口市场。对韩来说，欧盟作为主要的出口市场和外商直接投资的来源地，其重要性不言而喻，特别是在如今韩国急需发展服务业和推进产业结构升级的阶段。随着 2010 年韩国与欧盟签署自由贸易协定，加强科技合作来提升韩国的产业发展基础、进行环境能源领域新技术的联合开发等对韩国的作用就变得更加重要了。

4.5.2 区域合作

相比双边经济合作，韩国开展区域经济合作的时间较晚。随着 20 世纪80 年代初期市场开放措施的推行，以及乌拉圭回合谈判拖延的影响与亚太地区经济发展区域主义的刺激，韩国的区域经济合作政策开始形成。80 年代末，贸易、投资和外汇市场的开放和自由化，对韩国经济适应全球化趋势和结构调整产生积极的影响。这种影响为韩国在国际合作舞台上发挥主导作用创造了合适的条件和环境。特别是 20 世纪 80 年代欧盟的成立,乌拉圭回合谈判的启动,促使了韩国积极加入到区域合作中。

1989 年,为了推动亚太地区经济合作的发展,亚太经合组织成立,韩国在这一过程中发挥了主导作用。当时,韩国大多数的出口和投资都集中在亚太地区。自 1997 年亚洲金融危机以来,为实现区域经济的可持续发展,韩国积极参与更广泛的区域合作,如东盟(ASEAN)、东盟 10＋3(中国、日本、韩国)(ASEAN＋3)以及亚欧会议(Asia-Europe Meeting,ASEM)。

第三届亚欧首脑会议(2000 年)

在 21 世纪初期以前,韩国优先选择亚太经合组织作为推动区域经济合作的主要组织机构。韩国也一直在领导推进亚太地区的"贸易和投资自由化、便利化"(Trade and Investment Liberlization and Facilitation,TILF)及"经济技术合作"(Economic and Technical Cooperation,Ecotech)等议程,其主要政策目标包括:(1)依靠世界贸易组织体系促进全球贸易自由化;(2)深化区域经济的一体化,保障贸易投资市场的安全,拓展商业机会;(3)加强亚太经合组织成员之间的战略合作关系;(4)与发展中国家共享知识、经验和资源。

在东亚合作方面,韩国努力促成东盟 10＋3(ASEAN＋3)合作框架的建立。不过其中还存在许多障碍,特别是中日两国之间的历史遗留问题阻碍了经济一体化的进程。因此,韩国未来发展的关键在于明确东亚峰会(East Asia Summit,EAS)和其他亚洲合作论坛的具体分工,以及强化东盟10+3机制的作用。对于结构相对简单的亚欧会议来说,未来必须克服亚欧各国在经济、社会以及历史背景等方面的差异所带来的困难,这需要所有成员国的努力。这些努力包括通过自由与开放加强成员之间的经济联系,通过合作确保金融稳定,促进区域贸易和投资,持续进行基础设施建设投资,扩大科技合作的领域,加强政治安全合作,针对环境问题开展联合行动,激励教育、文化及社会的互动。

4.5.3 合作发展

20世纪90年代初期,随着韩国经济在世界地位的提升,以及韩国国力的增长,国际社会要求韩国为全球经济的发展履行其应有的国际责任。1987年,韩国成立经济发展合作基金(Economic Development Cooperation Fund,EDCF),标志着韩国经济合作新阶段的到来。此后,韩国增加了对发展中国家的官方发展援助(official development aid,ODA)以促进发展中国家经济的健康发展。1998年到2007年,韩国提供的援助资金从1.8亿美元增加到7亿美元,官方发展援助占国民总收入(GNI)的比例从2006年的0.05%增长到2007年的0.08%,到2008年达到0.09%。不过,联合国推荐的比例为0.7%,经合组织发展援助委员会的成员国的平均水平达到0.3%,韩国还远低于这个水平。

2009年11月,韩国成为经合组织发展援助委员会的第24个成员国。自加入经合组织接受国际援助以来,仅用13年韩国就变成了提供援助的一方,这是前所未有的。在2010年11月首尔召开G20峰会之前加入发展援助委员会意义重大,在很大程度上提升了韩国的国际地位,让"全球化韩国"(Global Korea)观念深入人心。为此,韩国设定目标要将官方发展援助占国民总收入的比重从2012年的0.15%提高到2015年的0.25%。实现这样的目标需要年度官方发展援助开支达到30亿美元,从而要求韩国在国家政策的优先事项上进行重大调整,并要实现国内共识。此外,另一个重要任务是强化官方发展援助的原则性以及确定援助的优先次序,要实现援助从数量到质量的转变,提高各个政府机构对发展援助政策的整合。

G20 领导人首尔峰会（2010 年）

作为经合组织发展援助委员会的成员国之一，韩国真诚地致力于提高援助的数量和质量，注重合作发展的一致性。韩国的发展具有比较优势，因此，必须根据受援国经济的需要调整其发展经验的内容，支持韩国的发展合作模式。有专家建议，韩国应制定一个官方发展援助法案来管理相关的发展援助项目，该法案将确立援助的指导方针以及对援助项目执行情况进行评估的制度，从而确保官方发展援助项目的客观性和透明度。尽管韩国的官方发展援助项目非常重视公民志愿者的参与，得到了民众广泛的支持，但仍处于发展的早期阶段。在私营企业大量参与的基础上，有必要交换官方发展援助的意见和最佳做法，分配足够的预算，并促进消除贫困和支持发展合作活动的开展。韩国需要采取更有力、更集中的行动，以寻求解决医疗保健、环境，以及妇女权利等问题的方法，并进行不懈的努力来提高援助效率，为实现千禧年发展目标而奋斗。

4.6 农业进口自由化

4.6.1 概述

直到 20 世纪 60 年代初期第一个经济发展计划开始之前，韩国还是一个典型的农业国家。随着制造业的爆发性增长，大量农村劳动力迁移到城市地区，农业的重要性逐渐减弱。当时，韩国的农业产值约占 GDP 的 40%，从事农业劳动的人口占总劳动人口的 60% 之多。而到了 2009 年,韩国的农业产值仅占 GDP 的不足 3%,从事农业劳动的人口占总劳动人口的不到 7%。

在农业政策方面,90 年代中期以前,韩国为保护国内农民的利益,一直限制主要农产品的进口。然而,从 80 年代初开始,农产品进口却因国内粮食供应短缺一直呈现稳定增长趋势。特别是国内对肉类、水果、蔬菜和食用油的需求日益增长,导致供需缺口只能通过进口来弥补。另外,国内畜牧业的扩张也带来大量谷物饲料的进口需求。

80 年代后期,韩国将经济发展策略调整为推进投资与对外贸易的自由化,韩国的农业进口也随之开始全面放开。全球化趋势以及同主要贸易伙伴之间严重的贸易摩擦也迫使韩国开放本国的农产品市场。

本节回顾了过去 60 年韩国农产品进口自由化的发展历程,重点关注从 80 年代中期后韩国实施的开放措施。接下来的章节将讨论农业进口自由化、关税及贸易总协定第 18 条 B 款的解读,乌拉圭回合农业协议(Uruguay Round Agreement on Agriculture,URAA)的实施,2004 年有关大米的谈判和大米关税化的延期,以及与主要贸易伙伴(智利、欧盟、东盟、美国)的自由贸易协定对韩国的影响。

4.6.2 韩美贸易争端以及关税及贸易总协定第 18 条 B 款(GATT XVIII:B)

4.6.2.1 20 世纪 80 年代中期韩美贸易摩擦

1973 年,世界经济从第一次石油危机中开始复苏,韩国的出口迅速增长,1982 年韩国对美国首次出现了贸易顺差,金额达 3 亿美元。到了 1987 年,韩国对美国的贸易顺差增长到 96 亿美元(表 4-12)。

表 4-12 1982—1987 年韩国的贸易顺差

(单位:10 亿美元)

	1982 年	1983 年	1984 年	1985 年	1986 年	1987 年
美国以外	−2.4	−1.8	−1.4	−0.8	−3.1	−6.3
美国	0.3	2.0	3.6	4.3	7.3	9.6

资料来源:韩国农林部《农业主要统计数据》等。

相比之下,美国却饱受财政和贸易赤字的困扰。在八九十年代,美国的贸易赤字引发人们对于不公平的贸易壁垒、失业以及在国际市场上的竞争力削弱等问题的担忧。随后,美国国会通过了 1974 年贸易法第 301 条款和 1988 年的《综合贸易及竞争法》(Omnibus Trade and Competitiveness Act)。

为了避免美国可能将韩国列为涉嫌从事不公平贸易行为的"重点"国家,韩国在 1988 年公布了一项为期三年的市场开放计划(1989—1991),按计划开放 243 种农林渔业产品的进口。

4.6.2.2　韩国不再享受关税及贸易总协定第 18 条 B 款的保护

关贸总协定的第 18 条规定允许那些存在国际收支(balance-of-payment,BOP)赤字的国家对进口数量进行限制。而韩国多年来一直存在国际收支赤字,并依据该条款减少进口来节约外汇使用量。因此,韩国政府对许多种农产品实施进口许可证制度,且几乎从未颁发许可证,从而有效地抑制了进口。

但是,根据关贸总协定规定,凡是利用了第 18 条规定为贸易壁垒辩解的国家必须定期审查该国的国际收支平衡状况。1987 年,关贸总协定委员会在审查中发现韩国存在国际收支盈余,因此敦促其放开进口限制。基于这种情况,1989 年美国成功地打破了韩国对牛肉的进口限制。

1989 年,对韩国国际收支平衡状况的后续审查也证实了韩国存在经常账户盈余,因此,韩国没有理由继续限制进口数量。面对这些情况,1989 年韩国同意在 1997 年之前取消进口数量限制,并公布了一系列措施降低很多进口商品的关税税率。[①]

乌拉圭回合谈判恰好于此时开始。1995 年,韩国在乌拉圭回合协议中承诺将国际收支减让归入其中,并同意在某些情况下予以修正。

4.6.3　乌拉圭回合农业协议的实施

4.6.3.1 韩国的承诺

乌拉圭回合农业协议被视为历史上最有效的多边贸易协定,因为它将数量限制转换为基于关税的制度。该协议首次被用于协调国内补贴与国际

---

① 韩国就 137 种产品制定了为期三年的市场自由化计划。

协定的关系。

韩国同意消除非关税壁垒,并且放开除大米以外的所有农产品市场。关税和新设定的关税等价物将在10年内平均降低27%。根据其市场准入承诺,1995年1月,韩国开始分阶段取消农产品的非关税进口限制。韩国为一些以前限制进口的农产品设定关税配额,其中包括许多园艺产品。根据乌拉圭回合农业协议,修改后的国际收支自由化最后阶段于2001年1月1日如期完成。

在2000年之前,韩国对牛肉仍采用进口配额制,2001年以41.2%的关税率全面放开。在此之前,韩国的牛肉进口制度一直遵循1989年和1993年与美国及其他贸易伙伴参照关贸总协定达成的协议。此后,韩国的农产品进口自由化率急剧上升,如表4-13所示,从1990年的80%增加到2008年的99%。

表4-13　韩国农产品进口自由化率

（单位:%）

	1985年	1990年	1995年	2000年	2005年	2008年
总计	72.6	80.4	95.6	98.6	99.1	99.1
农业	16.1	83.4	94.5	98.3	98.9	98.9
林业	94.9	95.0	100.0	100.0	100.0	100.0

资料来源:韩国农林业部。
注:农业包含畜牧业产品。

4.6.3.2 乌拉圭回合谈判后韩国农业的总体变化

1995年至1996年间,韩国农业产值一直在增长,但是自1994年以来,增长速度就有所放缓。大米和谷物的"农产品交货"价格指数("farm gate" price index)在此期间迅速上升。同一时期,水果的价格指数开始下跌,而蔬菜和畜牧产品的价格指数略有升高。1995年农业进口量显著提高,到1996年增长势头逐渐减退。出口情况与此类似。因此,进口净值的增加或许是1996年农产品价格增长减缓的一个原因(表4-14)。

农产品总耕地面积在逐步减少,直到1995年后减少速度才趋于平缓。1996年,水稻的种植面积略有下降。小麦、水果和蔬菜的种植面积却有所提升。总之,农业总产值的增加并不是由产量增加所致,而是商品价格上涨的结果。即使农产品的进口量也在增长,但随着居民收入和消费的增长,农产品的价格持续上升。因此可以说,通过乌拉圭回合农业协议实施的市场开放的副作用微乎其微。

表 4-14　韩国主要农业指标的变化

	1993 年	1994 年	1995 年	1996 年
农产品总产值(10 亿韩元,增长%)	21 827	24 935 (14.2)	27 512 (10.3)	29 607 (7.6)
平均耕地规模(公顷)	1.34	1.35	1.35	1.37
农产品交货价格指数(1993=100)	100.0	108.2	118.0	123.9
大米	100.0	102.7	112.2	130.3
其他谷物	100.0	113.5	165.1	177.7
蔬菜	1 100.0	111.3	125.2	130.1
水果	100.0	140.9	150.7	129.8
牲畜	100.0	102.9	113.1	113.0
进口(百万美元)	7 269	7 988	9 677	10 940
出口(百万美元)	1 262	1 462	1 746	1 829
总种植面积(1 000 公顷)	1 845	1 776	1 749	1 713
大米	1 136	1 103	1 056	1 050
小麦	117	85	90	95
蔬菜	378	373	403	389
水果	154	161	172	173

资料来源:韩国农林部《农林业统计年报》。

4.6.4　2004 年大米协议

长期以来,进口壁垒在韩国的大米政策中起主导作用。乌拉圭回合农业协议特许韩国在 1995 年至 2004 年长达 10 年的时间内,有关大米的贸易无须依照关税体制进行交易。相反,韩国需要从 1995 年开始进口大米,进口量相当于 1988 年至 1990 年年均大米消耗量的 1%,2004 年进口量又被提升至 4%。① 在 10 年的宽限期内,大米贸易仍然被韩国政府严格控制,韩国仍被允许对进口大米征收 5% 的关税。

根据乌拉圭回合农业协议,韩国将在 2004 年 12 月 31 日之前与贸易伙伴协商有关最低市场准入制度(Minimum Market Access,MMA)转换的事宜。协商持续了差不多整整一年,直至截止日期前夕才达成最终协议,明确了 2005 年至 2014 年韩国大米进口的相关规则。

根据该协议,到 2014 年最低市场准入制度(MMA)进口配额将翻番,但不能超出配额进口量。此外,政府仍将对进口大米征收 5% 的关税。韩国政府计划通过该协议允许部分进口大米以较高的价格进入市场。

2005 年至 2014 年间,大米进口最低配额的实施被分为两个阶段。第一阶段,2004 年进口额定为 205 228 吨,共来自四个国家:中国 116 159 吨,美国 50 076 吨,泰国 29 963 吨,澳大利亚 9 030 吨。第二阶段,在 2005 年至 2014 年间,进口额逐年增加,允许享有最惠国(most-favored-nation,MFN)待遇的国家在配额内向韩国出售大米。最惠国得到的配额最初设定为 20 347 吨,此后每年增加 20 347 吨。到 2014 年,大米总进口配额达到 408 700 吨,其中最惠国配额占 203 472 吨。

根据该协议,韩国有权终止进口配额制度,并可以在 10 年期内的任一年年初改换为关税配额(tariff-rate quota,TRQ)制度。如果采用关税配额制度,那么它的配额将与当年采用进口配额制度中的配额相一致,此后也不会增加,但关税配额制度允许进口量超过配额,超出部分将以乌拉圭回合农业协议中的计算方法征收关税。如果全球贸易谈判按照多哈发展议程的原则进行,超出的进口额和关税配额将依据多哈发展议程计算。当转换为关税配额制度时,国别配额就不再有效,配额总量将按照最惠国待遇全部放开。

然而,2004 年的大米协议加剧了韩国近年来一直面临的问题:大米消耗量下降速度快于生产速度,因而导致了大米仓储量过剩。对此,韩国正在考虑对进口大米征收关税,调整国内大米政策,按照世界贸易组织的原则对种植大米的农场提供援助,同时鼓励农民减少大米种植面积。

---

① 这种进口配额通常被称为最低市场准入(MMA)。

4.6.5　通过自由贸易协定实现进口自由化

自从 2003 年提出自由贸易区发展路线图,韩国积极同 50 多个国家进行自由贸易谈判。智利是韩国的第一个自由贸易伙伴。与智利的协商开始于 1999 年,于 2002 年达成协议,2004 年 3 月韩国国民议会批准了该自由贸易协定。首个自由贸易协定的签订增强了韩国同其他国家进行自贸协定谈判的信心。随后韩国同新加坡(2006 年)、东盟自由贸易区(2006 年)、东南亚国家联盟(2007 年)和印度(2009 年)相继签订了自由贸易协定。2007 年 4 月,韩国同美国的协商已完成,目前正等待两国立法机构的批准。同欧盟和秘鲁的协商于 2010 年 9 月完成。目前,韩国正与加拿大、墨西哥、海湾合作委员会(Gulf Cooperation Council,GCC)、澳大利亚、新西兰、哥伦比亚和土耳其进行紧密协商。

4.6.5.1　韩国与智利自由贸易协定的成果

韩国在农产品进口方面的让步包括 10 种不同的关税减免方式:立即减免;在 5 年、7 年、9 年、10 年和 16 年阶段性减免;征收季节性关税;多哈回合后再协商;关税配额制加多哈回合后再办商(TRQ plus negotiation reflecting the DDA negotiations,TRQ+DDA)和适用例外。

例如:韩国在每年 11 月至来年 4 月本国葡萄还未收获的时间里,取消对智利葡萄征收的季节性关税,为期 10 年。牛肉、鸡肉、乳清和李子被纳入"TRQ+DDA"商品名目。多哈回合后还有待协商的商品项目包括大蒜、洋葱、红辣椒以及某些特定高关税的乳制品。

到 2009 年,猕猴桃的进口量比 2003 年高出 7 倍,葡萄酒进口量高出了 5 倍。2006 年从智利进口的农产品总量大约是 2003 年的 3 倍。

韩国智利自由贸易协定生效之后,由于关税降低,出口智利的韩国工业产品显著增长。2003 年至 2006 年,韩国向智利出口的汽车数量从 22 510 辆增加到 48 925 辆,韩国汽车在智利汽车进口总量中的份额也从 18.8% 上升到 25.7%。此外,韩国手机、电视机的出口也分别以每年平均 108% 和 24% 的速度在增长。韩国向智利的出口总额增加了约 3 倍。

4.6.5.2　韩国与美国自由贸易协定的成果

2007 年 4 月,韩国结束与美国之间的自由贸易协定谈判,目前最终的自由贸易协定已递交两国的立法机构审批。农业是谈判的主要议题。韩国同意在协定生效时立刻取消 1 548 种农产品中的 587 种产品的关税，并在随后的 20 年内取消除大米和米制品等少数产品之外的所有农产品的关税。

尽管大米被排除在进口关税减免之外，但是韩国承诺了将于协定生效时完全取消从美国进口玉米饲料和面粉的关税。牛肉进口的关税将每年等额递减，在 15 年内从当前的 40% 逐步降低至零。协定还包括一个 27 万吨的牛肉进口保障条款（即对 27 万吨的美国牛肉实行关税减免），该条款保障在第一年 27 万吨的基础上，关税减免的数量逐年递增 2%，预计在协定生效的第 15 年，韩国对美国进口牛肉的免税量将达到 35.4 万吨的保障水平。从第 16 年开始往后，对进口美国牛肉的关税将全部取消，这项保障条款也就不再适用。

协定还规定，韩国对美国柑橘的进口，在过季期间（每年的 3 月 1 日至 8 月 31 日）的进口关税将从协定生效时起立即从 50% 降低至 30%，并在 6 年内逐步降低，最终降低至零关税。而在旺季期间（每年的 9 月 1 日至来年的 2 月底），对进口美国柑橘设定免税配额，第一年为 2 500 吨，此后该配额将逐年增长 3%，并一直持续下去。超过配额部分的关税将以目前最惠国税率的 50% 征收。

4.6.6 未来任务

在过去的 30 多年里，韩国作为主要的粮食进口国，一直试图推动本国的农业发展并限制进口。韩国的贸易政策为农产品进口构筑了严格的保护壁垒，同时，本国的农业政策也大力支撑国内农产品价格以及保障国内某些特定商品的生产。

不过这些进口壁垒在双边和多边贸易谈判之后已经逐渐减少。特别是在 1989 年结束的关贸总协定的谈判中，韩国同意在 1997 年 7 月 1 日之后不再依据关贸总协定第 18 条 B 款来设立进口关税限制。1989 年韩国与关贸总协定委员会关于国际收支的协议达成之后，韩国公布了一项为期三年的进口自由化计划。其后按照 1995 年乌拉圭回合农业协议的约定，韩国终止对其他进口商品的许可权管制。依据签署的各种自由贸易协定，特别是韩国同美国的协定,韩国农产品进口的壁垒将逐渐消失。

乌拉圭回合农业协议的实施以及各种自由贸易协定下的贸易开放给韩国农业带来了巨大的变化。面对更广阔的全球市场,寻找提高本国的竞争力的方法,以及适当的调整政策,已经成为韩国最紧迫的目标。然而,鉴于韩国农业以小农分散经营为主,农业人口的老龄化,提高农业竞争力将是一个重大挑战。

根据经合组织提供的数据,韩国主要农产品的生产者支持估计值(producer support estimate,PSE)占农业总收入的50%以上,而消费者支持估计值(consumer support estimate,CSE)则一直为负,说明政府对消费者征收的税款中有一部分隐形税收被用来支持生产者。消费者支持估计百分比,表示这项隐性税收占农产品消费总支出的比重。韩国的消费者支持估计值为负,表明隐性税收超过了农产品消费总支出的一半。

因此,未来韩国应该继续努力开放农产品市场。韩国可以寻求达成更多的双边自由贸易协定,如最近刚结束的与欧盟的谈判,同时努力推动多哈回合贸易谈判的成功。此外,韩国的国有贸易企业应当进行改革,引入竞争机制,而且政府需要调整关税制度来降低关税、增加贸易总量。

■ 4.7　服务业自由化

4.7.1　概述

在韩国,服务业自由化还是一个很模糊的概念,因为人们对于服务业的构成还未达成一致观点。争议主要如下:(1)服务业和农业、采矿业和制造业不一样,不属于传统经济活动;(2)服务业的贸易壁垒本质上不像关税那样受国界的限制,而是由国内的法律、规定和行政指导原则所产生。

按照韩国的产业分类标准,服务业由13个门类构成。2008年,韩国服务业总产值得到提高,占GDP的62.1%。然而,自20世纪80年代以来,韩国服务业贸易收支一直处于赤字状态(表4-15)。

表 4 - 15　韩国服务业（1960—2008）

	占 GDP 比重（%）	占就业人口 比重（%）	服务贸易（百万美元）			服务业投资	
			出口（A）	进口（B）	平衡（A - B）	FDI	ODI
1960 年	n. a.	n. a.	n. a.	n. a.	n. a.	n. a.	n. a.
1970 年	46.7	n. a.	n. a.	n. a.	n. a.	0.1	n. a.
1980 年	51.1	n. a.	25.7	32.9	−7.2	0.4	2.5
1990 年	56.6	53.6	96.4	102.5	−6.1	2.8	4.5
2000 年	59.6	67.4	305.3	333.8	−28.5	83.8	34.7
2005 年	61.8	71.1	451.3	587.9	−136.6	84.8	28.2
2008 年	62.1	72.9	759.9	927.2	−167.3	87.0	115.0

资料来源：韩国银行。

80 年代中期，美国希望韩国开放物流和电信服务业，服务业的自由化开始引起公众的关注。然而，早在 80 年代初期，韩国政府就采取了自发性的自由化措施，已经在服务业自由化方面采取了重大步骤。这说明在 70 年代，韩国已经改变了鼓励出口和限制进口的国际经济政策。到了 80 年代，政府决定减少国家在保护工业和干预经济方面的投入，以促进经济的快速增长。同时，政府推行了进口自由化和市场开放措施。

80 年代初期，韩国政府主动采取的服务行业自由化措施包括，放宽对海外旅游和出国留学的限制，以及取消物流和零售业的投资限制。80 年代中期，服务业自由化主要集中在文化领域，包括电影、电信，以及美国希望进入的快递行业。

90 年代，服务业进入全面自由化时期，政府取消了之前出于保护本国工业和其他政治目的而设定的行业限制。1993 年，韩国实行外商自由投资五年计划，之后又进行了三次修订，增加了更多外商直接投资的自由贸易区。1996 年，韩国加入经合组织并实施了一系列服务业自由化的措施，包括通过外商投资法案和吸引外资法案。

韩国在 90 年代经历了经济快速增长，是公认的先进发展中国家。为确保国际市场的公平竞争，韩国被主要发达国家列入观察名单。随后韩国加入世界贸易组织和经合组织，并承诺支持自由化与市场开放。1997 年金融危机和国际货币基金组织的援助计划进一步加快了韩国服务业的自由化进程。1998年,韩国取消了对主要行业的外商资产限制,之后又取消对日本文化产品的限制。

服务业的自由化往往意味着国内相关法规的废除。在下一节,我们将探究在过去的一段时间内,韩国服务业自由化的发展历程。

4.7.2 境外消费(方式二)①自由化

4.7.2.1 旅游服务

20世纪80年代经济全球化和贸易自由化获得巨大发展。韩国政府积极通过各种方式鼓励国民走出国门。1983年1月,尽管还存在一些限制,但韩国首次放开了海外旅游。

韩国国际收支平衡持续了多年,人民生活水平不断提高,1989年,韩国全面开放海外旅游业务。1990年,韩国的出境游旅客量达到448 727人,同比增长了235%。尽管受亚洲金融危机的影响,1998年韩国出境游旅客量暂时有所下降,但总体呈上升趋势。据统计,在从韩国出发到国外旅行的人员中,游客占比超过50%。1988年韩国国际旅游收支平衡表出现盈余,但在1991年后陷入赤字(表4-16)。

首尔的朝鲜王宫

---

① 服务贸易总协定(General Agreement on Trade in Services, GATS)定义了四种提供或交易服务的方式:方式一,由一国向另一国提供服务,称为"跨境交付";方式二,消费者或企业在另一个国家享用服务,称为"境外消费";方式三,设立海外分公司为其境内提供服务,称为"商业存在";方式四,服务提供者以自然人身份进入另一成员所在国境内提供服务,称为"自然人流动"。

表 4‑16　旅游开销的变化(1988—1992)

(单位：百万美元)

	1988 年	1989 年	1990 年	1991 年	1992 年
旅游开销账户平衡	1 911 341	954 747	393 043	−357 888	−522 885
旅游开销	1 353 891	2 601 532	3 165 623	3 784 304	3 794 409
人均费用	1 867	2 145	2 028	2 239	1 857

海外旅游的开放得到了国内公众的广泛支持。因此,1995 年,韩国政府进一步减少对海外旅游的限制。海外旅行费用的上限由每月 5 000 美元增加到每月 10 000 美元,同时取消了对海外汇款的限制。2001 年,韩国实现外汇自由交易。1995 年,韩国政府允许国民购买不超过 30 万美元的国外房产。2008 年,这个上限提高到 100 万美元,而且国民只需向政府报备而不用得到政府的许可。

4.7.2.2　教育服务

为了让优秀的孩子得到最好的教育,韩国开放了海外留学政策。在 1985 年政策开放之前,出国留学的个人开支受到严格控制,并且留学申请受到诸多限制。20 世纪 70 年代,每年只有约 600 名学生获准自费出国留学,到了 80 年代中期,出国留学人数增加到了 7 000 名。

4.7.3　商业存在(方式三)自由化

4.7.3.1　乌拉圭回合谈判

韩国政府在乌拉圭回合谈判中公布的关税减让表(the concession table)显示,韩国已经开放 155 种服务业中的 78 种,涵盖 31 个商业服务地区,其中包括 15 个金融服务业、9 个通信服务业、8 个运输业、5 个建设服务业、4 个物流服务业以及 1 个旅游服务业(表 4‑17)。

然而,韩国政府仍然限制各服务行业招聘外国专业人士。医疗和口腔服务、电影和录像、中小学教育、新闻广播、体育休闲等服务也未实现自由化。

表 4-17　乌拉圭回合谈判后韩国商业存在的自由化水平

	韩国	美国	欧盟	日本	菲律宾	泰国	新加坡	澳大利亚	墨西哥	中国	平均
商业	0.652	0.685	0.641	0.652	0.000	0.261	0.435	0.739	0.272	0.250	0.440
通信	0.583	0.792	0.333	0.563	0.125	0.208	0.583	0.458	0.375	0.333	0.428
建筑	0.500	1.000	0.500	1.000	0.000	0.400	1.000	1.000	0.500	0.500	0.627
物流	0.600	1.000	0.700	0.800	0.000	0.100	0.000	1.000	0.300	0.500	0.455
教育	0.000	0.300	0.800	0.400	0.000	0.400	0.000	0.400	0.400	0.500	0.291
环保	0.500	1.000	1.000	0.875	0.000	0.500	0.000	1.000	0.125	0.500	0.500
金融	0.353	0.500	0.500	0.500	0.500	0.265	0.500	0.471	0.353	0.382	0.439
医疗卫生、社会保障	0.000	0.250	0.375	0.125	0.000	0.000	0.000	0.250	0.375	0.000	0.136
旅游	0.750	0.750	0.625	1.000	0.375	0.375	0.750	1.000	0.500	0.250	0.614
文化	0.000	1.000	0.700	0.800	0.000	0.200	0.000	0.400	0.500	0.000	0.345
交通运输	0.214	0.157	0.329	0.300	0.357	0.157	0.086	0.329	0.043	0.143	0.200
总计	0.442	0.578	0.513	0.555	0.166	0.234	0.347	0.568	0.269	0.269	0.380

　　乌拉圭回合谈判后,韩国服务业自由化的总体水平要低于美国、欧盟等发达国家,但高于其他发展中国家。加入世界贸易组织后,韩国一直遵循关税减让计划表,进一步开放服务业市场。受此影响,流向服务业的外商直接投资迅速扩大。自 2000 年以来,韩国政府通过多边与双边贸易协定以及主动开放等方法推动服务业自由化的进程。

　　4.7.3.2　加入经合组织

　　1996 年 12 月,韩国正式加入经合组织。经过与其他成员国之间的协商,按照经合组织《资本流动自由化准则》(Code of Liberalization of Capital Movement),韩国可以对 91 个行业中 41 个行业保留管制;按照《无形贸易自由化准则》(Code of Liberalization of Current Invisible Operation),韩国可以对 57 个行业中 10 个行业保留管制。这一保留比率高于经合组织的平均水平(表 4-18)。

表 4 – 18　韩国的接受率和保留率

	资本流动的自由化程度（91 个行业）		无形贸易自由化程度（57 个行业）		合计	
	接受率	保留数量	接受率	保留数量	接受率	保留数量
经合组织平均	89%	10	88	7	89%	17
韩国	55%	41	82%	10	66%	51
墨西哥	71%	26	75%	14	73%	40
捷克	65%	32	82%	10	72%	42
匈牙利	58%	38	81%	11	67%	49
波兰	56%	40	79%	12	65%	52

注：时间为 1997 年 1 月 1 日。

不过，韩国决心进一步推进资本流动自由化。韩国政府减少甚至取消了外商对韩国公司直接投资的管制，此外对韩国企业的海外融资限制也大大放松。因此，流向韩国的外商直接投资额大幅增加。

4.7.3.3　1997 年亚洲金融危机带来的改变

韩国认识到想要从 1997 年的亚洲金融危机中恢复，需要吸引更多的外商直接投资。为此，韩国颁布了《外商投资促进法》，包括简化外商投资程序，取消部分管制以及提高税收优惠和奖励额度等措施。1995 年到 2008 年，受到限制的外商投资业务种类从 113 种减少到 25 种。

外商直接投资政策中的另一个重大变化和企业的并购有关（表 4 – 19）。尽管在 20 世纪 90 年代，全球外商投资的方向从绿地投资（Greenfield investments）（即新建投资）转向企业的兼并与收购，但是直到 1997 年韩国政府才开始允许外国投资者进行友好并购（friendly M&As）活动。之后，韩国获得了国际货币基金组织的贷款，因此进一步放松了对并购的限制。1998 年，韩国开始允许恶意并购。到 2008 年，与并购相关的外商直接投资总额达到 440 亿美元，占外商总投资的 31%。

表 4 - 19　韩国境内的外商直接投资类型

(单位:百万美元,%)

	1990 年	1995 年	2000 年	2005 年	2006 年	2007 年	2008 年	1990—2008 年
合计	803	1 970	15 265	11 566	11 242	10 515	11 705	141 943
并购 (比率)	0 (0.0)	23 (1.1)	2 865 (18.8)	5 268 (45.6)	4 309 (38.3)	2 483 (23.6)	4 426 (37.8)	44 147 (31.1)
绿地投资 (比率)	803 (100.0)	1 948 (98.9)	12 399 (81.2)	6 297 (54.4)	6 933 (61.7)	8 032 (76.4)	7 279 (662.2)	97 163 (68.5)

资料来源:韩国知识经济部。

4.7.3.4　多哈回合谈判

韩国就服务业相关事宜向世界贸易组织递交了两次议案。第一次是在 2003 年。当时,韩国要求限制外商收购广播、通信及航空公司的股份。外国法律顾问服务可以允许,但只能以设立代表处的形式存在。会计、审计服务仅限于独资企业、审计工作组和由具有注册会计师资格人员组成的会计师事务所。高等教育和成人教育服务部分放开。除金融租赁外,不允许外资金融机构在韩国境内提供金融服务。在不经韩国有关当局授权的情况下,银行的单个外国股东最多持有 10% 的股份(非金融服务实体单个股东最多持有 4%),在地区银行这一比例为 15%。仅在获得当局特别授权的情况下,单个外国股东可以持有韩国国家或地区银行的全部股份。外汇头寸受到监管,现汇外汇市场的超卖头寸设定为 500 万美元或总资本的 3%,两者取高值。总体而言,2003 年的外汇供给自由化水平远低于目前。

4.7.3.5　韩美自由贸易协定

虽然目前韩美自由贸易协定还需要通过双方政府的批准,但它已经对服务业自由化产生了巨大的影响。管理服务业"负面清单制"的推行有助于提高服务业投资的透明度;"棘轮"机制("ratchet" mechanism)也被采用,防止服务业自由化水平倒退。此外,韩国在通信、广播、法律和会计、审计服务领域向美国提供了一些优惠政策。

4.7.4　成就

1990 年推行商业存在(方式三)自由化以来,韩国境内服务业的外商直接投资显著增长。到了 21 世纪,韩国服务业的外商直接投资额已经超过制造业,并且差距不断拉大。2008 年,服务业和制造业的外商直接投资分别占总投资的 70％和 30％(表 4 - 20)。金融、保险、物流和商业服务成为外商投资的重点。

由于服务业对经济增长和人民生活水平的提高意义非凡,韩国政府致力于提高服务业的生产效率,将会继续推进服务业自由化。

4.8 金融自由化

20 世纪 80 年代之前,从世界来看,国家对资本跨境流动施行严格控制是一种常态。但是到了 90 年代,各国之间资本市场一体化使得世界金融获得快速发展。韩国也希望通过开放金融市场来促进本国金融业的发展。不过,1997 年的金融危机才是加速韩国资本市场自由化的主要原因。

表 4 - 20　韩国各行业的外商直接投资(1990—2008)

(单位:百万美元,％)

	1990 年	1995 年	2000 年	2005 年	2008 年	1990—2008 年
合计	895 (100.00)	1 385 (100.0)	10 281 (100.0)	9 609 (100.0)	8 191 (100.0)	95 993 (100.0)
农业、林业、渔业	1 (0.1)	1 (0.1)	5 (0.0)	3 (0.0)	1 (0.0)	522 (0.5)
制造业	550 (61.5)	669 (48.3)	5 921 (57.6)	2 538 (26.4)	2 421 (29.6)	42 447 (44.2)
服务业	344 (38.4)	715 (51.6)	4 355 (42.4)	7 068 (73.6)	5 769 (70.4)	53 024 (55.2)
电力、煤气、供水	0	0	201	50	60	1 013
建筑业	0	12	11	51	182	932
批发零售	79	203	702	758	812	9 473
餐饮、住宿业	66	108	111	27	32	1 314
交运仓储	5	5	26	416	106	2 766
通信	0	0	160	601	17	2 724

	1990 年	1995 年	2000 年	2005 年	2008 年	1990—2008 年
金融保险业	174	358	1 901	3 631	3 039	24 768
房地产	1	2	317	269	493	2 797
商业	15	22	857	911	868	5 730
文化娱乐	2	2	54	288	88	1 232
公共服务与其他	3	3	17	37	72	277

金融自由化集中表现在两个方面。一方面是外汇自由化,另一方面是对外国投资者或参与者开放金融市场(表 4 - 20)。

4.8.1 外汇自由化

1945 年,韩国摆脱日本殖民统治之后一直施行外汇管制制度。同当时大多数发展中国家一样,韩国的外汇储备严重短缺。根据韩国与美国之间的协议,韩国需采取固定汇率制度。在韩国政府的严格控制下,所有外币交易只能由授权机构负责。

韩国的外汇政策随国际环境的变化而不断改变。1980 年之前,韩元的汇率与美元挂钩,并且定期进行调整。在经历了长达 16 年与美元挂钩的汇率政策之后,韩国政府于 1980 年 3 月引入“盯住—揽子货币”制度。80 年代末,韩国开始出现巨额贸易顺差,在国际压力下不得不寻求一种更加灵活的汇率制度。1990 年,韩国政府出台了有管制的浮动汇率制度。在此制度下,由于韩元对美元的汇率由市场决定,银行与银行之间交易的外汇市场得到了迅速发展。

20 世纪 80 年代,外汇市场自由化与资本市场自由化同时进行。整个 90 年代期间,政府出台实施了许多重要的开放措施。1992 年 1 月,韩国允许外国个人投资者购买国内股票,上限为流通股的 3%,但外商持有的股份不能超过公司总股份的 10%。1993 年 6 月,政府公布了金融行业自由化的发展计划,旨在取得金融市场自由化的实质性进展。1996 年韩国加入经合组织,进一步的资本账户自由化成为必然。然而,由于担心急剧增加的外国资本利用国内的高利率进行牟利,韩国不愿意开放其资本账户。

1997 年亚洲金融危机后,在国际货币基金组织援助计划的帮助下,韩国通过了大部分重要的自由化措施。根据国际货币基金组织的建议,韩国政府同意大胆推行自由化措施。资本市场,包括短期货币市场和房地产市场,完全对外国投资者开放。1997 年 12 月,政府将外商持股上限从 26％上调至50％。单个外商持股上限从 7％上调至 50％。同时,政府废除了限制外债购买的相关法规。1998 年 5 月 25 日,持股上限的规定被彻底废除。国内的大小企业都可以无限制地申请不超过 1 年的海外贷款。另外,所有短期货币市场工具,包括商业票据和贸易汇票,也于 1998 年 5 月 25 日完全放开。

在全面放开之前,为了给予外汇市场足够的时间,使其发展符合审慎原则、监管标准与会计准则的要求,韩国政府分为两个阶段来实施新制度。第一阶段的外汇自由化从 1999 年 4 月 1 日开始,通过放宽外汇监管实现资本流动自由化。1999 年 4 月,《外汇交易法》(the Foreign Exchange Transaction Act)取代了以往的《外汇管理法》(the Foreign Exchange Management Act)开始施行。特别值得一提的是,新法案用负面清单制度替代原来的正面清单制度,允许除法律明文禁止外其他所有资本账户的交易。虽然过去的外汇交易主要基于实际需求,韩国也允许投机性期货交易的存在。

新制度实施的第一阶段取消了国外商业贷款为期一年的期限限制,同时允许企业和金融机构开展各种短期资本交易。此外,外汇交易向所有符合资格的金融机构开放。

外汇自由化的第一阶段主要包括:第一,资本账户交易引入负面清单制度,消除法律规定的其他所有管制;第二,修订外汇机构监管条例,如将外汇交易许可制改为登记制以放宽货币交换;第三,建立保障措施以应对突然的资本流入或流出以及其他不利于市场的突发事件。

外汇自由化的第二阶段从 2001 年 1 月开始实施。其显著特点包括:第一,放宽了对外债权强制收回的限制,以提高个人和企业在海外经济活动中的效率,同时出台了有效的事后控制措施。

第二,取消居民海外支付的限额,其中包括:每笔汇款最高 5 000 美元的限额和海外银行费用最高 1 000 美元的限额,海外居住和教育费用分别最高为 50 000 美元及 20 000 美元的限额,以及四口之家移民费用最高 100 万美元的限额。另外还采取了事后控制措施,包括银行指定、自动向国家税务局申报、海关声明以及提前向韩国银行申请大额境外支付。

第三,放宽或取消了诸多领域的法规和限制。主要的变化包括:(1)放宽对外汇买卖的监管;(2)取消对境内非本国居民在国内金融机构持有的不足一年期以韩元结算的存款或信托的限制;(3)扩大海外贷款和韩元借贷的适用范围;(4)开放居民和外来人员的场外(Over-the-counter,OTC)证券交易;(5)除允许公司和金融机构购买海外房地产进行商业开发外,也允许韩国居民在韩国银行的批准下,购置海外房地产来建立学校、医院或宗教场所;(6)拓展外汇业务;(7)扩展公司结算方式。

2006年5月,韩国政府为了支持其打造韩国金融中心的计划,加快了外汇自由化的进程。同时,这也推动韩国外汇市场向着更为复杂的方向发展。

韩国外汇供需平衡需要在中长期内施行宽松政策才能实现。同时,由于经济环境的变化,有必要补充和进一步发展现有的外汇自由化进程。由此,韩国修订了外汇自由化方案,内容包括:(1)推动韩元国际化;(2)放宽外汇交易,包括韩国公民的对外投资;(3)通过放宽外汇交易头寸和进一步刺激自由市场来改善外汇市场的微观结构。

4.8.2 资本市场自由化

20世纪80年代初期,韩国政府为吸引外资,允许外国银行在韩国境内设立分支机构。80年代期间,这项政策没有发生任何显著改变。1992年,政府允许国外证券公司在境内设立分支机构,但不允许成立子公司。1996年,韩国加入经合组织,为进一步扩大资本市场自由化,政策发生改变。为履行成员国义务,1996年9月韩国政府出台了一项计划,逐步消除了韩国与其他成员国在外国组合投资方面和金融服务业外商直接投资方面的限制。该计划中最关键的内容是:(1)1998年起,其他成员国的外资银行和证券公司可以在韩国设立子公司;(2)到2000年,韩国取消其他成员国在韩国投资上限;(3)1998年12月起,其他成员国的投资商可以在韩国设立任何类型的金融机构并可拥有100%的所有权;(4)其他成员国的投资咨询公司在韩国开展业务无须设立实体公司。

但是,韩国金融服务业的自由化进程实际上是由1997年的金融危机推动的。为了吸引外资,1997 年年底韩国开放了国内债券市场,进而又完全开放了国内股票与货币市场。

1998 年春,韩国政府采取重要措施扩展了外国资本进入国内金融市场的途径。4 月,允许外资银行和证券公司在韩国建立分公司。同月,韩国允许外资对境内金融机构实行完全控股。同年 5 月,韩国又允许外籍侨民出任韩国国内各银行的负责人。

外资银行的分行被视为独立的金融机构,其日常业务(包括零售业务)同其他海外银行附属机构类似。在韩国,设立外资银行子公司不受限制。只要经韩国金融监督管理委员会(Financial Supervisory Commission,FSC)批准,就可以设立新的国内或外资商业银行。设立全国性商业银行的最低资本额为 1 000 亿韩元,地区性银行为 250 亿韩元。另外,自 1998 年 3 月起,允许外资银行在当地建立分支机构。外汇交易头寸受到管制,现汇外汇市场的超卖持有额设定为 500 万美元或总资本的 3%,两者取高值。

之前,对外资银行控股的比例限制为国家性银行不超过 4%,从其他金融机构转型的银行不超过 8%,地区性银行不超过 15%。后来,韩国放宽了这些限制,开始允许经金融监管委员会批准的外资银行超限股份收购。1999 年 4 月,韩国允许设立外资完全控股银行,但规定超出预先设定阈值的股权须由金融监管委员会进行额外审查。为了增强银行董事会的权力并提高股东交易的透明度,韩国制定了相关法律。自 1998 年 5 月起,允许外籍侨民出任银行董事会董事。允许外资银行进入韩国市场的条件与对国内银行的要求相同。1999 年 9 月,韩国第一银行被美国私募基金新桥资本收购,其后韩国外汇银行于 2003 年被美国孤星基金收购。2005 年,新桥资本将韩国第一银行转让给渣打银行(Standard Chartered Bank)。

1998 年 5 月,除了对国有企业的投资,外商投资的控股上限已经全部取消。截至 1997 年底,企业债券和政府债券交易向外商全面开放。1998 年 7 月,允许外商购买非上市公司债券。商业票据(commercial papers,CPs)和存款单(certificates of deposit,CDs)市场也于 1998 年 2 月部分放开,并于同年 5 月全面放开。其后,韩国又取消了对国内证券投资的外商限制,外资企业的子公司进行超过 100 万美元的跨境资金周转也不再需要政府审批。这些措施的实施,使韩国的资本市场几乎完全开放。

4.8.3　金融自由化的评价

对韩国而言,金融市场的开放既带来了收益,也产生了风险。一方面,金融自由化后,外商投资增加,融资成本降低,促进了经济的增长,国内金融市场的效率也大大提高。另一方面,金融自由化会导致过量的资金流入,特别是高度不稳定的短期资本流入,加剧了宏观经济的不稳定性,并可能导致金融危机的发生。

实证研究表明,外资净流入与韩国国内的投资呈正相关关系。特别是国内银行和企业的海外贷款对国内投资有着显著的正向影响,而外商直接投资和证券投资的资本净流入对投资环境的影响却非常微弱。尽管外资控股银行不一定能提高韩国金融业的收益,却有助于提高其效率、生产力和稳定性。韩国股市的外商投资削弱了所谓的"韩国折价"(korea discount)现象的影响。外商投资对韩国公司的市盈率(price/earnings ratio,P/E)和市净率(price/book value ratio,P/B)也产生正面影响。此外,外商投资并未像一些批评家此前担心的那样导致韩国企业削减资本投资支出或过量分红派息。

为降低外国资本突然撤回造成货币危机的风险,韩国仍需努力寻求更有效的方式来加强金融市场监管,消除腐败,建立更完善的信息披露机制,提高市场透明度以及加强公司管理等。这些措施将有助于降低发生金融危机的风险。金融市场的稳定则需通过区域货币金融合作进一步加强,例如2000 年 5 月,东盟"10+3"财长会议清迈倡议(Chiang Mai Initiative),建立了亚洲货币基金并扩大了亚洲债券市场。

■ 4.9　结论

20 世纪 60 年代初,韩国是世界上最贫穷的国家之一。其后,伴随着1960 年至 1961 年间的三次货币贬值,韩国几乎完全消除了对韩元汇率的高估,迅速扩大了出口。此后,韩国的经济和工业化水平都以令人难以置信的速度增长。由于韩国政府对市场进行有力、广泛的干预,特别是在六七十年代,因此这种增长方式通常被描述为"出口导向型"和"政府导向型"。

60 年代中期,出口大幅增长,特别是劳动密集型制造业产品的出口,使韩国的发展政策从"进口替代工业"转向"出口促进工业"。同时,由于国际收支平衡有所改善,韩国也开始放开进口。1967 年,韩国成为关贸总协定成员国,并在 70 年代初期开始缩减出口促进措施。70 年代在重化工业化政策实施期间,进口自由化推进遭受短暂挫折,到 80 年代又继续推进。1980 年至 1997 年间,韩国全面实行市场自由化以顺应国内经济形势的变化和经济全球化带来的影响。

1997 年的金融危机是使韩国经济和社会发生巨大变化的一个转折点,这些变化至今依旧在持续发生。金融危机之后,韩国进一步推进贸易自由化与经济结构调整,消除了与世界贸易组织不兼容的贸易措施并简化了进口的程序。

鉴于本章的论述,韩国政府在经济增长中的作用和传统理解有所不同。20 世纪 60 年代初,出口的急剧增长使得政策从进口替代工业化转变为出口促进工业化。另外存在一种误区,就是认为韩国的快速发展只能通过政府干预来实现。其实,只要消除国际贸易的两个主要障碍,就能实现经济快速发展和工业化。第一个障碍是韩元汇率高估,这一障碍在 60 年代初期的三次韩元贬值中被消除。这使得韩国经济具有天然优势的劳动密集型制造业的出口成为可能。第二个障碍是进口替代工业化造成的进口保护主义政策。60 年代中期,进口保护主义政策的负面影响被出口促进政策消除。该政策有效地清除了韩国通向全球市场的障碍。

从政府对市场干预的程度来看,韩国经济是由"政府主导"的,因为韩国政府对市场的干预力度大、范围广,但是经济的快速增长却不是由政府主导发生的。而且,这种说法也忽视了进口对韩国经济增长产生的作用。进口对韩国经济发展作用显著,韩国的进口额要高于出口额,在 80 年代之前,贸易收支一直处于赤字状态。如果韩国一直限制机械和工业原材料的进口,只依赖本国的机械和中间投入,韩国的出口产品在国际市场将永远不会有竞争力。从这个意义上说,韩国经济增长不仅仅是"出口主导",也是"进口主导"。

除贸易和汇率政策外,还有许多其他政策对韩国的经济发展也起到了重要作用。以国际经济合作为例,韩国通过双边和区域自由贸易协定以及提供发展援助来努力推动经济合作。一些重要的双边协议巩固了韩国经济,并加强了韩国与美国、日本、中国和欧盟的经济贸易联系。韩国同美国和欧盟签订自由贸易协定后,进入了经济合作的新时代。在区域经济合作方面,韩国也发挥了至关重要的作用,1989 年发起成立亚太经合组织,1997年亚洲金融危机后积极推动东盟"10+3"机制。在合作发展领域,韩国最近也开始扩大发展援助,并于 2009 年加入了经合组织发展援助委员会。

在农业自由化政策方面,韩国早先对农产品进口设置贸易壁垒,并提供农业补贴以减少对进口农产品的依赖。然而随着多边和双边协定的达成,包括与乌拉圭回合协定以及正在审核中的韩美自由贸易协定,这些障碍已经大幅减少。因此,韩国应进一步推动农业市场的开放。

针对服务业和金融业的自由化问题,本章指出了韩国在服务业中的平庸的表现。但是从 1990 年商业存在(方式三)自由化发展以来,流入服务业的外商直接投资显著增加。外汇和金融市场自由化始于 20 世纪 80 年代的资本市场自由化,其后一些重要的开放措施于 90 年代开始实施。实证研究表明,净外资流入与韩国国内投资水平呈正相关关系。然而,更重要的是韩国必须采取措施来保持金融和宏观经济的稳定性,从而能够应对国际资本自由流动带来的风险。

展望未来,韩国需注意应对可能出现的挑战,并完善国内的相关政策。第一,韩国能否提供友好的国内投资环境对未来国际经济政策的制定至关重要。外商直接投资很可能在韩国经济增长中发挥着重要作用。然而,韩国整体投资环境仍不够友好,导致其境内外商直接投资的实际表现远远低于预期。第二,在完成同美国和欧盟的自由贸易协定后,韩国需要更加努力以推动多哈回合谈判和其他自由贸易协定的谈判,特别是与中国和日本的自由贸易协商。韩国不应放缓市场开放的步伐,同时要依靠签订自由贸易协定来提高自身的竞争力。第三,随着经济自由化的推进,韩国越来越有必要建立经济、社会、金融安全网络以抵御自由化可能给经济带来的不利影响。这对能否获得公众支持经济体制的进一步改革至关重要。第四,为了最大限度地获得开放带来的好处，韩国仍需继续努力推进改革，凝聚共识，为自由化与市场开放制度创建一个高效体系。

■ 参考书目

Bank of Korea. August 2009. "The Structure of Employment and the Relationship between Employment and Industrial Output." ［In Korean.］ *Monthly Bulletin*, August 68 – 95.

Byun，Hyung Yoon，ed. 1996. *Korean Economy*，3ʳᵈ edition. ［In Korean.］ Yu Poong.

Chung，Chang Young，and Tae Kyu Park. 1995. *Substantial Growth of Korean Economy*. ［In Korean.］ Jipmoondang.

Debaere，Peter Marcel，Hongshik Lee，and Joonhyung Lee. 2010. "It Matters Where You Go：Outward Foreign Direct Investment and Multinational Employment Growth at Home." *Journal of Development Economics* 91(2)：301 – 309.

Frank Jr.，Charles R.，Kwang Suk Kim，and Larry E. Westphal. 1975. *Foreign Trade Regimes and Economic Development：South Korea*. National Bureau of Economic Research.

Hong，Wontack. 1979. *Trade，Distortions and Employment Growth in Korea*. Korea Development Institute.

Kim，HanSung，Mee Jin Cho，Jae-Wan Cheong，and Min-sung Kim. 2008. "Korea's FTA Rules of Origin：Review and Future Strategy."

Kim，Hyunjeong. 2008. "The Relationship between Outward Direct Investment and Domestic Capital." *Policy Analysis* 14(1)：1 – 41. Bank of Korea.

Kim，Kwang Suk. 1991. "Korea." In *Liberalizing Foreign Trade*，edited by Demetris Papageorgiu，Michael Michaely，and Armeane M. Choski，1 – 131. Basil Blackwell.

Kim, Kwang Suk, and Michael Roemer. 1979. *Growth and Structural Transformation, Studies in the Modernization of the Republic of Korea: 1945 - 1975*. Harvard University Press.

Krueger, Anne O. 1979. *The Development Role of the Foreign Sector and Aid*. Korea Development Institute.

Lawrence, Robert Z., and David E. Weinstein. 1999. "Trade and Growth: Import-led or Export-led?" Evidence from Japan and Korea, NBER Working Paper 7264.

Lee, Hongshik. 2008. "International Outsourcing and Employment: The Case of South Korean Manufacturing." Mimeo.

_____. 2010. "The Destination of Outward FDI and the Performance of South Korean Multinationals." *Emerging Markets Finance and Trade* 46(3): 59 - 66.

Lee, Junkyu, and Hongshik Lee. 2005. "Feasibility and Economic Effects of a Korea-U. S. FTA." Policy Analysis.

Lee, Kyu Sung. 2006. *Financial Crisis of Korea*. [In Korean.] Pakyoungsa.

Lim, Sung-Hoon, and Hwy-Chang Moon. 2001. "Effects of Outward Foreign Direct Investment on Home Country Exports: The Case of Korean Firms." *Multinational Business Review* 9(1): 42 - 49.

Nam, ChongHyun. 2008. "Does Trade Expansion Still Promote Employment in Korea?" *The World Economy* 31(6): 720 - 737.

WEF. 2007. *Global Competitiveness Report 2006 - 2007*.

Westphal, Larry E., and Kwang Suk Kim. 1982. Industrial Policy and Development in Korea." World Bank Staff Working Papers 263.

Yoo, Jungho. 2008. "How Korea's Rapid Export Expansion Began in the 1960s: The Role of Foreign Exchange Rate." Working Paper 08 - 18. KDI School of Public Policy and Management.

第 5 章　韩国国土开发政策

赵中在　金永表　高永善

■ 5.1　引言

　　土地政策涉及诸多方面,其中最重要的是土地开发协调和基础设施建设。若由私营机构进行开发的话,协调包括土地所有者在内的各方面利益将会十分困难,也将导致土地开发变得毫无秩序可言。此外,公共产品在私营交易市场上也可能面临供给不足的情况,例如,公路建设就存在着土地开发协调与公共产品供应等相关的问题。因此,政府应该通过制定发展规划、实施强制性法律法规或投资建设基础设施等在克服这些问题方面发挥重要作用。

　　韩国土地政策还承担着其他方面的责任。经济的快速增长抬高了房地产市场价格,土地供给缺乏增长弹性,部分地区的土地价格(特别是首都圈)的增长速度超过了一般通胀速度,土地所有者能够获得巨额收益。可以说,因为公共开发项目的实施加速了房价的上涨,韩国政府被认为应该对土地价格上涨负有直接责任。公众开始关注日益严重的社会不公平现象,这迫使政府采取各种措施抑制过快上涨的房价,同时将房地产的暴利惠及普通民众。

　　确保全国各地区的均衡发展是韩国政府的另一个重要职责。韩国的工业化和现代化不可避免地促进了城市的发展。城市为劳动力、中间产品、终端产品以及知识技能提供了庞大的市场,工人、企业和消费者便会迁移到城市,以利用巨大市场的优势。正如经济地理学理论所解释的,城市化的进程通常是不断自我强化的,而且将带来大城市的发展和农村地区人口的下降〔克鲁格曼(Krugman),1991;藤田(Fujita)和克鲁格曼(Krugman),2004〕。至少在自由市场经济中,政府无法对大城市的发展和农村地区人口下降等问题做到完全掌控〔布雷克曼(Brakman)、盖瑞森(Garretsen)、施拉姆(Schramm),2004〕。尽管如此,韩国在教育、就业和其他方面日益显著的城乡差距已经让民众普遍认同政府干预的必要性。从经济发展的初期开始,韩国政府就已采取多项措施促进均衡发展,尤其是在促进首都圈和其他地区之间的平衡发展上加大投入。

韩国过去60年的国土政策均体现了与国家经济和社会政策密切相关的平衡发展的职责。20世纪60—80年代,工业的发展集聚于特定的区域和"增长中心",旨在有效利用有限的资源以支持国家经济的快速增长。

60年代,韩国第一个出口工业园区在首尔(汉城)的九老区(Guro-dong)落成。当时,有意在出口园区落户的企业数量远远超出了园区的容纳量。首尔(汉城)的人口数量占全国人口总数的比例从60年代的10%急剧增长至70年代的18%。首尔(汉城)制造业数量的急剧增长加速了首都圈人口迁移进程。国家的城市化速度从1960年的37%一跃提升至1970年的51%,首尔(汉城)的人口数量从1945年摆脱殖民统治时的100万增加到了1970年的550万。

70年代,受重化工业化政策的驱动,朴正熙政府在韩国的东南地区建成了规模较大的沿海工业园区。80年代,全斗焕政府补充并完善了东南沿海产业带,同时为产业发展提供了更多的基础设施,拓展了新村运动,进一步推进了由朴正熙政府发起的山区退耕还林计划。

1988年,卢泰愚(Tae-woo Roh)通过直接普选当选总统,他上台后韩国迎来了民主化时期。1988年韩国举办了奥运会,并与部分社会主义国家建立了外交关系,其中包括苏联和中国。1994年韩国实施了全面地方自治政策,开辟了权力下放的道路。许多民间组织发展起来,并开始在重要的社会问题上发表他们的观点。

90年代,金泳三政府(1993—1998)和金大中政府(1998—2003)致力于改善基础设施建设项目的区域分布。在此期间,政府通过解除土地使用管制，实施了以市场为主导的土地管理方式。市场为主导的政策和之前以众多规定与计划为特征的国土政策大相径庭。例如，在新经济五年计划中，金泳三政府针对人口过度拥挤征收特别税，取代了此前通过限制建筑物数量和设施建设数量来限制城市人口聚集的规定。

进入21世纪，韩国现代交通运输网络进一步扩展，物流已经可以实现在半天内到达国内的任何地方。卢武铉（Moo-hyun Roh）政府（2003—2008）强调区域均衡发展，并计划在全国建立10个"创新城市"和6个"企业型城市"，同时建立一个多功能行政中心市，即位于忠清南道的世宗市，推动政府和公共机构职能从首都首尔转移到这里。

目前，李明博（Myung-bak Lee）政府（2008—2013）正在推进一项有效利用土地的计划，旨在提高国家竞争力。该计划致力于调整对首都的管理，使其发展成为一个具有全球吸引力的世界一流大都市。此外，政府也在努力建立一套绿色发展管理体系，希望可以促使韩国四条主干河流恢复原貌。

韩国的国土政策还有助于快速地改善韩国的地理景观，使之与其经济发展相协调。政府对公路、铁路、海港、机场和其他基础设施进行了持续投资。目前韩国的公共设施资本存量水平和世界主要经济体相比毫不逊色〔崔（Choi）、龙（Ryu）与朴（Park），2005〕。然而，韩国政府在履行其他职能方面却不尽人意，例如在稳定房价以及促进区域均衡发展方面，政府做出的努力被市场力量完全压倒。

在下面的章节中，我们将详细地说明过去60年来韩国国土政策的发展情况并分析其作用。在分析之前，有必要简单介绍一下韩国的地理状况和行政管理体系。

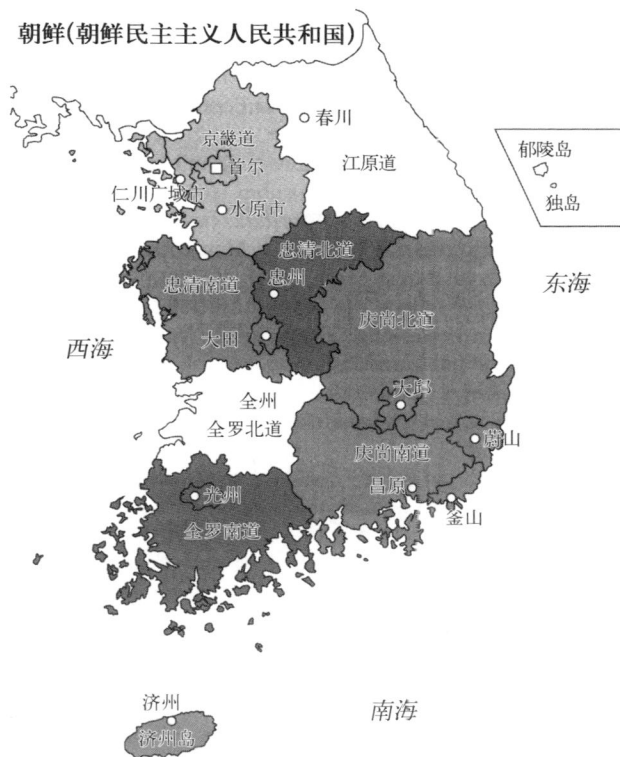

图 5-1　韩国地图

表 5-1　韩国各地区人口年增长率

(单位:％)

地区	1970— 1980 年	1980— 1990 年	1990— 2000 年	2000— 2008 年	1970— 2008 年	人口比例 (2008)
首都圈	4.0	3.1	1.7	1.0	2.6	49.2
江原道	−0.5	−1.5	−0.3	−0.4	−0.7	3.0
忠清道	0.0	−0.1	0.8	0.3	0.3	10.1
全罗道	−0.6	−0.9	−0.6	−0.7	−0.7	10.2
庆尚道	1.7	0.6	0.6	−0.2	0.7	26.3
济州岛	2.4	0.8	0.3	0.4	1.0	1.1
总和	1.7	1.2	0.9	0.3	1.1	100.0

资料来源:韩国统计厅(http://www.kosis.kr)

注:(1)首都圈=首尔(汉城)+京畿道+仁川。

(2)忠清道地区=忠清北道、忠清南道+大田市。

(3)全罗道地区=全罗北道、全罗南道+光州市。

(4)庆尚道地区=庆尚北道、庆尚南道+釜山+蔚山。

朝鲜半岛位于亚洲大陆最东部，三面环海，总面积 217 330 平方千米，与英国或罗马尼亚的面积相当。[①] 山地地形占朝鲜半岛的面积大约为三分之二，这种情况类似于葡萄牙、匈牙利和爱尔兰。朝鲜半岛拥有众多风景优美的山川河流，韩国人常常将自己的祖国比喻为精美的绣花锦缎。此外，迂回曲折的海岸线也是一道美丽的风景，朝鲜半岛拥有周长超过 300 多米的岛屿逾 3 300 座。

韩国位于朝鲜半岛南部，国土面积为 100 032 平方千米。首都首尔位于韩国西北地区(图 5-1)。韩国中央与地方政府包括两个层级——上级和下级。上级包括首尔和六大城市[②]以及 9 个省，[③]而下级由 230 个区组成。[④] 首都圈通常指首尔以及它的邻近地区，即京畿道和仁川市。如果我们把大城市划分到周边省，全国可划分为六大区域。从图 5-1 可以看出，首都圈的人口增长最为迅速，而江原道和全罗道的居民则不断外流。2008 年，首都圈的人口占全国总人口近 50%，庆尚道约占 25%，忠清道和全罗道的人口则各占全国总人口数的 10%。

◼ 5.2　农业土地改革和战后重建(1948 年—20 世纪 50 年代)

1945 年韩国刚解放时，农村社会还是由少数拥有土地的地主和大量佃农组成，社会经济形势亟须通过农村土地改革来结束佃农奴隶般的生活。

1948 年，以宪法立国的大韩民国(Republic of Korea)规定保障私人土地所有权，同时宣告韩国将实行资本主义经济制度。不同于朝鲜民主主义人民共和国(即朝鲜)的土地没收并重新分配的政策，韩国的土地改革是采取对土地所有者进行补偿的方式。这对 20 世纪 60 年代以后韩国推行资本主义制度和促进经济发展产生了重要的影响。

---

① 国土面积数据来自"世界发展指标"，2008 年。

② 釜山、大邱、仁川、光州、大田、蔚山。

③ 京畿道，江原道，忠清南道和忠清北道，全罗南道和全罗北道，庆尚南道和庆尚北道，济州岛。在图 5-1 中，"buk-do"意为北道，"nam-do"意为南道。

④ 大城市的地区被称为"gu"，地方的区域被称为"si"(城市地区)或"gun"(农村地区)。地区中的小地域被称为"gu"和"si"中的"dong"和"gun"中的"eup"、"myeon"。在本章节，这些小地域指的是小镇。小镇是地区的行政单元但不是政治党派单元。

与朝鲜的集体农场模式不同的是,韩国通过向农民提供土地产权的改革模式来构建韩国资本主义社会体系。韩国保障私人土地所有权,为保障其他经济活动的私有权创造了条件[忠(Jung),1995]。

韩国政府成立两年后,朝鲜内战爆发,韩国大量的城市基础建设和工业设施遭到破坏。过半的城市基础设施,如公路、铁路、桥梁和供电设施等都被严重毁坏。据估计,328 万间房屋中约有 20% 被完全摧毁,包括首尔(汉城)、仁川、大田在内的一些大城市也未能幸免,200 多万人流离失所。这些难民大多重新安置在城市,在快速城市化的时期,这也给当地增加了新的负担。

李承晚政府为了推进重建活动制定了"土地重整计划"(land readjustment projects)。该计划规定,一定区域内的所有土地所有者首先需要同意将他们的土地财产视为一个整体进行再开发,待开发完毕后,分配给他们新的地段。每个土地所有者都要拿出一部分固定份额的土地给开发商,无论开发商是政府的还是私人性质的。这部分土地卖出后用来弥补开发成本。从该方案中可以看出,城市发展的成本主要由土地所有者承担,减轻了政府的财政负担。1952—1959 年,该土地重整计划共涉及包括首尔(汉城)、釜山、大邱、仁川在内的 23 个城市,共计 16.5 万平方千米的土地,重整计划的重点是进行战后重建和推进城市新修道路的建设。

■ 5.3 工业园区发展和人口向首尔(汉城)的迁移(20 世纪 60 年代)

韩国工业园区的发展始于 20 世纪 60 年代初。1962 年 1 月,政府宣布实施第一个五年经济发展计划,不久之后又颁布了《城市规划法》(Urban Planning Act),该法案取代了在日本殖民统治时期实施的《都市计划法》(Urban District Plan Ordiance)。虽然该法案并不主要针对发展工业园区,但是它在城市规划方面涵盖了一系列建设工业园区的方案,并采用土地重整项目支持城市规划。因此,60 年代大多数的工业园区都是根据《城市规划法》的规定创建的。

考虑到国家有限的财政资源,韩国政府没有在全国范围内分散投资,而是采取将产业集中在具有高增长潜力的地区建设的战略。这些地区包括首尔(汉城)和仁川,这是因为它们拥有现成的基础设施资源和可用的城市服务;蔚山因其拥有优越的地理位置和港口也在此列;此外,还对太白山的荣山江流域进行农业建设和资源开发。60年代,随着出口产业园区的建立,首尔(汉城)、仁川地区开始大规模开发。1966年开发的蔚山工业区是20世纪七八十年代建立的东南沿海重化工产业带的起点。太白区被规划为煤和水泥等原材料的开发区域,特别是水泥生产在之后的新村运动中发挥了重要作用。煤取代木材成为了家庭燃料,使得退耕还林成为可能。

蔚山工业园区和蔚山海港

浦项钢铁集团(POSCO)

60年代初,廉价的劳动力被认为是韩国唯一的发展资源。政府的产业政策主要聚焦于化肥、水泥、煤炭等基础材料的生产,以及劳动密集型出口产业的发展。由于首尔(汉城)地区的劳动力人口充足,其他资源也很丰富,全国的工业园区主要集中在此。在1964年出台的《出口工业园区建设法案》(Export Industrial Park Formation Act)指导下,韩国第一个出口工业园在首尔(汉城)九老区创建。九老区劳动力充足且交通便利,电力和水力供给充足,优势明显。该园区于1964年12月开始建设并于1966年2月竣工,共占地114英亩。

九老区工业园备受关注,但因试图落户于此地的企业较多,该园区无法完全容纳。鉴于此,韩国政府分别划定了面积为98英亩和294英亩的两块土地用来建设第二、第三个园区。此外,在临近首尔(汉城)的仁川地区还详细拟定了新工业园区的发展规划。

韩国首个出口工业园区的成功带动了地方政府建设工业园区的热潮。然而,坐落在首都中心地带的出口工业园区拥有其他地区的工业园无法比拟的强大优势。首尔(汉城)在整个韩国制造业中的重要性日益加强,在此地区经营的第二产业(制造业和采矿业)的占比从 1960 年的 23％上升到 1970 年的 31％,相应地,其他地区和城市的第二产业的占比则有所下降。

通过"五年计划"的实施,韩国的产业结构发生了重大的变化。1962—1972 年,第一产业占 GDP 的比重从 37％下降到 29％,第二产业占 GDP 的比重从 16％上升到 24％。产业结构的变化也导致了就业结构的改变。1962—1972 年,第一产业从业人员占总就业人口的比重从 63％下降到 51％,第二产业从业人员占总就业人口的比重从 9％上升到 14％。

工业发展推动了城市化的进程。韩国的城市化率从 1960 年的 37％上升到 1970 年的 51％。1945—1970 年,首尔(汉城)的人口从 100 万增至 554 万。人口大幅度增加使大规模城市建设成为必然需求。韩国政府在 1966 年 8 月颁布了《土地重整法》(Land Readjustment Project Act),该法案涉及两项建设,分别为大型住宅区建设和包括道路建设在内的城市基础设施建设。这两项建设分别盛行于 20 世纪 70 年代和 80 年代。地处汉江以南、时尚的首尔(汉城)江南地区是其中最好的建设案例。

铁路成为韩国经济发展的引擎。日益增长的日用生活必需品和工业用品,如化肥、水泥与谷物等都需要铁路运输。随着 60 年代中期工业生产的增长,铁路货物运输量大幅上升。

1962 年,铁路运输占全国运输能力的 84％,而高速公路运输仅占 10％,航空和海运只占 6％。到 1966 年,韩国经济增长了 19％,铁路在货物运输方面承担了更重的压力。1969 年,铁路仍然承担着全国运输能力的 72％,而高速公路运输与航空、海运所占份额则分别增长至 13％和 15％。

在第一个五年计划(1962—1966)期间,大量的交通建设项目上马,包括在大城市中铺设各种道路、对省道进行维修改善等,但建设的重点还是铁路。高速公路建设方面,在总统朴正熙的构想与推动下,韩国的第一条收费高速公路——"首尔(汉城)—仁川高速公路"于 1968 年 12 月建成通车,这条高速公路也成为全国公路网的主干道,并为促进首都周边地区货物运输力的增长做出了贡献。此外,全长428千米的"首尔(汉城)—釜山高速公路"仅用两年零五个月就建设完成,于1970年7月竣工。

■ 5.4 发展走廊与新村运动(1970—1987)

5.4.1 东南沿海产业带的发展

20世纪70年代,连接首都首尔(汉城)至港口城市釜山的高速公路开通,成为以"首尔(汉城)—东南经济走廊"(Seoul-Southeast corridor)为基础的发展计划的支柱。以釜山港为中心的"东南沿海工业带"(Southeast Coastal Industrial Belt)的创建,反映了韩国政府采取了一种将各地区的资源和区位优势纳入考量范畴、并为不同目的而开发特定区域的策略。这种策略与20世纪50年代盛行的"增长极理论"(Growth Pole Theory)与"核心—边缘理论"(The Core-Periphery Theory)是一致的[缪尔达尔(Myrdal),1957]。

依据1970年颁布的《地方产业发展法》(Local Industry Development Act),韩国政府建立了一套为工业园区建设提供国家支持的制度。70年代初,包括首尔(汉城)在内的12个城市建立了工业园区。这些工业园区扶持了中小企业的发展,不过,其中轻工业对韩国经济发展的贡献程度仍然是有限的。

随后,1973年总统朴正熙在新年记者招待会上宣布了他的设想——将发展重化工业作为首要的经济任务。1973年2月,韩国政府成立了"重化工业促进委员会",该委员会由政府总理领导,由各相关部门的部长和专家组成。此外,还成立了由总统首席经济顾问领导的"重化工业规划工作组"(The HCI Planning Group),它是一个为"重化工业促进委员会"提供支持的职能单位。"重化工业促进委员会"主要负责对韩国的重化工业化政策做出最终决定,包括全面的发展规划、企业建厂选址的规划、重化工业部门的推进计划,以及产业援助计划等。

1974年2月,韩国政府成立了"工业综合开发公司"(Industrial Complex

Development Corporation),该公司的主要职能是负责重化工业场地的建设。政府为该公司投资了 1 000 亿韩元的启动资金,此外,该公司还拥有一些特权,包括税收豁免权、征地权,以及拥有由建设部长官批准的海外借贷权利。

表 5－2　规划工业园区(1974—1984)

(单位:平方千米)

	规划园区的数量	总用地面积	工业园区的规模
沿海工业园区	14	1 344.3	315.0
内陆工业园区	15	27.7	16.8

资料来源:余(Yu,1998)。

在对"重化工业促进计划"进行系统性审查后,韩国政府开始建设规模庞大的沿海重化工业基地。这些工业基地的规模将超过内陆的工业园区,政府的理念是将它们发展成为新的工业城市。

以下三个因素主导着这些工业基地的创建与运行。第一,涉及钢铁、炼油以及有色金属制造等产业,工业基地会促使规模经济的形成;第二,由于能够满足拥有港口设施、供水便利且邻近周边城市等要求的可选地区数量并不多,工业基地这种形式能够促进自然资源的有效利用;第三,工业基地旨在促进新兴工业城市的发展。例如,昌原市就是一个新发展起来的城市,而丽川则成为一个靠近工业园区的卫星城,蔚山和浦项等小城镇则最终发展成为大工业城市。

大部分的重化工业基地均位于东南沿海地区,包括浦项、蔚山、温山、玉浦、竹岛和昌原,除此之外的部分工业基地则在韩国的其他地区兴建,如丽川工业基地建在南海岸光阳湾,北坪工业基地建在东海岸。

新发展起来的工业基地在以前均被看作偏远的农村地区,但在重化工业化政策的推动下,70 年代中期至 80 年代中期,这些地区快速地发展起来。全斗焕执政时期,浦项制铁光阳钢铁厂和木浦的大佛工业园被并入东南沿海产业带。它们的加入部分原因是出于安抚全罗道地区民众的政治考虑,1980 年全罗道地区曾经发起过反对全斗焕的城市起义;另一个原因则是韩国政府认为有必要在全罗道建立一个工业基地,以吸引企业向首都之外地域拓展。

对浦项制铁集团来说，原来的浦项钢铁厂已经达到满负荷生产，亟须建立一个新的钢铁厂来分担其生产压力，于是牙山湾和光阳湾被选为合适的候选厂址。

但也有人指出，在牙山湾建立钢铁厂，接近首尔（汉城），可能会造成首都圈人口过剩，而在光阳湾建立钢铁厂将促进欠发达的全罗道地区的工业化进程。经相关政府部门和有关各方讨论后，全斗焕总统最终决定选择光阳湾作为东南沿海工业带向西延伸的代表。

同一时期，内陆地区的工业园如同60年代仍在继续发展着，但与沿海产业带相比，它们在土地规模、政府关注程度以及参与程度等方面，都不占优势。

在《工业园发展促进法》（Industrial Park Development Promotion Act）颁布后的十年里，内陆工业园区的数量增加到15个，总面积为16.8平方千米，但相对于总面积达315平方千米的14个沿海工业园区，其面积还不到后者的5%。

昌原工业基地 建设中的大宇集团旗下的玉浦造船厂

在发展"东南沿海工业带"政策的推动下，庆尚南道省成为主要的工业区。1966—1980年，韩国采矿业和制造业的全国就业率增长了9%，但只有京畿道和庆尚南道这两个省的就业率高于这一数字，而庆尚北道的就业率则与全国平均水平持平。同期，庆尚南道从事采矿业和制造业的工人数量增长了15%，而京畿道相关产业的工人数量增长了17%。不过，在1975—1980年间，制造业就业率增长方面庆尚南道略高于京畿道。

表 5-3　按地区划分的采矿业和制造业的就业变化

（单位：%）

	就业所占份额				就业变动率			
	1966 年	1970 年	1975 年	1980 年	1966—1980 年	1966—1970 年	1970—1975 年	1975—1980 年
首尔	28.8	31.4	28.9	21.2	6.6	12.9	8.1	0.5
釜山	16.3	14.7	16.7	15.2	8.4	7.5	12.7	5.0
京畿道	8.7	11.9	17.2	23.1	16.8	19.3	18.3	13.4
江原道	7.3	5.2	4.1	3.1	2.6	1.8	4.8	1.1
忠清北道	3.2	2.7	2.3	2.1	5.3	5.8	6.2	5.5
忠清南道	6.2	5.7	4.3	4.5	6.3	8.2	3.6	8.2
全罗北道	4.8	4.0	2.8	2.7	4.5	5.5	2.3	6.0
全罗南道	6.3	5.6	3.8	3.6	4.8	7.4	1.6	5.8
庆尚北道	12.6	11.4	11.4	13.0	9.2	7.6	9.9	9.8
庆尚南道	5.2	6.7	8.2	11.1	15.0	17.7	14.3	13.5
济州岛	0.6	0.6	0.3	0.2	0.6	7.6	−3.3	−0.8
全国	100.0	100.0	100.0	100.0	9.0	10.4	9.9	6.9

资料来源：韩国统计厅（http://www.kosis.kr）。

5.4.2　努力遏制首都地区的人口增长

1945—1970 年,首尔（汉城）的人口在 25 年的时间里从 100 万激增至 554 万,增长了约 5.5 倍。这一时期,在朝鲜战争中被破坏的住房、供水系统、污水处理和道路等重建工作尚未完全完成,人口的快速增长带来了诸多社会问题;而韩国首都靠近朝鲜,人口与中央行政职能集聚,则被视为一个严重的安全隐患。

1964 年,韩国政府就开始采取措施来遏制首尔（汉城）人口的过快增长。然而,由于受政府鼓励工业投资等政策的影响,上述措施未能产生作用,首尔（汉城）的人口仍在持续增加。

尽管如此,韩国政府的基本政策仍是要控制首尔（汉城）人口和工业的过度集中,主要通过促进韩国其他地区经济的发展和政府的活动来实现。鉴于汉江以北地区容易受到朝鲜的攻击,出于对国家安全的考虑,政府于 1970 年制定了城市规划来遏制汉江以北地区人口的增长。首尔（汉城）的人口集聚带来了严重的国防安全问题,解决人口增长问题成为政府工作的重中之重。1971年,在《城市规划法》(Urban Planning Act)的指导下,政府制定了"限制开发区域"(Restricted Development Zones)(即"绿色地带")制度。首批限制开发区域主要是首都的边缘地区。1971—1977年,韩国政府先后在14个城市建立了"绿色地带"。

根据1977年颁布的《工业布局法》(Distribution of Industry Act),政府通过采取一系列激励措施鼓励企业将工厂设立于首都之外的地区。此举取得了一些成果,比如在首尔(汉城)附近建立的一个新的半月工业城(Banwol Industrial City)。然而,总的来看只有少部分的首尔(汉城)的企业搬迁到那里。

20世纪80年代初,韩国政府颁布实施了《首都地区管理法》(Capital Region Management Planning Act,1982),试图再次控制首都地区过度集中的人口和产业。1984年政府颁布《首都圈整治规划》(Basic Plan for Management of The Capital Region),它涵盖了这座城市未来12年的发展规划。70年代,政府主要通过直接干预来抑制首都人口的快速增长,到了80年代,对人口增长的控制则更多地依靠相关的法律和法规。

整个80年代,遏止首都地区人口和工业增长的主要措施已经包括将上述法律法规的适用范围扩大到仁川和京畿道地区。此外,还有建议将首都地区的工业厂房、大学和公共机构都搬迁至韩国的其他地区。其实,在70年代末,政府就对自愿从首都地区搬迁出的企业给予免税或减税优惠。

以上这些政策措施影响了90年代以后采取的一些新政策。但是,首都地区人口密集引发的问题仍在持续增长,这些问题包括环境污染、城市生活条件的恶化,以及不断扩大的贫富差距等。因而,政府的工作重点不再是集中力量解决首都地区的问题,而是要促进韩国各个区域之间的均衡发展。

5.4.3 基础设施扩建

港口建设被视为给工业发展提供物质基础支持的关键。在"第三个五年经济计划"(The Third Five-Year Plan)(1972—1976)中,韩国政府开始建设第二代港口,用以装卸运输煤炭等大宗散装货物。韩国需要大型港口来运输大量进口原材料,以满足国民经济的发展需要,港口设施的发展也能支持国内工业园区的建设。

　　韩国的交通运输过去主要依靠铁路,前三个五年计划(1962—1976)的圆满完成促进了可替代交通方式的发展,例如高速公路。不同的运输系统既相互竞争又相互补充。1962—1976 年,铁路运输占全国交通运输的比重从 87% 下降至 51%,而公路运输所占的比重则从 9% 提升至 22%。

　　20 世纪 70 年代后期,由于新的工业发展需求,韩国改变了交通运输政策的重点。在第二个和第三个五年计划中,政府一直将重点放在高速公路的建设上。到第四个五年计划(1977—1981)时期,政府则更加关注工业运输专用道路建设,以支持重化工业的发展。因此,高速公路建设聚焦于工业园区与国家高速公路网之间相连通的道路项目。

建设中的京釜高速公路(首尔至釜山)

　　20 世纪 80 年代初,高速公路建设项目的重点转移到了促进区域协调发展上来。为满足急剧增加的交通量,大田到木浦双车道高速公路扩大至四车道。长期拥堵的高速公路路段也被拓宽了,包括首尔(汉城)—仁川、首尔(汉城)—釜山、大邱—马山,以及南海岸地区部分高速公路的一些拥堵路段。这些高速公路建设项目有助于推进落后地区的开发。1981—1986 年,高速公路占全国道路总量的比重从 34% 跃升至 54%。

20 世纪 70 年代至 80 年代初,韩国各地区都在建设多用途水坝①以解决人口增长和产业发展的供水需求。这标志着开发利用水资源的一个重要转折,韩国将开始在河流下游取水。水资源开发的概念曾经局限于小型灌溉设施的建设,现在已经扩展到整个流域的综合开发,包括水资源管理和防洪。这些大坝也为进一步的经济发展提供了基础设施。

建设中的忠州大坝

正在做讲座的维克瑞教授(韩国开发研究院)

---

① 昭阳、安东、大青岛、忠州、陕川郡、住岩、临河、洛东江。

南海—湖南高速公路竣工仪式

5.4.4 新村运动和重新造林

韩国在连续的几个五年计划中实现了经济创纪录的增长,但是以工业化为中心的经济发展模式却扩大了城乡差距。许多人离开农村到城市开始新的生活。农民愈加强烈的不满成为困扰政府的一道政治难题,失业和贫困等社会问题亟待解决。农业生产劳动力短缺和农业生产成本上升威胁着农业发展。

因此,韩国政府有必要通过提供更多的就业机会,提高农民的收入,鼓励人们留在农村。这就需采取强有力的措施来扭转由于快速工业化而产生的增长不平衡的局面,于是新村运动应运而生。其目的是改善农村的道路、住房、供水、排污和灌溉等各方面生活条件。

政府为了解决农村问题做出了一系列努力,包括研发新的水稻品种,这也是作为"绿色革命"(Green Revolution)的一个部分,以及大规模地开垦土地,扩大农田面积。新村运动是一个全国性的鼓舞人心的运动,力图振兴国家。新村运动强调自助、自立、合作的原则,后来城市里的工厂也引进这些原则,开展了类似的运动。

新村运动肇始于1971年,意图扩大各种形式的经济活动来增加农民的收入。运动初期,韩国内务部(Ministry of Internal Affaires)发挥了主导作用,如通过地方行政网络负责水泥的供应等。后来,政府的其他部委也参与到新村运动的相关项目中，如在农闲季节帮助农民寻找工作机会、成立水稻和大麦生产合作社、给农村地区供电以及建设厂房等。

为协调政府各部门开展的新村运动，从中央到地方各级组织纷纷成立起来，即现在我们所熟知的"新村运动国民委员会"(National Council of The Saemaul Movement)。新村运动的早期，在促进农村地区的现代化建设方面有三个目标，总结起来就是"三个摆脱"：摆脱"背架"(jigae)，即从 A 字形背物架中解脱出来(意为改进耕作工具和运输工具)；摆脱"烛光"(意为供电照明)；摆脱"草房"，即摆脱稻草屋顶的房子(意为改善居住条件)。新村运动逐渐激发了村民的团体协作精神，促进了各个领域的发展实践。除农作物种植外，还发展奶牛养殖业、捕捞业和农产品加工业。

20 世纪 80 年代的某个时期，农户的收入一度高于城市家庭收入，但局势很快发生逆转(图 5-2)。越来越多的人呼吁采取新的发展战略，超越以农业为中心的村级农村发展计划的局限。他们一致认为，新的发展计划应该更全面地覆盖人民生活的各个阶段，同时把农村中心和边远地区紧密联系起来。1982 年，韩国内务部采取了名为"农村聚落区发展"新政策理念，目的在于带动农村推进综合性项目开发。1985 年，韩国内务部选定 5 个城市

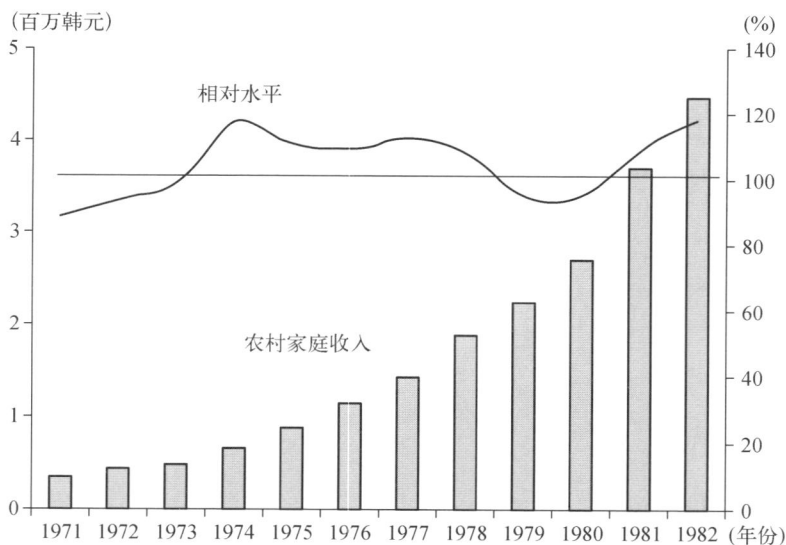

图 5-2　农村家庭收入的变化(1971—1982)

注：相对收入水平＝(农村家庭收入/城市家庭收入)×100％。

和农村地区作为发展规划项目的试点。然而,这个发展计划预算太大,无法实施。取而代之的是按《农村地区振兴法》(Rural Area Rehabilitation Act)要求建设的乡镇、农村地区的开发项目。

第五个五年计划政策委员会就"土地与住宅"问题召开的政策研讨会,韩国开发研究院(**1980 年**)

20 世纪 80 年代,在城市工业园区蓬勃发展的推动下,农村的工业园区也开始创建起来,其主要目的是帮助农村家庭获得农业劳动以外的收入。在此之前也有为农户提供副业的项目,例如让农户参加新村运动中一些相关设施的建设。但是,这些副业项目之间并不协调,且没有与现有基础设施紧密相连,因而产生了很多问题。针对上述情况,韩国政府在农村地区建立了许多中小型工业园并提供了各种优惠措施,如低廉的土地价格、税收减免、金融支持等,并简化审批程序以吸引更多企业进入园区。

1981 年,韩国政府成立了"非农收入发展规划组"(Planning Group for the Development of Non-Farming Income Sources),接着在 1983 年颁布《促进农村开发收入来源法》(Rural Area Income Source Development Promotion Act)。随后,政府启动对农村工业园区的建设工作,1984 年,遴选出了一批示范开发项目。1987—1990 年,农村工业园区的数量达到了顶峰,随后就开始下降。在 1997 年金融危机之后,农村工业园区里的许多企业破产,引发了外界针对园区内安置大量无法盈利的边缘企业的批评。

韩国政府在全国各地开展大规模的植树造林运动,如同新村运动一样,所有相关的行政单位都被动员起来参与其中。20世纪四五十年代，木材是韩国国民家庭的主要燃料，导致森林被大面积的砍伐。直到20世纪60年代，矿物燃料逐步取代木材，森林破坏问题才得以解决。从1973年开始，森林面积开始扩大，山区树木的数量迅速增加，扭转了从1927年以来树木数量不断下降的局面。得益于政府提供的经济激励措施，刀耕火种的农业生产方式才得以终止，农民找到了其他谋生的方法。由于国际木材贸易的自由化，对木材持续的需求可通过进口得到满足，从这个方面来看，可以说韩国在经济发展过程中基本停止了对森林的破坏。美国地球政策研究所的创始人和总裁莱斯特·布朗（Lester R Brown）曾说过："韩国的植树造林运动在许多方面上是世界上其他国家的楷模"（布朗，2006）。

5.4.5 大规模填海造地工程

城市的扩张和工业的发展造成了大量耕地的流失，因此，填海造地成为弥补耕地流失的一种可选择的方式。填海造地实现了以下几个目标，一是满足了城市和工业发展对更多土地的需求；二是为了国家实现粮食的自给自足，创造了大量的优质农地；三是推动了沿海工业园区和港口设施的建设，并建成了许多座海水淡化处理厂，确保了农业、工业部门和家庭居民对水资源的需求。

根据1962年的《公共水面填海法》（Public Waters Reclamation Act），大规模填海项目是由韩国建设部负责监管，韩国农林部负责在填海区域开发农田。韩国政府和私营机构在20世纪60年代和70年代分别开辟出1 136个和233个地块。70年代，随着国家把越来越多的精力投向重化工业的建设，由政府主导的填海造地工程数量下降，而私营企业则继续开展填海造地工程开垦农田。80年代，出现了更多的填海造地工程。例如，为助力全罗道经济发展所建设的新万金填海工程。该工程在全斗焕政府统治后期立项，而全罗道是当时的政治反对派的大本营。

当前的重点是完成此前规划的填海造地工程。1945年以来，通过填海造地工程增加的土地总面积已达82 250公顷，而另一批面积达52 528公顷的土地也正处于开发形成的过程中。

但是，到了20世纪90年代，围绕填海造地工程的争议越来越多。批评者认为，由于大米供应过剩，不需要更多的土地种植粮食作物，这些工程已经没有了经济效益。有鉴于此,金浦东阿地区和华城始华区的填海区域(两者都位于京畿道),均将农业用地变成了工业用地。对于已经在 1991 年完成的金浦东阿填海区,政府用了 10 年时间来决定如何使用这片开垦出的土地,最终确定把它用来建设火电厂并且将其作为仁川经济自由区的一部分。而在 1994 年完成的始华填海区,因为在建设防潮堤后水质恶化,政府放弃了使其成为农田和淡水湖的计划,转而以创建绿色城市和国际主题公园为目标,建设始华科技谷。一座据称是世界上最大的潮汐电站也建在此地,且即将落成。

全罗北道的新万金填海工程也有类似的发展经历。该项目始于 1991年,最初的目的是开垦 40 000 公顷的农田,同时开发农业水资源,到 2004 年已完成了 33.4 千米长的防潮堤建设。但是,为了回应多年以来关于该项工程破坏湿地生态系统,以及用作农田没有经济效益的争议,2009 年韩国政府决定改变这项工程的用途。根据新的规划,填海造地中确定为农用耕地的比例从 70% 降至 30%,而用于工业和旅游业用地的比例大幅增加。政府希望把该地区变成科技和娱乐中心,即"新城之城"(City of Neo Civites)。但是,它能否成为一座世界级的"奢侈品牌的复合城市"取决于是否能够保持水域的清洁。堤坝建设曾给始华湖带来了环境问题,因而有必要采取措施防止由于堤坝建设而导致的水质恶化。

表 5-4 填海造地工程(1946—2007)

(单位:千公顷)

	总数		政府开发项目的面积		私营部门开发项目的面积	
	区数	面积	区数	面积	区数	面积
1946—1960	177	6	39	4	138	3
1961—1969	1136	17	58	7	1 078	10
1970—1979	233	19	50	8	183	11
1980—1989	63	9	25	5	38	4
1990—1997	16	22	11	9	5	13
1998—2007	3	9	3	8	—	—
总数	1 628	82	186	41	1 442	41

资料来源:韩国人民环境研究院(KRIHS,2008);韩国农林水产食品部(2008)。

■ 5.5 对更高水平生活质量和全球化进程的追求（1988 年—20 世纪 90 年代）

5.5.1 生活状况的改善

随着收入增加，韩国人开始关注生活质量的提高。此外，20 世纪 90 年代发生的一系列污染事件促使人们更加关注环境问题。例如，1991 年成吨的苯酚排入洛东江、1994 年洛东江上游河段两次发生污染事故、开垦滩地导致的始华湖水质下降，以及 1995 年"海王子"号油轮在韩国南部海岸发生油料泄漏事故，这些都凸显出环境保护的至关重要性。

随着韩国重化工业的发展、城市人口的集中、20 世纪 80 年代以来汽车数量的激增，以及 90 年代富足生活带来的消费文化的出现，韩国面临的环境挑战也日益加剧。然而，韩国在建设垃圾站、先进的垃圾焚烧装置，以及污水处理厂等基础环境设施方面并没有跟上经济发展的步伐，与工业废料和废水有关的问题已经不仅仅是环境保护的问题，时常会演变成政治和社会问题。90 年代，韩国的环境状况已经恶化到比许多发达国家还要糟糕的程度。

20 世纪 90 年代，韩国政府开始推行环境友好型的经济发展政策。例如，增加废物处理设备，制定严格的经济法规以减少污染，设计新的生产工艺流程以限制污染物的排放。政府在 1983 年就开始征收针对水和空气中的污染物特别评价费，但是这项措施惩罚力度不够，难以促使企业和消费者去保护环境，因此，政府采取新的环境保护措施。从 1992 年开始，韩国对汽车车主和排污企业征收额外的环境税，税收用于投资环保事业。这些举措有助于提高公众的环境保护意识。相比之前政府将减少污染的重担主要施加给企业而言，消费者和经销商承担部分环境破坏税费也引发了一些争议。

政府建立了废旧物品押金偿还制度（waste-related deposit-refund system，1991）和废旧物处理收费制度（waste disposal charge system，1994）以鼓励废物回收利用，发展环境友好型消费模式。1995 年，政府推行一种电子标识体系，提醒消费者哪些商品属于环保产品；同时，实施每个垃圾袋都收费的垃圾管理制度。

这种废物处理费用相当于环境税的另一种形式。以一家公司为例,根据废旧物品押金偿还制度,该公司需要预付相当数量的资金来保证能够处理自身所制造的有害物质或废物。而对个人则强制执行垃圾袋收费制度(pay-per-bag trash system)(即居民必须购买政府规定的垃圾袋,每个垃圾袋的售价中包括了垃圾清运费用。——译者注),这对于废物减排也发挥了决定性的作用。

经过一番努力,20世纪90年代韩国关键性的环境指标有了明显改善。尽管每年消费的燃料增加了,但由于燃料更环保,排放到空气中的污染物总量减少了。固体废物也呈现出减少趋势。随着垃圾袋收费制度的推行,每人每天的垃圾处理数量减少至大约一千克,与此同时,废物回收利用率大幅提升,垃圾掩埋和焚烧的数量急剧下降。

5.5.2 住房建设工程和公共土地管理政策

1988年8月,卢泰愚政府公布了全面的房地产管理措施,以减少土地投机交易并增加住房供给。1989年12月,政府颁布了体现"土地公共管理政策"的三项法规,即对房屋土地所有权进行限制,对出售土地产生的超额利润征收税费,对新增土地征收开发费。1989年,复合土地税(composite land tax)开始实施。虽然,这些法规后来均被宪法法院裁定是违宪的,但是对抑制不动产投机买卖和稳定土地与住宅市场发挥了重要作用。另外,新制定的《地价公示和土地评估法》(Act on Posted Land Prices and Land Assessment)引入了土地价格公告的官方体系,在这套体系中,土地的标准价格是计算土地税和特别评估费的基础[金(Kim)等人,1991;蔡(Chae),1995]。

1990年4月13日,韩国政府宣布采取措施控制房地产投机活动,并且强制要求所有人向官方登记名下所有不动产的所有权。根据这些管控措施,更多种类的土地必须接受强制性公告,更多的土地需获官方批准才可上市交易。对于企业持有但不用作商业目的的不动产,当局制定了更多严格的标准,以阻止企业持有不必要的房产。

韩国政府在尽力抑制对土地的投机需求的同时,也在努力增加对新的城市工程的土地供给,比如1989年政府开始兴建200万个住宅单元,1992年开始建设发展5个新城市。在20世纪90年代早期,这些根本性的措施对于稳定房地产市场贡献巨大，但同时也带来了一些副作用，比如造成建设物资的短缺。

在卢泰愚政府执政的初期，住房需求上升，但由于投资不足，新住房的供给维持在每年仅20万套左右，导致住房短缺（表5-5）。1980—1987年，住房供给率从71.2％降至69.2％，同时房价上涨，尤其是首尔（汉城）地区的公寓价格暴涨。经济繁荣引起高涨的房价和房租加重了低收入家庭的负担。

正在建设中的可容纳 20 万户居民的住宅区

高涨的房价引发了政治抗议，住房短缺成了政府面临的一大难题。鉴于只有住房供给的大幅增加才能解决这一难题，1988 年 5 月，韩国政府宣布了一项在未来五年内建造 200 万套住房的计划，这成为韩国住房政策史上的一个重要转折点。

此项计划与之前住房政策的不同之处在于，住房是根据家庭的现有和潜在收入水平进行分配的。该计划还规定将房屋优先分配给无住房的人，同时强制规定所分配的房屋在指定的时间内不得再转售，这使得住房投机交易大幅减少。住房分配中的不平衡现象在一定程度上得到改善。同时，该计划为低收入家庭提供了各种形式的购买及持有方面的激励措施，如给予财政支持和税收优惠等。

1980—1987 年，新建住房年均增长 22 万套，与之相比，1988 年增加了41.2 万套，1989 年增加了 46.2 万套，1990 年增加了 75 万套。至 1991 年 8月，上述计划已完成建造 214 万套房屋（相当于 1987 年 645 万套房屋总量的33％），提前完成了政府的计划要求。根据这项五年建屋计划，政府安排建造了 78 万套公寓,私营企业建造了 143 万个住宅单元,超过了初始目标。为鼓励私营建筑商参与这项住房建造计划,政府提供了一些激励支持措施,如用固定成本来代替公寓房限价销售,放松对占地面积和房地比例的限制,以及提供税收和财政优惠等,因此,住房供给率大幅上升。在接下来的几年中,韩国仍然保持了新建房屋的强劲供给势头。

表 5 - 5 住房存量和住房供给率(1980—2006)

年份	房屋存量		新建房屋	房屋供给率
	(单位:居住单元)	增长率(%)	(单位:居住单元)	(%)
1980	5 319	2.1	212	71.2
1981	5 460	2.7	150	70.5
1982	5 640	3.3	191	70.2
1983	5 852	3.8	226	70.2
1984	6 061	3.6	222	70.1
1985	6 104	0.7	227	69.8
1986	6 303	3.3	288	69.7
1987	6 450	2.3	244	69.2
1988	6 670	3.4	412	69.4
1989	7 032	5.4	462	70.9
1990	7 357	4.6	750	72.4
1991	7 853	6.7	613	74.2
1992	8 631	9.9	575	76.0
1993	8 798	1.9	695	79.1
1994	9 133	3.8	623	83.5
1995	9 570	4.8	619	86.0
1996	10 113	5.7	592	89.2
1997	10 627	5.1	596	92.0
1998	10 867	2.3	306	92.4
1999	11 181	2.9	405	93.3
2000	11 472	2.6	433	96.2
2001	11 892	3.7	530	98.3
2002	12 358	3.9	667	100.6
2003	13 669	2.5	585	101.2

年份	房屋存量		新建房屋 （单位：居住单元）	房屋供给率 （%）
	（单位：居住单元）	增长率（%）		
2004	12 988	2.5	646	102.2
2005	13 223	1.8	464	105.9
2006	13 534	2.4	470	107.1

资料来源：韩国统计厅（http://www.kosis.kr）
注：住房供给率＝（住房量/家庭数量）×100%。

在新五年经济计划时期（1993—1997），金泳三政府开始限制对市场活动的干预，同时支持私营部门复兴经济增长。政府的目标是增加住房供给、稳定房价、为低收入家庭提供买得起的住房，以及改善现有住房的质量。

五年计划中对私营企业的支持措施包括，简化行政程序（特别是建设授权和审批），放宽对建筑翻新或重建的限制，以及鼓励发展私人租赁业务。五年计划还包含了减少政府对市场干预的措施。

总而言之，自 20 世纪 90 年代以来，与 285 万套住宅的建造目标相比，实际共建造了 312 万套住房。这些新住房包括由公共部门建造的 116 万套和由私营部门建造的 196 万套。从区域来看，约 137 万套位于首都地区，占总数的 44%；约 175 万套位于其他地区，占总数的 56%。住房供给率从 1985 年的 69.8% 增长至 1995 年的 86%，至 1997 年增长到 92%。

5.5.3　增强地区竞争力，为融入全球化做好准备

自 20 世纪 90 年代中期以来，要求对私营企业放松管制的呼声越来越高，目的是让私营企业能够在经济发展中发挥带头作用。土地开发曾经是韩国政府部门的专属领域，但是私营企业如今扮演着更加重要的角色。由于国家土地使用计划的改变，私营企业可以在"半农业化区域"实施土地开发项目。1994 年 8 月，韩国政府制定了《吸引私有资本建设基础设施法》（Act on Attracting Private Capital for Infrastructure Facilities），以促进基础设施投资项目的私人资本融资。在选定的部分经济特区吸引外资时，政府也做了各种考量。政府制定了《外商土地使用与管理法》（Act on Foreigners'land Acquisition and Management）以帮助外商可以更容易地取得韩国国内土地。政府还颁布了《放宽商业活动管理条例特别法》（Special

Act on The Relaxation of Regulations over Business Activities)，对有关商业活动的土地使用规定进行了松绑。

首尔的公寓

乌拉圭回合谈判协定的签署使得韩国政府有必要增强国内农业部门的竞争力以应对本国农产品市场的对外开放，同时相应地要求放松对农业土地使用的限制。根据1996年1月修订的《农田法》（Farmland Act），政府废止了"农业振兴区"土地拥有上限为7.35英亩的规定。在农业振兴地区以外的地方，农地拥有上限提高到了12.25英亩。一些长久坚持的原则，例如，农田应该属于农民以及自1948年确立的农用地拥有上限等原则，或放宽或废止。这些改变都表明韩国政府农业政策的重点从追求公平转向了提高生产效率。

在经济全球化中增强本国竞争力的同时，金泳三政府还强调通过建立整合的大规模本地经济结构来促进区域均衡发展，这一发展战略聚焦于被挑选出来的八个区域。① 这样的发展政策不同于之前的地区增长中心战略，将经济发展的关注点仅集中在某些单个城市，它是上述战略的扩展，包含了更广泛的范围，包括地区的大型城市、大工业中心，以及增长势头强劲的边远地区。

——————————

① 包括牙山湾、大田—清州、全州—群山—长项、光州—木浦、光阳—晋州，还有建立了全新工业设施的西海岸。

建设中的西海大桥

在 20 世纪 90 年代韩国政府推动的具有代表性的地区开发项目中，西海岸开发项目是其中之一。西海岸地区包括忠清南道、全罗北道和全罗南道，就经济产出和居民家庭收入而言，是相对落后的地区，它的主要发展目标是实现区域均衡发展。该发展项目包括建立群山工业园（作为与中国贸易的平台）、建设群山—长项工业中心，以及建造 352 千米长的西海岸高速公路。

20 世纪 90 年代，韩国在首都地区实施的政策举措聚焦于提升国家竞争力以应对全球化趋势。提升国家竞争力的政策和 20 世纪 80 年代实施的强调国家均衡发展的地区发展政策不同，新政府坚信追求地区均衡发展不应该以损害市场力量为代价，损害市场力量会扭曲经济结构。为了更灵活地利用土地，新的五年经济计划将土地利用区（zone）的数量从 5 个减少到 3 个；征用公用事业特种税，向会引起人口过剩的经济活动收费，以此代替用实际土地空间控制人口的法规，并且放宽了对首都圈工厂占地总面积的管制。

1994 年 7 月，根据新修订的《工业布局和工厂建设执行条例》（Enforcement Ordinance of The Act on Industrial Location and Establishment of Factories），在首都圈的"增长管理区"，11 个大型厂商获准将它们的工厂面积最多可扩大 30%，这些大型厂商均来自计算机和电子工业等 7 个高科技行业。

随着地方自治权的扩大和在《全国土地利用分区法》（National Land Use Zoning Act）下各种地方管制的松绑，地方政府开始相互竞争，吸引高科技产业,举办国际性的活动。例如,始于1996年的釜山国际电影节,如今已跻身全球五大电影节之列。

然而,必须指出,《全国土地利用分区法》的修订,特别是将土地利用区从5个合并为3个,导致了盲目的发展和一系列副作用,首都圈的环境遭到破坏,其原因就是缺乏系统的监管规划。

5.5.4 基础设施工程和去中心化发展趋势

20世纪90年代后期,韩国政府制定政策方针,鼓励本地企业参与基础设施建设,以促进区域均衡发展,提高经济效率,一反之前自上而下的管理模式。

政府制定的政策指导方针所要解决的主要问题包括,缓解部分地区公路长期拥堵的状况。根据《第三次国土综合开发规划(1992—2001)》(Third Comprehensive Territorial Development Plan,1992-2001),韩国政府出台了一项修建网格状高速公路系统的方案。根据该方案,计划修建一套7纵9横网格状高速公路系统,即包括7条贯穿南北的高速公路和9条贯穿东西的高速公路。该规划还提出修建环绕大都市的环状高速公路干线,这些大城市包括首尔、釜山、大邱、光州和大田等。

建造如此庞大的高速公路网需要巨额资金的投入。现实情况是财政状况不容乐观,始于20世纪70年代的土地投机交易的繁荣使得土地价格上涨,进而导致道路建设成本剧增。在当时的财政安排下,该计划无法推行。

对此,韩国政府颁布了《交通设施特别账户法》(Traffic Facility Special Account Act),用以代替1988年为道路建设而制定的《道路特别账户法》(Road Special Account Act)。在新的法案中,交通税和所有与汽车相关的总税收的67.5%可以用来建设公路、铁路和港口。因此,道路交通基础设施支出从1985年占中央政府财政支出的5.3%上升到1999年的10.5%。

5.5.5 亚洲金融危机和土地使用法规的放宽

1997年11月,韩国受到金融危机的冲击。政府需要承担大范围的经济重建任务,并解除对各行各业的管制规定。新成立的金大中政府废止了许多有关不动产交易的管制规定,增加了不动产交易量。其中,包括废除了原本对特定地区不动产交易须报官方批准的规定,大幅放宽了非商业用途的企业占地管制,取消对住宅用地所有权的限制,取消地产交易超额利润所得税,下调财产税以提高私营企业对土地的需求。同时,政府加大了土地储备,以应对私营企业不断萎缩的土地需求。

如果仅仅依赖韩国国内的财政资金,那么在经济危机中解决土地过剩的问题就会面临诸多限制。因此,1998年韩国政府对外国投资者完全开放国内房地产市场。此外,同年韩国还采用了新的资本融资方式以促进不动产证券化,包括实施资产证券化(asset backed securitization,ABS)、房地产抵押贷款证券化(mortgage-backed securitization,MBS)和成立不动产投资信托基金(real estate investment trusts,REITs)。到2000年年初,这些举措终于稳定了韩国的房地产市场。

■ 5.6 促进地区均衡发展和绿色发展(21世纪以来至今)

5.6.1 交通运输网络的扩展

随着7纵9横网格状高速公路系统、西海岸高速公路、首尔外环高速公路的建成,以及2004年4月首尔—釜山高速铁路的初次投入运行,韩国进入了一个区际交通快速通达的时代。仅仅7年时间,韩国的高速公路总里程就从2000年的2 131千米增加到3 368千米。

西海岸地区与首尔—釜山走廊沿线地区相比略显落后。然而,它却具有一定的地理区位优势,包括韩国与中国之间日益密切的经济联系、充足的水资源,以及大量适合建厂的闲置土地。韩国政府坚信这一地区具有较大的发展潜力,于是在1990年动工建设西海岸高速公路(仁川—木浦),延伸出仁川—安山路段,并在2001年12月成功完成353千米高速公路的修建。

首都地区长期以来的交通拥堵状况需要加以缓解。1988年,作为首尔外环高速公路第一阶段的板桥—九里段开工建设。这一工程在部分路段遭到当地居民的反对,因为他们担心环境会遭到破坏。直到2008年,萨帕隧道(Mt. Sapae Tunnel)的开通标志着127千米长的首尔外环高速公路最终建成。

在以人口密度高和交通超负荷运行为特征的大城市中,地铁在交通运输中扮演着重要角色。同时,只有少数站点停靠的大站快车也起着与地铁类似的作用。

2009 年"绿色韩国"研讨会

2004 年,首尔城市公共交通系统进行重建,采用了统一协调、根据乘车距离计算费用的公共交通收费系统。而随着本地公交系统的重建,电子交通卡("T-Money")也得到了广泛应用。2008 年,有 90% 的首尔居民使用电子交通卡支付公交车费。政府还准备在全国范围内推广使用电子交通卡,支付包括出租车在内的所有公共交通工具的使用费用。

20 世纪 90 年代以来,越来越多的韩国人选择乘坐私家车和地铁出行,首尔当地的公交公司开始面临财政困境,其中的许多公司破产倒闭。首尔市政府采用了私人运营商参与的半公共交通系统(semi-public bus system),重新发挥了公交车的作用。此外,首尔市政府还出台了一系列改革措施,例如设计四种类型的公交车,用颜色区分不同的运营线路,即快速公交(红色)、主干线公交(蓝色)、支线公交(绿色)和社区公交(黄色),而且巴士专用线也已建成。政府还主动承担公交公司的部分财务损失,从而换取调整公交路线的权利,这也杜绝了大量公交路线被少数公交公司垄断、给乘客带来出行不便的现象。公共交通的收益由公交公司和市政府共同管理。

5.6.2　适当缩小绿地面积,改善城市生活条件

金融危机结束后,半农业区域(semi-agricultural areas)的盲目开发成为21 世纪初韩国的一个政治问题。这也凸显了对环境友好型土地管理综合政策的需求。2002 年 2 月,为了实现环保型土地管理目标,韩国颁布了《国家

土地管理基本法》（Act on The Basic Framework of National Land Management)和《土地利用规划法》（Territorial Planning and Unilization Act)。

以往的土地规划仅限于城市区域，而新颁布的法律则要求对所有的城市和乡村区域都制定基本的管理规划，覆盖其管辖范围内的所有土地。同时，原有的分区体系进行重新调整。曾经遭盲目开发的半农半城区（Semi agricultural areas and semi-urban areas)被纳入土地管理区，依据土地适用性评估体系，土地管理区又被细分为计划管理区、生产管理区和养护管理区。根据有关决定，城市土地开发将主要限定在已规划好的管理区域。

根据最新实施的"二级土地规划开发区域"（Class-2 Planned Unit Development Zoning)的规定，即使是非城市地区也要被纳入开发管理规划之内。规划内容包括道路调查、景观设计和区域划分等，与城市开发规划相类似。开发项目的批准主要基于以下两个因素的考量，即是否有足够的基础设施，以及是否与周边环境相和谐。

对于那些难以拓展基础设施以支持开发项目的地区，政府会严格限制开发项目的数量和开发密度。在新兴开发区，开发商将承担包括开发区毗邻地区在内的所有基础设施的建设费用。

此外，韩国启用了"土地适用性评估系统"（land suitability assessment system)，根据对土地的自然特性、社会经济和环境因素的全面审查来决定是否能用于开发。

20世纪60年代初期以来，大多数的大型土地开发项目都与住宅房产相关。很多项目实质是"只能用来睡觉的城郊住宅区"（bedroom town)，缺乏基本的城镇生活便利设施。有鉴于此，有必要将土地开发的概念扩展到城市全面开发的层面，以解决城镇基础设施不足的问题。2000年1月，韩国《城市规划法》（Urban Planning Act)与《土地重整法》（Land Readjustment Project Act)整合为《城市发展法》（Urban Development Act)。新法案将国土开发与城市开发合而为一，统一采用城市开发的标准，并将该标准应用到国营企业和私营企业的开发项目中。

2003年，首尔市中心的清溪川修复工程开始启动，此前为支持一个公路网的建设,这条河道被混凝土覆盖了40多年,成了一条暗渠。修复项目由当时的首尔市长李明博发起,于2005年11月竣工。原先横跨在清溪川上的高架公路被拆除。该项目在清溪川两岸设计建造了大量的休闲空间,旨在复兴首尔商业区。应该说,该项目取得了成功。首尔的河川修复项目对韩国的城市规划产生了巨大的影响,它的成功让韩国人意识到本国拥有的宝贵历史文化资源,同时也让政策制定者意识到韩国民众对创建公共休闲空间的需求。受此启发,其他城市的政府部门也进行了相似的水资源恢复项目,为整个韩国的城市环境改善贡献良多。

1971—1997年,为防止城市无序的扩张和保护生态环境,政府有意地划出部分不能开发的区域,或圈定一处土地作为绿化带。然而该理念却遭到了越来越多的批评,称其侵犯了个人财产权。因此,1998年韩国政府采取措施缩减了部分绿地面积或放宽了对它们的使用限制。

韩国政府认为中小城市扩张的可能性较小、破坏环境的可能性较低,因此,取消了在这类城市附近强制规定建设绿地区域的要求。此外,在首尔、釜山和光州等大都市地区,绿地区域的规划面积也在环境影响评估和全面城市发展规划的基础上进行了部分调整。最终,共计5 397平方千米的绿地区域中有1 416平方千米被取消。对于靠近大城市的绿地区域,4 294平方千米中有314平方千米被撤销。可以说,大城市周围的绿地区域仍然维持着它们保护自然环境的作用。然而批评者声称绿地区域在防止城市无序扩张这一主要目标方面成效愈发不明显(尤其是在首都地区),并且阻碍了大城市的有序发展,降低了城市生产力。

5.6.3 恢复区域均衡发展

如何确保首都圈与国家的其他地区相互促进,实现各区域均衡发展,这是多年来韩国政府面临的一个严峻问题。而过去为解决这一问题所建立的各种制度和政策都没有取得显著的成效。卢武铉政府时期(2003—2007),宣布了一项计划,准备将中央政府的行政职能从首都首尔转移至中部的一个地区。该计划引发了巨大的争议。尽管建立新行政首都的计划被认定违反韩国宪法,但是韩国政府仍然决定将该计划修改后加以推行,并且开始了建设工作。新建行政首都被称作多功能特别行政市(俗称世宗市)。

韩国政府还推动了"创新型城市项目"（Innovation Cities Project），旨在通过将大量的公共机构向地方搬迁而实现国民财富更加均等的分配。2005年6月，政府宣布了需要搬迁的国家机构的名单。2006年4月，政府公开了一项创新型城市发展的基础计划（a Basic Plan for the Development of Innovation Cities）。2007年2月，政府颁布了《创新型城市建设与支持特别法》（Special Act on The Construction of，and Provision of Support for Innovation Cities），并划定了建设区域。所有的工作于2007年7月展开，计划到2012年完成国家机构向地方上的迁移。

此外，政府还发起了产业城建设项目（the Enterprise City Project），目标是帮助地方政府实现财政上的自给自足，通过利用私人资本参与的城市发展项目，推动地方投资，振兴经济。该项目是对2003年10月韩国产业联合会（the Federation of Korean Industries）提交的建议所作出的回应，鼓励私营企业投资、创造就业机会。2004年12月，韩国政府颁布了《产业城开发特别法》（Special Act on the Development of Enterprise Cities）。

世宗特别市

卢武铉政府提出的《首都圈整备规划》（Capital Region Readjustment Plan）直接针对首都人口增长过快、过度集中的问题，这份规划与之前的政策明显不同，此前韩国政府通过严格限制首都地区各种经济活动来阻止人口的过度聚集。在该规划中，政府宣布先地方后首都规划的管理原则。随后，一些限制经济发展的制度相应放松,如提高首都圈企业和自然保护区用地限制的上限,还批准了2003年LG-飞利浦(即现在的乐金显示)在坡州建设工厂的项目。

2008年,上台执政的李明博政府指出,尽管卢武铉政府已采取了控制首都圈人口和资源过度集中的措施,但仅在少数方面取得成功,而且未能灵活地适应形势的变化。新政府表示,将对现有影响首尔发展的制度作出调整,旨在将首尔打造为世界级大都市,提高国家竞争力,同时与首都之外的大经济区的开发政策协调起来。

2008年10月,韩国政府启动对首都地区的新的发展规划,采取各种措施促进土地资源的最有效利用以提高国家竞争力;同时继续坚持先地方后首都规划的管理原则。短期内,政府希望消除现有政策框架中多余且不合理的规章制度,同时提高就业机会和增加企业投资。中长期内,政府希望通过对管理体制进行根本性的改革来提升首都地区的全球竞争力;通过对首都地区系统性的管理,提高居民生活质量,改进对城市空间的利用。

5.6.4 韩国成为东北亚地区的物流枢纽

2001年3月29日,韩亚航空公司(Asiana Airlines)的OZ3423航班从泰国曼谷起飞,后在仁川国际机场着陆,成为首个降落在仁川国际机场的商业航班。仁川距成为东北亚航空枢纽的梦想更近一步。

仁川国际机场是世界上最先进的机场之一,它拥有一流的基础设施,包括亚洲最大的航站楼、技术先进的信息通信系统,以及连接机场所在地永宗岛和首尔市的机场高速公路。在建设的第一阶段,机场设施主要用于应对接下来十年内的预期需求。第二期工程于2008年6月竣工。

表5-6 仁川国际机场在国际机场理事会评估中的排名(2009年)

排名	世界最佳机场	亚太地区的最佳机场	大中型机场中的最佳机场	乘客选择的最佳机场
1	仁川	仁川	仁川	亚洲:仁川
2	新加坡	新加坡	新加坡	欧洲:南安普顿
3	香港	香港	明尼阿波利斯	北美:哈利法克斯

虽然仁川国际机场的旅客吞吐量在建成初期能够稳定增长,但是由于服务人员冷漠的工作态度和烦琐的入境手续,这座新的机场仅仅获得了平

均水平的旅客满意度。仁川国际机场公司对此作出了调整，决定采用以顾客为导向的管理体系，大力提升参与机场运营各方的合作，其中包括超过550家旅行社、公司和30 000多名员工。经过诸多努力，仁川国际机场连续四年（2006—2009）被"国际机场理事会"（Airports Council International）评为世界最佳机场。此外，2004年仁川国际机场宣布实现净利润扭亏为盈，比预期提前了四年。

在港口运营方面，有了以釜山和光阳集装箱港口为基础的双枢纽港口计划，韩国的目标是成为东北亚地区的物流枢纽。釜山新港于1995年开工建设，在2006年建成开放6个泊位，2010年又新增了12个泊位，预计到2015年泊位数量达到30个。光阳港修建了集装箱码头，总共有16个泊位，其中的12个，每个泊位都可停靠4000TEU级集装箱货船，另外4个，每个泊位都可停靠2000TEU级集装箱货船。1998—2007年，该港口分三期开放。另外8个可容纳4000TEU级集装箱货船的泊位也在筹建当中。

韩国的双枢纽港计划吸引从该地区（包括日本的西海岸）发出的货物转运业务，从而有助于韩国的双枢纽港成为东北亚地区的超大型枢纽港，以及成为欧亚铁路的起点。

为了建成东北亚地区物流中枢，韩国还需要发展毗邻港口的大规模物流综合体，以应对全球物流网络的变化，吸引跨国公司的物流业务，达到国际物流业的运营标准。

将港口转为自由贸易区是许多发展中国家都在参与的世界性的趋势。加入这一潮流将有助于韩国的港口与更发达国家进行竞争，并且在吸引全球顶级物流公司来韩国设立跨国企业物流总部方面处于优势地位。

5.6.5　绿色增长

为回应民众对提高生活质量的迫切需求，韩国政府在环境与健康事务，以及生态资源（如水资源）可持续利用和保护方面出台了更加严厉的措施。随着经济结构的调整和全世界对环境问题的日益重视，经济增长与环境保护已经相互交织在一起。考虑到环境保护与经济发展的同等重要性，韩国政府致力于建立绿色增长制度，包括控制温室气体排放、推动资源循环利用、发展环保产业及技术，增强适应气候变化的能力。

2008 年,韩国政府颁布了《环境与健康法》（Environmental Health Act），该法要求建立环境污染物监测系统,制定环境质量监测标准。与过去对环境管理的被动状态截然不同,政府推出了一系列发展环境友好型、宜居型城市的措施,这些措施主要致力实现绿色增长。

韩国政府还推动了将环境管理目标纳入城市规划,包括制定城市环境评估指数、生态区规划行动纲领、推动生态城市建设项目。政府采用了空气污染管理系统,降低城市地区主要空气污染物,如二氧化硫、一氧化二氮和粉尘等的排放。2007 年,政府开始实行排放交易制度,鼓励企业主动采取措施减少温室气体的排放。同时,政府还推动了低污染交通工具的使用和商业化运营,如由天然气提供动力的混合型轿车和公交车。

韩国政府对土地规划制度进行了彻底的改革,环境因素成为重要的考量标准。针对重点开发计划的初始环境审查就是代表之一。在水环境治理方面,汉江、洛东江、锦江、荣山江四条河流的生态修复工程就与绿色增长政策紧密相关,超出了传统水质量管理的框架。

近期实施的措施还涉及气候变化和绿色增长倡议。韩国政府目前开展的工作包括,测定温室气体排放系数,汇编相关的环境分析资料,为地方政府应对气候变化提供政策支持,并创建出更多的环境友好型城市地区。韩国政府正全力发展绿色增长相关的技术,扶持绿色发展企业,使之成为绿色增长运动的基础,同时为拓展海外绿色市场做好准备。

■ 5.7　韩国土地政策评估

5.7.1　取得的成就

5.7.1.1　国土面貌的巨大变化

过去的 60 年,韩国的国土面貌发生了巨大的变化。根据政府发布的最新数据显示,目前韩国国土面积为 100 032 平方千米,增加了 5 803 平方千米,自 1948 年以来,国土面积扩张了 6%,其主要原因是围海造地。

韩国人口从 1946 年的 2 000 万人增长到 2008 年 4 900 万人,人口数量增长了 2.4 倍。在不包括新加坡和巴林等小型国家和地区的情况下,韩国的人口密度位居世界第三,仅次于孟加拉国和中国台湾地区,同一时期,首尔市的人口经历了爆炸性的增长,从1946年的150万人(占全国人口7％)增长到2008年的1000万人(占全国人口21％),增长了7倍。至于首都圈,2008年韩国人口的49％都居住于此,而在1949年时只有21％。韩国的城镇化率从1946年的17％大幅上升至1970年的50％,到2005年达到90％,这意味着全国十分之九的人口都居住在城市。相比之下,由于工业化和城市化,同期农村人口从75％骤降至6％。这就造成了农村地区大量"空心"村的存在。

始于1979年的新村运动推动了农民家庭平均年收入的增长,从1979年的35.6万韩元(相当于城镇居民家庭收入的79％)提高到1982年的446.5万韩元(相当于城镇居民家庭收入的103％),增加了12.5倍。同一时期,扩建农村公路64 686千米,共建成村社中心39 231个,改造了258 000座农舍。这场运动帮助农民在生活水平上获得极大的提升,其中包括得到更好、更加先进的耕作设备,拥有稳定的电力供应,以及居住在现代化的住宅。

20世纪60年代以来,韩国采取出口导向型的经济发展政策。1966年,九老出口工业园区在首尔(汉城)建成。此后,大型的工业园区主要集中建立在韩国的西南部地区。再之后,相对小规模的工业园在全国范围内陆续建立起来,后来又发展了一系列的工业园,被称作科技园或城市高科技工业园。截至2008年底,韩国共有742个工业园,占地1 228平方千米。共有约140万人在上述工业园内的48 871家企业工作,这些企业合计年产值高达665万亿韩元。

60年代之前,韩国城市和农村的住房条件都很糟糕。如农村的房屋只有茅草屋顶。现在的情况截然不同,一半以上的住宅都变成了现代化公寓。由于政府住宅建设政策的推进,居民住房数量从1950年的330万幢增加到2007年的1 380万幢,增长了4.2倍。每年建设的房屋数量从1950年的5万幢增加到2005年的46万幢,增长了9倍。随着人口的增长以及组建核心家庭(即只包含父母和孩子的家庭——译者注)成为社会发展趋势,韩国住房供给率从1962年的82.4％下降至1987年的69.2％,但是住房数量的增加使得住房供给率再次在2000年上升到100％,并在2007年超过108％。

表 5-7　首都圈的人口数量

（单位：1 000 人，%）

	1960 年	1970 年	1980 年	1990 年	2000 年	2008 年
全国(A)	24 989	30 882	37 436	43 111	46 136	48 607
首都圈(B)	5 193	8 730	13 298	18 357	21 354	23 909
首尔	2 445	5 433	8 364	10 613	9 895	10 032
仁川	401	634	1 084	1 818	2 475	2 629
京畿道	2 347	2 663	3 850	6 156	8 984	11 248
B/A	20.8	28.3	35.5	42.8	46.3	49.2

资料来源：韩国统计厅(http://www.kosis.kr)。

表 5-8　城市化趋势

（单位：1 000 人，%）

	1960 年	1970 年	1980 年	1990 年	2000 年	2005 年
全国(A)	24 989	30 882	37 436	43 111	46 136	48 607
城镇人口(B)	8 972	15 385	24 810	18 357	42 214	43 949
农村人口	16 017	15 497	12 626	10 613	3 922	3 330
城市化率 B/A	35.9	49.8	66.3	80.5	91.5	93.0

资料来源：韩国统计厅(http://www.kosis.kr)。
注：城镇包括城市和人口在 20 000 人以上的城镇。

作为工业化和城镇化进程的一部分，韩国建设了许多新的城市，如蔚山、昌源、半月(安山市)、盆唐、一山、坪村、山本洞、江东等。

5.7.1.2　全国交通网络

1945 年刚解放时，从首尔(汉城)到韩国其他边远地区的路程一般需要 2—3 天。由于现代交通和物流系统的发展，在 60 年后的今天，同样的旅程只需不到半天。大多数韩国家庭都拥有汽车，国内高速公路网也十分发达。

韩国的汽车保有量，从 1945 年的 7 000 辆迅速增加到 1948 年的 14 703 辆，至 2007 年已达到 1 640 万辆。随着居民收入的提高和道路条件的改善，私人汽车的拥有率已经从每 2 881 人拥有 1 辆车发展到每 2.9 人拥有 1 辆车。

1945 年韩国的道路总里程为 24 031 千米，至 2008 年达到 103 019 千米，增加了 4.3 倍。同期，铺设路面的道路占比从 0.03% 升至 98%。首尔—

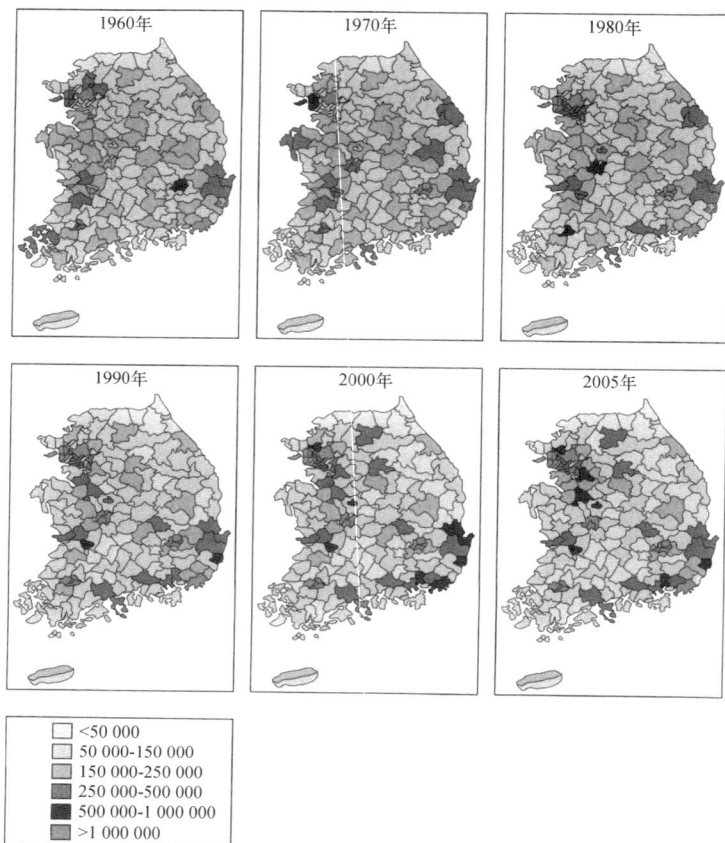

图 5 - 3　人口分布的变化状况（1960—2005）

仁川高速公路（1968 年）和首尔—釜山高速公路（1970 年）的开通标志着高速公路时代的到来。目前，长达 3 368 千米的高速公路网构成了韩国交通运输的大动脉。

1945 年，铁路还是当时韩国最重要的乘客与货物的运输工具。在南北朝鲜分裂之前，铁路总里程达到 6 362 千米。南北朝鲜分裂之后，韩国的铁路总里程为 2 642 千米，此后经过缓慢增长达到 3 399 千米，增加了 28.7％。1975 年，首尔—清凉里地铁线的开通宣告了韩国公共交通新时代的来临。2002 年，韩国 KTX 高速列车在首尔与釜山之间开通运行，时速高达 300 千米，两地之间的车程不超过 3 个小时。

海洋运输方面，1945 年 8 月 15 日，也就是在那一天，韩国摆脱了日本的殖民统治,获得了解放。从中国青岛返回的釜山号是当时韩国唯一的一艘远洋轮船。20世纪60年代初期,韩国政府大力推动海洋运输业的发展。到2007年,全国海运船舶的总吨位已达到1800万吨。

港口建设方面,1978年,釜山港成为韩国国内首个拥有集装箱码头的港口。到2000年它已经发展成为世界第三大货物吞吐量的港口。然而,最近新发展起来的中国的港口已使其退居世界第五位。

韩国的商用航空业起步于日本殖民统治时期。1946年,韩国国家航空公司(Korean National Airlines,KNA)成立,并于1948年开始运营国内航线。1948年,美国西北航空公司(Northwest Orient)成为第一家提供从韩国出发的国际航班的航空公司,所飞机型是美国的运输机。1962年,大韩航空公司(Korean Air)接管了倒闭的韩国国家航空公司,并在之后26年中成为韩国国内唯一一家商业航空公司。1988年,韩亚航空(Asiana Airlines)进入韩国空运市场。2005年以来,又有数家小型廉价航空公司投入运营。从乘客数量和货物运输量方面来看,韩国航空公司目前排名世界第十位。

1958年,金浦国际机场取代了日本殖民统治时期位于首尔(汉城)中部的汝矣岛机场,成为当时韩国最主要的机场。不过到了2001年,随着仁川国际机场的开放,金浦机场现在主要负责国内航班的运营。仁川国际机场已经位居世界主要机场之列,在货物吞吐量方面排名世界第二,在国际旅客吞吐量方面排名世界第十。

在独立后的初期,铁路在韩国货物运输业中扮演着核心角色。20世纪90年代,随着军浦、义王等5个货运基地的建成,韩国的物流行业发生了巨大的变化。进入21世纪,多种形式的海空联运系统出现,开始提供从始发地与目的地之间全面完整的服务。

20世纪60年代,公共汽车带来的便利性和交通路线的灵活性促使首尔(汉城)街面有轨电车的退出。1974年以来,地铁与公交车、出租车、私家车在大城市的交通运输中共同发挥着至关重要的作用。最近,韩国社会开始倡导"低碳环保,绿色增长"运动,政府已经开始努力改善人行道和自行车道。

5.7.1.3 环境保护

到20世纪60年代后期,随着国家工业化进程的持续推进,韩国政府和民众开始对环境问题给予重视,而不是像最初那样只专注健康和卫生问题。70 年代初期,"环境治理"成为政府制定政策首要考虑的问题,这一时期最主要的污染物是城市和工业地区的垃圾和废水。到了 80 年代,由于污染事故频发,公众对环境的态度发生转变,保护环境的呼声迅速升高。

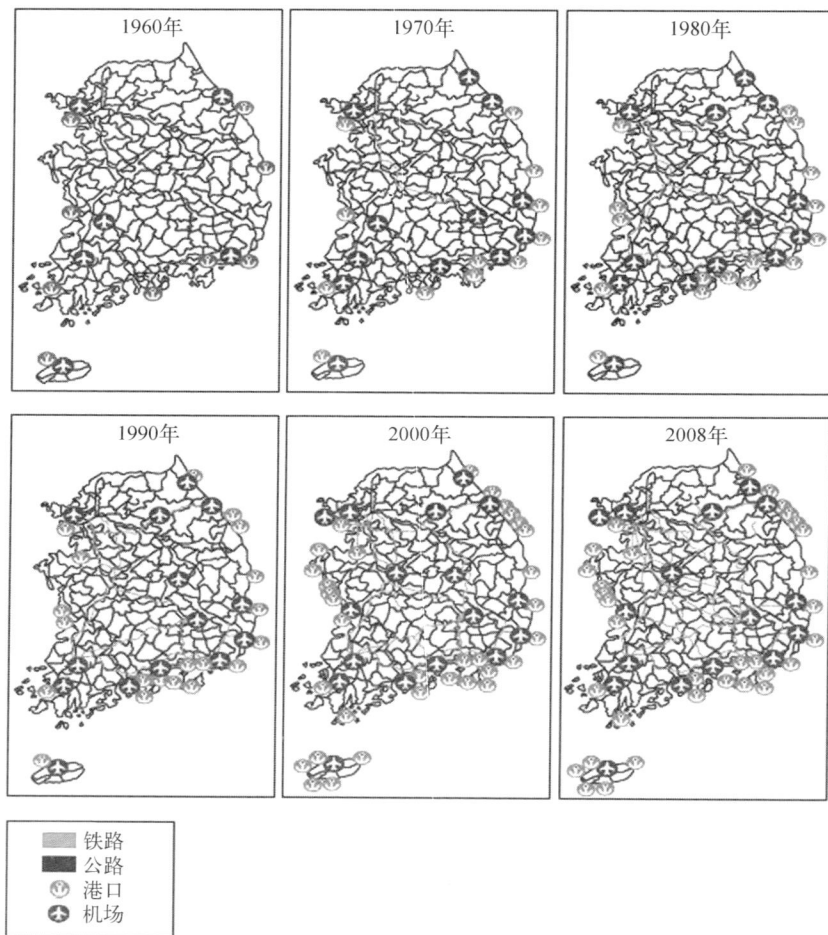

图 5-4　基础设施的发展状况(1960—2008)

20 世纪 90 年代,环境破坏引发的"邻避现象"(the Not-In-My-Back-Yard phenomenon)越来越突出。韩国政府采取了一系列环境与经济措施以减少污染物的排放,并且出台相关制度来协调经济发展与环境保护。步入21 世纪,国民对于居住生活质量的要求越来越高。政府采取的国土环境政策不仅需要评估土地开发对环境造成的影响,还要达到保护生态系统、促进绿色增长的目标。

　　植树造林运动的成功是韩国环境治理的一项突出成就。20 世纪 70 年代,蜂窝煤取代了木材成为居民日常使用的燃料,从而减少了对森林采伐的需求。韩国的林木保有量从 1952 年的每公顷 5.6 株增加到 2007 年的每公顷 97.8 株,增长了 17.5 倍之多。特别值得一提的是,尽管韩国的人口在急速上升,但是每公顷土地的人均林木蓄积量却有很大的增长,从 1952 年的人均 1.7 株增加到 2007 年的人均 12.9 株,增长了 7.4 倍。

　　当前最严重的环境问题是全球变暖。韩国政府力推"低碳绿色增长"战略,旨在帮助解决温室效应。韩国还采取减少工业污染的措施以保护环境,努力和全球其他国家及国际组织一起推动减少温室气体排放,促进绿色增长倡议的传播。

5.7.1.4　扩大海洋活动

　　韩国的西部和南部的海岸线呈锯齿状,周围海水不深,十分适合围海造田。1962 年的一项调查结果显示,韩国选择了 71 个地点来填海造田(据估计有 2 250 平方千米是通过填海造田得来的土地,其中 1 650 平方千米被评估为适合耕种的土地)。

　　到 20 世纪 70 年代,基于过去十多年取得的经验,大规模的填海造地工程得以实行,并且创造了大量的工业用地和农业用地。[①] 至 20 世纪 90 年代,韩国的人均国民总收入已经达到 10 000 美元,政府和公众越来越意识到滩涂和沿海生态系统的重要性,这也使得人们对于填海造地工程采取更为谨慎的态度。

　　1945 年解放以后,韩国就开始发展外海深海渔业,从最初的小渔船捕捞逐渐发展到后来的远洋大型捕捞船,积累了丰富的海上活动经验。1985 年,韩国派出一支科考队去南极洲考察,1988 年在南极洲成功建立了"世宗王站"科学考察基地。20 世纪 90 年代,韩国开始实施全方位的国际海洋开发战略,并将海洋活动拓展到全球范围。

---

① 主要的围海造地开发项目包括南阳湾的堤坝工程(1973 年)、牙山湾(1977 年)、插桥川(1979 年)和瑞山开垦区(1980 年)。

　　韩国于 1973 年加入《防止船舶造成污染国际公约》（International Convention for the Prevention of Pollution From Ships）之后，于 1977 年颁布了《海洋污染防治法》（Maritime Pollution Prevention Act）。随着经济的发展，韩国沿海地区的化学需氧量（chemical oxygen demand，COD，是评定水质污染程度的重要指标）指数也在一直增长。但是，该指数从 1994 年的峰值 1.89 到 2006 年降到了 1.40。

　　韩国坚持离海岸线 12 海里为本国的领海主权范围，将这一项写进了韩国宪法第 3 条，以及韩国《领海法》（Territorial Sea Act）第 1 条和第 3 条。据此，韩国声称南极洲的科考基地也应是韩国海上领土的一部分。

5.7.2　未解决的问题

5.7.2.1　稳定房地产价格

　　正如本章开头所提到的，韩国政府国土管理政策的一个重要目标是稳定房地产价格。但是，政府的许多开发项目，如建设交通运输网络、开发产业园区和建造住房等，却都提高了目标地区的土地价格。大城市人口的集中造成了住宅及商业地产价格的暴涨，房地产投机日益猖獗。这些通常来自富裕阶层的投机者，被公众指责是不断攀升的房价的罪魁祸首。飙升的房价引起了人们的严重忧虑。

　　为了解决这种日益严重的社会不平等现象，韩国政府出台了诸多措施来惩罚房地产投机交易，遏制暴利收益。例如，对房屋销售征收繁重的资本所得税，房屋所有权原则上只允许由实际居住的居民持有；严格控制高层公寓通过再装修来创造更多房间单元的做法，否则导致现有房屋所有者获得更高的资本得利。但是，这些措施对房屋供应又产生了负面的影响，阻碍了房地产市场的平稳运行。

　　通常情况下，韩国政府在经济衰退期会实行相对宽松的房地产管理政策，以提振建筑业和刺激经济复苏；但是当担忧经济过热和投机行为增加时，又会再度收紧监管。从 20 世纪 60 年代末到 2008 年初，政府总共颁布了 61 项措施，刺激经济和稳定经济的政策方案交替出现。[①] 这些短期的、在"走

---

① 这样的例子包括：作为 1967 年防止房地产投机特别法案内容之一的房地产投机预防税（现在为资本利得税）；20 世纪 70 年代末的紧缩政策，80 年代初的宽松政策，80 年代末的紧缩及 90 年代末的再度宽松。

走停停"之间摇摆的政策,增加了市场的不确定性,严重损害了政府的公信力,从而进一步助长了投机性行为。

20 世纪 80 年代后期,韩国政府在房地产管理理念方面有了一个重要的创新,即采取"以公共管理为导向的土地管理政策"(public stewardship toward land policy),包括:政府对房屋所有权进行一定的限制,对土地交易所得的高利润征税,征收土地开发费用等。然而,这些政策都被认定违反了韩国宪法,在 20 世纪 90 年代被废除。

政府在稳定房价方面比较成功的策略是 20 世纪 80 年代末推动的大规模住房建设项目。当时的目标是在 1989—1992 年间提供 200 万套住房。该项目在 1991 年 8 月以建成 214 万套住房(为 1987 年韩国房屋总数 645 万套的 33%)的业绩提前完工。住房供应的比例从 1987 年的 69.2% 上升到 1992 年的 76.0%,并且持续上升到 1999 年的 99.3%。1991 年 1 月至 1996 年 1 月间,全国住宅销售价格指数每年下降 1.8%,首尔甚至下降了 2.3%(见表 5 - 9)。

进入 21 世纪初的十年,随着市场从亚洲金融危机的打击中恢复过来,韩国的房价开始回升。卢武铉政府采取了相应的一些政策,例如在 2003 年 5 月推出的"房地产价格稳定措施",针对 13 种不同的情况遏制房地产投机和房价激增;其他的政策还包括,房屋销售价格必须要向管理机构报备,全面开征高额的房地产税,以及对住房贷款实施更严格的审批规定,如对贷款价值比(loan-to-value ratio ,LTV)和贷款收入比(debt-to-income ratio,DTI)的严格评估。

许多人认为,这些抑制房地产需求的政策与政府宣称的目标背道而驰,因为它们反而压制了住房供给,导致 2006 年和 2007 年的房价的上涨。虽然部分措施有助于提高房地产市场的透明度,促进了金融市场的稳定,但大部分政策背离了金泳三政府以市场为基础的房地产政策主旨,市场导向的政策让私营企业在住房供给中起主导作用。

然而,问题是如何能够将"投机性"行为和"真实的投资"行为进行区分,因为这两者从概念和实际中都很能难分开,这两者都会增加房地产领域的资金流入,刺激供给的增加。过去的经验表明,努力遏制投机性需求可能进一步破坏房地产市场的稳定,特别是在住房短缺的地区,因此,应该优先考虑增加住房供给[赵(Cho),2010]。

表 5-9 房屋销售价格指数的年均增长率

(单位:%)

年月	房屋销售价格指数		消费者价格指数
	全国	首尔(汉城)	
1986.1—1991.1	15.1	14.4	6.0
1991.1—1996.1	−1.8	−2.3	5.7
1996.1—2000.1	0.6	1.3	4.2
2000.1—2006.1	10.2	13.4	3.1
2006.1—2010.9	4.3	6.2	3.3
1986.1—2010.9	5.5	6.5	4.4

资料来源:韩国统计厅(http://www.kosis.kr)。

5.7.2.2 促进区域协调发展

从发展初期开始,韩国政府就已经意识到要将区域协调发展作为其主要政策目标之一。政府采用了两种方法,一是控制人口和经济活动向首都地区集聚,二是促进各地区收入、就业、教育机会的均等,但是这两种方法并不一定能够兼容。例如,将首尔的部分政府机关和一些公共机构搬迁到忠清道,是会降低首都地区的聚集度,但是却有可能拉大忠清道和全罗道之间的差距。而事实上,自1985年以来,忠清道的地区生产总值和人均地区生产总值的增长速度也确实一直都高于全罗道(表5-10)。

从20世纪60年代开始,首尔(汉城)人口过度集中的问题就日益受到政府的重视。朴正熙政府统治时期,试图抑制首尔(汉城)地区的人口增长,部分原因还在于军事和国家安全上的考虑。70年代,对首都地区人口控制的相关法律法规、规划、政策都趋于系统化,包括由总统办公室(1972年)、经济计划委员会(1973年),以及首尔市政府(1975年)制定的各项政策措施。这些措施主要有:在首尔(汉城)市划出部分绿地区域从而限制其扩张;通过征税来限制首尔(汉城)市的大学数量,从而控制学生的人数;将一些中央行政机构迁移到地方各道,以及将中央政府的部分权力下放至地方政府。

表 5 - 10　韩国主要地区的地区生产总值年均增长变化

	地区	1985—1990 年	1990—2000 年	2000—2008 年	1985—2008 年
地区生产总值 （年均增长率％）	首都圈	11.5	5.8	3.9	6.7
	江原道	6.8	4.1	2.6	4.4
	忠清道	10.4	6.7	5.0	7.4
	全罗道	9.8	5.5	2.6	5.6
	庆尚道	9.9	6.1	3.3	6.2
	济州	8.7	5.2	2.6	5.3
	总数	10.5	5.9	3.7	6.4
地区人均 生产总值 （年均增长率％）	地区	1985—1990 年	1990—2000 年	2000—2008 年	1985—2008 年
	首都圈	8.4	4.1	2.9	4.8
	江原道	9.1	4.5	3.0	5.2
	忠清道	10.5	5.9	4.7	6.9
	全罗道	11.1	6.1	3.3	6.5
	庆尚道	9.5	5.5	3.6	6.0
	济州	8.0	4.9	2.2	4.8
	总数	9.5	4.9	3.3	5.6
地区人均 生产总值 （首都圈＝100）	地区	1985—1990 年	1990—2000 年	2000—2008 年	1985—2008 年
	首都圈	100.0	100.0	100.0	100.0
	江原道	80.0	82.7	85.9	86.5
	忠清道	72.8	80.3	95.5	113.8
	全罗道	66.9	75.8	91.9	95.7
	庆尚道	79.8	83.7	96.4	102.8
	济州	76.2	74.7	81.1	75.7
	总数	85.0	89.1	97.0	101.0

资料来源：韩国统计厅（http://www.kosis.kr）。

注：（1）首都圈＝首尔＋京畿道＋仁川。

（2）忠清道地区＝忠清北道和忠清南道＋大田。

（3）全罗道地区＝全罗北道和全罗南道＋光州。

（4）庆尚道地区＝庆尚北道和庆尚南道＋釜山＋蔚山。

　　韩国政府制定的目标是，第一次国土综合开发规划期（1972—1981）完成时，要将首尔（汉城）市的人口数量控制在630万以下，整个首都圈的人口数量要控制在1 100万以下。但至1981年，首尔（汉城）市的实际人口数达到870万，而首都圈的人口数高达1 480万（表5-11），超过了规划目标。政策的失败可以归因于这个规划过于雄心勃勃，政府没有强有力的手段去执行。

　　韩国政府在第二次国土综合开发规划期（1982—1991）中提出了"区域生活圈"（regional life zones）的概念，并推出"区域增长中心"（regional growth centers）方案作为首都部分功能下放给地方计划的一部分。第二次的国土综合开发规划把全国分为28个区域生活圈，其中包括5个大都市生活圈、17个城市生活圈和6个农村生活圈；还指定15个城市为增长中心城市以拉动毗邻落后地区的发展，其中，大田、光州、大邱被选定为主要的增长中心城市以吸引要移居首尔和釜山的人口，发挥与首尔相媲美的重要作用。12个道的首府城市，同时也是商业中心以及高增长潜力的城市被选定为次要增长中心城市。

　　1980—1990年，主要增长中心城市的人口增长了3.0%，而次要增长中心城市人口的增长只有1.5%，两者远低于4.8%和4.4%的目标。主要增长中心城市的人口增长率高于次要增长中心城市，这表明促进小城市的发展政策未必能有效扭转首都圈的人口聚集，也未必能鼓励区域协调发展。

表5-11　1981年和1991年首尔市及首都圈的人口

（单位：百万人）

	第一次国土综合开发规划期末（1981年）		第二次国土综合开发规划期末（1991年）	
	首尔市	首都圈	首尔市	首都圈
预计人口	7.5	13.8	11.9	18.9
目标人口	6.3	11.0	9.6	15.8
实际人口	8.7	14.8	10.9	19.0

资料来源：韩国建设部（1977）；韩国政府（1992）；韩国国土研究院（1982、1992）。

　　韩国政府针对农村人口大量迁移采取的措施是制定《农村地区发展规划》（Rural Settlement Area Development Program），规划旨在推动整个农村地区的全面发展,包括农业村镇。但是这个方案既没能阻止农村人口的流出,也没有提高农村居民家庭收入及其生活水平。

从1986年开始,为支持农村居民家庭从事非农项目来增加农民收入,韩国政府在全国范围内开始创建农村工业园区。1987—1990年,农村工业园区的建立数量达到高峰,但随后开始下降。在1997年金融危机发生之后,农村工业园区内的大量企业倒闭。因为农村工业园区成了许多次要、边缘企业的临时避难所而被广泛批评。

20世纪90年代,韩国政府对区域协调发展的关注度有所降低,为了应对全球化趋势,政府在首都及全国的其他地区推动的政策转移到提高国家经济实力上来。不过,在21世纪的最初十年中,韩国政府的政策倾向又调转了回来。卢武铉政府强调要继续推动区域经济协调发展,将中央政府的一些部门和部分公共机构向首都圈以外的地方搬迁,同时,还加强了法律法规以遏制首都圈的扩张。然而,在提升韩国企业的全球竞争力方面,政府又不得不对一些具体案例采取放宽管制的举措,比如,批准飞利浦的工厂设立在靠近首尔的坡州(2003年);放宽14种位于"增长管理区"高新技术企业建立新工厂或扩大现有工厂规模的限制(2004年);对财阀主导的八类高新技术企业的新建或扩建要求给予批准(2005年);扩大"自然保护区"发展的领域(2006年);批准首都圈三类部门企业的扩建(2007年),等等。

表5-12　区域增长中心城市的人口增长

(单位:1 000人)

	1980年	1990年	1995年	年均增长率(%)		
				1980—1990年	1990—1995年	1980—1995年
所有地区的人口	37 436.3	43 410.9	44 606.2	(1.5)	(0.5)	(1.2)
首尔和釜山的人口(A)	11 612	14 467.5	14 043.1	(2.2)	(-0.6)	(1.3)
主要增长中心人口(B)	3 361.5	4 511.4	4 978.8	(3.0)	(2.0)	(2.7)
B/A(%)	(28.9)	(31.2)	(35.5)			
次要增长中心人口(C)	2 862.5	3 337.8	3 495.2	(1.5)	(0.9)	(1.3)
C/A(%)	(24.7)	(23.1)	(24.9)			

　　总之，目前韩国政府在控制首都圈的发展，以及推动韩国各区域协调发展的问题上所做出的努力，并不能说非常的成功。随着时间的推移，首都圈的发展和区域协调发展的目标缺乏一致性。例如，对高科技公司放宽了在首都圈经营业务分类的规定。[①] 但是，这种针对特例就采用临时解除管制的方式会导致无组织的土地开发，最终会破坏生态环境。因此，一些人认为，政府对首都圈的发展政策要做根本性的调整，一方面可以更好地保护环境，另一方面可以更适当地容纳部分实体经济[约翰(Joh)，2002；金(Kim)与蔡(Cha)，2009]，特别要重视大城市在全球化和知识经济时代中所发挥的重要作用[吉尔(Gill)与卡拉斯(Kharas)，2007]。

　　还有的建议要重新制定首都以外地区的发展政策。在目前的韩国，70％的生产、60％的就业都依赖服务业的经济结构之下，期望一个大规模的实业投资来促进非首都地区制造部门的发展，从而带动这些地区经济增长，这种设想是不现实的。相反，需要将重点放在培育区域中心城市的服务业，以及 "软" 基础设施的建设上，也就是要促进区域中心城市社区的适应能力和创新能力[金俊日(Jong-il Kim)、高(Koh)，2008]。

　　与此同时，韩国首都以外地区的人均地区生产总值增长迅速(表 5 - 10)。一些地方，如忠清道和庆尚道，人均地区生产总值比首都圈还要高。由于经济活动的活跃发展，经过几十年的时间，国内其他地区与首都圈之间的经济水平和生活条件上的差距已经显著缩小(表 5 - 13)。目前的一个关键问题是如何维持韩国经济的活力，并促进资源在各地区之间灵活地分配。[②]

5.7.2.3　土地利用的其他限制

　　政府会基于各种原因对土地的使用作出限制，例如，推动地区有序发展、保护环境、限制人口聚集在城市、稳定房价等。土地限制在韩国有不同的形式，其中包括分区制度和划出绿地区域。

　　韩国的所有土地都要受分区制度的约束，分区约束为土地的使用提供了明确一致的指导方针。但是，分区制度也遭到了不少批评。首先，它不能适应

---

① 在法国和其他的欧洲国家也发现了类似的改变(Ancien，2005；Bachtler and Yuill，2001；de la Fuente and Vives 1995)。

② 详见第三章对韩国经济发展中的资源再分配的论述。

经济和社会活动多样性的要求,因为它将所有的土地划分为少数几种分区类型并进行统一的监管。政府在土地开发之前很久就将特定的地块指定为特定用途,这种僵化的管理模式就变得特别具有破坏性。此外,复杂的法规施加到所有类型的土地上,也严重扼杀了私营部门对土地的创新应用。近日,政府正在积极做出努力以提高土地分区制的灵活性,但能否成功,我们拭目以待。

土地利用的另一个重要限制是 1971 年政府推出的强制性划出绿地区域的政策。随着 60 年代城市化进程的加快,城市开始无序地扩张。为了保护城市周边的生态环境,保障城市居民健康的生活环境,韩国政府颁布了《城市规划法》(Urban Planning Act),1971—1977 年.指定首尔等 5 个大城市、28 个城区和 36 个农村地区划出绿地区域。最初,要求绿地区域面积达到 5 397 平方千米(占国土面积的 5.4%),后在 1998 年得到调整,目前的绿地区域是 3 980 平方千米。

表 5‑13　经济和生活条件指数

	1960 年	1970 年	1980 年	1990 年
首都圈(A)	210	189	147	115
其他地区(B)	71	65	76	88
A/B	3.0	2.9	1.9	1.3

资料来源:韩国国土研究院(1999,p. 46)。

注:该指数基于 8 个因素计算得来。即制造业、服务业、专业服务业的员工人数,大学生人数,医生人数,人均存款金额,厕所数量,可用清洁水的供应量。全国平均值定为 100。

强制性划出绿地区域的政策为保护环境做出了巨大贡献,并为城市居民提供了享受大自然的场所。但同时,它也被指责侵犯所有者的产权,阻碍了土地的有效利用,影响大城市的竞争力。因此,适当平衡一下绿地区域的角色冲突是有必要的。

▉ 5.8　结论

韩国国土管理政策中的三个核心目标是:(1)提供基础设施促进经济增长;(2)稳定房地产价格;(3)促进区域均衡协调发展。

一方面,由于政府的大力投资,第一个目标已经取得了巨大的成功。工业园区的数量从20世纪60年代初的一无所有发展到2008年的742个;住房套数从1950年的330万增长到1400万,增长了4倍,而且住房供给率在2008年达到了110%;道路的里程数从1945年的24031千米增加到103019千米,增长了4.3倍。2001年开始运营的仁川国际机场,如今已经步入世界一流机场的行列。韩国还用几十年的时间成功地植树造林,改善了自然环境。1985年,派出一支科考队去南极洲考察,1988年在南极洲成功建立了"世宗王站"科学考察基地。

这些令人惊叹的成就反映了韩国国土管理开发方式的成功之处。这种方式有几个鲜明的特点,包括政府部门和私营机构之间的伙伴关系、政府前瞻性的领导力、经济增长和国土开发的紧密关系,以及韩国人民的积极参与[朴(Park)等人,2010]。

另一方面,相比提供基础设施促进经济增长而言,韩国政府在后两个目标的达成方面并没有那么成功。为了遏制房价上涨过快和惩罚房地产投机行为,政府采取了多项措施,包括对房地产销售征收重税,将房屋所有权限制给实际居住者,以及限制高层公寓的私自规划改建。但是在经济衰退时,为了振兴建筑业和刺激经济,政府又会放宽这些限制,等到经济形势好转的时候再度收紧。但是,这些措施时而放松时而加强,在短期内"走走停停"的政策,严重损害了政府的公信力并进一步助长了投机行为。更为重要的是,阻止投机性需求的措施对住房供应也带来了不利的影响,加速了房价的上涨。增加住房供给以抑制房价上涨的措施相对来说要成功得多,如20世纪90年代初实施的措施。

韩国政府还付出了很多努力促进区域均衡发展。通过限制人口与经济活动向首都圈集聚,来缩小不同地区之间在收入、就业、教育和其他机会等方面的差距。尽管政府采取了很多措施,但是,首都圈的人口仍在继续增长。因为,大城市拥有的大市场,能给劳动者、企业和消费者带来了更多好处,这也超出了政府政策产生的积极效果。1990—2010年,韩国经济融入全球化进一步缩小了政府采取以上政策的回旋余地。

同期,首都以外地区的经济和社会发展水平提高了。部分地区的人均生产总值已经超过了首都圈。更高的 GDP 不一定意味着家庭收入或家庭福利水平的提升,但它表明在这些地区经济水平确实提高了,这些成就主要归功于灵活的资源再分配政策,分配给高产地区资源的相对变少。未来的努力方向是维持全国的这种资源分配的灵活性,在地方社区建设"软"基础设施。

参考书目

Ancien, Delphine. 2005. "Local and Regional Development Policy in France: Of Changing Conditions and Forms, and Enduring State Certainty." *Space and Polity* 9 (3): 217-236.

Bachtler, John, and Douglas Yuill. 2001. "Policies and Strategies for Regional Development: A Shift in Paradigm?" Regional and Industrial Policy Research Paper 46. European Policies Research Center, University of Strathclyde.

Brakman, Steven, Harry Garretsen, and Marc Schramm. 2004. "The Strategic Bombing of German Cities during World War II and Its Impact on City Growth." *Journal of Economic Geography* 4 (2): 201-218.

Brown, Lester R. 2006. *Plan B 2.0: Rescuing a Planet under Stress and a Civilization in Trouble*. W. W. Norton & Co.

Chae, Mi-ock. 1995. *A Study on the Improvement of Land Price Appraisal System*. [In Korean.] Korea Research Institute for Human Settlements.

Cho, Man. 2010. "Korea's Real Estate Market Stabilization Policy: Assessment and Implications." [In Korean.] Mimeo. KDI School of Public Policy and Management.

Choi, Joonook, Deockhyun Ryu, and Hyungsoo Park. 2005. *The Sectoral Allocation of Government Functional Expenditure*. [In Korean.] Korea Institute of Public Finance.

de la Fuente, Angel, and Xavier Vives. 1995. "Infrastructure and Education as Instruments of Regional Policy: Evidence from Spain."

Economic Policy 10:13-51.

Fujita, Masahisa, and Paul Krugman. 2004. "The New Economic Geography: Past, Present and the Future." *Papers in Regional Science* 83 (1): 139-164.

Gill, Indermit, and Homi Kharas. 2007. *An East Asian Renaissance: Ideas for Economic Growth*. World Bank.

Government of Korea. 1972. *The First Comprehensive Territorial Development Plan*. [In Korean.]

————. 1982. *The Second Comprehensive Territorial Development Plan*. [In Korean.]

————. 1992. *The Third Comprehensive Territorial Development Plan* [In Korean.]

————. 2000. *The Forth Comprehensive Territorial Development Plan* [In Korean.]

————. 2006. *The Forth Comprehensive Territorial Development Plan (Revised Plan)*. [In Korean.]

Joh, Jung Jay. 2002. *Narrow Land and Immense Ocean*. [In Korean.] Han-ul.

Jung, Heenam. 1995. "A Study on Transition of Korea's Land Policies in 1945-1995." [In Korean.] *The Korea Spatial Planning Review* 23. Korea Research Institute for Human Settlements.

Kim, Jongil. 2008. "A Study on the Economic Disparity between Regions." [In Korean.] In *Regional Policy for the 21st Century: Goals and Strategies*, edited by Youngsun Koh, 77-135. Research Monograph 2008-03, Korea Development Institute.

Kim, Yong-woong, and Mi-sook Cha. 2009. *New Regional Development*. [In Korean.]

Kim, Youngpyo, et. al. 1991. *Land Price Assessment Standard for Mass Appraisal*. [In Korean.] Ministry of Construction.

Koh，Youngsun. 2008. "Introducing a Blockgrant System for the National Balanced Development Special Account." [In Korean.] In *Regional Policy for the 21st Century: Goals and Strategies*, edited by Youngsun Koh, 185-261. Research Monograph 2008-03. Korea Development Institute.

KRIHS (Korea Research Institute for Human Settlements). 1982. [In Korean.] *Performance and Evaluation of the First Comprehensive Territorial Development Plan.*

_____. 1992. *Performance and Evaluation of the Second Comprehensive Territorial Development Plan.* [In Korean.]

_____. 1999. Sector Report on the Fourth Comprehensive National Territorial Plan. [In Korean.] Volume 1.

_____. 2004. *A Study on the Reestablishment of the System of Mountain Ranges in the Korean Peninsula.* [In Korean.]

_____. 2008. *History of Korea's Territorial Development over 60 Years.* [In Korean.]

Krugman，Paul. 1991. "Increasing Returns and Economic Geography." *Journal of Political Economy* 99 (3): 483-499.

Ministry of Construction. 1977. *A Study on Measures Taken for the Control of Over-concentration in the Capital Region.* [In Korean.]

Ministry of Food，Agriculture，Forestry and Fisherie. 2008. *Major Statistics on Food，Forestry and Fisheries.* [In Korean.]

Myrdal，Gunnar. 1957. *Economic Theory and Underdeveloped Region.* Gerald Duckworth.

Park，Yang-ho et al. 2010. "The Policy and Performance in Korean Territorial Development over the Six Decades." Paper presented at the International Conference on the Korean Economy: Six Decades of Growth and Development. Hotel Shilla，August 30.

Yu，Yeong-hwi. 1998. *Industrial Parks in Korea.* Korea Research Institute for Human Settlements [In Korean.]

第6章 社会政策

高永善 金成权 金昌焕 李永 金珠燮 李尚勇 金英玉

■ 6.1 引言

韩国的经济增长不仅提高了国民人均收入水平,而且促进了社会的广泛进步。教育机会迅速增加,至1970年,小学入学率已超过90%;就业机会也在大幅增长,失业率从20世纪60年代初的8%降至90年代中期的3%以下,而就业率则从50%上升到60%。在这段高速增长时期(60年代—80年代),尽管当时的韩国社会保障体系的覆盖尚不全面,但是居民收入差距缩小,韩国成为世界上贫富差距最小的国家之一。同期,韩国的女性接受教育和就业机会也显著增多。

良好的社会发展态势得益于诸多因素,例如经济快速增长、就业机会急剧增加、政府对大众教育积极推动,以及劳动力市场总体平稳运行等。然而,自20世纪90年代初以来,收入不平等现象又开始出现,经济增长速度放缓。收入差距不断扩大在发达国家是一种普遍现象,因为这些国家与低薪酬国家的贸易额不断增长,并且在知识经济中持续引入先进技术导致低技能工人处于更加不利的位置。此外,人口老龄化比例上升、单亲和鳏寡孤独家庭数量的增加等也加剧了贫困现象。收入差距拉大的其他因素是行业之间的生产率鸿沟越来越大,如制造业和服务业之间、重化工业和轻工业之间,以及大企业和小企业之间生产率差距的加深。与此同时,韩国的就业率在21世纪初停止增长,目前徘徊在60%左右。人们还会发现,各阶段教育的质量都有待提升,社会保障体系的效率也有待改进。

关键问题是如何能够继续保持韩国多年来的经济和社会活力？一方面,政府需要采取措施促进经济增长和扩大就业机会,另一方面需要强化对社会政策的引导。尤其重要的是,教育系统需要在提供优质人力资本、帮助社会弱势群体向上流动等方面发挥更大的作用。劳动力市场应该更具灵活性,同时鼓励年轻人和低技能劳动者参加工作。社会保障项目的覆盖范围应该扩大,需要将劳动力市场上的边缘劳动者吸纳进来。

接下来的几节内容论述了韩国在人口、教育、劳动力市场、福利、医疗保健、女性问题等相关领域的社会政策的发展演变,并探讨了目前韩国面临的挑战与应对的政策。最后一小节则对本章内容进行了总结。

6.2 人口特征变化

6.2.1 概述

从 1949 年至 2009 年,韩国的人口总数从 2 000 万人上升到 4 900 万人。初期,韩国的人口增长速度较为强劲,但随着人口生育率的持续下降,人口增长速度也放缓了(图 6 - 1)。2009 年,韩国的人口增长率为 3‰,生育率为平均每位妇女生育 1.15 个孩子。目前,韩国的人口出生率远低于维持正常的世代更替率 2.1,韩国也是世界上人口出生率最低的国家之一。如果低出生率趋势持续发展下去,那么从 2019 年起,韩国的人口数量将开始减少。

由于营养水平的提升和医疗卫生条件的改善,韩国国民的平均寿命从 1960 年的 52.4 岁延长到 2008 年的 80.1 岁。不断增长的平均寿命和持续下降的出生率导致韩国社会的人口年龄结构发生巨大变化(图 6 - 2)。2008 年,韩国 65 岁及以上人口占总人口的比例已经超过了 10%,预计至 2050 年(图 6 - 3)韩国将成为全球老龄化水平最高的国家之一。

世界各国政府都在尽可能地把本国人口控制在合理的规模之内,因为人口数量对经济增长、居民生活水平和环境都有着重要的影响。韩国政府在工业化初期阶段采取了多项措施以控制人口增长,但是在 20 世纪 90 年代中叶当人口出生率出现断崖式下滑时,政府的人口政策又发生了急转弯式

的大转变。下面一小节将讨论在过去 60 年里韩国人口政策的具体变化
情况。

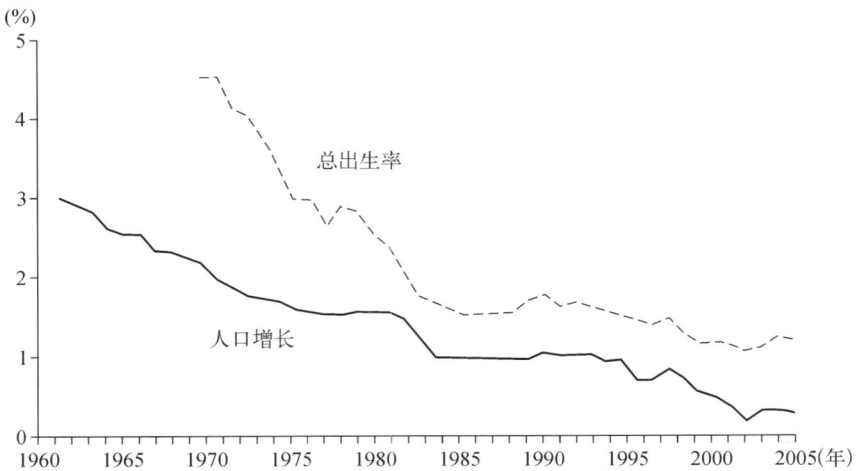

图 6 - 1　人口增长和出生率(1961—2008)

资料来源：韩国统计厅(http：//www. kosis. kr)。

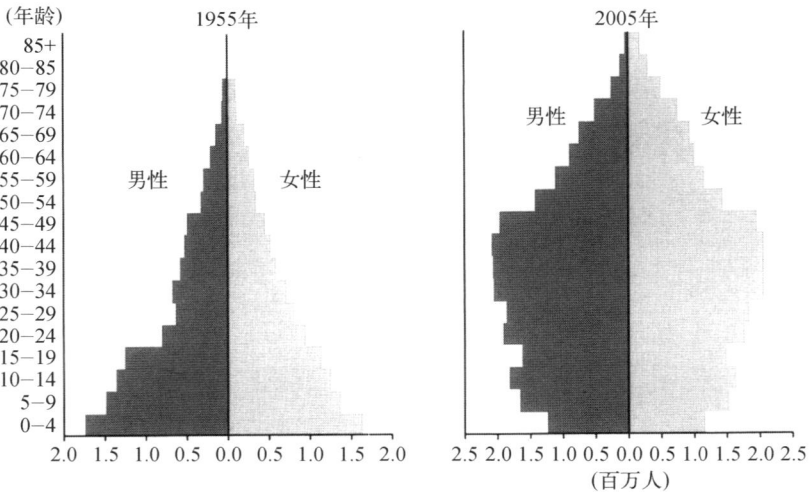

图 6 - 2　1955 年和 2005 年人口金字塔示意图

资料来源：韩国统计厅(http：//www. kosis. kr)。

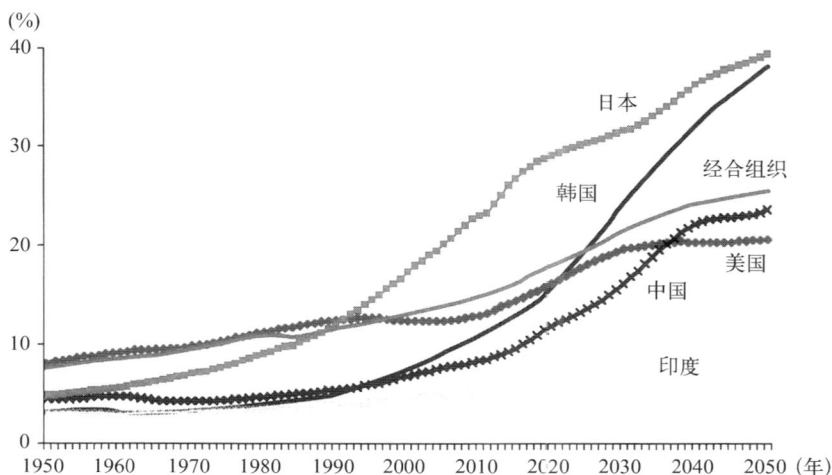

图 6 - 3　老年人(65 岁及以上)人口在总人口中的比例(1950—2050)

资料来源:经合组织(http://www.oecd.org)。

6.2.2　韩国人口的历史演变

6.2.2.1　解放之前

在 1910 年日本吞并朝鲜半岛之前,韩国人口变化的特征是高出生率和高死亡率。1910—1945 年日本殖民统治时期,随着现代医疗技术的普及,韩国人口的粗出生率从 38‰ 上升到 42‰—45‰。在此期间,许多人为了寻找更好的经济机会,离开了农村而移民到中国东北地区或者日本。韩国劳动年龄人口的数量下降的同时,老年人口的数量停滞不前,儿童人口的数量在上升。因此,人口抚养比从 1925 年的 77% 上升至 1944 年的 89%。[①]

6.2.2.2　动乱时期(1945—1960)

朝鲜半岛解放独立之初,估计有 1 600 万人口在南朝鲜生活。直到 1960 年,尽管遭受战争和经济困难的双重打击,但韩国的人口数量仍然在增长。原因之一是大量移民的迁入。1945—1949 年期间,有 210 万—250 万人从日本、中国东北和北朝鲜地区迁入韩国,迁入人口的总数约是 1949 年韩国人口总数的 10%—12%。1945—1950 年期间,韩国的人口数量以史无前例的速度在增长,年均增速达到 6.1%。

---

① 人口抚养比和其他人口数据请见附表 6。

朝鲜战争期间,韩国的人口死亡率急剧上升。1950—1953 年,死亡人数估计达到 168 万。1950—1955 年,韩国人口的粗死亡率约为 32‰。战争期间,30 万韩国人流入朝鲜,65 万朝鲜难民来到韩国,韩国的净流入人口为 35 万人。

1955—1960 年,"婴儿潮"的出现导致韩国的年均人口增长率达 3.1％,扣除移民因素,这是韩国历史上人口增长速度最快的时期。此外,大部分回国的韩国人迁移到城市而不是回到他们的农村老家。其中的大多数人选择去首尔(汉城)或与之相邻的行政区(京畿道和江原道),使得韩国的中部地区急速地迈向城市化,迫使韩国政府认真考虑人口控制问题。

6.2.2.3 生育率的急剧下降(1960—1985)

20世纪60年代初是韩国人口统计史上的一个关键的转折点。随着大量人口从农村涌向城市,再加上人口出生率的持续上升与死亡率的下降等因素,韩国的经济发展带面临着严峻的挑战。由于担心人口过剩会削弱经济增长,政府实施了"家庭计划生育"政策(family planning program),包括提供免费避孕药物与服务,以及以激励为基础的自愿绝育等措施。1973年,韩国政府颁布相关法律(《母婴保健法》——译者注),使特定条件下的人工流产合法化。这些措施使得韩国的人口生育率从70年代初期的4.5％急剧下跌到1985年的1.7％。

6.2.2.4 1985 以来人口的增长停滞

1985—2000 年,韩国的人口增长率仅为 0.9％,与 1960—1985 年年均 2.0％的人口增长率形成鲜明对比。在此时期,韩国的人口生育率停止下降,且开始稳定在每个妇女平均生育 1.4—1.7 个孩子的水平。然而,在 2000—2009 年,生育率再一次下降到每个妇女平均生育 1.1—1.2 个孩子的水平,人口增长率跌到 0.4％。

由于韩国的人口生育率已经降到人口更替水平(每位妇女平均生育 2.1 个孩子)之下,政府的人口控制政策注定要结束。有关人口控制的法律法规与节育的激励措施,大部分被废除了。1996 年,韩国政府正式终结了人口计划生育政策。21 世纪初,韩国政府开始积极倡导多生多育,与之前的人口控制政策完全相反。

6.2.3 人口政策的评价与未来的挑战

迄今为止,没有任何迹象表明韩国政府将生育率恢复到人口更替水平的努力取得了成效。提高生育率并不是一件容易的事情,因为它受到一系列因素的影响,例如,女性参加工作的意愿、职场母亲兼顾工作和家庭生活的可能性、抚养和教育孩子的成本,以及社会对非婚生子女的接受程度,等等。

最近以来,从欠发达国家来到韩国的移民越来越多(图6-4)。20世纪80年代后期,外国劳工开始涌入韩国,而当时的韩国正面临劳动力短缺问题。随着来自欠发达国家的女性移民数量的增长,跨国婚姻现象也逐渐多了起来,例如,越南女子嫁给韩国男子的现象大量出现。韩国政府已经采取多种措施来缓解外籍妻子面临的困难,但这些措施一般都不到位,效果甚微。政府需要采取更加切实有效的措施努力将外国移民融入韩国社会中。

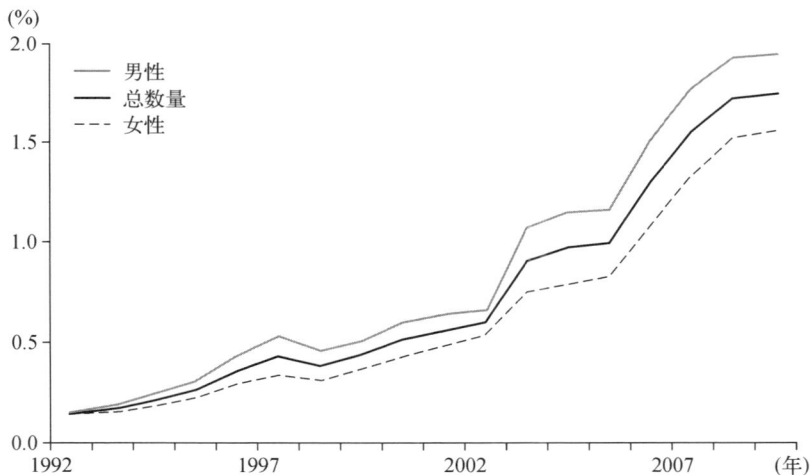

图6-4 韩国常住居民中外籍人口的比例

资料来源:韩国统计厅(http://www.kosis.kr)。

6.3 教育制度[①]

6.3.1 概述

1945年解放后,韩国的教育水平迅速提升。小学生的数量从20世纪50年代的两三百万人增加到70年代的五六百万人(图6-5)。1970年,韩国小

[①] 感谢韩国开发研究院的兼职研究员金熙三对本节内容提出的宝贵意见,这些意见已被吸收到本书的写作中。

学生入学率超过90％(图6-6)。初中、高中和大学阶段的学生数量也呈现出相同的增长趋势。结果韩国人的识字率从1945年的不足22％上升到100％。

(百万学生数)

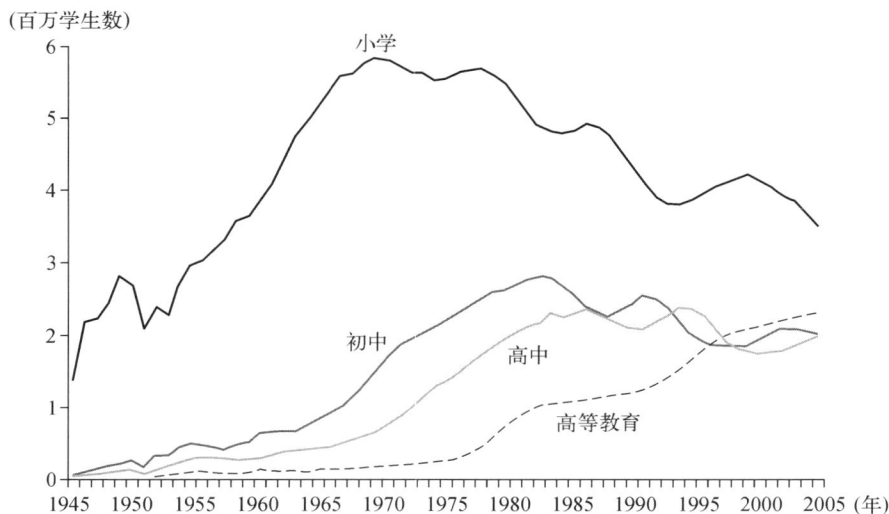

图6-5 学生数量

资料来源：韩国教育开发院(http://cesi. kedi. re. kr)、韩国银行(2005)。

注：图中的高等教育仅包括四年制大学本科和研究生教育。

(%)

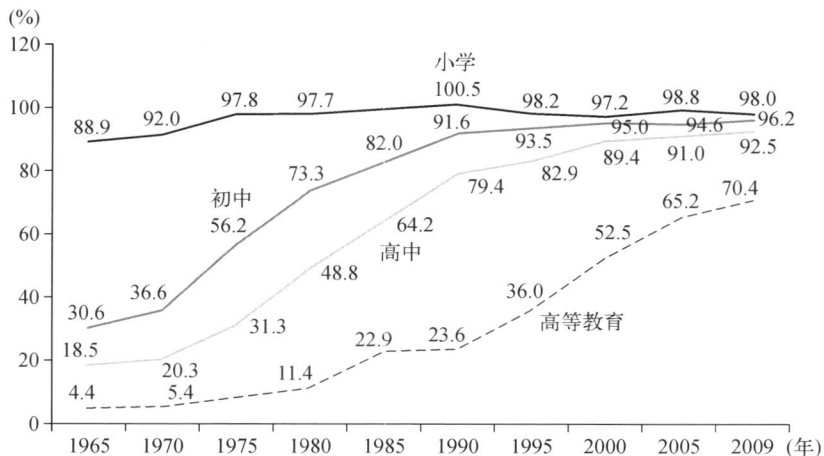

图6-6 各学段学生入学率

资料来源：韩国教育开发院(http://cesi. kedi. re. kr)。

注：(1) 入学率＝达到入学年龄且实际入学的人口数量/达到入学年龄人口数量。学龄指适合接受教育的年龄,分别指接受小学教育的6—11岁,接受中学初中教育的12—14岁,接受高中教育的15—17岁,大学教育为18—21岁。

(2) 高等教育包括中学以后所有的大学本科和研究生教育。

随着接受高等教育的人口比例急速增长，在经合组织成员国中，韩国接受高等教育的人口比率位列首位（图 6 - 7）。

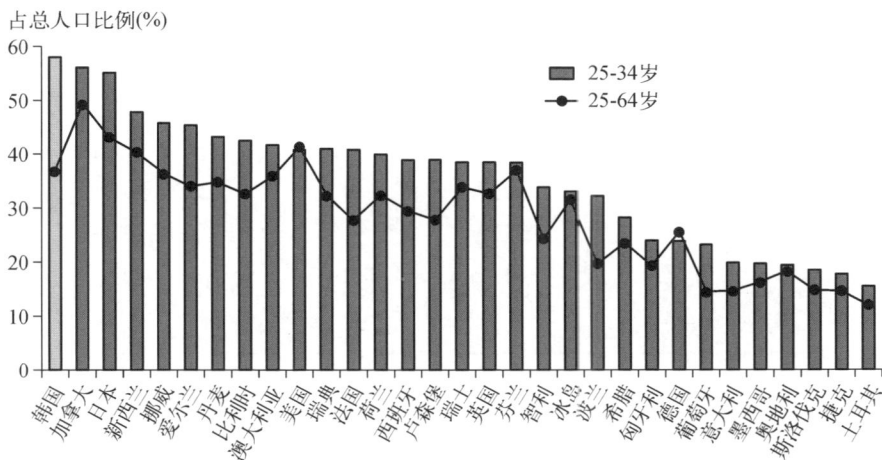

图 6 - 7　经合组织成员国接受高等教育的人口比率（2008）

资料来源：经合组织，《2010 年教育概览：OECD 指标》，2010。

过去 60 年里，受过良好教育的公民人数的持续稳定增长是推动韩国工业化和民主化的关键因素。如果没有这一点，就不可能有"汉江奇迹"的出现。教育对经济发展既有直接作用也有间接作用。直接作用体现在，教育创造人力资源，加快科技进步；间接作用体现在，教育有助于制度建设和社会发展。更重要的是，当所有韩国人不再受制于收入水平、都享有教育的保障时，教育提高了社会阶层的流动性。

韩国教育普及程度的快速提高，主要归功于文化因素与政府适时采取的政策。韩国向来有教育优先的传统，政府也在努力发展教育，最初着力于初级教育，然后逐步着力于高等教育。

朝鲜战争结束仅仅一年后，韩国政府就开始实施初等义务教育的六年计划（1954—1959）。政府坚持不懈地补充教师和增建学校（表 6 - 8）。1959年，学龄儿童入学率达到了 96％。

（千人）

（千所）

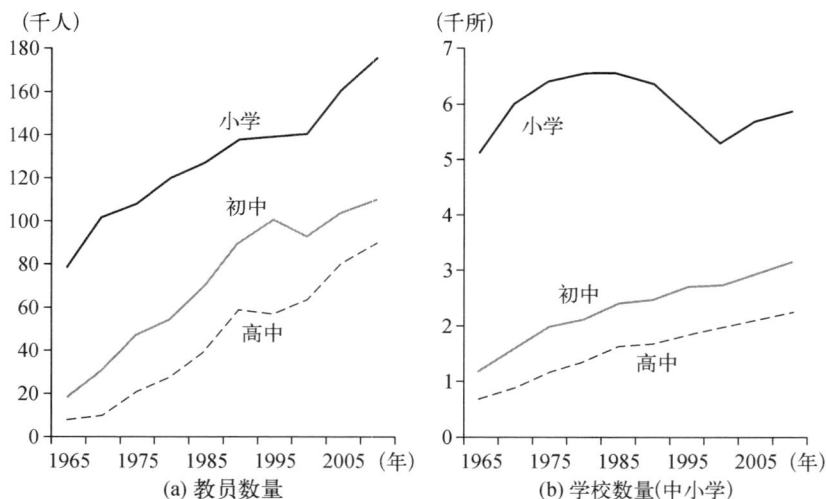

(a) 教员数量

(b) 学校数量（中小学）

图 6 - 8　教育资源的投资

资料来源：韩国教育开发院（http：//cesi. kedi. re. kr）。

（%）

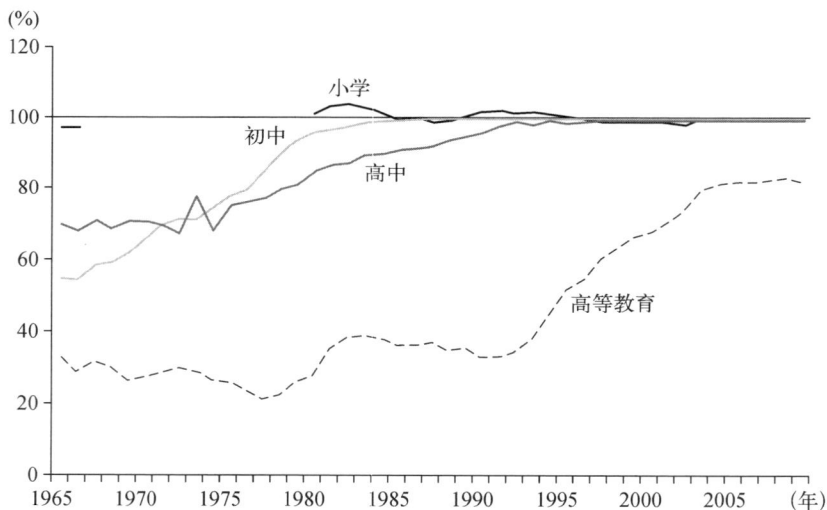

图 6 - 9　升学率

资料来源：韩国教育开发院（http：//cesi. kedi. re. kr）

注：升学率指的是进入下一阶段学习的毕业生占在读生总数的比率。在小学
　　阶段，它指的是进入一年级学习的学生在同龄人中的比例。

韩国各种层次的教育都得到有序地发展,从初等教育迈向中等教育,直至最后发展到高等教育。这种教育体制完美匹配了韩国工业发展的诸阶段。初等教育制度首先为 20 世纪 60 年代的劳动密集型产业提供了适合的工人群体;七八十年代,中等教育制度的发展则推动了资本密集型产业的成长,而 90 年代高等教育规模的扩大则为知识经济打下了基础。紧随其后的是,韩国人将提高和扩大博士研究生教育提上议事日程。

在受教育人数增加的同时,韩国的教育质量也得到缓慢而稳步的提升。在国际考试的比较中,韩国学生的成绩表现皆名列前茅。2003 年,由经合组织发起的"国际学生能力评估计划"(Programme for International Student Assessment,PISA),在 15 岁年龄组中,韩国学生在科学、阅读、数学和协作解决问题四个不同评估领域位居前四位。2006 年,在同类测试项目中,尽管科学学科得分排名降到第 11 位,但韩国学生的数学得分排名第四,阅读得分排名第一。2003 年,在"国际数学和科学教育趋势调查"(Trends in International Mathematics and Science Study,TIMSS)评估结果中,韩国学生总分排名第二,数学成绩排名第二,科学成绩排名第三。

接下来,我们将分析韩国教育制度的发展路径,总结其主要特征,在评价韩国教育制度的同时也会指出该制度面临的挑战。

6.3.2　韩国教育发展

韩国的教育制度建设经历了以下四个不同的发展阶段:教育基础的组织建设阶段(1945—1959)、支持工业化发展阶段(1960—1979)、教育体制改革阶段(198—1999),以及教育体系国际化阶段(2000 年至今)。

6.3.2.1　教育基础的组织建设阶段(1945—1959)

1949 年,韩国颁布《教育法》(Basic Education Act)。该法案构筑了韩国教育制度的框架,建立了一个包括 1—2 年的学前教育、6 年的小学教育、3 年的初中教育、3 年的高中教育、4 年大学本科教育和至少 1 年研究生教育的教育体系。它类似于美国的教育制度,以不同地方教育区自治为基础,反映了韩国独立后由美国军政府引进来的教育理念。

根据《教育法》的规定,小学阶段实施强制性义务教育,但朝鲜战争的爆发延迟了这一目标的实现。直到 1954 年,韩国教育部(The Ministry of

Education)才开始实施小学6年制义务教育。到1959年,韩国的小学生入学率提升到96％。与此同时,教育经费增加,许多新校舍建成使用。20世纪50年代后期,为提高高等教育质量,政府也创建了相应的法律和制度框架。

由韩国教育部、民政部(The Ministry of Domestic Affairs)以及卫生与福利部(The Ministry of Health and Welfare)牵头制定的"扫除文盲五年计划"取得重大进展。韩国的文盲率从1948年的78.2％大幅下降到1958年的4.1％。

6.3.2.2 支持工业化发展阶段(1960—1979)

由于中小学生人数的大幅增加,需要对学校设施进行大规模的投资。20世纪60年代,在韩国经济发展的第一和第二个五年计划时期,大量增建学校设施。与此同时,拟建学校数量超额完成,教育投入翻了一番,校舍严重不足的问题逐渐得到解决。至1971年,除了小学低年级学生外,全国范围内废除了教师每日分两个班次给学生上课的制度。20世纪70年代,为满足巨大的教育需求,大量私立学校纷纷建立起来。

为了减轻小学生参加毕业升学考试的负担,韩国政府决定废除小学升初中的入学考试制度,1969年政府首次在首尔(汉城)试点,并自1971年始在其他城市全面推行。取消"小升初"考试使初中生的人数大幅增加,相应地,进入高中阶段的学生人数也在增长。但是此后,学生考入名牌高中的竞争更加激烈,政府在1973年3月决定出台"高中教育机会均等政策"(High School Equalization Policy),即通过抽签方式将初中毕业生分配进高级中学。1974年,这项政策首先在首尔(汉城)和釜山这两个城市实施,然后逐渐推广到其他地区。这项政策的另一个好处就是鼓励更多的初中学生进入高中学习。

为满足工业化发展对技术技能型人才的需求,韩国开始启动属于高中阶段的职业教育。高等教育也受到更多的重视,韩国的工业化进程同样需要大量的理工科大学毕业生。

20世纪60年代,韩国经济的飞速发展促使政府首次制定一系列高等教育规划,这些规划与当时的经济发展计划相配合。高等教育的目标从培养国家精英转变为系统地培养能够支持经济发展的多样化人才。从1968年开始,政府通过实施大学入学配额制,成功地使主修理科的学生数量超过了主修文科的学生数量。

然而,大学生数量的激增导致了高等教育质量的下滑,为此政府制定了重组大学的计划,并在1963年通过了《私立学校法》(Private School Act)以解决这一问题。尽管韩国政府后来对这些计划和相关法律进行了修订,放宽了管理限制,但这些法规依然是政府对大学加强管控的第一批工具。

6.3.2.3 教育改革阶段(1980—1999)

高中教育机会均等政策和学校数量的增加削弱了高中入学的竞争,但同时也增加了学生进入大学的难度,考大学的竞争更加激烈。20世纪70年代后期,高中生聘请私人家教、留级复习备考大学等现象司空见惯,并逐渐成为严重的社会问题。

针对上述情况,1980年,韩国政府采取了极端措施以遏制严重的私人家教问题。政府宣布私人补习为非法行为,并取消了个别大学单独招生的入学考试,强令这些高校根据政府组织的全国统一入学考试来录取学生。为了让更多的高中毕业生能上大学,政府扩大了大学入学的招生名额,但是却维持大学毕业生的配额不变,因而大学生想要顺利毕业就比较困难了。[①]

"第五个五年计划"教育部门政策研讨会(韩国开发研究院)

---

① 不过,这种配额政策不仅增加了大学招生规模,而且实际上也增加了大学毕业生。因为,事实上,一旦学生进入高校学习,大部分的学生最终都可以毕业。

（千人）

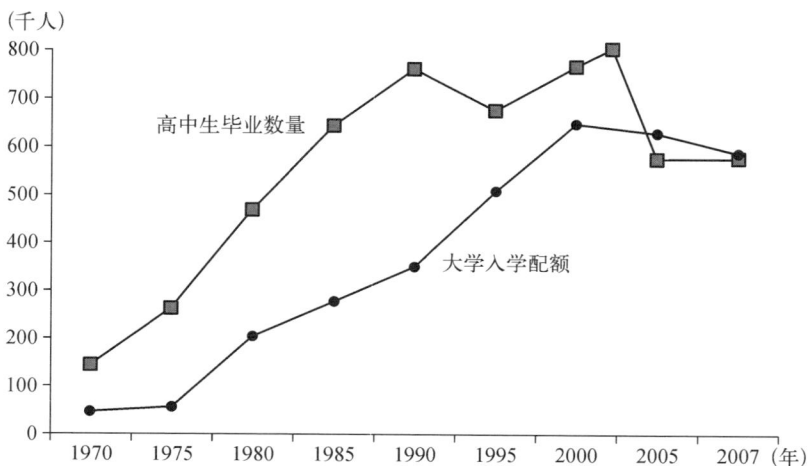

图 6-10 高中毕业生的数量和大学入学配额
资料来源：韩国教育与人力资源部，《教育白皮书》(2007)。

尽管韩国政府做出了种种努力，教育改革仍然成为一个重要的社会问题。在 20 世纪 80 年代中期，政府首次设立了"教育改革理事会"（Education Reform Council）这一具备政府管理职能的机构。90 年代初，又成立了韩国国家"教育改革委员会"（Commission on Education Reform）。1995 年 5 月 31 日，韩国教育改革委员会颁布教育改革建议方案，后来被称为"五三一教育改革方案"（5.31 Education Reforms）。

"五三一教育改革方案"基于这样一个前提：韩国需要重新构建整个教育体系，以便为知识型社会的到来做好准备。改革方案的目标是创造一个开放型、学习型社会，或被称为教育乌托邦（Edutopia）。改革方案列出了 48 个不同的改革目标，包括教育管制的松绑、学校教育去中心化、课程改革、将政府教育经费的支出提高到占国民生产总值的 5%，以及在学校推广使用信息和通信技术（Information and Communication Technology，ICT）等。这一方案的重大变革之处就是政府给予社区居民在管理地方学校方面更大的话语权，每所学校的运营由家长、老师和当地政府组成的咨询委员会负责。同时，政府提倡建立"自治学校"（autonomous schools），自治学校在招生和课程设置方面比普通学校拥有更大的自主权。课程改革主要是着力培养学生的才干、能力和创造力，以便让他们更好地迎接全球化与知识经济时代。

20 世纪 90 年代中期,韩国放宽了大学和专科院校设立的条件。结果,许多教育质量不高的私立高校,在首都以外的那些土地价格较低且建设法规也不完善的地区纷纷成立。虽然政府通过这样的措施,增加了高等教育入学机会,但是也有很多人对其中一些教育机构的办学质量感到担忧。

6.3.2.4 适应需求为中心的教育体系阶段(2000 年至今)

进入 21 世纪以来,韩国教育的重点任务是着力培养适应经济全球化趋势的优秀学生。随着教育数量扩张这一目标的完成,提高教育质量则成为下一步迫切的使命。提高教育质量必然要对大中小学校进行教育改革,以便能够更好地满足学生、家长和企业等各方面的需求。政府为实现这个目标,强调以下三个原则:自主、竞争与问责。

"五三一教育改革方案"的主要意图也是要提高教育质量,但重点是将权力下放给学校,实现学校自主,不过,政府对教育去中心化的改革却不甚理想。为此,2009 年,李明博政府寻求通过一个教育自由化方案重启改革,该方案给予学校更多的权力选择他们的课程和教员,促成大量多元化的、有个性特色的学校脱颖而出,从而形成竞争性的教育体系。

21 世纪初,终身教育在韩国重新受到人们的关注。为推动终身教育,2000 年,修订后的《终身教育法》(Lifelong Education Act)颁布实施(即《终身教育法实施条例》——译者注)。2008 年,终身学习机构(Lifelearning Agency)(即国家终身教育振兴院——译者注)成立。21 世纪初期还见证了许多其他教育领域的发展,如《人力资源开发基本法》(Basic Human Resources Development Act)于 2002 年颁布实施。[1]

2003 年,韩国的免费义务教育的范围扩大到初中阶段。为了提升高等教育的质量,政府还采取了一系列改革措施,包括推出"21 世纪智慧韩国计划"("Brain Korea 21")(1999 年)、"大学结构改革计划"(the University structural reform initiative)(2004—2009)[2],引入专业研究生院制度(2007 年),制定"新大学区域创新"工程项目(the New university for Regional Innovation

---

[1] 根据该法案,每五年由政府制订《人力资源开发基本计划》,此计划必须包括政府对人力资源开发的明确指令,例如,政府对相关管理部门、私营企业、中央和地方政府机构要给予相应的指导和指示。
[2] 高等教育改革包括减少大学生配额,鼓励合并财政状况不好的大学.重组国立大学的管理机构,鼓励大学通过改革内部结构来提高竞争力。

iniative，NURI）（2005—2009），以及加强产业与学术机构的结合等。[①] 李明博政府启动"高中多样化 300 工程"（High School Diversification 300 Project），即鼓励初中毕业生根据资质和能力在多种不同类型的高中学校里进行选择，同时，政府还实施一个分三阶段完成的计划，允许各大学在管理方面拥有更多的自主权，例如，招录学生的自主权。

与此同时，政府在教育体系中持续加大对信息和通信技术（ICT）的使用。2003 年，国家教育信息系统（National Education Information System，NEIS）投入使用，信息系统会在 LINUX 平台上对每一个教师和学生的状况进行记录，但是这一系统的实施几乎引发了韩国教师联合会的全国抗议。在高等教育领域，"高校信息公开系统"（University Information Disclosure System）近期得以建立，有助于家长和学生在互联网上获得全国范围内所有高校的精选信息，这一系统将会加快围绕学生需求的高等教育改革的步伐。

智能学习课堂

6.3.3　韩国教育制度的主要特征

韩国教育制度的主要特点可以概况如下：

第一，韩国通过有序的、有重点的方式完成教育的快速普及，首先是初等教育（即小学教育——译者注），然后是中等教育（即中学教育——译者注），

[①] 其他加强高等教育竞争力的措施包括：建立教育信息公开制度（2008）、"区域经济主导产业人才培养计划"（2009）和"强化大学教育"计划，一个将 NURI 项目和大学专业建设相结合的新项目。

最后是高等教育,教育普及顺序与韩国经济、社会发展环环紧扣。韩国的小学教育在 20 世纪 50 年代末迅速发展,在 60 年代初当韩国进入工业化完成阶段时达到普及小学教育的水平。初中生入学率在 70 年代大幅增长,到 80 年代初,初中生入学率已经超过了 95%;与此相对应的是,高中生的入学比率在八九十年代也急剧上升,到 90 年代初,高中生入学率超过了 95%。高等教育在 80 年代初和 90 年代中期快速扩张。到 2009 年,韩国 82% 的高中毕业生能够进入大学学习,这一事实表明,韩国已基本达到高等教育普及的程度。

第二,按照国际标准,韩国的学生入学率一直保持在较高的水平。金(Kim)和李(Lee)(2007)以及李永(Young Lee,2010)对韩国的大中小学生入学率进行了跨国回归分析,该回归模型中,因变量是学生入学率,自变量是人均 GDP 的对数,回归方程是一个二次方程。他们发现,60 年代初韩国的初等教育入学率比预测值高出约 13%,80 年代中等教育的入学率比预测值高出约 12%。研究结果还表明,到 21 世纪 10 年代末高等教育的入学率比预测值高出了 46%。[①]

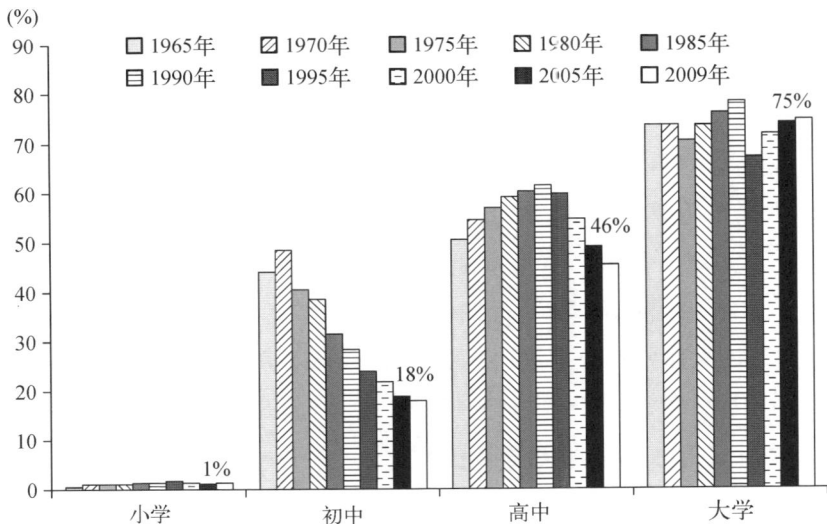

图 6-11   在私立学校就读学生的比例(1965—2009)

资料来源:韩国教育科技部与韩国教育开发院,《韩国教育统计年鉴 2008》。

[①] 事实上,人们认为接受高等教育的人太多。高中毕业生和大专毕业生的薪资差异非常小(见下一部分图 6-20)。

第三,私立学校在韩国教育事业的发展中发挥着重要作用。2009 年,46％的高中学生在私立中学中就读,79％的大学生在私立高校中学习(图 6 - 11)。这样的比率远远高于其他经合组织成员国的水平,表明韩国的高级中学和高等教育学段的发展严重依赖私人教育机构。

第四,政府对初等教育进行了直接而广泛的管理。2009 年,仅有 1％的小学生在私立学校中就读。这与政府对高等教育只提供很有限的财政资助形成鲜明的对比。[①] 政府对中等教育的干涉程度处于以上两者之间,大约有一半的中学生在私立学校上学。因为就教育产生的外部性而言,相较于初等教育和中等教育,高等教育产生的正外部性较小,所以,韩国政府对高等教育减少投入与干预也是一种合适的选择。

6.3.4　韩国教育制度的评价及其面临的挑战

教育,不仅在韩国而且在全世界的经济发展中都起着关键作用。教育的直接作用是培养人力资本和加速科技进步,间接作用是推动各种制度的建设和社会发展。从巴罗(Barro,1991)和曼昆(Mankiw)、罗默(Romer)、韦尔(Weil)(1992)等研究者开始,已有大量的研究文献开始分析教育在经济发展中的作用。

金(Kim)等学者(1997)研究了韩国不同等级的教育对经济发展贡献大小的问题。他们得出的结论是,初等教育对经济发展的贡献逐渐下降,同时中等教育和高等教育对整个经济发展中的贡献在增强。在另一项相关研究中,章(Jang,2007)研究了每个教育阶段在韩国经济发展中所起到的作用,他发现,20 世纪 60 年代到 70 年代期间,初等教育对韩国经济发展作出了最大的贡献,正如大部分其他发展中国家的情形一样。但是,随着经济的发展,到七八十年代,中等教育对经济的贡献度增大,而 80 年代,高等教育对经济增长的贡献尽管是正向的,但贡献度相对较小。

时至今日,尽管韩国教育的成绩斐然,但是韩国教育体制中还存在诸多问题。许多人认为,因为当今社会更加注重创造力和多元化,韩国政府强力干预下的当前教育体系不适合知识型经济和社会发展。以满足社会需求为

---

① 不过,韩国政府对高等教育也确实进行了干预。学生人数总量受到政府控制,高校的部分人事和财务管理必须经过政府审查。

中心的教育体制在教育发展早期阶段是必要的,因为这种体制能够让政府以最低的成本快速地普及教育。然而现在这种教育体制却被认为引发各种问题而被广泛诟病。

许多学生和家长对公共教育系统表达了不满,他们认为公立教育对不断变化的社会需求不能做出及时的应对。因此,他们会选择私人补习和出国读书。表 6-1 表明私人补习在韩国极为普遍且较为昂贵。确实,有些人认为私立教育而非公立教育才是韩国学生在国际考试中成绩表现优异的重要原因。

表 6-1　韩国的私人补习情况（2007 年）

	参与率（%）	周平均家教课学时[a]	人均家教费用（千韩元）	占家庭收入比例（%）[b]	总支出（万亿韩元）	占国内生产总值比例（%）
总和	77.0	10.2	288	8.0	20.0	2.2
小学	88.8	10.0	256	7.1	10.2	1.1
初中	74.6	11.9	314	8.7	5.6	0.6
普通高中	62.0	8.3	388	10.7	3.9	0.4
职业高中	33.7	7.4	198	5.5	0.4	0.0

资料来源:经合组织(2008)。

注:a 指参加私人补习的每周平均学时。

b 指 2007 年家庭收入(包括固定薪水和临时报酬)比例。

表 6-2　大学毕业生就业率和毕业后专业与职业匹配率

（单位:%）

学习领域	就业率	专业与职业匹配率
所有高等教育机构	76.1	72.3
教育学科	73.1	86.2
医疗和制药学科	89.2	92.9
工程学科	78.2	76.8
社会科学学科	73.1	62.8
艺术和体育学科	79.9	77.7
自然科学学科	72.5	67.0
人文学科	68.5	50.2

资料来源:经合组织(2008)。

許多企业对大学毕业生的表现并不满意,在培训新员工上花费了大量金钱。许多大学疏于改进自身以适应变化的需求,就业市场上的职业与大学里所教授的专业之间的脱节现象非常严重(表6-2)。许多大学毕业生毕业后找不到工作,处于待业状态(图6-12)。

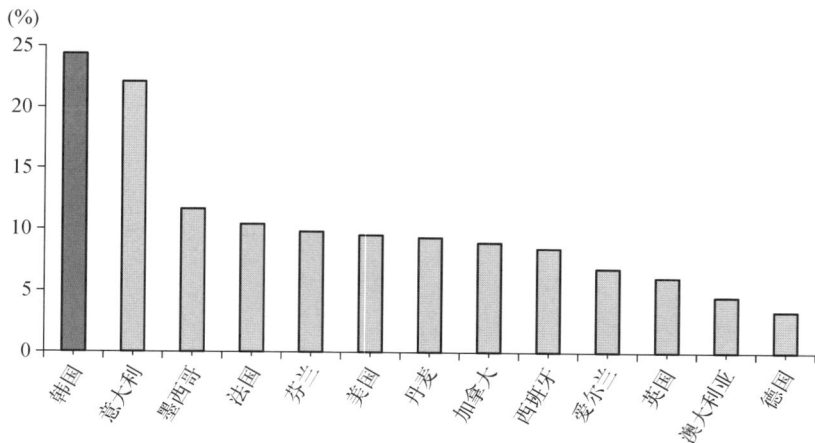

图6-12 受过高等教育的15—29岁年龄中的不活跃青年(2004年)

资料来源:经合组织(2008)。

注:(1)不活跃青年指的是既不就业也不接受教育或培训的青年人。

(2)韩国和新西兰的数据采自2005年,英国的教育数据采自2003年。

韩国人口结构的变化给高等教育市场的教育服务提供者带来了挑战。由于极低的出生率,学龄人口数量呈下降趋势,这将使对学生学费依赖性比较强的私立学校面临困境。

为了适应这些挑战,韩国教育体制需要进行根本性的改革。首先,应该给予学生和家长更广泛的选择权。应该放宽对中小学校和高等院校办学的各种规章制度的限制,鼓励教育的多样化并扩大教育消费者的选择范围。为了帮助家长和学生做出选择,政府应该公开一些教育服务提供者能力表现的详细信息。另外,有必要建立一个针对教师能力和学校业务表现的评价系统。这项改革将会增强教育服务提供者之间的竞争,有助于提高他们的服务质量。

努力促进教育机会的平等也同样重要。贫富群体之间的教育差距正在拉大。韩国政府需要提供更多的、基于需求的奖学金,完善2010年开始实施的按收入水平发放助学贷款的方案。为了给以上这些助学项目更好的财政支持,韩国政府必须严格审查现有的大学资助项目的有效性。许多大学资助项目因强化了政府对大学的控制,导致了权力寻租行为而遭到批评。

■ 6.4 韩国劳动力市场的发展变化

6.4.1 概述

60 年来,韩国的劳动力市场与韩国经济的整体发展息息相关,经历了深刻的变化。20 世纪 60 年代丰富的廉价劳动力促进了劳动密集型产业的发展,而 70 年代重化工业的兴起则增加了对技术技能劳动者的需求。从 80 年代开始,信息和通信技术产业的发展对技术技能劳动者的需求进一步增长。对此类劳动者需求的增长也相应增加了为应对劳动力需求变化而在教育、工作培训、个体适应性方面等费用的支出。韩国经济全球化加速了韩国劳动力市场变化。

与其他生产要素市场一样,劳动力市场的正常运行也需要高效性和灵活性。然而,由于劳动力市场中涉及的是人,这就使其与其他的生产要素市场不同。韩国政府通过保护劳动者免受资方虐待、提升劳动者的工作技能、提供失业保障等措施来对劳动力市场进行干预,即便这些措施会在一定程度上降低劳动力市场的效率和灵活性。

在人口增长减速、收入不平等加剧的情况下,韩国目前最紧迫的问题是促进青年、妇女和老年人的就业。制定政策的政府各部门必须协商解决这一问题。在劳动力市场,减少针对个体员工被解雇而实施的就业保护措施是必要的;同时,有必要增加临时就业,使韩国的临时就业达到与其他经合组织成员国相当的水平。

本节将回顾过去 60 年韩国劳动力市场的发展历程,突出说明其发展过程中的重要特点并讨论一些政策问题。

6.4.2 劳动力市场的变迁

6.4.2.1 劳动力市场发展的第一次转折

在过去的 60 年里,韩国的劳动力市场出现了三个显著的转折点。第一个转折点发生在 20 世纪 70 年代中期,也就是经济学家刘易斯在 1954 年提出的"劳动力由无限供给走向相对短缺的转折点"(即刘易斯拐点——译者注)[白(Bai),1982]。60 年代至 70 年代中期是韩国经济发展的第一个阶段,这一时期韩国的农村存在着大量未充分就业的劳动力,因而劳动力可以持续稳定地从农村流向城市地区。此时经济发展中的那些龙头企业都在从事劳动密集型产业,如生产假发和鞋子,因为这些产品的生产仅仅需要简单、低技能的劳动力,这类劳动力可以由职业高中和大型企业的培训中心轻松地供应。

然而,随着失业率从 8% 急速降至 4%(图 6 - 13),看似无限供给的劳动力开始枯竭,标志着"刘易斯世界"(Lewisian world)的终结。70 年代后半期,以重化工业为基础的经济转型降低了制造业部门劳动力需求的增长弹性。但是同一时期,由于在国内市场和中东地区,韩国建筑业的发展出现了繁荣的景象,其旺盛的劳动力需求抵消了上述趋势。此外,建筑业出现的劳动力短缺,实际上造成了该行业的工资水平大幅上涨(图 6 - 14)。例如,1976—1978 年,建筑行业整体工资的增长大幅超过其产出的增长(图 6 - 15)。

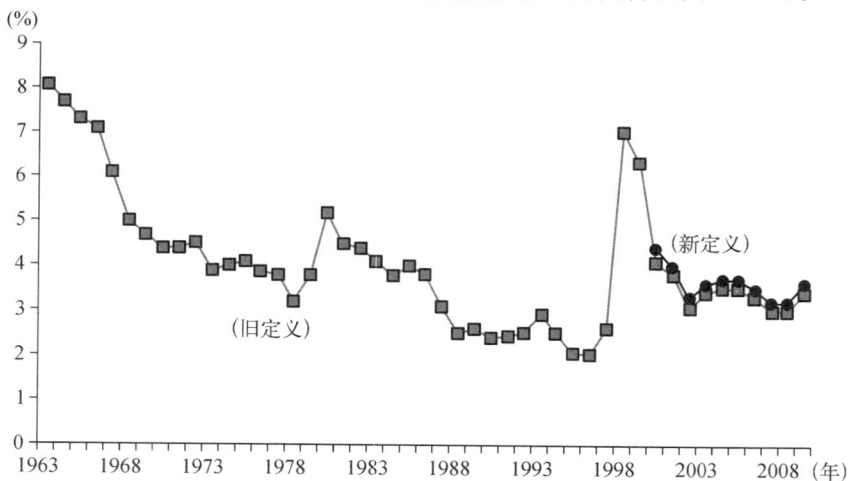

图 6 - 13　失业率

资料来源:韩国统计厅(http://www.kosis.kr)。

注:2000 年,对于失业率的定义有些改变。之前,失业被定义为在过去一周没有工作且积极找工作的人。2000 年,找工作期限由一周扩大至四周。基于新旧定义的数据都呈现在这幅图中。

1980 年,由于第二次石油危机、水稻歉收和政局不稳定等多种因素的综合作用,导致了韩国经济和劳动力市场进入了困境时期。失业率迅速升至5.2%,并在整个 80 年代的前半期一直维持在 4% 以上的水平。重化工业在这一时期不得不进行重组。尽管如此,得益于劳动力市场工资的高度灵活性,韩国经济能够恢复自身的平衡,并且避免了不可逆转的经济伤害的发生。

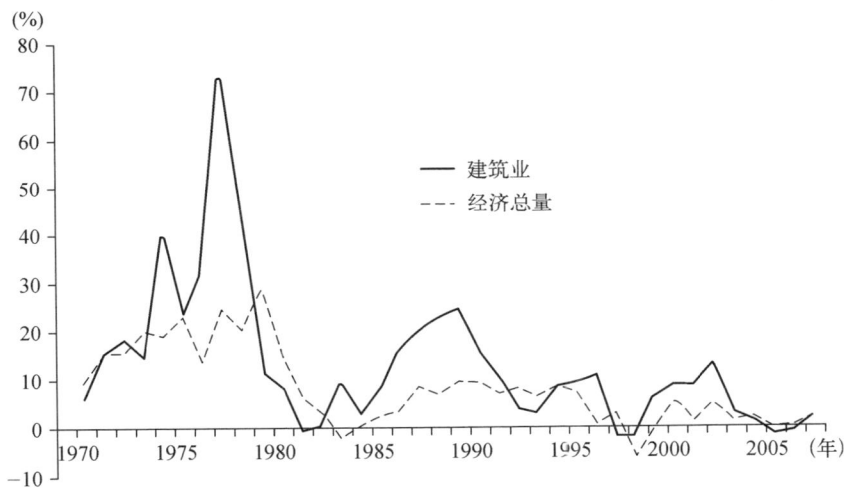

图 6-14 单位劳动成本的增长

资料来源:经合组织(http://stats.oecd.org)。

6.4.2.2 劳动力市场发展的第二次转折

20 世纪 80 年代末,韩国劳动力市场的发展中出现了第二次转折。借助"三低"①优势和席卷全球市场的贸易自由主义浪潮,韩国经济的规模快速扩张,劳动力市场也经历了前所未有的变化。制造业和服务业的就业人数猛增,推动 1998 年失业率下降至 2.5%(图 6-13)。物价稳定和工资上涨提升了工薪阶层的购买力。1988—1989 年,工资的上涨幅度超过了生产力的增长(图 6-15)。

---

① "三低"指的是能源价格低、国际利率低、韩元价值比日元低。"三低时期"通常指的是 1986—1988 年。

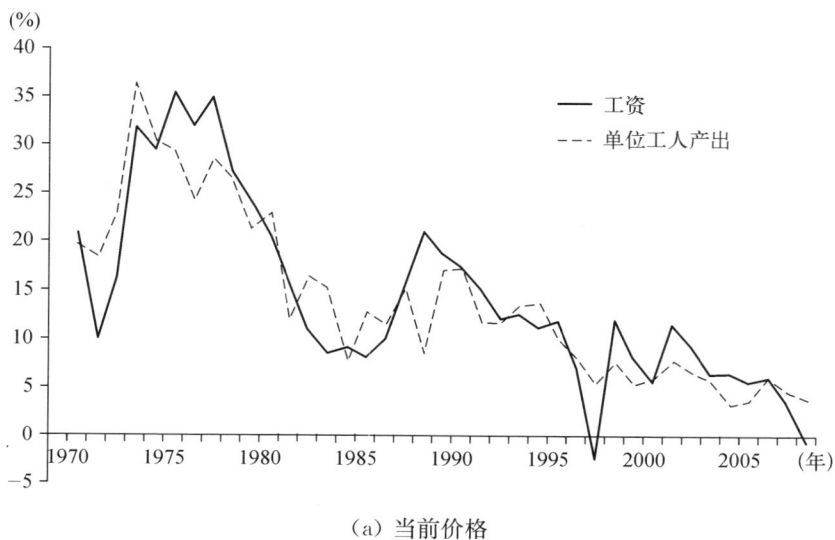

（a）当前价格

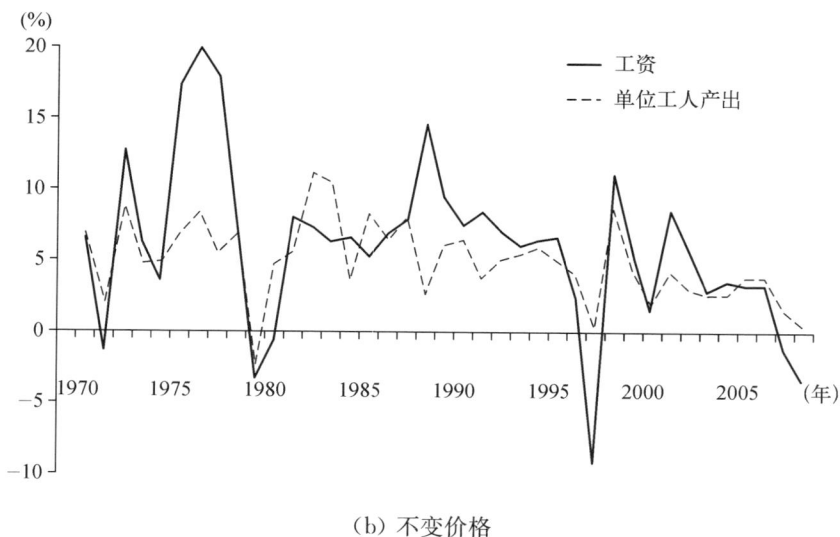

（b）不变价格

图6-15 工人人均工资和单位工人产出的增长

资料来源：韩国雇佣劳动部、韩国银行（http://ecos. bok. or. kr）、韩国统计厅
（http:// www. kosis. kr）。

注：不变价格工资指将当前价格工资减去居民消费者价格指数而得来的工资。
人均产量由国内生产总值除以工人数量计算得来。

　　与此同时,不同产业中劳动力供应和需求之间产生的脱节成为一大难题。于是人们讨论制定一些能够吸引老年人和女性进入劳动力市场的措施,并首次考虑从外国引进劳动力。

　　这一时期,政治民主化使得饱受压迫的韩国工人得以表达自己的心声。在韩国的一个重要的工业化城市蔚山(Ulsan)建立了"现代汽车工会"(the Hyundai Motor Labor Union),此后,工人运动从1987年的七八月份开始迅速地发展起来。工会组织主要有两个方面的要求——提供更高的薪水报酬和保障工会的自由活动。韩国政府没有再用警察力量压制工会运动或逮捕工会领导人。因此,工会组织提出的提高工资等要求大都得到了满足,工人的工资以两位数的速度增长。这就导致了韩国的几乎所有工业企业中都建立了工会,同时要求增加工资的罢工事件猛增(图6-16)。随着民主运动的影响延伸到工会组织,受公司控制的工会遭到驱逐。1987年6月至1989年,工会组织的数量从2 700个上升至7 000个;工会会员的人数从105万上升至193万。劳动者参加工会的比例从1986年的12%上升至1989年的19%(图6-17)。

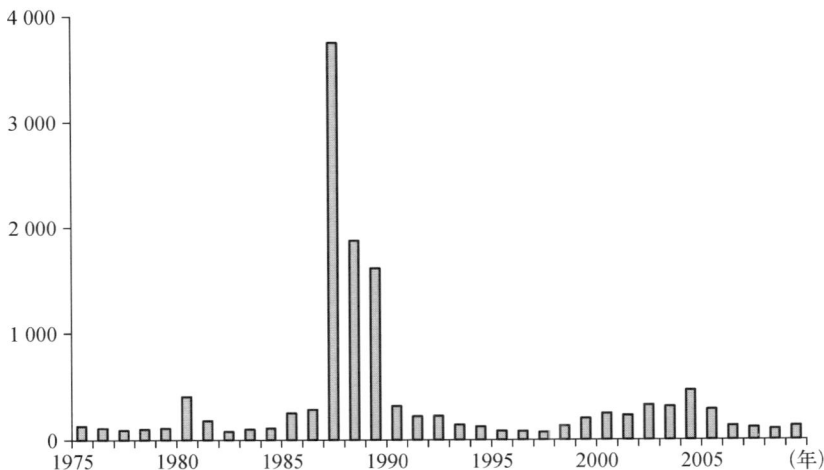

图6-16　劳动争议的数量

资料来源:韩国劳动研究院(http://www.kli.re.kr)。

　　步入20世纪90年代,随着韩国"三低时期"的结束以及随后遭遇的经济衰退,劳动者工资增长水平放缓。到1993年,工资的增长速度同劳动生产率的增长速度相一致(图 6-15)。领薪员工和正式员工占工人总数的比重不断提高也反映了工人的工作条件得到了逐渐的改善(表 6-3,图 6-18)。男性与女性的就业率都在这个时期持续的增长(图 6-19)。

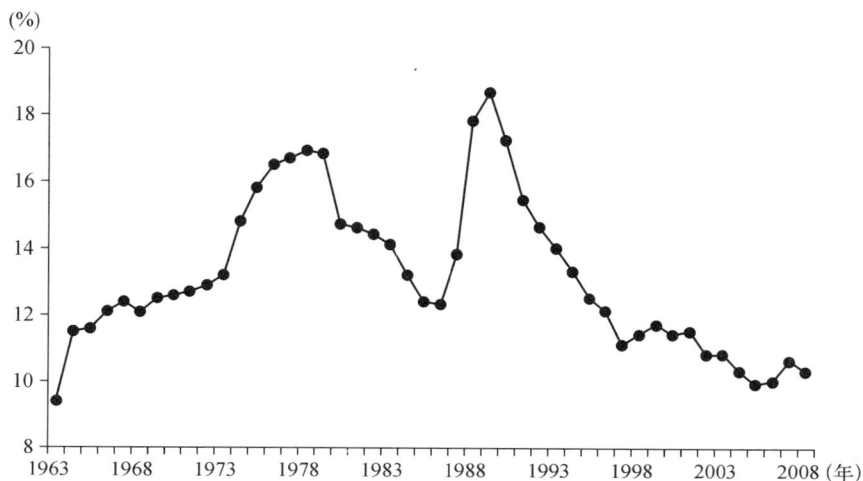

图 6-17 工会参加率

资料来源：经合组织(http://stats.oecd.org)。

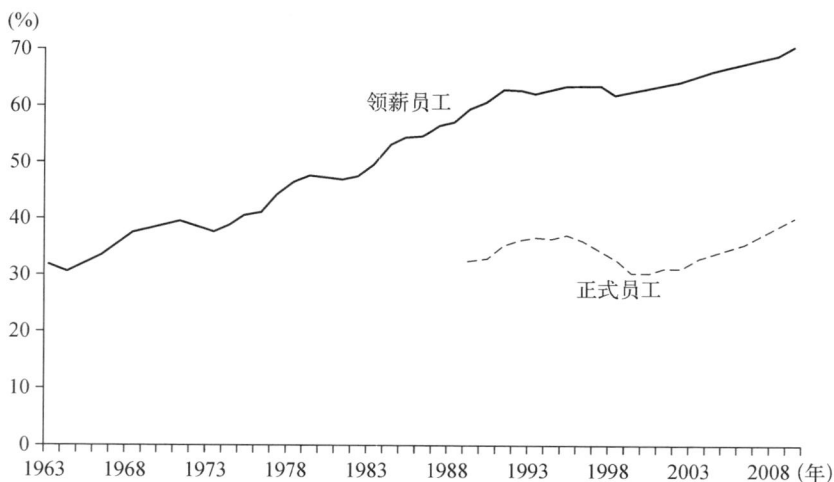

图 6-18 领薪员工和正式员工占劳动者总数的比重

资料来源：韩国统计厅(http://www.kosis.kr)。

表 6‒3 不同身份劳动者所占比重

(单位:%)

	1989 年	1994 年	1999 年	2004 年	2009 年
劳动者总数	100.0	100.0	100.0	100.0	100.0
无薪劳动者	40.8	37.1	37.6	34.0	30.0
个体经营者	28.8	27.1	28.1	27.1	24.3
无收入的家务工人	12.1	10.0	9.5	6.9	5.7
有薪劳动者	59.2	62.9	62.4	66.0	70.0
正式员工	32.4	36.4	30.2	33.8	39.9
临时雇员	16.9	17.5	21.0	22.5	21.7
短工	9.8	9.0	11.2	9.7	8.4

资料来源:韩国统计厅(http://www.kosis.kr)。

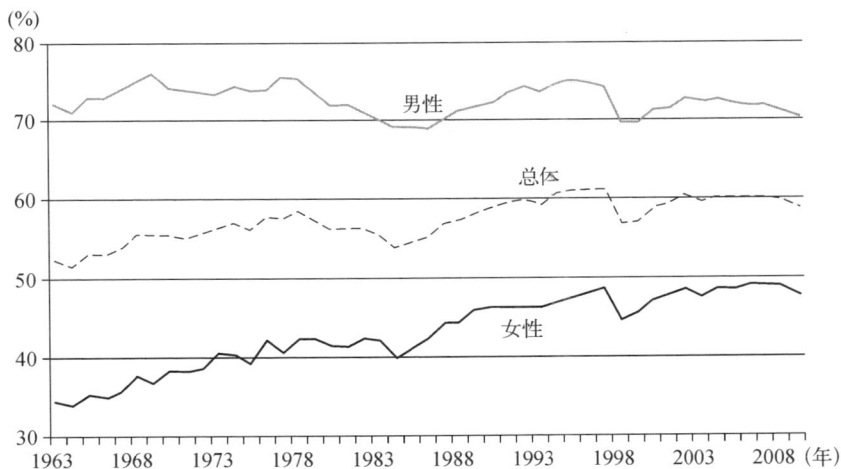

图 6‒19 就业率

资料来源:韩国统计厅(http://www.kosis.kr)。

这一时期,韩国制造业的工人处于特别有利的地位。1981 年的教育改革使得大学入学人数增加了一倍,到 80 年代后半期,受过高等教育的员工供给大大增加。与此相比,制造业中的产业工人的数量下降了,导致制造业领域劳动力严重的短缺和工人工资的大幅上涨。90 年代中期,教育附加费的不断下降也反映了这一情况(图 6‒20)。

(大学本科毕业生=100)

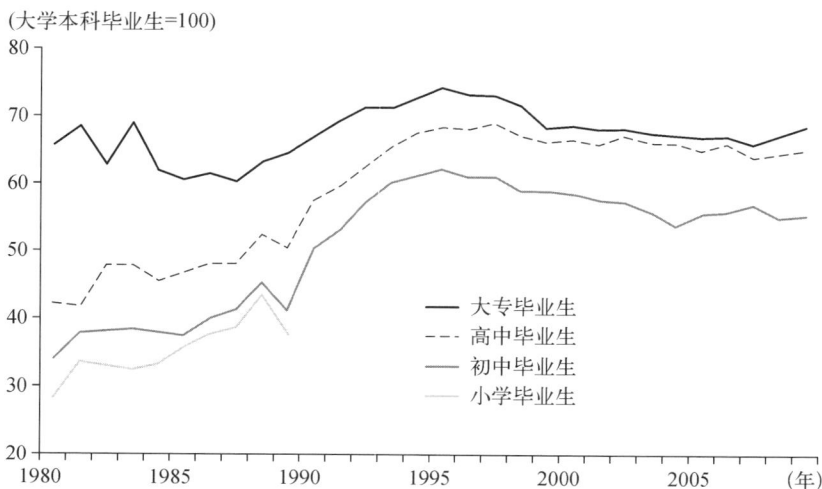

图 6‑20　不同受教育程度劳动者的工资变化

资料来源：韩国统计厅（http://www.kosis.kr）。

6.4.2.3　劳动力市场发展的第三次转折

20 世纪 90 年代中期，韩国劳动力市场经历了第三次转折。80 年代以来，信息和通信技术的发展减少了对从事简单重复性劳动的低技能劳动者的需求，他们与高技术的熟练工人相比处于劣势。此外，一方面，从劳动力工资水平较低的国家（特别是中国）吸收的劳工数量增加，另一方面，韩国国内企业为了降低产品的生产成本将它们的工厂转移到这些工资水平较低的国家。这种经济全球化进程的发展进一步削弱了韩国低技能劳动者的地位。同时，全球化也加剧了韩国企业之间的竞争，各个企业也必须更加灵活地处理劳动力需求的问题，以便应对不断变化的商业环境。

受上述因素影响，韩国劳动力市场整体稳定性下降，工资分配状况恶化。1994 年，临时工在有薪劳动者中所占的比例开始上升（图 6‑21）。90 年代后半期，尽管大学毕业生人数持续增长，与教育水平相关的工资溢价却再次上升（图 6‑20）。在年轻员工供给数量下降的同时，年轻员工与壮年员工之间的工资差距也拉大了，相同受教育程度或相同年龄群体员工之间的工资差距也在扩大[李元德（Won Duck Lee），2004]。这些变化表明，员工的职业技能、工作经验和对劳动力市场变化的适应能力，都是提升薪酬的重要因素。

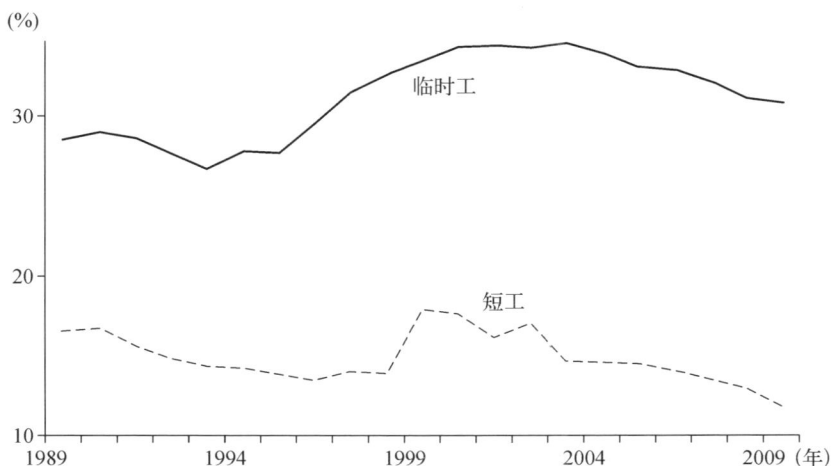

图 6 - 21　临时工和短工在有薪劳动者中所占的比重

资料来源：韩国统计厅(http://www.kosis.kr)。

　　1997 年的金融危机增加了劳动力市场中的不确定性,并且加剧了员工收入的不平等。危机促使企业的劳动力管理方式发生急剧而又深刻的变化。企业对于自身投资和招聘员工的决策变得更加谨慎,并且开始更多依靠外包服务和临时雇佣员工,用工政策处于不断调整的过程中。随着韩国企业的津贴补助和培训政策向高技术员工倾斜,工资差距逐渐增大。

6.4.3　目前劳动力市场结构的变化

6.4.3.1　女性员工作用不断提升

　　1963—2009 年,韩国的就业人数增长了三倍,从 760 万人增长到 2 350 万人。在此期间,女性员工在总就业人数中所占的比重由 35%上升至 42%。女性就业率从 1963 年的 34%稳步上升,2007 年运到 49%的峰值,随后由于全球金融危机的爆发,就业率出现了一定程度的下滑(图 6 - 19)。与此相反,男性就业率从 20 世纪 60 年代以来就始终徘徊在 70%—75%之间,因而对整体就业率的增长贡献较小。

　　20 世纪六七十年代,女性员工在劳动密集型产业中起着尤为重要的作用。八九十年代,随着更多的女性完成了高中或者大学教育,她们在劳动力市场上的参与度不断提高,其中最显著的是 25—29 岁女性群体不断加入劳动力市场中(图 6 - 22)。

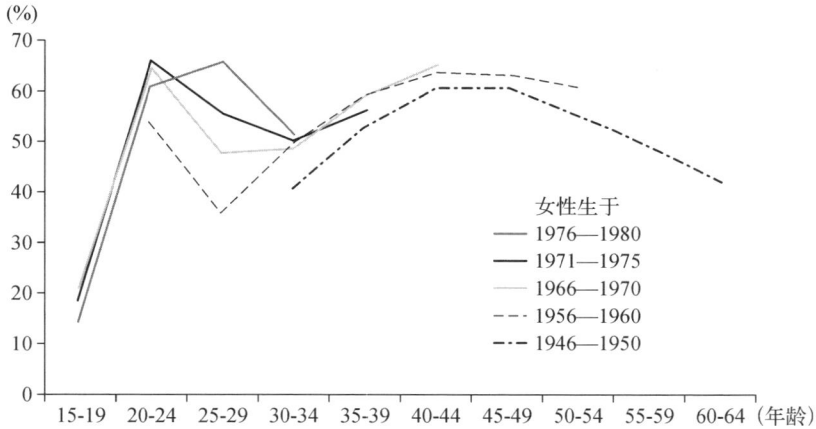

图 6－22　不同年龄段女性劳动力市场参与率

资料来源：韩国统计厅（http：//www. kosis. kr）。

注：2010 年的统计数据在本书出版时尚未发布，因此用 2009 年的数据代替 2010 年的数据。

尽管韩国女性就业取得了不小的进步，但其就业率水平仍依然低于其他经合组织成员国（图 6－23）。我们迫切需要鼓励更多的女性加入劳动力市场，从而将适龄劳动人口数量下降对产出增长的不利影响降至最低。韩国政府目前还需要在加大供应价格适中、安全可靠的幼儿托管服务，缩减过长的工作时间，以及消除致使女性难以协调工作和家庭的各种障碍等方面，做出更多的努力。

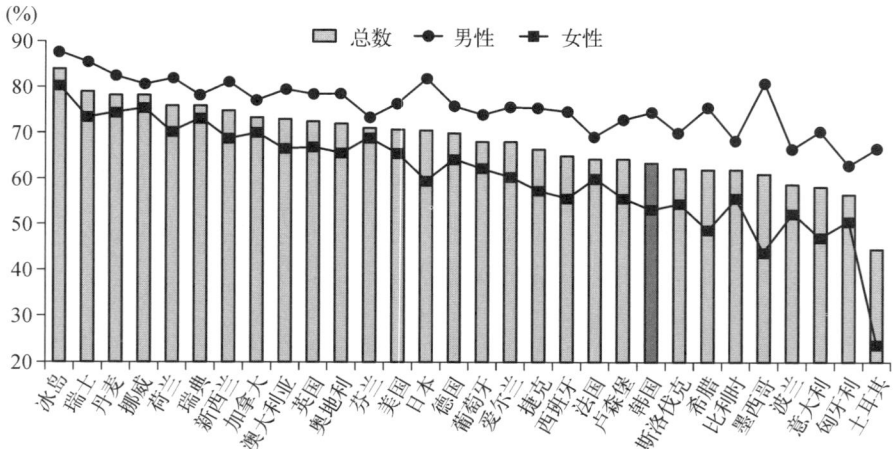

图 6－23　经合组织成员国就业率统计

资料来源：经合组织（http：//www. oecd. org）。

6.4.3.2　服务业就业规模的扩大

自 20 世纪 60 年代初以来,韩国的农业、林业以及渔业的就业人数占总就业人数的比重大幅下降,目前从事第一产业的劳动力占总就业人数的比重仅为 7%(表 6-4)。在韩国的工业化发展初期阶段,制造业的就业人数占总就业人数的比重是不断上升的,但在 1989 年达到 28% 的峰值之后开始下降,目前制造业劳动力占总就业人数的比重约为 16%,制造业的就业人数从 1991 年的 520 人万下降至 2009 年的 380 万人。

表 6-4　不同行业就业规模的变化

（单位:千人,%）

	总就业人数	农业、林业和渔业	制造业	建筑业	服务业	批发、零售及住宿、餐饮业	其他服务业
1963 年	7 563 (100)	4 763 (63.0)	601 (7.9)	192 (2.5)	1 952 (25.8)	/	/
1970 年	9 617 (100)	4 846 (50.4)	1 268 (13.2)	281 (2.9)	3 114 (32.4)	/	/
1980 年	13 683 (100)	4 654 (34.0)	2 955 (21.6)	843 (6.2)	5 064 (37.0)	2 625 (19.2)	2 439 (17.8)
1990 年	18 085 (100)	3 237 (17.9)	4 911 (27.2)	1 346 (7.4)	8 442 (46.7)	3 935 (21.8)	4 507 (24.9)
2000 年	21 156 (100)	2 243 (10.6)	4 293 (20.3)	1 580 (7.5)	12 959 (61.3)	5 752 (27.2)	7 207 (34.1)
2009 年	23 506 (100)	1 648 (7.0)	3 836 (16.3)	1 720 (7.3)	16 182 (68.6)	5 536 (23.6)	10 646 (45.3)

资料来源:韩国统计厅(http://www.kosis.kr)。

注:采掘业和公共事业占总就业人数的比重低于 1%,在这里不做统计。

与此同时,服务业就业规模持续扩大。服务业的就业人数从 1963 年的 200 万人增加到 2009 年的 1 620 万人,占总就业人数的比重从 26% 上升到 69%。在服务业中,批发、零售和住宿、餐饮业,1980 年的就业人数约占服务业总就业人数的一半,但在 2009 年只占到了三分之一;就业人数从 2002 年的 600 万人下降至 2009 年的 550 万人,这表明韩国的服务业正在经历一个不断调整的过程。

6.4.3.3　专业技术人员与文职管理人员占劳动者总数的比重持续上升

按职业分类来看,20 世纪 60 年代以来,随着知识产业的发展和对先进技术的渴求,促使专业技术人员、行政管理人员等在总就业人数中的比重持续上升(表 6 - 5)。

1997 年的金融危机之前,文职办公人员在就业人数中的比例一直在持续增长。这场危机的到来,造成大量的企业破产重组,因此,也造成了 1997—1999 年期间,该类人员的比重骤降了 13%,但在 2000 年后,此类人员的就业人数又恢复了增长。

此外,2000 年后,服务及销售人员在总就业人数中的比重是持续下降的,而机器操作工、装配工和手工业者所占的比重则停滞不前,维持在 33% 左右,这些现象表明了低技能劳动者的就业状况在进一步恶化。

表 6 - 5　不同职业类别的就业人数所占比重的变化

(单位:%)

年份	专业技术与行政管理人员	文职办公人员	服务及销售人员	农业、林业、渔业从业人员	机器操作工、装配工、手工业者
1963	3.3	3.5	15.3	62.9	15.0
1970	4.8	6.0	18.8	50.2	20.2
1980	5.3	9.3	22.4	34.0	29.0
1990	8.7	13.0	25.7	17.8	34.8
1993	10.4	15.4	28.5	13.3	32.4
1993	15.3	12.9	21.1	12.1	38.7
2000	18.9	11.6	23.8	10.0	35.7
2000	18.6	11.9	26.0	10.0	33.5
2008	22.4	14.9	23.5	6.7	32.6
2008	20.9	14.8	24.0	6.7	33.6
2009	21.2	15.3	23.4	6.5	33.7

资料来源:韩国统计厅。
注:1993 年、2000 年、2008 年的职业分类有所变化。

6.4.3.4　非正式工作者和自谋职业者占劳动者总数的比重居高不下

与其他经合组织成员国相比,韩国的劳动力市场具有一个明显不同的特征,非正式工作(劳动者从事临时工或按日计酬的工作)与个体自谋职业的现象非常普遍(图6-24)。

首先,大量的劳动者从事临时工或者按日计酬的工作,工作时间短,缺乏长期的就业保障。根据2009年统计数据显示,这类非正式工作者占领薪员工总数的43%。

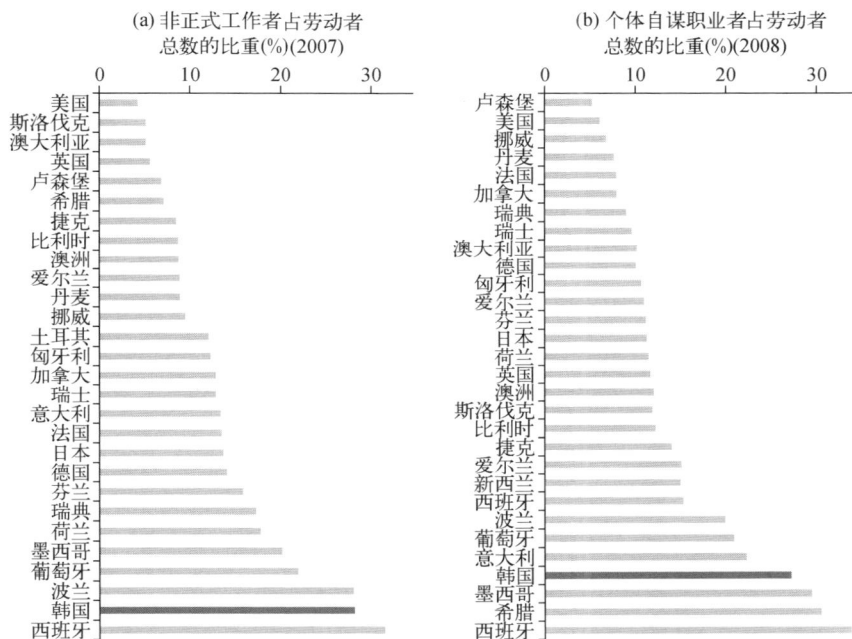

(a) 非正式工作者占劳动者
总数的比重(%)(2007)

(b) 个体自谋职业者占劳动者
总数的比重(%)(2008)

图6-24　经合组织成员国劳动者就业方式的比较

资料来源:经合组织(http://www.oecd.org),《经合组织2008年年度报告》。

在从事非正式工作的劳动者中,女性、老年人以及受教育程度较低的人所占的比重明显偏高,而年轻人和受教育程度高的男性群体主要从事正式工作。2006年,在拥有300人及以上人数的大企业中,非正式工作者所占的比重约为20%,而在员工规模小于5人的小公司中,非正式工作者所占的比重约为50%。结果,有三分之二的非正式工作者是在员工人数少于30人的小企业中工作,而只有约7%的非正式工作者在300人及以上人数的大企业中工作。

从1994年开始,从事非正式工作的劳动者在领薪员工总数中的所占的比重开始提升，但是到了 2001 年却出现了拐点（图 6‒21）。自 2002 年以来，非正式工作者的绝对就业数量保持在 720 万—730 万之间，但是有正式固定工作的劳动者的数量稳定增长致使前者所占的比重下滑（图 6‒25）。这一动态变化背后的原因尚不明了。金勇逊（Yong-Seong Kim，2009）的研究表明，一方面是因为许多非正式工作者通过积极寻找正式固定的工作而跻身正式员工行列，另一方面是因为很多非正式工作者被新进的正式员工替换下来而退出了劳动力市场。

其次，在 2009 年，韩国的自谋职业者在整个劳动力市场中所占的比重为 24％。自 20 世纪 60 年代以来，自谋职业者所占的比重是一直在下降的（图 6‒26）。这种下降趋势于 90 年代终止，但是在 20 世纪初又恢复持续发展。更引人注目的是无收入的家务工人的人数和所占的比重也在下降。同样，目前还不能清楚地解释这种变化与有正式工作的劳动者数量增加存在怎样的联系。无论如何，有正式工作的正规劳动者数量的增多是一个可喜的变化，因为这将带来更高的就业稳定性、更小规模的地下经济，以及更大范围的社会保障。

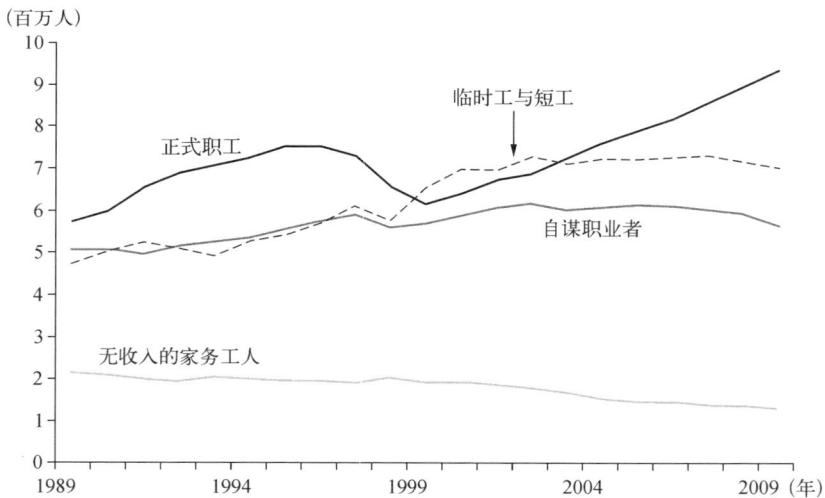

图 6‒25　不同类别的劳动者变化趋势

资料来源：韩国统计厅（http://www.kosis.kr）。

占劳动者总数的比重(%)

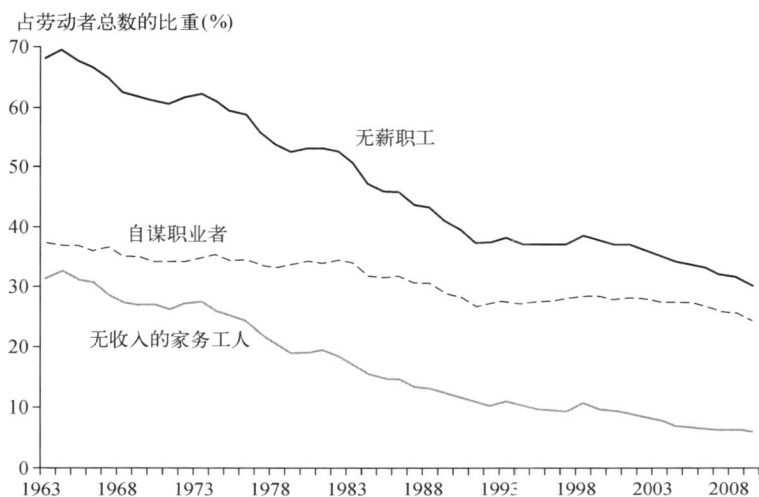

图 6‑26　无薪劳动者所占比重的变化趋势

资料来源：韩国统计厅（http://www.kosis.kr）。

6.4.3.5　兼职工作者占劳动者总数的比重在提高

多年以来,韩国劳动力市场上的兼职工作者所占的份额持续地增长(图 6‑27)。2008 年,有 15％的劳动者每周的工作时间不超过 36 个小时,有 9％的劳动者每周的工作时间不超过 30 个小时。2009 年,兼职工作者的就业人数略有下降。

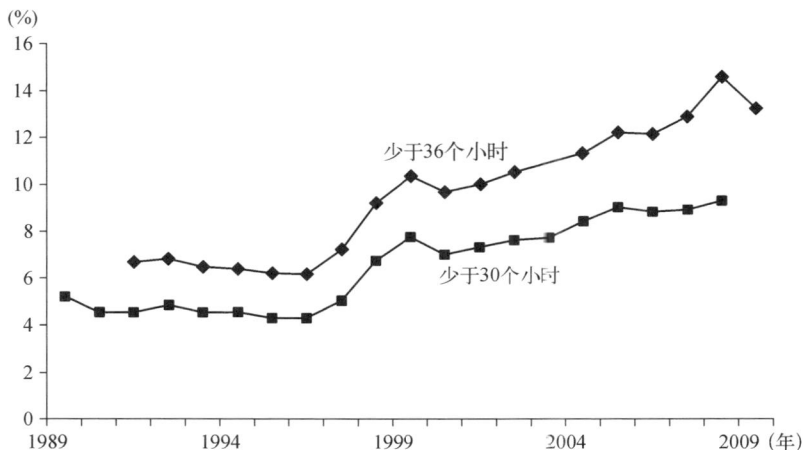

图 6‑27　兼职工作者占总就业人数比重的变化

资料来源：韩国统计厅(http://www.kosis.kr)、经合组织。

注：兼职工作者被分为每周工作时间不超过 36 个小时和 30 个小时两类。

　　韩国的兼职工作者在整体就业中所占的比重仍然低于许多其他经合组织成员国(图 6 - 28a)。例如在荷兰,兼职工作者约占总就业人数的三分之一。从全职就业的比重来看,韩国在经合组织成员国中处于中间水平位置(图 6 - 28b)。兼职工作数量的持续增长是有利于提高整体就业率的。

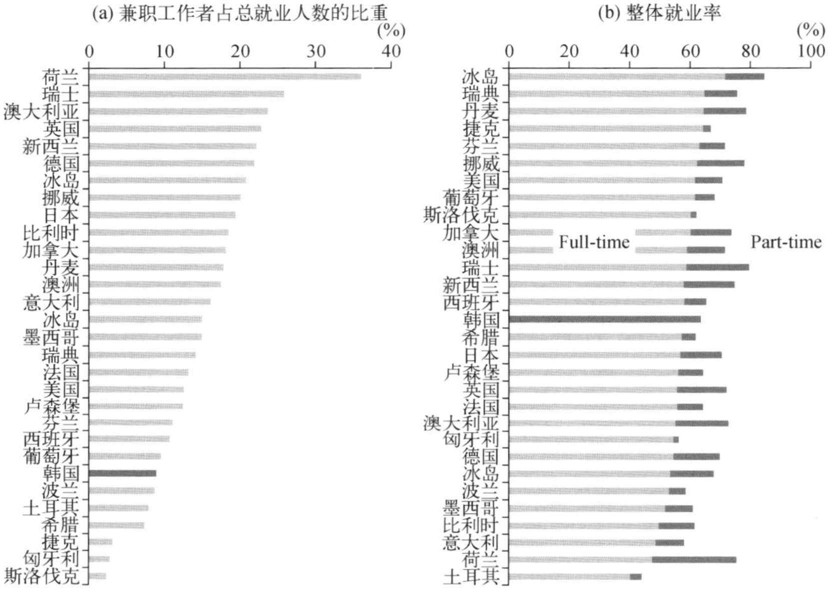

图 6 - 28　经合组织成员国兼职工作者就业率

资料来源:经合组织(http://www.oecd.org).

注:墨西哥的数据参考年份是 2004 年。

6.4.3.6　最低工资

　　为了保护低技能劳动者的合法权益,韩国政府于 1988 年建立了"最低工资标准"制度。该制度最初只适用于规模在全职劳动者为 10 人或 10 人以上的制造业企业。1990 年,该制度的适用范围扩大到所有行业中的上述规模的企业。1999 年,进一步的扩大,适用于所有行业中的 5 人或 5 人以上的企业。2000 年 11 月,该制度将适用范围扩展至所有的企业。

　　自最低工资标准制度实行以来,其标准一直在提高。韩国的最低工资占工资中位数的百分比与占平均工资的百分比,在 1996—1997 年之前是下降的,之后又开始上升(图 6 - 29)。2008 年,韩国的最低工资占工资中位数的 39％,占平均工资的 32％,与国际比较来看,仍处于较低水平(图 6 - 30)。

(%)

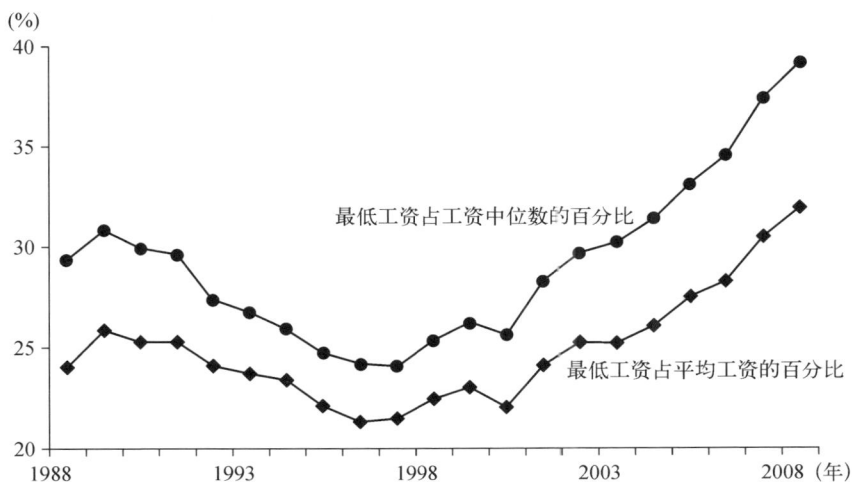

图 6-29 最低工资水平的变化趋势

最低工资占工资中位数的百分比(%)

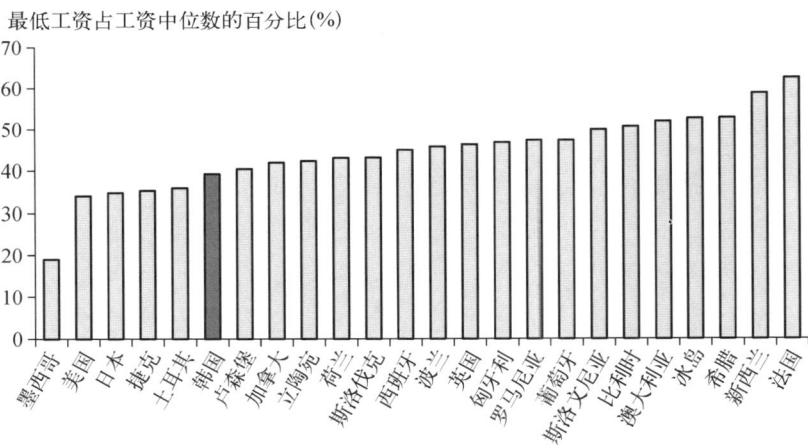

图 6-30 经合组织成员国最低工资标准(2008 年)

资料来源:经合组织(http://www.oecd.org)。

注:墨西哥的数据参考年份是 2005 年,土耳其的数据参考年份是 2006 年。

6.4.3.7 标准工作时间

1953 年,韩国颁布《劳动标准法》(Labor Standards Act),规定劳动者每天工作不超过 8 个小时,每周累积工作不超过 48 个小时。时隔 36 年后的 1989 年,劳动者的工作时间进行了调整,规定每周累积工作时间不超过 44 个小时;15 年后的 2004 年 7 月,又有调整,每周累积工作时间下降至不超过

40 个小时。每周累积劳动不超过 40 个小时的工作时间标准最初适用于规模在 1 000 人或 1 000 人以上的大型企业,随后逐步扩大到各种不同规模的企业。到 2010 年,规模在 20 人或 20 人以上的企业,也开始采用上述工作时间标准。

即使有标准工作时间制度的规定,但如果劳动者和管理者之间达成协议,即加班工作的时薪至少要在正常工作时间工资水平的 50% 以上,那么每周加班 12 小时以内还是被允许的。

在过去 20 年里,韩国的劳动者平均每人每年的工作时数在持续减少(图 6 - 31)。1986—2008 年,劳动者的工作时间从平均每人每年 2 923 个小时降低至平均每人每年 2 256 个小时,下降了 23% 左右。尽管如此,目前韩国劳动者的工作时间与其他经合组织成员国相比依然是最长的(图 6 - 32)。如此长的工作时间在一定程度上(并不是全部)反映了兼职工作占比较低的事实,长时间的工作使韩国的劳动者很难协调好工作与家庭生活的关系。

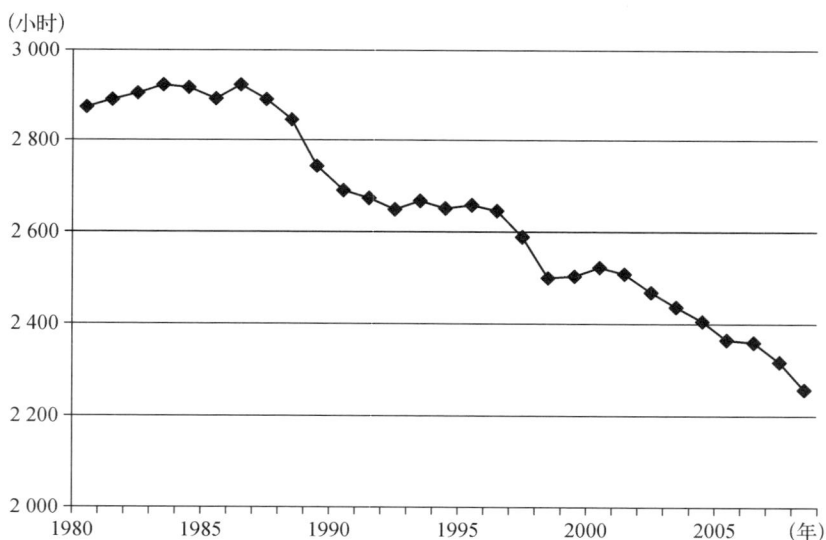

图 6 - 31　韩国劳动者的标准工作时间的变化

资料来源：经合组织(http://www.oecd.org)。

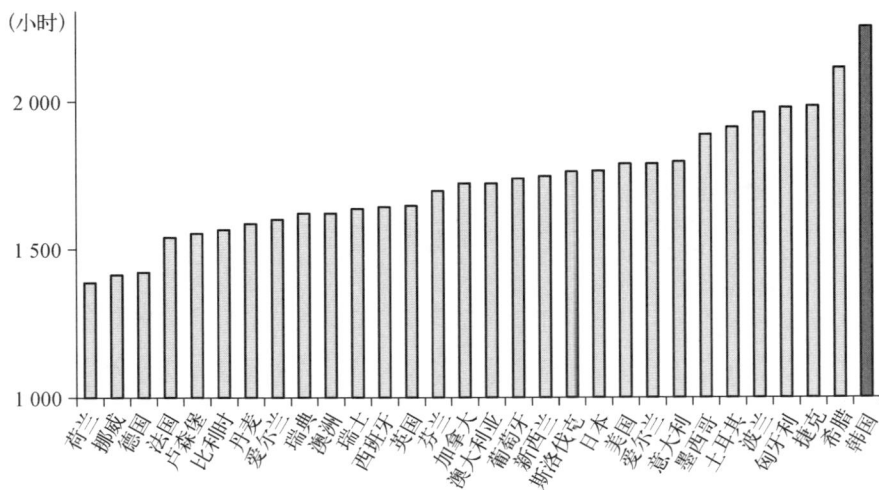

图 6 - 32　经合组织成员国劳动者工作时间

资料来源：经合组织（http://www.oecd.org）。

注：土耳其的数据参考年份是 2004 年。

6.4.3.8　韩国劳动力市场的弹性

正如格鲁布（Grubb）、李（Lee）和特盖思（Tergist）在 2007 年所指出的，韩国的劳动力市场具有核心与边缘的二元性特征，前者显示了其缺乏弹性，后者则表明其安全性较低（表 6 - 6）。

"核心群体"指的是在韩国的制造业、公共事业或大型公司中正规固定就业的劳动者。他们通常由工会代表自己的利益，享受高水平的就业保护，被纳入社会保障体系之内（享有社会养老保险、失业补助等），能够参与到"积极的劳动力市场政策"（active labor market policies，ALMPs）的各项活动中（如参加职业培训等）。"核心群体"的劳动力数量弹性和功能弹性均较低，这是因为企业很难调整劳动力的投入以适应不断变化的需求[1]。韩国劳动力市场中的"核心群体"主要是通过工会组织构建的，但是，相对于其他的经合组织成员国，这部分群体的规模较小（图 6 - 33）。

---

[1] 广义上讲，劳动力的数量弹性是指企业调整其劳动力投入的数量和时间来适应需求变化的能力；功能弹性则是指企业随着对不同劳动力需求的改变，根据生产任务的变化而调整劳动力的能力。

表 6－6　韩国劳动力市场中的弹性和安全性

主要从业人员		弹性		安全性		
		数量弹性	功能弹性	就业保障水平	社会保障体系	积极的劳动力市场政策
核心群体	一般在制造业类别或在一些大企业中工作的正式员工	缺乏弹性	缺乏弹性	高	尽管规模小，但已被社会保险所覆盖	尽管效率低，但参与了各项政策性活动
边缘群体	主要在服务业类别或在中小企业工作的非正式员工	较高的流动性和较低的保障性	没有弹性	非常低	大多数人没有被社会保险所覆盖	大多数人没有参加政策性活动

资料来源：陈（Cheon）等学者（2006）。

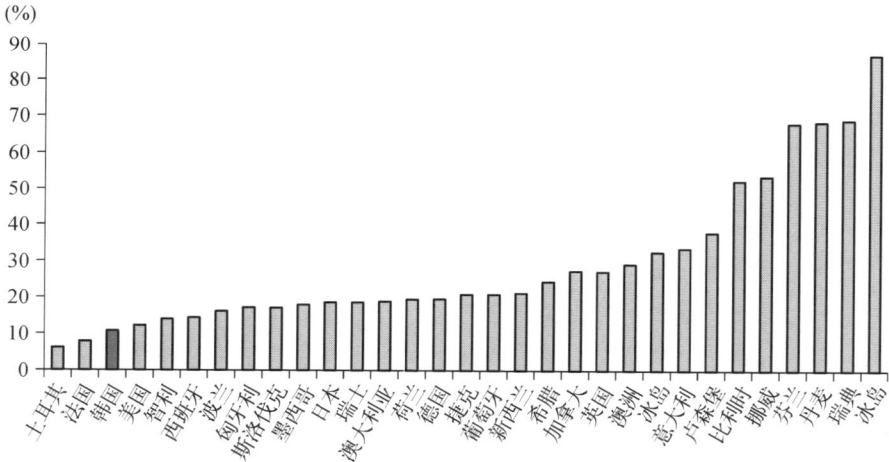

图 6－33　经合组织成员国的工会参加率（2008 年）

资料来源：经合组织（http://www.oecd.org）

注：墨西哥的数据采自 2005 年，冰岛的数据采自 2007 年。

相比之下，韩国劳动力市场中的"边缘群体"都是由那些没有正式工作的劳动者组成，他们主要在服务业或一些中小型企业工作，只能享受到的非常低的就业保障水平，也未被纳入社会保障体系和"积极劳动力市场政策"活动中。他们缺乏工作保障，且劳动力的功能弹性与他们无关。

通过对经合组织成员国劳动力市场弹性的比较,可以发现韩国的表现一般。例如,对比33个经合组织成员国的数据,韩国在企业解雇正式员工方面排名第21位,解雇非正式员工方面排名第19位,集体解雇排名第6位,整体排名第16位(表6-7)。

表6-7 经合组织成员国的就业保障指数(2008年)

	保护职工免受解雇	对临时就业的监管	对集体解雇的特殊要求	经合组织成员国就业保障指数
美国	0.56	0.33	2.88	0.85
加拿大	1.17	0.22	2.63	1.02
英国	1.17	0.29	2.88	1.09
日本	2.05	1.50	1.50	1.73
韩国	2.29	2.08	1.88	2.13
意大利	1.69	2.54	4.88	2.58
德国	2.85	1.96	3.75	2.63
法国	2.60	3.75	2.13	3.00
经合组织成员国的平均水平	2.09	2.12	2.75	2.21
韩国排名	21	19	7	16

资料来源:经合组织(http://www.oecd.org)。

然而,对上述排名我们应该持谨慎态度。首先,经合组织提供的指标主要关注的是企业员工解雇与临时就业的相关规定,没有考虑在韩国的大企业内部,以资历作为薪酬的基础、工会组织对管理层决策的干预(如对员工的调动),以及其他不合理方式导致的劳动力功能与薪资政策弹性的缺失。

其次,当韩国的就业保障政策施用于劳动力市场中的"边缘群体"时,反而失去了应有的意义,因为在该群体中,市场力量的作用远远大于那些缺乏执行机制的法律法规。因此,韩国整体劳动力市场的弹性实际上可能大大高于经合组织的指标。劳动力的弹性的缺乏主要集中在那些"核心群体"上,他们拥有强势的工会力量,所生产的商品在市场上拥有垄断地位,从而受到了保护,逃避了竞争压力。

6.4.4　劳动力市场面临的挑战

劳动力市场需求是由产品市场需求衍生而来的,劳动力市场随着产品市场的变化而变化。20世纪六七十年代,劳动密集型产业的发展带动经济增长,低技能劳动者拥有充足的就业机会。然而,随着七八十年代重化工业的经济重要性的增长,对有技术的熟练劳动力的需求也开始增加。随后90年代信息和通信技术的出现,对信息通信技术行业的高素质技能型人才的需求不断攀升。

在过去的60年里,韩国的劳资关系同样经历了巨大变化。在发展初期,人们更多地强调经济发展,而不是劳动者的权利。随着80年代后半期韩国政治民主化的推进,工会组织的数量迅速增加并产生了一种新型的劳资关系。这种变化虽然对工人的福利改善产生了积极的影响,但从目前情况来看,人们普遍认为对抗性的劳资关系以及激进的工人运动严重地扰乱了韩国社会和政治的稳定性,威胁着韩国经济的可持续增长。

目前韩国的劳动力市场正在经历更深刻的变化。针对这些变化,接下来的内容将概括总结出必要的应对策略。

当前最主要的问题是提高韩国的就业率。与发达国家相比,韩国的就业率一直较为落后。要解决这个问题,需要不同的政策制定部门协同努力,在创造就业需求的同时鼓励劳动力积极就业,提高劳动力供给量。解决就业率问题的重要任务包括,保持宏观经济的稳定;促进市场竞争与提升企业家创业精神;提高各个教育层次的教育服务质量;提升劳动力市场积极参与度,特别是让劳动力市场边缘群体主动参与其中。

要提高就业率,韩国的三个群体需要予以特别关注。首先是年轻人。2009年,失业人数中约有39%是年龄在15岁至29岁之间的年轻人,这个群体中的失业率(8.1%)远远高于总体失业率水平(3.6%)。年轻人求职的实际人数也许远远高于官方统计数据,这主要是因为许多年轻人在进入劳动力市场的过程中受挫而气馁。

特别令人担忧的是韩国大学毕业生在劳动力市场上表现低迷。目前80%以上的高中毕业生选择继续升学接受高等教育,但是许多大学生在毕业后无法找到工作,或是他们毕业后所从事职业大多与其所学专业不对口

（根据 2008 年经合组织提供的数据）。目前，必须要设法帮助高中毕业生在升学与就业方面做出合适的选择，以及促进大学毕业生做好从学校到社会就业之间的过渡。

其次，需要予以关注的是女性就业群体。与过去相比，越来越多的女性进入劳动力市场，她们的职业素质也变得更高。女性得以积极参与到劳动力市场中主要得益于幼儿托管服务越来越丰富、便捷，得益于社会对女性参加工作态度的改变。但是，她们的就业保障水平普遍较低，大多处于劳动力市场的边缘；与其他国家相比较，韩国在工资上的性别歧视表现得更加明显。[①] 尽管性别歧视在最近几年得到一定程度的改善，但这仍是一个长期待解决的问题。此外，过长的工作时间，对于那些试图协调家庭生活和工作的女性劳动者来说则是另一个挑战。

对于政府来说，尽管改变社会观念与商业惯例是非常困难的，但是仍有必要去密切关注影响女性就业率的决定性因素，并且在必要时进行干预。

再次，促进老年人的就业在未来几年会变得越来越重要。目前，在韩国由于有许多劳动者在其晚年无法依靠落后的公共养老金制度养老，因此，韩国老年人的就业率在经合组织成员国中处于最高水平（根据 2008 年经合组织提供的数据）。但是随着养老金制度越来越完善，将有更多的劳动者选择提早退休，这将在人口增长率不断下滑的情况下导致韩国整体就业率的下降。减少阻碍就业的不利因素，同时为老年人提供足够的收入支撑将会成为一个重要的经济和社会问题。

最后，需要提高韩国劳动力市场弹性。从个人解雇和临时性就业方面来看，韩国的就业保障的水平还是比较高的。但当涉及劳动力市场的边缘群体时，这些就业保障措施就不是那么有效了；不过，随着正式员工人数的增加以及非正式员工人数的减少，以上保障措施的效力会逐步增强。劳动力市场核心群体管理的僵化问题主要归咎于政府政策、社会风俗以及商业运行习惯等方面。政府应当不断地努力提高劳动力市场的弹性。具体说来，政府可以通过修正相关法律，实施竞争政策来增加产品市场的竞争压力，实行外部市场自由竞争，将国有公司私有化等措施来保障劳动力市场的弹性机制。

---

① 当其他条件不变时，2009 年韩国女性的平均工资是男性的 62%。

6.5　社会福利制度

6.5.1　概述

20 世纪 60 年代以来，韩国的经济快速增长，国民收入分配相对稳定（图 6-34）。工业化建设提供越来越多的就业机会，帮助许多人摆脱了贫困，养活了他们自己和家人。由于政府受制于薄弱的税收基础，不能采用代价昂贵的再分配政策，但是仍然可以消灭之前普遍存在的绝对贫困现象，并且改善收入分配。

然而，到了 90 年代，韩国的收入分配情况恶化，贫富差距拉大，收入不平等日益加剧（图 6-35）。对于形势的转变，有以下几种解释：（1）全球化的影响以及知识经济的发展使低技能劳动者边缘化；（2）生产力差距日益扩大，主要体现在制造业和服务业之间、重化工业和轻工业之间，以及大企业和小企业之间；（3）就业率停滞不前；（4）社会保障覆盖面狭窄；（5）人口老龄化日趋严重。

1997 年爆发的金融危机对韩国的收入分配与贫困问题产生了巨大的影响。为了应对金融危机，政府加大对失业人口和贫困居民的救助。在后经济危机时期，韩国政府进行了一些重大改革，包括 1998 年将就业保险制度（Employment Insurance System, EIS）扩展到所有类型的企业，以及 2000 年开始实施的"全国基本民生保障计划"（National Basic Livelihood Security Program）（表 6-8）。

随着社会保障制度覆盖面的扩大，政府的社会福利支出迅速增加（图 6-36）。在社会福利支出中，医疗保健与社会保护支出各占 50％左右。

尽管韩国的社会福利支出增速很快，但目前仍然低于其他发达国家的水平[1]（图 6-37），在养老保险与医疗保健方面的福利支出，差距尤其显著。这反映了韩国的养老金制度相对的不完善，以及医疗保健的需求不足。而

---

[1] 经合组织定义的社会福利支出不同于国民账户体系（System of National Accounts, SNA）核算的社会保障与医疗保健支出，前者还包括积极劳动力市场政策与住房供给，而在国民账户体系中，这两项被分别归类为经济事务与社区发展事务。经合组织定义的社会福利支出还包括强制性的私人支出项目，如在韩国企业解雇员工必须支付的遣散费。

人均GDP的增长(%)

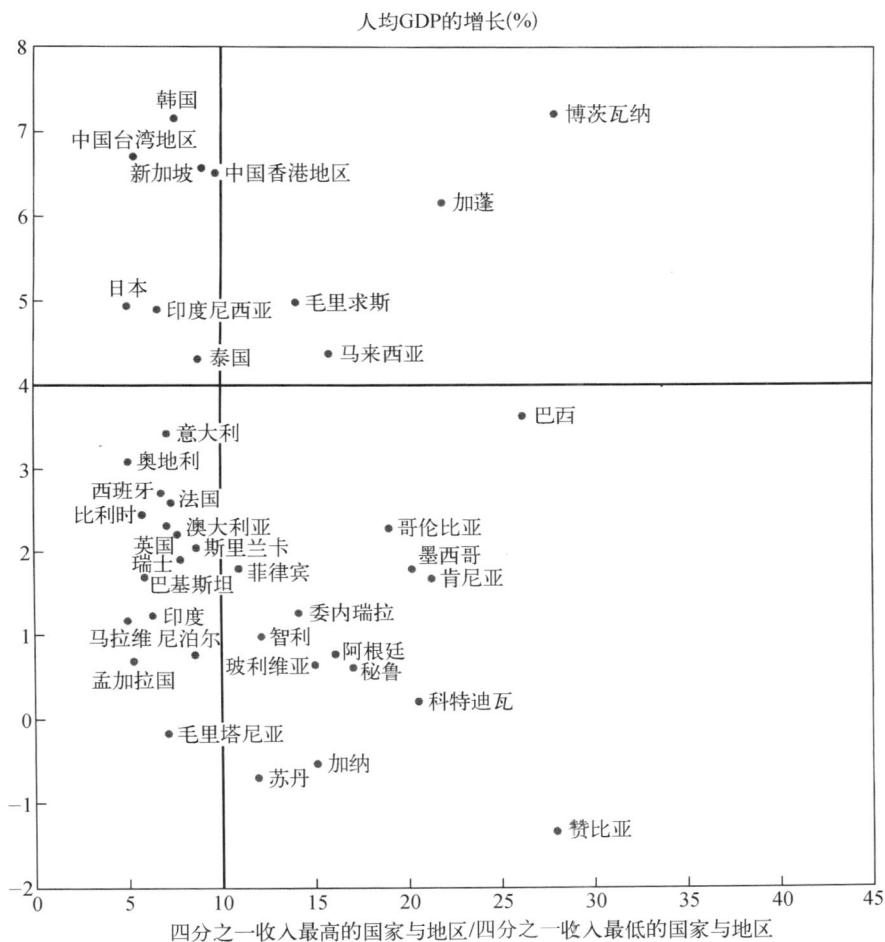

图 6-34 世界主要国家及地区国民收入的增长与分配(1965—1989)

资料来源:世界银行(1993)。

注:1965—1989 年平均值。

后者需求不足的主要原因是,韩国当时的居民收入水平较低和人口年龄结构较年轻。但是,随着越来越多的韩国人能够拥有享受养老金福利的资格、收入水平的提高,以及全国人口老龄化,在未来几年,韩国的这方面社会福利支出将迅猛增长。2009 年,朴(Park)和钱(Jeon)预测,即使未来没有新的支出项目,到2050 年,韩国的社会福利支出也将达到与其他经合组织成员国持平的规模。

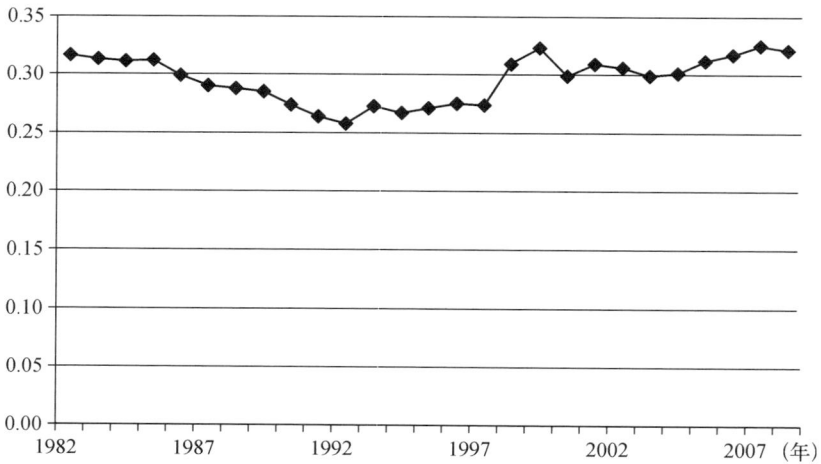

图 6 - 35　韩国的基尼系数（1982—2008）

资料来源：柳永俊（Gyeongjoon Yoo，2009）。

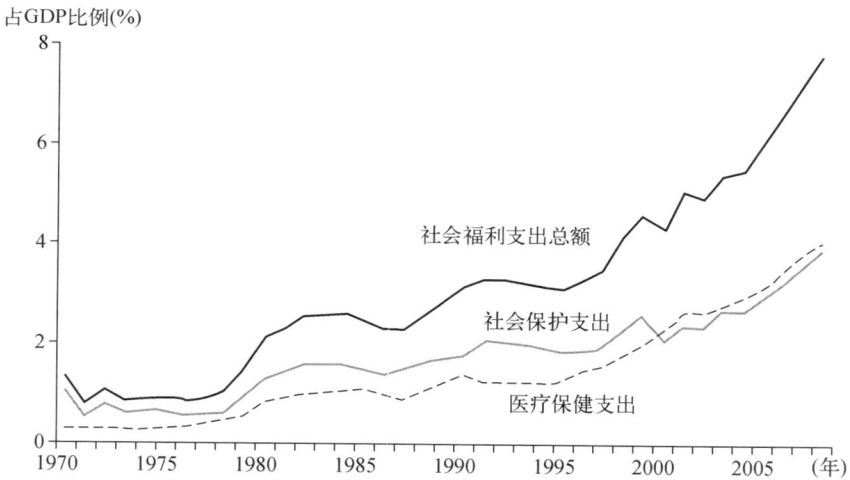

图 6 - 36　韩国的社会福利支出

资料来源：韩国银行（http：//ecos. bok. or. kr）。

　　然而，随着社会福利支出的增加是否能缩小韩国国民收入的差距，目前还无法确定，因为居民收入不平等受多种因素影响。韩国政府还需要在协调宏观经济、教育、劳动力市场、社会福利以及其他政策等方面做出艰苦的努力，以阻止收入差距拉大和贫困人口的增加。

表 6‐8　韩国社会保障制度发展历程

	社会保险	社会救助	社会福利服务及其他
20世纪60年代	《公务员养老金法》(1960)、《军人养老金法》(1963)、工伤保险制度(1964)	《生活保护法》(1961)	《儿童福利法》(1961)、《社会保障法》(1963)
20世纪70年代	《国民福利养老金法》(1973)、《私立学校教师养老金法》(1973)、《职工医疗保险法》(1977)、《政府公务人员和教师医疗保险法》(1979)	《医疗保护法》(1977)	《社会福利服务法》(1970)
20世纪80年代	《自谋职业者医疗保险法》(1982)、《国家保险法》(1988)		《老年人福利法》(1981)、《精神病人福利法》(1981)、《妇女儿童福利法》(1989)
20世纪90年代	就业保险制度(1995)、就业保险制度覆盖所有类型的企业、国民福利养老金覆盖所有的职工(1999)、将所有医疗保险整合到国家医疗保险体系中(1999)		《残疾人促进就业法》(1990);《学龄前儿童保育法》(1991)
21世纪初	工伤保险制度覆盖所有类型的企业(2001);《长期护理保险法》(2008)	《国民基本民生保障法》(2000)、《紧急救援法》(2006)、《所得税抵免法》(2008)、《老人基本养老金法》(2008)	《禁止歧视残疾人法》(2007)

资料来源:李元德(Won Duck Lee,2008);其他资料。

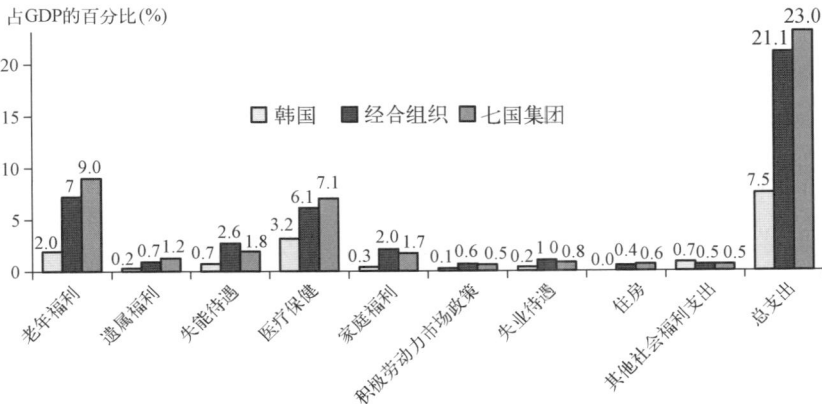

图 6‐37　韩国和其他国家组织的社会福利支出比较(2005年)

资料来源:经合组织(http://stats.oecd.org)。

6.5.2　韩国社会福利制度发展

6.5.2.1　1960 年以前

在日本殖民统治时期，"朝鲜救济法令"（Chosun Relief Order）为当时的韩国提供了第一个现代意义的公共救济制度。但是，由于其服务于殖民统治而非真正意义上的社会救济，一直饱受批评［李（Lee）等人，2006；申（Shin）等人，1999；尹（Yoon）等人，1998］。

从 1953 年朝鲜战争停战协定签订到 1961 年韩国实施第一个"经济发展五年计划"，这一期间韩国政府推出的社会福利方案主要针对的是因为战乱而流离失所的难民和孤儿，为他们提供紧急救济援助。但由于当时的韩国政府缺乏资金，很难实现福利法案提到的救助。比如，在韩国宪法第 19 条提及的向老年人、残疾人、失业者等弱势群体提供公共援助，根本无力完成。

穷人、妇女、儿童以及残疾人获得福利救济的机会极为有限。韩国政府向他们提供的援助很少。相反，重要的民间组织、海外救助机构，以及宗教团体承担了主要的救助责任。政府的作用主要局限于为伤残战士、警察以及他们的家属设立福利机构，通过这些机构为他们提供公共救助、就业和住房等。①

韩国社会福利制度建设初期的措施还包括，1953 年 5 月颁布的《劳动标准法》和 1956 年颁布的《儿童宪章》（Charter for Childen）。因为当时韩国盈利的企业寥寥无几，加上政府行政管理能力欠缺，所以《劳动标准法》和《儿童宪章》的颁布并没有产生实质的意义。

6.5.2.2　1960—1980 年：社会福利不是国家优先发展的目标

在这一时期，韩国的首要任务是发展经济，体现在主导政府政策的一系列经济发展"五年计划"之中。虽然，社会福利不是政府优先考虑的目标，但是，韩国还是采取了一系列措施去建立一个基本的社会保障制度。

1961 年，韩国的《生活保护法》（Livelihood Protection Act）实施，主要是向贫困群体提供公共救助。这一法案由于暗示穷人应该为他们的贫困负责而污名化了贫困群体，受到了广泛批评，但在社会福利制度建设方面仍然迈出了重要的一步。此外，1963 年，作为社会福利制度基础框架的《社会保障

---

① 这些专门针对特定群体的福利项目主要有：《军人救济法》（1950 年）、《警察救济法》（1951 年），以及《牺牲及伤残军人警察抚恤救济补助法》（1952 年）。

法》(Social Security Act)颁布并实施。除了 1960 年颁布实施的《公务员养老金法》(Government Employees Pension)之外,1963 年还颁布了《军人养老金法》(Military Personnel Pension)。医疗保险制度(the Health Insurance)也开始在这一时期建立起来,但是它没有强制规定韩国所有社会阶层的居民都参加医疗保险。

1964 年,根据经济发展计划(the Economic Development Plans)的要求,韩国政府开始实施《工伤保险补偿法》(Industrial Accident Compensation Insurance),目的是为在工业生产事故中受到伤害的职工提供赔偿和救助。《工伤保险补偿法》是韩国最早实施的一部社会保险法案。另外,1971 年,在韩国国家劳动局(National Labor Office)的支持下,韩国职业康复中心(Industrial rehabilitation center)成立,其目的是为残障工人提供职业技术培训。

越来越多的韩国人开始意识到需要对老年人的社会福利给予更多的关注。1968 年,社会保障监督委员会(Social Security Review Committee)提交了《社会发展基本计划》(basic plan for development),之后又进一步提出了几项具体的建议,包括制定《老年人福利法》、发展社会保险制度、扩张医疗设施、增加老年人就业机会、推迟法定退休年龄,以及专门指定老人节日期等。然而遗憾的是,当时专注于经济发展的韩国政府并没有认真思考这些建议。

1973 年,韩国国会通过了《国民福利养老金法》(National Welfare and Pension Act),但是由于 70 年代发生的两次全球石油危机导致韩国社会和经济发展状况十分糟糕,这个法案并没有得以实施。只有《私立学校教师养老金法》(Teacher's Pension)在 1975 年被纳入到社会养老金制度中。

1976 年,韩国政府修改了《医疗保险法》(Health Insurance Act),该法案规定从 1977 年起,职工规模在 500 人及 500 人以上的企业必须强制要求企业职工参加医疗保险。1979 年又规定将规模在 300 人及 300 人以上的公司纳入医疗保险体系当中。另外,1979 年实施了政府公务员和教师强制参加医疗保险的制度。这是政府第一次自发的,不是被动为响应国民需求而采取的行动,对社会福利制度的建设意义十分重大。对低收入的家庭而言,1977 年颁布实施的《医疗保护法》(Health Care Frotection Act)为他们提供了必需的医疗服务。

20 世纪 70 年代，为残疾人提供的福利方案也开始推进。1978 年，韩国卫生福利部（the Ministry and Social Affairs）颁布实施了《精神病人和残疾人综合福利计划》（Comprehensive Welfare Program for Mentally and Physically Disabled Persons）。尽管这个项目的实施很大程度上局限于公共救助，但也确实引进了康复治疗政策。

总而言之，韩国在六七十年代推出了一系列的社会保险项目，其中包括企业职工工伤保险（1964 年）、公务员养老金（1960 年）、军人养老金（1963年）、教师养老保险（1975 年），以及为大型私营企业中的职工提供的医疗保险（1977 年），为公务员以及教师提供的医疗保险（1979 年）。此外，还推出了为穷人和残疾人士提供的公共救助和社会服务项目。虽然这些项目所能惠及的范围很有限，但随着劳动密集型产业的快速发展以及就业机会的迅速增加，韩国能逐渐改善收入分配不平等的状况。

6.5.2.3　1980—1997 年：社会福利备受关注

20 世纪 70 年代末，从 60 年代一直延续下来的由政府主导、经济优先发展的战略，开始产生各种各样的社会问题。由于政府以牺牲宏观经济稳定为代价大力推动发展资本密集型产业，改善收入分配不平等的种种努力停顿下来，甚至部分方面发生了逆转［司空（SaKong），1993，p. 18］。尤为严峻的是，日益升高的通货膨胀严重影响了贫困人口的生活。随着整体国民生活条件的改善，公众开始将注意力转向贫富差距与地区差距。这种关注凸显了国民对更大规模、更有效的社会福利法案的渴望。

1980 年，全斗焕政府上台，宣称要与彻底抛开之前政府的政治经济政策，把执政的重心放在个人创新和稳定通货膨胀上面，并设立了一个新的目标"建成福利社会"。[①]同年，全斗焕政府修改了宪法，明确承诺国家有责任建立一个全面的社会保障网，并在此后颁布了一些重要的社会福利法案，使得韩国在 80 年代的社会福利支出大幅增长（图 6 - 36）。

1981 年，韩国政府开始在农村地区进行试点，为农民提供基于社区的医疗保险。与此同时，针对企业员工的医疗保险法实施范围也扩大到职工规

---

① 全斗焕政府制定的国家政策的主要目标包括，建立福利国家、发展社会民主、推动社会正义、改革教育体系，以及弘扬韩国文化。

模在 100 人及 100 人以上的企业。1982 年,保险范围又扩大到职工规模在 16 人及 16 人以上的企业,1988 年再一步扩大到 5 人及 5 人以上的企业。同年,社区医疗保险方案全面覆盖农村居民,并在 1939 年全面覆盖所有的城市居民。这标志着韩国的全民医疗保险体系的基本建成(表 6-9)。这是仅用 12 年时间就完成的人类壮举,也是世界历史上最短时间建立起来的全民医保制度[德国技术合作公司(Deutsche Gesellschaft für Technische Zusammenarbeit), 2005;恩索尔(Ensor),1999]。[1]

1982 年,政府修订了提供社会救助的《生活保护法》,这次修订扩大了对贫困群体的救助类型,旨在为这些人提供更好的教育以及就业机会。

1981 年 6 月,《老年人福利法》(Act on the Welfare of the Elderly)的颁布实施,奠定了为老年人群体提供福利的法律基础。从 1982 年开始,65 岁及 65 岁以上的老年人在乘坐公共交通工具、参观博物馆、去公共浴池洗澡沐浴,以及在理发店理发都可以享受打折优惠。1983 年,老年人免费医疗诊断计划开始实施。

1987 年,韩国政府推出了一个面向只能选择居家养老的老年人的福利服务试点方案。两年后,政府部门又启动了老年人津贴发放计划,规定向 7.6 万名 70 岁及 70 岁以上的户主每个月提供 10 000 韩元的补助金,不论他们是否已经得到其他形式的救助。1988 年,政府出台了涉及养老院的相关规定,并在 1989 年颁布了管理老年人社区中心的法律法规。

表 6-9　韩国国民医疗保险制度参保人数的变化

(单位:百万人,%)

	1977 年	1980 年	1985 年	1988 年	1989 年	2000 年	2005 年	2008 年
人口总数(A)	36.4	38.1	40.8	42.9	45.1	47.0	48.1	48.6
参保人数(B)	3.2	9.2	18.0	28.9	40.0	45.9	47.4	48.2
A/B	8.8	24.2	44.1	67.4	88.5	97.6	98.5	99.1

资料来源:韩国统计厅(http://www.kosis.kr)。

---

[1] 德国从 1854 年开始实施国家医疗保险法,到覆盖全国居民时整整用了 127 年时间。日本是在经济比较发达的时候开始实施医疗保险法案,从开始到覆盖全体国民花了 36 年时间。

1988年,韩国的"国民养老金制度"(National Pension Scheme,NPS)在全国实施,覆盖所有规模在10人及10人以上企业的员工。1992年,这项福利制度的适用范围扩大到员工规模在5人及5人以上的企业。1995年,进一步扩大到农民、渔民,以及乡村个体经营户,最终在1999年开始覆盖城市的个体经营户。通过这样的过程,全民公共养老金制度得以建立。

给予残疾人士的社会福利服务的种类和领域不断扩大。1985—1987年,《残疾人福利设施现代化方案》开始贯彻实施。1986年又颁布了《残疾人综合福利方案》,并在随后一年内开始试点运行残疾人登记服务制度。①

1989年,为应对房价上涨和租房成本的提高,政府启动了旨在增加住房数量以及向低收入家庭提供更多廉租房的计划。这个计划项目一直实施到1992年,住房供给率②从1989年的70.9%跃升至1993年的79.1%。③

1990年,《残疾人促进就业法》(Act on the Employment Promotion of the Handicapped)获得通过,并于次年实施。这个法案的目的是为残疾人士提供就业机会,并鼓励他们融入社会中去。该法案要求职工规模在300人及300人以上的国有和私营企业都必须要雇佣残疾人,所雇人数的比例逐步达到占职工总数的2%的要求。这对于向残疾人士提供经济救助来说,是非常重要的一步。

1991年1月,政府颁布实施《学龄前儿童保育法》(Pre-school Age Children Care Act),该法案旨在增加儿童保育机构的数量,提高儿童保护和教育的力度,以及为家庭中需要救助的儿童提供支持。1998年,政府取消了儿童保育机构进入运营之前必须获得证书认证的规定,改为只需在政府相关部门注册即可。这是为了鼓励儿童保育机构的扩张。然而,2004年这种注册认证制又改回为过去的认证制度。

这一时期,另一个重要的进步就是在1995年韩国开始推行的就业保险制度。该制度是通过四种主要的社会保障方式来实现的。

就业保险制度首先由两个项目组成,一个是传统的失业救济金方案,另

---

① 这些方案的实施背景是韩国即将在首尔(汉城)举办1988年夏季奥运会,残奥会随后也会举行,考虑到支持残疾人人权的国际运动日益增多,韩国政府充分意识到残奥会的重要意义。

② 住房供给率=房屋数量/家庭数。

③ 参见第2章图2-13长期住房供应比例部分。

一个是一系列的积极劳动力市场政策,包括工资补贴、职业培训和就业服务等。背后的理念是,通过积极劳动力市场政策防止失业与为失业者提供救助同等重要。最初,失业救济金所覆盖的人群只包括规模在30人及30人以上的企业员工,积极劳动力市场政策适用于拥有70人及70人以上规模的企业。1998年,就业保险制度的覆盖范围迅速扩大。

总结起来,从1980年到90年代中期,韩国政府对待社会福利事业的态度发生了重大变化。政府推动了养老金制度(1988年)和就业保险制度(1955年)的逐步健全和在全体国民中的覆盖,以及建立了全民医疗保险制度。此外,政府还加大了对残疾人、儿童以及其他弱势群体的民生保障力度和社会福利的投入,这些改变都增加了政府的社会福利支出。

尽管如此,1997年,韩国的社会福利支出只占国内生产总值的3.5%。因为这一时期,只有规模在30人及30人以上的企业员工才能享受到就业保险制度提供的福利;另外《国民养老金法》规定必须要有15年的缴存记录,但是国民养老金计划才实行不到10年,因而有许多退休者拿不到该计划规定数额的养老金[①],韩国的社会救助和社会福利服务项目只能提供有限的帮助,而且相应的福利供给体系也存在很多问题。1997年的金融危机,更加暴露了韩国社会保障制度的脆弱性,但也对其日后扩大覆盖人群,增强保障效果起到了催化作用。

6.5.2.4 1997年后:社会福利制度达到成熟阶段

金融危机给韩国社会造成了极度的困难。1997—1998年的失业率从之前的不到3%跃升至7%。由于就业保险制度覆盖范围有限,只有约10%的失业者能够领取失业救济金(图6-38)。1997—1998年,韩国的基尼系数从0.27上升至0.31,上升了大约13%(图6-35)。

失业和贫困人数的增加,提高了国民对韩国拥有一个运转良好的社会保障制度重要性的认识,并有助于国民对这一问题达成共识。国民认识的改变与金大中当选为新总统恰好在同一时期,这也是韩国在二战后的历史

---

① 1997年,韩国约有15万人领取伤残抚恤金、遗属津贴、老年人特别津贴。老年人特殊津贴的主要受益人群是1988年《国民养老金法》实施时年龄在45岁到60岁之间的老年人,且规定了在60岁或60岁以上退休之前至少定期缴款5年。自此以后,养老金受益人的数量有所增加,2009年总计达280万人。

上首次实现了政权的和平交替。

为应对金融危机,政府以就业保险制度为基础加大了对企业的工资补贴力度,目的在于稳住企业能够留住富余员工,并扩大对失业者的职业培训。1998年3月,政府部门利用国家财政支出建设公共工程直接创造更多的就业岗位。这些建设项目能够在危机中为贫困人口提供紧急援助,发挥了十分重要的作用。同时,失业的大学毕业生也可以在私营企业中获得政府资助的实习机会。

与此同时,韩国政府对就业保险制度和社会救助项目做了重要改革。首先,1998年,就业保险制度的覆盖面迅速扩大,1月份扩大至员工规模为10人及10人以上的企业,3月份又扩大至员工规模为5人及5人以上的企业,10月份进一步扩大到员工规模为1人及1人以上的企业。① 从那时开始,就业保险制度受益者的数量迅速增加(图6-38)。

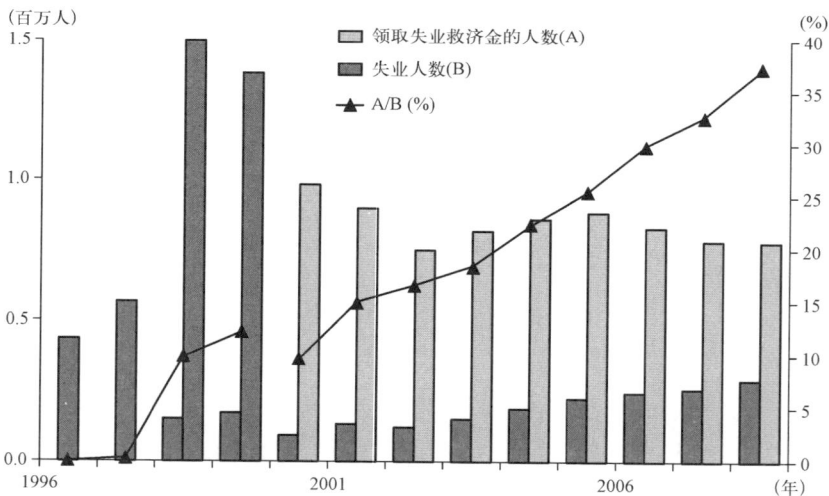

图6-38　领取失业救济金人数的变化

资料来源:韩国就业信息服务机构(http://www.keis.or.kr)
注:2000年对于失业的定义发生了变化,造成了数据上的不连续性。

---

① 1998年,只有10%的失业者可以领取失业救济金,因为领取资格取决于缴纳就业保险金的最低年限。当年,按照就业保险制度的规定,适用"积极劳动力市场政策"的企业最小规模降到员工50人(1月份),5人(7月份),直到1人(10月份)。

302

其次,2000 年,政府推出了一个新修订的社会救助法案——《国民最低生活保障法》(National Basic Livelihood Security Program,NBLSP)。《国民最低生活保障法》规定国家有责任向生活在贫困线以下的群体提供救助,保障整体国民的最低生活标准。然而,该法案从实施开始就招致批评,批评者认为那些失业者从救助法案中获得的福利和找到工作后得到的收入一样多,反而抑制了他们再找工作的积极性。政府对处于贫困线以下的人群给予了各种类型的救助(其中包括健康医疗,住房以及教育等等),但对于贫困线以上的群体却没有任何补助。《国民最低生活保障法》的这种特点反而向领取救济者传递了一个消极的信号:不用找工作,不用去脱贫。

金大中政府执政期间的其他重大改革是 1999 年将各类医疗保险法规整合进全民医疗保险制度,以及同年对《国民养老金法》进行了修订。这部法律的修订完成了将所有劳动者纳入养老金制度的过程,同时为使这个制度更具长期稳定性,修订后的法案对缴费额度和福利保险等进行了调整。具体来说,针对那些已缴费 40 年,且薪资达到国民养老金制度参保者的平均工资水平的人,将其薪资替代率从 70％下调至 60％。① 这部修订的法案还要求政府每五年要对国民养老金制度的长期财务状况做一个预测,并且向国会提交报告。②

尽管在法案修订中所体现的国民养老金制度的第一次改革没有能够消除金融方面的不稳定性,但是考虑到其他国家在养老金制度改革方面所遇到的种种困难,这部修订的法案仍是一个重大的进步。这部法案能够取得成功的主要原因包括:国民养老金制度的受益人数还比较有限、国民对于其子女未来长大后税赋加重的担忧、一些经济调查咨询机构例如韩国开发研究院的建言献策,以及 1997 年的金融危机削弱了反对改革的声音,等等。

继金大中政府之后的卢武铉政府(2003—2008)更加重视对社会福利制度的建设。③ 卢武铉政府执政时期出台了许多新的社会福利法规,其中包

---

① 替代率是指养一个退休员工领取的养老金占到其工作期间平均工资的比例。
② 另外,在 2013 和 2033 年,计划将最低受益年龄从 60 岁提升至 65 岁(每五年提升一岁),养老金缴纳比例从 1988 的 3％提升至 1993 年的 6％而后又提升至 1998 年的 9％,此后一直保持这个水平。养老金保费最低上缴年数从 15 年下降至 10 年。
③ 卢武铉政府另一个重要的行政政策是纠正国家地区间的发展不均衡,这个政策被许多人理解为另一种形式的收入转移。

括：为那些因突发变故而失去收入的家庭提供暂时性救助的《紧急福利援助法》(Emergency Relief Program)(2006年)；为严重残疾老人提供实物救助，主要由全民医疗保险制度征收的附加税提供资金支持的《老人长期疗养保险法》(Long-Term Care Insurance)(2008年)；能够使低收入劳动者享受现金福利，旨在鼓励低收入劳动者积极参与到劳动力市场中，提高他们生活水准的《所得税抵免法》(2008年)。2009年，首份救济金开始发放给2008年获得收入的低收入劳动者。2008年为低收入老年人提供救助的"基础老年养老金"(Basic Old-Age Pension)计划开始实施。同年，在65岁及65岁以上的老年人中有60%以上的人受益于这个方案。2009预计实现受益老年人占比达70%。但是由于受益人所得补助太少①，这个方案的实施也引起了诟病，人们认为在老年人口如此之多的情况下，韩国政府投入的资源实在是太少了。

　　另一个引人瞩目的进步是卢武铉政府对学龄前儿童在保育、教育方面的财政支出快速增长（表6－10）。2002—2012年，政府在该领域的支出，每年增长43%。政府的目标包括：确保儿童享有教育发展的平等机会、长期投资人力资源、鼓励妇女生育、促进产后妇女再就业，等等。

表6－10　学龄前儿童保育与教育支出的变化

（单位：10亿韩元，%）

	2002年	2003年	2004年	2005年	2006年	2007年	2008年	2009年	2010年
支出（增长率）	226	277（22）	433（56）	702（62）	1 177（68）	1 558（32）	2 225（43）	3 285（48）	3 997（22）

资料来源：柳熙贞（Hee Jung Yoo，2010）。

注：支出包括中央政府与地方政府的支出。

　　卢武铉政府执政期间，国民养老金制度在2007年进行了第二轮的改革。根据2003年公布的长期财政预测报告，国民养老金账户的累计储蓄将在2047年消耗殆尽。为实现改革目标，政府在激烈紧张的过程中寻求建立共识。企业界倾向大幅度削减福利以尽量减少税费的支出，然而工会和民间

① 2010年，在韩国这样一个人均收入达到每月1 600美元的国家，老年人补助金每人只有80美元，每对老年夫妇只有130美元。

团体则极力反对削减福利(国民养老金计划服务,2008)。最后,各方面人士都认同改革的必要性,折中的办法就是将养老金替代率从 2007 年 60％降至 2008 年 50％,并在接下来的 20 年中每年下降 0.5％,最终在 2028 年实现替代率降至 40％的目标。

虽然国民养老金制度得到了改革,但是这段时期总的社会福利支出还是在快速的上升。2005 年左右,社会福利支出成为韩国政府最大的财政支出项目,超过经济事务、教育和国防的开支(参见第 2 章图 2-16)。

值得注意的是,这一时期,韩国的历届政府都在倡导某种形式的"工作福利制"(workfare)。例如,金大中政府打出了"生产性福利"的口号,强调虽然社会福利覆盖面应该扩大,但也需要受助者提升自身能力,最终自食其力,而不再依赖政府补贴。然而,这样的说辞在实际的政策执行中体现的并不明显,例如《国民最低生活保障法》就强烈地抑制了失业者寻找工作的积极性。

6.5.3　韩国社会福利制度的评估及未来政策的走向

韩国的社会福利制度建立的历史并不长,但是它已经发展壮大并且成熟,深深地融入韩国社会中。然而,仍有一些困难与挑战需要克服,才能真正的完善与有效。

第一,韩国社会福利制度的有效性,即是否能够达到减少韩国社会内部贫困与不平等现象的目标。目前,韩国的相对贫困率在经合组织国家中是相当高的(图 6-39),而且税收与转移支付制度所产生的作用也非常有限(图 6-40)。

然而,解读上述数据时需要特别谨慎。正如之前所述,决定国民收入分配的因素不仅包括社会福利制度,而且还受到经济发展水平,以及其他政策、制度的影响。特别要指出的是,韩国的税收和转移支付制度的作用极其微弱,这主要是因为韩国的国民养老金制度还不够完善。[①] 然而问题是,即

---

① 在有着成熟公共养老金制度的国家,劳动者倾向于少储蓄,并且退休后从储蓄中得到的资本收益往往是较小的,有关这一问题的论据,见 2003 年林(Lim)和孟(Moon)。在这些国家中,大多数的退休人员的收入以市场价格来看相当于贫困人口的水平,因此,公共养老金制度本身在减少贫困方面就发挥了重要作用。

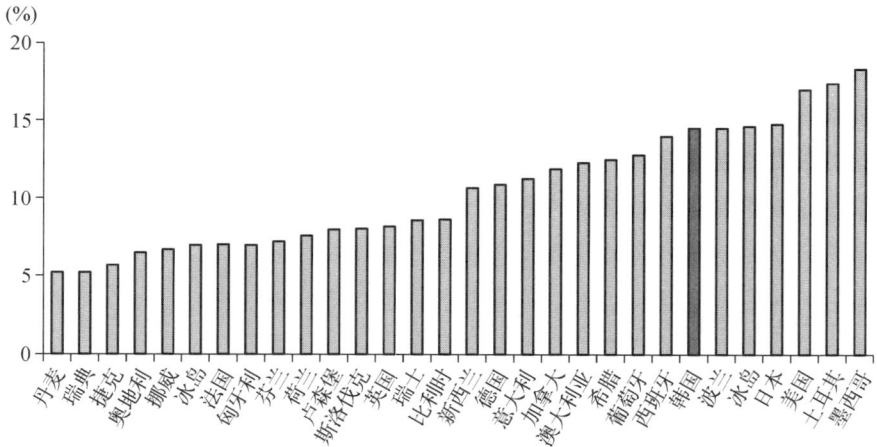

图 6‑39　经合组织国家相对贫困率

资料来源：经合组织，2008。

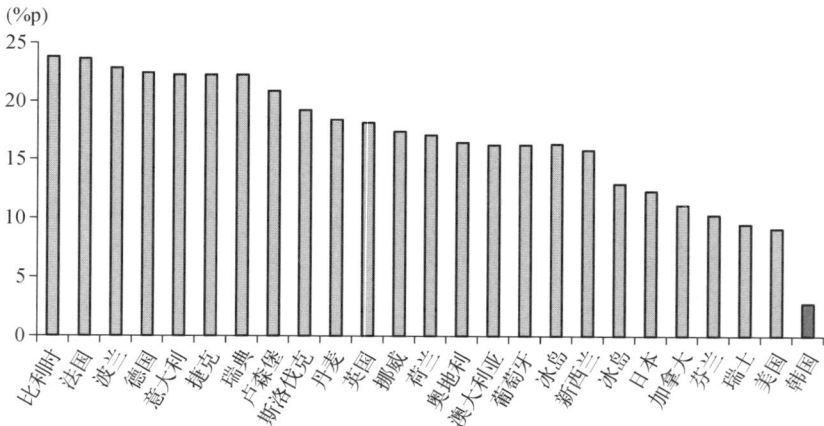

图 6‑40　经合组织国家中税收和转移支付制度在减少贫困人口中产生的作用

资料来源：经合组织，2008。

注：在韩国，税收和转移支付把相对贫困率从 17％降低至 15％。

　　使韩国的国民养老金制度完全发展成熟，还是有许多退休劳动者不能从中获益，这是因为目前仍有 40％的员工尚未纳入公共养老金保障体系。

　　工伤保险制度与就业保险制度在劳动者中的覆盖率依然较低，这主要是因为个体自谋职业和非正式工作的现象在韩国劳动力市场上较为普遍

（图6-24），此外，还有很多劳动者在小微企业或服务机构就业。[1] 这种多样化的就业形态也严重限制了政府把所有劳动者纳入到社会保险体系中的能力。

为了提高韩国社会福利制度的有效性，应积极鼓励处于劳动力市场边缘的劳动者参加社会保险，如可通过降低缴费比例等手段。其他重要的方法还包括：简化社会救助与社会福利服务项目复杂的申请程序、强化相关制度体系建设、注重将资源用于最急需的劳动者群体上。

第二，尽量减少税收和转移支付制度对就业激励产生的负面影响。如前所述，《国民最低生活保障法》在此方面就存在严重缺陷。当然，该制度的许多受益者可能已经在非正规劳动力市场从事个体经营或临时就业，但他们为了继续享有保障法给予的福利而没有向政府公开自己的收入。但是，鼓动人们利用制度漏洞作弊，本身就是不可取的。为了减少对劳动者正规就业产生的抑制作用，改革国民最低生活保障法势在必行，可采用措施包括向那些在贫困线之上的劳动者提供实物福利（如医疗、教育、住房等）或是将国民最低生活保障法的覆盖面仅限于那些真正无法工作的人群。

不过，韩国的社会保障制度抑制就业积极性这个问题并非仅局限在《国民最低生活保障法》这一项，其他项目也存在类似问题。比如，保育支持项目所提供的福利多寡往往基于家庭收入水平。只要韩国政府想把资源分配给需要救助的人群，这种困境就无法避免。即便如此，韩国政府有关部门要充分考虑到各种福利保障方案对每个家庭参与社会工作的综合影响，然而这种影响至今尚未得到充分考量。

幸运的是，韩国的税收制度对劳动者就业造成的负面影响较弱，这不仅是因为存在庞大的非正规劳动力市场，而且从"税收楔子"（tax wedge）来推断，也是因为韩国的法定税率和社会保险缴费比率较低（图6-11）。但是考虑到社会保障缴费的快速增长（图6-42），减缓社会福利支出的增加和提高其成本效益是非常重要的。

---

[1] 当从分母中减去按法律规定取消参保资格的劳动者时，覆盖率自然会上升。例如，韩国就业保险制度的覆盖率，按劳动者总和计算为39%，有薪劳动者为57%，2007年符合条件劳动者为82%（经合组织，2008，p. 126）。

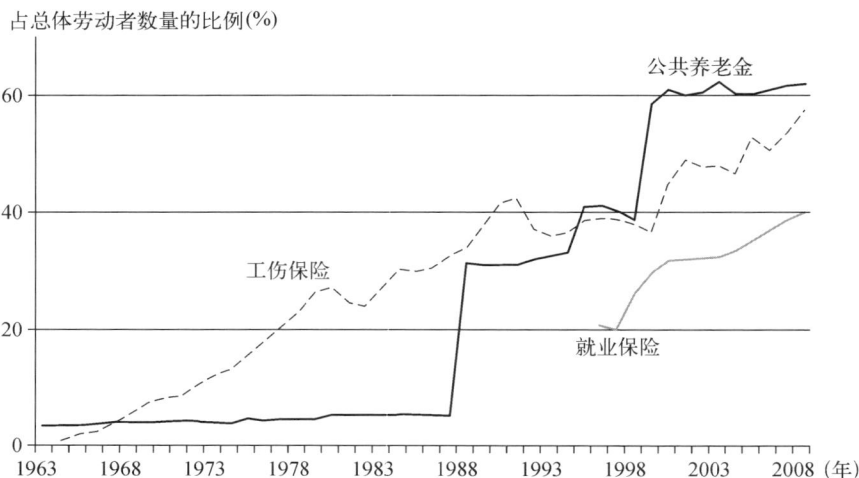

图 6‑41　与工作有关的社会保险项目的参与者

资料来源：国民养老金服务处（http：//www. nps. or. kr）；公务员养老金服务处（http：//www. geps. or. kr）；教师养老金处（http：//www. ktpf. or. kr）；韩国工人补贴和福利服务处（http：//www. kcomwel. or. kr）。

注：(1) 公共养老金包括国民养老金、公务员养老金和教师养老金，不包括军人养老金。

(2) 就国民养老金而言，那些因各种原因未缴费的劳动者不作为参与者。

　　第三，确保社会福利制度的财政长期可持续性。需特别关注的是国民养老金制度与全民医疗保险制度。如前所述，预计到 2060 年，国民养老金的储蓄将用完耗尽，从而只能转变为现收现付制，这会给国民的子孙后代带来沉重的负担。而全民医疗保险多年来的支出一直在增长（表 6‑6），伴随着收入水平的提高、使用费用高昂的医疗设备、老龄化人口的扩大，这种趋势会更加明显。韩国政府每年需花费 4 万亿韩元（占韩国国民生产总值的 0.4%）来维持全民医疗保险制度的运行。

表 6‑11　经合组织国家个人所得税与社会保险缴费占劳动总收入的平均比例（2008 年）

（单位：%）

平均工资的百分比[a]	67	100	133	167
中央政府的税收（A）	1.6	4.4	6.9	8.6
地方政府的税收（B）	0.2	0.4	0.7	0.9
合计（A+B）	1.8	4.9	7.6	9.5

续　表

劳动者的社会保险缴费（C）	7.6	7.6	7.3	6.5
合计 D＝A＋B＋C	9.4	12.5	14.9	16.0
企业用人单位的社会保险缴费（E）	9.8	9.8	9.5	8.7
总税收楔子［(D＋E)/(100＋E)］	17.4	20.3	22.3	22.7
经合组织国家的平均税收楔子	33.5	37.4	40.1	41.9

资料来源：经合组织，2009 年税收数据库（http://www.oecd.org）。

注：a 指生产行业中的全职劳动者与非全职劳动者的年均总工资收入。

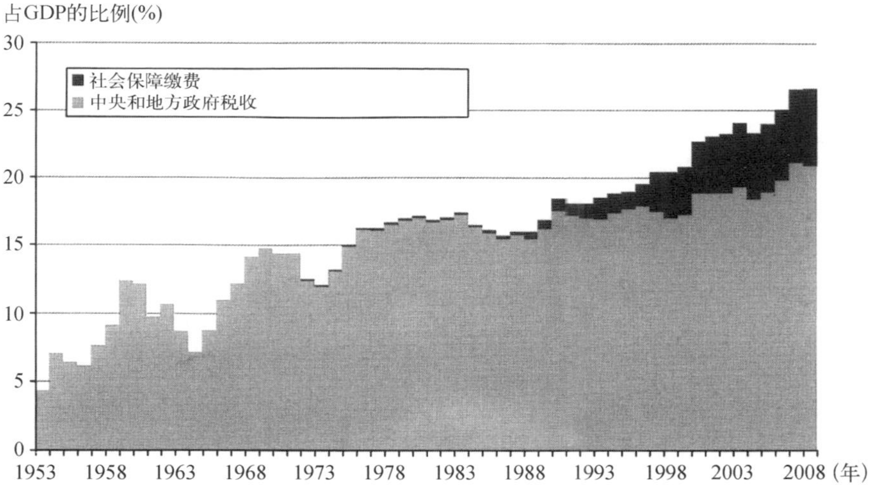

图 6-42　税收负担趋势

资料来源：经合组织，《2009 年收入统计报告》（http://www.oecd.org）。

　　因为税收和社会保险缴费的增加是有限的，所以需要采取切实有效的措施来限制不断攀升的国民养老金和全民医疗保险的支出，同时又要履行保障国民获取养老收入与负担公共医疗经费的基本职能。[①]

　　第四，要重新界定政府与个人各自在社会福利制度中承担的责任。随着国民收入水平的不断上升，与以前相比劳动者个人在应对各种风险时具备了更强的能力，而过去往往是由政府独力承担应对风险的危机救济。因

[①] 国民养老金也可以采用名义账户固定缴费模式，如瑞典的养老金制度，其优点是不受宏观经济和人口结构变化的影响［帕尔默（Palmer），2008］。

此，要鼓励私立养老金项目与私立医疗保险项目的发展，以期在这方面发挥更大作用。

　　与此同时，政府应当允许私营服务提供商进入社会福利服务市场，如托儿、教育、就业服务、职业培训和医疗保健市场。私营服务提供商进入社会福利服务市场虽然伴随着一定的风险，但吸收其深度参与其中能有效地促进创新、发挥以消费者为中心的导向作用和节省国家在社保发放环节的成本[施弗莱（Shleifer），1998；皮尔森（Pearson）和马丁（Martin），2005]。这并不意味着政府的作用不再重要，相反，韩国政府应该继续对以上社会服务给予投入，并确保服务的质量和分配公平不受到损害。①

表 6-12　韩国全民医疗保险制度的主要指标（1977—2008）

（单位：千人，%，10 亿韩元）

	1977 年	1980 年	1985 年	1990 年	1995 年	2000 年	2005 年	2008 年
参保人数（占人口总数的比例）	3 200（8.8）	9 226（24.2）	17 995（44.1）	40 180（93.7）	44 016（97.6）	45 896（97.6）	47 392（98.5）	48 160（99.1）
收入（A） 保险缴费 政府补贴（B）	14.9 14.3 0.3	113.0 95.5 1.2	639.2 597.8 1.7	2 432.1 1 883.5 363.9	5 614.4 3 600.7 755.3	9 827.7 7 228.8 1 552.7	21 091.1 16 927.7 3 694.8	29 787.1 24 973.0 4 026.2
支出（C）（占 GDP 的比例）	5.1（0.0）	91.3（0.2）	648.3（0.7）	2 164.0（1.1）	5 076.4（1.2）	10 744.2（1.8）	19 980.0（2.3）	28 273.3（2.8）
余额（A—C）	9.8	21.6	−8.8	268.0	538.0	−916.5	1 111.1	1 513.8
余额（A—B—C）	9.5	20.5	−10.5	−95.9	−217.4	−2 469.2	−2 583.7	−2 512.4

资料来源：韩国统计厅（http://www.kosis.kr）。

　　总之，韩国政府需要更加努力地提高社会福利制度的有效性，最大限度地减少激励措施对就业产生的不利影响，确保财政长期可持续性，并重新定义政府与个人各自的责任，更多地利用私营服务。韩国的社会福利制度建设已经取得巨大进步，如果这些努力落实了，还将取得更好的发展。

---

① 可参见瑞典的情况[布鲁姆奎斯特（Blomqvist），2004]。

6.6 韩国的医疗保健服务

6.6.1 概述

在过去 60 年里,韩国的医疗保健服务质量也随着经济增长得到快速的提高。国民生活水平的不断上升增加了对医疗保健服务的需求,导致了政府对医疗资源的大量投资,以及更多地引进新的医疗技术与药物。

国民医疗保险政策研讨会,韩国开发研究院(1982 年)

最初,从投入的资金与提供的服务来看,韩国的医疗保健体系采取的是自由市场原则。但在 20 世纪 70 年代,由于部分居民参加了国家安排的强制的社会保险,医疗保健服务的资金筹措方式开始发生了重大的变化。医疗保险制度最终在 1989 年覆盖了全部人口。

随着全民医疗保险制度在韩国的推行,医疗保健服务的使用量陡增。2006 年,未接受治疗的病人比例下降至 7%,出生人口预期寿命和婴儿死亡率这两个指标均达到了发达国家的水平(图 6 - 43)。

对医疗保健服务需求的增长也带动了医疗支出的急剧上升。1980 年,医疗支出占 GDP 的 3.9%,2008 年这一比例上升至 6.5%(图 6 - 44)。与此同时,医疗费用总额中公共支出的比重从 20% 增至 50%,个人支出所占的比重从 76% 下降至 35%(图 6 - 45)。医疗保健费用的持续增加已经成为政府财政和全民医疗保险制度的负担,因此,找到控制成本的措施就显得迫在眉睫（见前文的表6-12）。不过，目前韩国的医疗服务总支出水平仍然比其他经合组织成员国要低，但是随着国民人均收入的继续增长和当前人口的老龄化，医疗服务总支出还将继续上涨。（图6-46）。

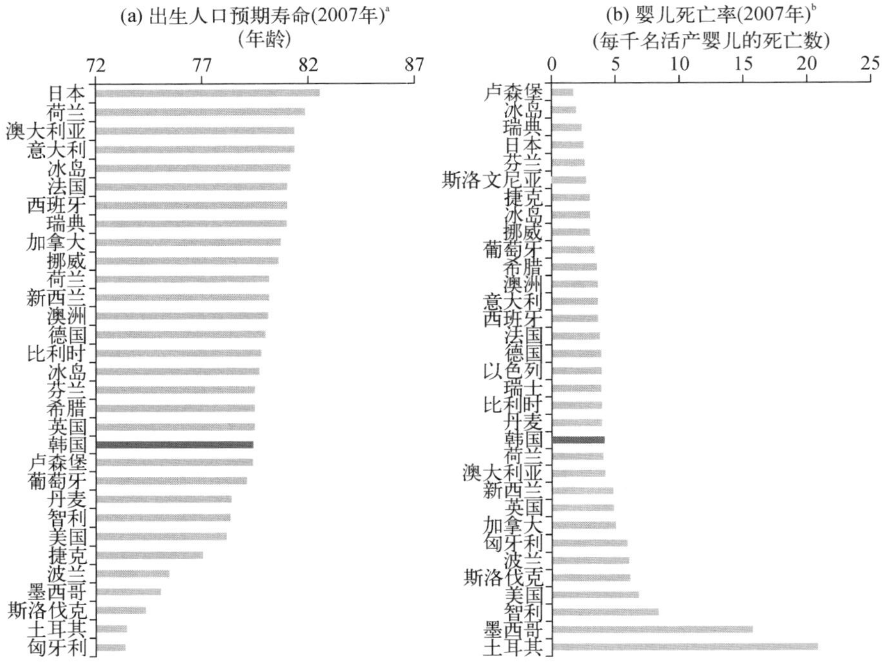

图6-43　经合组织国家医疗保健发展水平

资料来源：经合组织（http://www.oecd.org）。

注：a 加拿大、法国、韩国和美国的数据参考年份是2006年。

b 加拿大、意大利、英国和美国的数据参考年份是2006年。

虽然韩国的政府部门加大了对医疗保健支出的资金支持，但是在提供医疗服务方面仍然是私营机构占据主导地位。2008年，在全国只有10％的综合医院、3％的专科医院和0.1％的诊所为中央或是地方政府所有（表6-13）。虽然韩国的地方政府经营着共计3 456家卫生院、卫生所及其分支机构，但是总体规模仍然非常小。① 韩国的医院和诊所占很大比例的部分是由个体私营机构所有（全国21％的综合医院、61％的专科医院和98％的诊

---

① 根据统计数据显示，2009年的第四季度，在上述卫生院、卫生所及其分支机构工作的医生数量仅占全国执业医师数量的3.3％。

所）。私人机构运营的医疗单位，正如其他私营企业一样，目的是通过提供医疗保健服务获得利润，这是不受法律限制的。

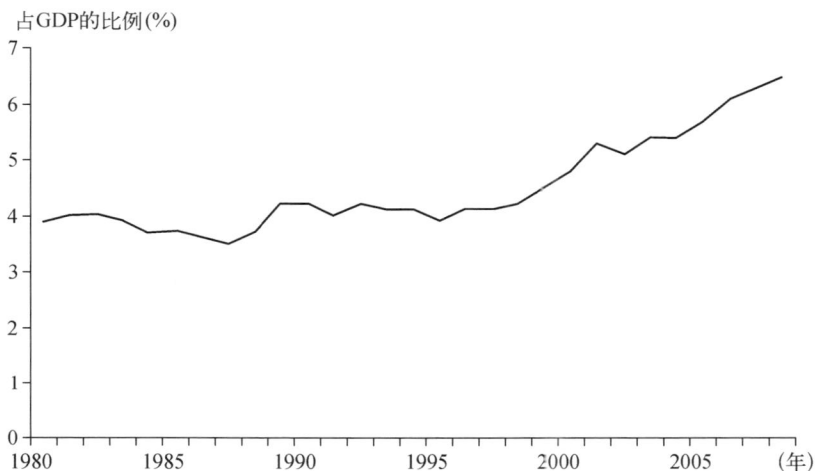

占GDP的比例(%)

图 6 - 44　韩国的医疗保健支出

资料来源：经合组织，2009 年经合组织医疗数据库（http：//stats. oecd. org）。

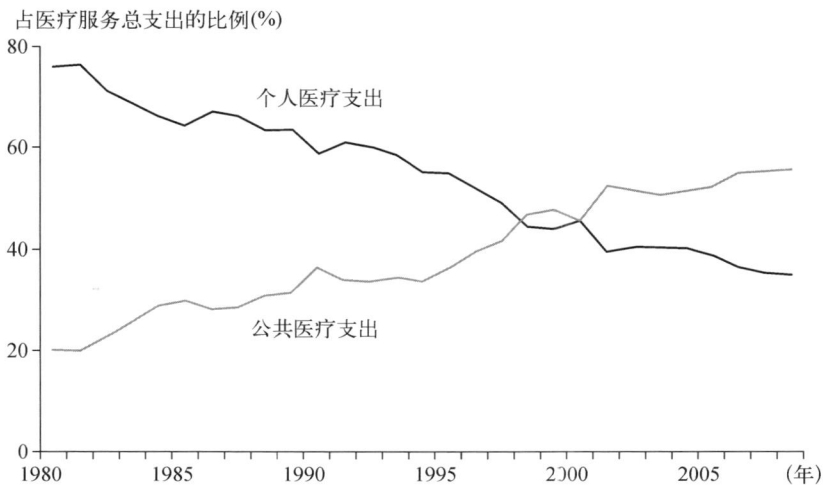

占医疗服务总支出的比例(%)

个人医疗支出

公共医疗支出

图 6 - 45　个人和公共医疗支出

资料来源：经合组织，2009 年经合组织医疗数据库（http：//stats. oecd. org）。

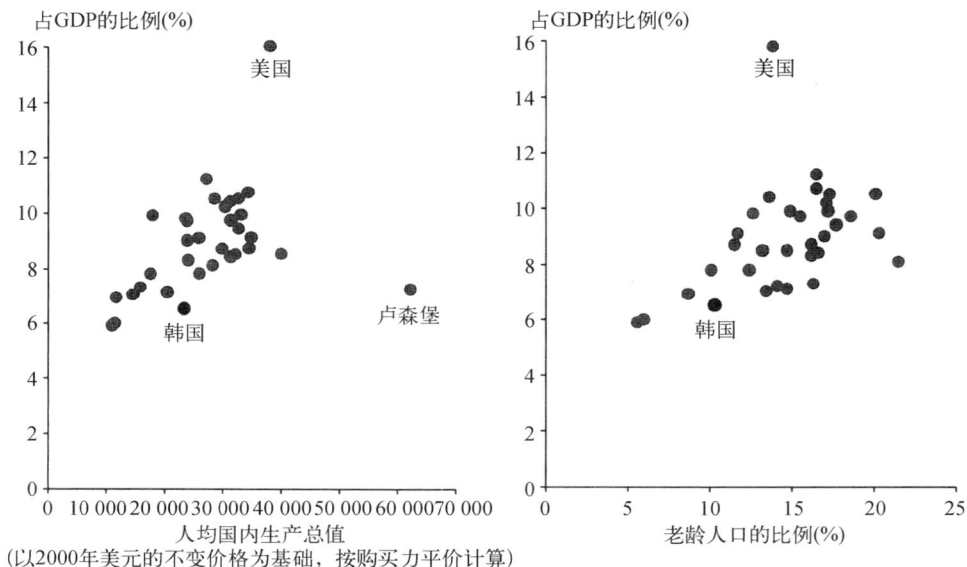

图 6 - 46　经合组织国家的医疗保健支出（2008 年）

资料来源：经合组织（http://www.oecd.org）。

表 6 - 13　不同所有者的医院和诊所数量（2008 年 12 月）

		综合医院		专科医院[a]		诊所[b]		其他		药店	
总计		312	(100)	2 197	(100)	52 612	(100)	3 507	(100.0)	20 833	(100.0)
政府	中央	2	(0.6)	10	(0.5)	12	(0.0)	3 456[c]			
	地方		(9.6)	41	(1.9)	15	(0.0)				
	军队			24	(1.1)	22	(0.0)				
法人	学校	65	(20.8)	53	(2.4)	33	(0.1)				
	宗教团体			2	(0.1)	3	(0.0)				
	社会福利机构	2	(0.6)	48	(2.2)	86	(0.2)				
	信托机构	23	(7.4)	37	(1.7)	121	(0.2)			1	(0.0)
	医药公司	97	(31.1)	582	(26.5)	247	(0.5)				
	其他	27	(8.7)	55	(2.4)	341	(0.7)				
私人医生		66	(21.2)	1345	(61.2)	50 732	(98.3)	51[d]	(1.5)	20 832	(100.0)

资料来源：韩国统计厅（http://www.kosis.kr）。

注：a 包括长期护理医院、口腔医院和韩医院（以韩国传统医药治疗为主）。

b 包括牙科诊所和韩医诊所。

c 包括卫生院、卫生所及其地方政府控制的分支机构。

d 包括妇产医疗机构。

在韩国,许多具有"法人"资格的单位,如大学和宗教团体等,也拥有并经营着医疗保健机构。1973 年,韩国的《医疗法》(National Medical Act)进行了修改,修改后的法案要求,所有的"医疗法人"单位必须具有非营利性质。许多营利性机构转为非营利性质的医疗法人,目的是享受税收减免优惠。2008 年,韩国的医疗法人机构运营的综合医院占全国总数的 31%,专科医院占全国总数的 27%。

韩国在医疗设施建设方面取得了长足的进步。20 世纪六七十年代,韩国面临着医疗人员和医疗设施设备严重短缺的问题。从那时起(图 6-47)情况有所改善,在 21 世纪头十年的后期,就病床数与先进的医疗设备数量而言,韩国已经超越了发达国家的水平,但对先进医疗设备的过度投资反而遭受了批评。截至 2008 年,每一千个韩国人平均住院床位数为 7.8 个,高于经合组织成员国的平均水平 5.6 个;每百万人拥有的 CT 扫描仪与核磁共振成像仪的数量分别为 36.8 台和 17.6 台,超过了经合组织成员国的平均数量 22.8 台和 11.6 台。

随着过去几十年医疗支出的增长,我们可以看到医疗保健行业对国民经济发展的重要性与日俱增。医疗保健行业创造了大量就业机会和增值服务,并为知识型经济的发展做出了重要贡献。如药品、医疗设备、膳食食品和化妆品等健康护理产品对国民经济的建设贡献不小。1985—2006 年,韩国医疗保健产业的产值也从 20.2 万亿韩元增加至 89.8 万亿韩元。然而,整体来看,韩国医疗产业还没有达到发达国家的水准。

韩国面临的一个主要挑战是人口老龄化问题,由此导致慢性疾病发病率攀升。癌症死亡人数从 1987 年的每十万人 94.5 人增加到 2007 年的 137.5 人,增幅为 45.5%;并且高血压、糖尿病等重大慢性病患者的比例也在继续上升。针对上述情况,韩国政府对疾病预防和健康改善的重视程度不断增强。1995 年,《国民健康促进法》(the National Health Promotion Act)颁布,其中,疾病预防和增进国民健康的项目成为重点。此外,为保证食品药品安全,1996 年建立了韩国食品药品安全中心,并在 1998 年升级为韩国食品药品安全厅。

2000 年 7 月,新修订的法规禁止了医生配药,药品只能从药店购买。这一规定是为了避免潜在的利益冲突,因为医生会为增加销售额而过度开药。

在 21 世纪前十年的后期,人们越来越意识到医疗保健行业不仅仅具有社会服务属性，更是一个被视为未来的成长性产业，要更多地关注其商业方面。韩国在放开医疗服务管制、推进医疗服务研发等方面，已经取得了一些进展，但仍有较大的发展空间。

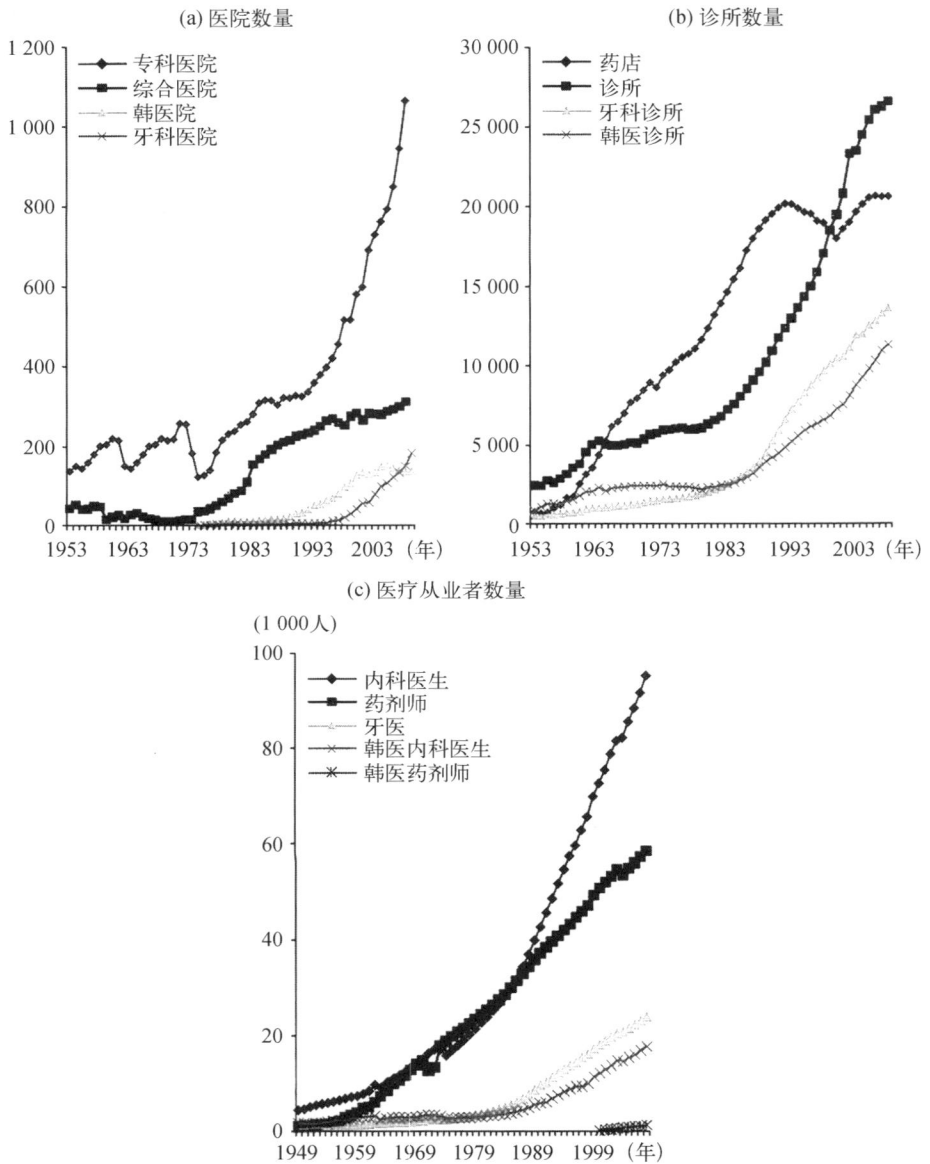

图 6 - 47　医疗资源的增加

资料来源：韩国卫生福利部，年度统计年鉴及其他资料。

6.6.2　韩国医疗保健制度的发展历程

6.6.2.1　1961 年之前的时期

从 1945 年到 60 年代初,由于资源的匮乏,国家较少关注国民医疗保健服务的建设。尽管如此,韩国政府还是为基本医疗服务的提供做了一些努力。1951 年,政府颁布了《医疗法》(National Medical Act),并在全国各地成立了 500 家医疗诊所以应对紧急的医疗需求,如朝鲜战争期间及结束后爆发的传染性疾病的治疗、提供医疗援助等。到 60 年代初,按照《医疗中心法》(Health Center Act)的规定,这些诊所被规模更大的卫生院所取代。卫生院的数量从 1960 年的 80 个增加到 1961 年 87 个、1962 年的 189 个。同时,政府着力建设有组织的医疗服务和医疗设施管理体系。

6.6.2.2　1962—1976 年:构建医疗保健制度的基础

20 世纪 60 年代初至 70 年代中期,由于韩国政府在前三个"五年计划"期间偏重于经济增长,因此,公共医疗保健事业并未得到很好的重视,政府对该领域的投资也很有限,但是,即使如此,政府还是在一些方面进行了改革。

1963 年,韩国通过《医疗保险法》(Health Insurance Act),同时一个试点项目正式启动。1970 年 8 月,修订之后的《医疗保险法》将部分群体纳入强制性的国民医疗保险范围内。国有的医疗保险基金主要服务的对象是公务员、军人和海外工人。其他类型的劳动者,也应该建立以自愿为基础的医疗保险合作社,但由于缺乏财政支持和医疗资源,这样的法规却无法得到实施。1977 年,强制性医疗保险制度终于出台,这一制度将覆盖到员工规模在 500 人及 500 人以上的所有企业。

60 年代,韩国政府试图遏制以高出生率为特征的人口增长趋势,这使得计划生育政策成为当时医疗保健制度的一个关键组成部分。此外,政府还在努力推动针对妇女和儿童的医疗保健项目,从而能降低婴儿死亡率。这一时期的婴儿死亡率较高,使得韩国家庭中的父母希望多生来弥补之前失去孩子的痛苦,从而这也成为当时韩国人口高出生率的主要原因。

尽管资源有限,韩国政府仍在努力扩大基本的医疗保健服务的覆盖范围,努力向更多的国民提供基本的医疗服务设施。其中的重点包括:加强对传染病、结核病、麻风病和寄生虫病等疾病的控制与管理。为此,地区医疗保障网发挥了应有的作用;这些医疗网点深入缺医少药的农村,向村民传授更为健康卫生的生活方式。对于城市地区,医疗保健服务的重点是居民中日益增长的慢性疾病,如工业化过程造成的癌症和高血压等。

6.6.2.3 1977—1994年:医疗保健服务制度的发展

70年代后期与80年代,韩国医疗保健服务制度的根本特征体现在,全民医疗保险的推行与覆盖范围的逐步扩大,从而带来医疗保健服务的大规模的增长。70年代后期,韩国开始日益重视社会发展问题,这些变化也反映在第四个"五年计划"(1977—1981年)中。

根据政府计划,医疗服务要扩大公共援助对象,具有强制性的全民医疗保险要扩大到员工规模在500人及500人以上的企业。1979年,公务员、私立学校的教师和300人及300人以上的企业里的劳动者都被纳入了全民医疗保险,而在1981年,企业规模只要达到100人及100人以上的,也必须参加医疗保险。1988年,全民医疗保险制度已扩大至员工人数在5人及5人以上的企业与在农村地区的个体户(农民和渔民等)。一年后,全民医疗保险制度在城市地区的个体经营户中普及。走到这一步,韩国在短短12年中实现了全民医疗保险的全面的覆盖,这一速度使得韩国进入世界最快实现全民医保的国家行列。

全民医疗保险制度的引入在韩国医疗保健制度的发展史上是一个重要的转折点。首先,它强调了国家对国民所做的以下重大承诺:即所有公民都应有获得医疗保健服务的权利,而且政府应在公平的基础上以有效的方式向所有的公民提供上述服务。

其次,全民医疗保险制度使得韩国国民对医疗保健服务的需求大幅增长。到2006年,经估算的未接受治疗的病人人数降至韩国人口总数的7%。1977—2006年,每个参保人每年的住院天数从0.1天上升至1.32天,每个参保人每年门诊就医的天数从0.7天上升至14.7天。这种过度使用公共医疗服务的现象也引起了人们的担忧。

再次,全民医疗保险制度将韩国医疗服务的供给,从以市场为基础的体制转变为政府通过资助医疗支出而发挥更大作用的体制。韩国政府要求参加全民医疗保险的所有国民都要承担缴纳医保费用的责任,同时要求所有的医院和诊所都要接纳已参加全民医保的病人。这种强制性要求虽然带来了一定的争议,但是也改善了公众获得医疗服务的状况。

韩国的全民医疗保险制度使得政府能够系统地收集医疗信息数据,提升了医疗服务水平和相应政策执行的效率。在此之前,有关疾病的传染速度和医疗服务的使用等方面,政府并没有系统性的信息。这一体系的成功也证明了政府能够承担起建立以数据为基础的医疗政策的责任。根据从全民医疗保险系统收集来的病人信息,医疗服务资源能被更加有效地分配。

最后,全民医疗保险制度是把医疗保健服务带到农村地区的关键驱动力。从 1976 年开始在选定的地区进行农村医疗保险试点项目,这些地方的村干部负责担任医疗保健顾问角色。另一个试点项目是在偏远地方建立社区医疗卫生中心,并派出护士担任社区卫生工作者,这些护士在被派到偏远地区之前要接受为期半年的培训。1980 年 12 月通过的《关于在农村和渔村开展医疗保健服务的特殊法》(Act on Special Measures for Health Care in Farming and Fishing Villages)推动了农村地区卫生院和卫生所的建设。

1980 年开始,韩国政府采取对医疗设施建设和设备购置提供资金援助的方式,鼓励在农村地区建立民营医院。1988 年,全民医疗保险制度实现了对整个农村地区的全覆盖,从而使韩国的 41 个地区都拥有了能达到医院级别的医疗设施。

为了满足日益增长的医疗保健需求,全民医疗保险制度也促进了私人企业提供的医疗资源和服务的增长。随着医科院校与医院数量的增加,医生和其他医务工作者的人数也在增长。从 1975 年到 1990 年,综合医院的数量增长了 6 倍,专科医院的数量增长了 2.6 倍,诊所的数量增长了 1.8 倍。

6.6.2.4　1995 年以后的发展阶段

1995 年,《国民健康促进法》(National Health Promotion Act)的颁布,标志着韩国医疗保健制度的又一次重大转折,从"以治疗严重疾病为中心"向"以预防疾病和推进健康生活方式为中心"的转变。这种转变的原因是韩国国民的常见疾病的种类发生了变化。20 世纪七八十年代,随着疫苗接种范围的扩大、医疗卫生条件的改善，急性传染病的病例迅速地减少，但是由于居民生活方式的改变、人口的老龄化和日益恶化的环境状况等因素的影响，一些慢性疾病，如高血压、糖尿病和癌症等疾病的病例却在成倍地增长。①

1997年7月，韩国政府启动建立了"国民健康促进基金"（National Health Promotion Fund），基金的资金来源是政府对每包香烟所征缴的2韩元税收。1998年，韩国卫生福利部成立了一个专门的部门，在国民中推动健康促进计划，如对高血压等慢性疾病进行控制。1998至1999年间，重点健康促进中心的数量从9个增加至19个。2000年，举办了"韩国保健博览会"（Korea Health Fair）。2002年，推出了"全国健康促进计划2010"（National Health Promotion Plan 2010），该计划的目标是到2010年要全面提升韩国国民的身心健康水平，包括要将残疾人的预期寿命由2002年的66岁提高至2010年的75岁。2004年，政府对每包香烟征缴的健康促进税提高到354韩元，正是这些税收收入支持了全国共计246个健康促进中心的活动推行。

这一时期，韩国政府还对全民医疗保险制度进行了积极的组织变革，提高其管理效率，并力图解决以社区为基础的医疗保险项目中财务的不稳定状况。② 基于社区的医疗保险项目于1998年10月与"公务员和私立学校教师"③医疗保险项目进行合并，2000年7月又进一步与以公司为基础的保险项目合并。④ 最初，合并只是导致了不同医保管理机构的整合。但在随后三年，这些医保的财务系统才实现了真正的融合，不同参保群体的交叉补贴也在认真地执行。目前，作为韩国全民医疗保险制度的唯一管理机构，"国民健康保险公司"（National Health Insurance Corporation ，NHIC）负责管理整个医疗保险系统。

---

① 伤寒病的病例从1970年的4 221例下降到1995年的370例，结核病的病例从1970年的171 464例下降到1995年的31 114例。相比之下，1983—2007年，因为癌症、心脏病和糖尿病等主要慢性疾病的死亡人数分别以每年2.6%、10.7%和6.7%的速度增长。

② 以社区为基础的医疗保险项目，参保的对象主要是自主择业者，他们缴纳的参保费由自主择业者保险协会管理，在合并的时候有227个这样的协会团体。

③ 此类医疗保险由"政府部门及私立学校教师保险协会"负责管理。

④ 以公司为基础的保险项目由"公司雇员保险协会"负责管理，合并时存在着140个这类协会。

上述医疗保险管理机构的整合能否产生所承诺的效果，是否能促进参保群体缴费负担的公平，这些问题仍然存在。合并后，"国民健康保险公司"的地区办事处的数量以及所有雇员的人数都减少了三分之一①；然而，仅剩一家保险管理机构产生的消费者选择的匮乏以及保险机构竞争的缺失，可能会使国民健康保险公司缺乏提高其工作效率的动力。同时，由于自主择业者和其他以社区为基础的参保群体的收入数据远不如以公司为基础的全面和完整，因而交叉补贴对公平的影响则更难评估。

2000年，韩国的医疗行业迎来了一个重大的变革，即实行医药分离政策，在配药方面将医生和药剂师的职能分开。医生可以开处方，但不能直接给病人配药，病人必须要到药剂师那里买药。与此同时，药剂师也不能在没有医生处方的情况下向患者出售抗生素和其他类型的药品。此外，韩国的全民医疗保险制度还把药品费用的报销从医疗费用报销中分离开来。

这次医疗制度改革的目的是消除医疗服务领域存在的过度开药的情况，以及控制药物滥用的现象，其他的目标包括，推动医疗行业中医学与药学的专职化，促使病人及时就诊，而不过于依赖药剂师的意见以实现疾病的早期诊断，加强患者的知情权，等等。新制度原定于2000年8月生效，但是医生和药剂师用罢工的形式抗议新制度的实施，直到同年11月份，韩国的政府、医生和药剂师三方才就新制度的执行达成了全面协议。

该制度仍然存在争议。自实行之后，医疗费用大幅上涨②，而且没有明显的迹象表明药物的滥用已得到遏制。尽管如此，人们普遍认为医药改革是不能倒退的，这是朝着正确的方向迈出的一步。

韩国政府必须应对的另一个挑战是始于20世纪90年代中期的不断攀升的全民医疗保险赤字问题。在此之前，全民医疗保险体系的财务状况比较良好，在1995年底有4万亿韩元的资金储备。但是，1996年韩国突然出现医疗保险赤字，1997年的金融危机使情况变得更加糟糕。

医保赤字增长主要有以下几个原因。其一，是全民医疗保险缴费的增

---

① 地区办事处数量从385个下减少到241个，雇员数量从15 635人减少到10 454人[李相锡（Sang Seok Lee），2003]。

② 医疗费用猛涨的原因可能有两点：一是药剂师们提高了配发药品的费用，二是那些不愿意开便宜药方的医生更多地开出昂贵药品的处方。

幅不够大,跟不上医疗保健服务支出的增长。而医疗保健服务支出的增加是韩国人过于依赖医保、人口的老龄化和日益昂贵的治疗费用造成的结果。此外,由于医药分离改革,导致2002年全民医疗保险体系产生了1.9万亿韩元的赤字,这耗尽了它所积累的资金储备,并促使韩国政府不得不采取短期借款来填补资金漏洞。为应对这个问题,2002年1月,韩国政府颁布了《国民健康保险资金稳定特别法》(the Special Act to Stablize National Health Insurance Fiances)。该法案要求韩国政府按固定比例抽取一部分国家财政收入来支援全民医疗保险制度的支出。

其二,在这一时期,政府设定的发展目标也大大提高了医疗保健服务支出的增长。政府具体提出了社会福利的覆盖率,要求减轻国民自付费用的负担(2005年8月)。对于重症患者的自费比例,如癌症病人要降低至10%(2005年9月);住院患者的伙食费也要算在福利保障之内(2006年1月),低于6岁的住院儿童费用自理部分都予以免除,还有用于治疗罕见病等重特大疾病也要提供类似的福利。其结果是,全民医疗保险的受益比例在2006年达到64%,其中,癌症患者的受益比例由2004年50%增加至2005年的66%。

其三,在21世纪初的前五年,韩国政府重点发展了公共医疗保健系统。制定了各种项目与计划①,并将其纳入公共医疗全面发展战略(comprehensive plan for promoting public health care)之中。该战略包括:发展以社区为基础的医院,加强国家层面的抗击癌症研究,采取更有效的措施应对传染性疾病等。为此,韩国政府在2005—2009年间共划出4.3万亿韩元的预算。此外,为农村地区发展的专项税收2 359亿韩元,也要用于改善农村卫生院的医疗设施。

同期,在经历14个月谈判后,韩国和美国之间的自由贸易协定(《韩美自由贸易协定》),终于在2007年4月2日达成。其中,涉及医疗保健谈判的一个主要议题就是进一步向美国开放韩国市场,以便美国的医药产品进入韩

---

① 2010年健康计划"(2005年)、"抗击癌症2015年计划"(2006年)、"健康投资执行战略"(2007年)、"公共医疗扩展计划"(2005年)、"2005—2010年紧急医疗基本计划"(2005年)、"政府医疗发展计划"(2003年)、"医疗保健人员基本计划"(2006年)、"2010年医疗保健产业发展计划"(2006年)、"韩国传统医药发展计划"(2005年),等等。

国市场。至于韩国医疗服务市场的开放问题则留给未来的谈判去协商解决（表 6-14）。

韩国医疗保健制度的另一个显著的变化是医疗服务市场的部分开放。2005 年 1 月 27 日,韩国修订了《自由经济区选定及管理法》(Act on the Designation and Operation of Free Economic Zones),允许外国医疗机构在自由经济区内给当地居民治疗疾病。此外,2006 年 2 月 21 日颁布了《建立济州特别自治道及开发国际自由城市的特别法》(Special Act on the Establishment of Jeju Special Self-Governing Province and the Development of Free International Cities),该法案允许在济州岛设立外资医疗机构。虽然以上措施并没有导致在这些地区设立一家外商独资的医院,但却被视为日后进一步开放医疗服务的重要一步。

表 6-14　《韩美自由贸易协定》有关医疗保健方面的协议(2008 年 12 月)

- 保留医疗服务市场的暂不开放。
- 建立一个独立机构,评估有关韩国政府的定价和政府报销药品与医疗器械的意见与决策,并提高决策过程中的透明度。
- 寻求在生产质量管理规范(GMP)上的互相承认。
- 需求药品非临床研究质量管理规范(GLP)上的互相承认。
- 寻求对仿制药审批程序的共识。
- 建立一个框架,讨论互认资格或互认护士和其他医务人员的执照。
- 保持当前保护相同或类似药物数据的系统。
- 接受现行的有关于基于审批程序而延长专利期。
- 制定措施,落实许可和专利联动,以最大限度地减少对企业的负担。
- 通过设立独立的程序来保证合理的补救措施,允许提出异议。
- 明确征求意见的程序和过程。
- 避免不道德的商业行为。

6.6.3　评价及未来挑战

所有的国家建立公共医疗服务体系的目标都是,为所有的公民提供可负担的、公平合理的高质量基本医疗保障服务。但是,目前仍没有任何一个国家成功地完成这个任务。完全由政府负责提供医疗服务的国家往往效率低下,医务人员缺乏激励,病人为得到医疗救治往往要等待很久。然而,凡是由私营机构主导医疗保健服务的国家又往往医疗费用较高,公众能够获得的医疗服务的可能性较低。

众所周知,韩国在提供医疗服务方面,便利程度和可负担性做得和发达国家一样出色。然而,在医疗服务的质量、医保融资水平以及为社会最底层人群提供服务的能力等方面,仍存在许多问题。韩国不仅面临着人口老龄化和慢性疾病发病率上升的问题,还必须应对自由贸易协定即将带来的医疗服务市场的各种变化。

为应对这些挑战,韩国需要作出以下努力。第一,必须重视以改善医疗服务质量为目的的制度安排。最为重要的是,政府应加快步伐,努力推动医疗机构信息的披露与传播、医疗机构服务质量的评价等[允(Yun)和高(Koh),2009,pp.136—151]。从而让公众及时地了解,作出明智的选择,并且促进医疗机构之间为提升服务质量的竞争。

第二,需要建立一个更加一体化的,以患者需求为导向的医疗保险体制,从而降低成本,提高医疗服务质量。尤其重要的是,要对长期护理保险进行制度上的安排,如 2007 年 4 月的《老年人长期护理保险法》(Act on Long-Term Care Insurance for Senior Citizens)提出的实施方案,融入到韩国整个医疗保险体系之中,协调一致。

第三,目前迫切需要扩大全民医疗保险制度的覆盖面,将重特大疾病或像癌症之类的治疗费用较高的疾病也纳入医保救助范围。同时,要通过增加税收收入和减少非必要的医疗服务支出等方式,改善全民医疗保险制度的财务健康状况;要调整医药报销规则,鼓励患者使用质量合格的低价药品,从而减少医药费用支出[允(Yun),2008];在提高医疗保险参保缴费时,必须注意不同参保群体缴费标准的公平性,特别要公平地对待企业与社区不同的参保者。

第四,要更加关注疾病预防和推进健康生活方式等问题。因此需要更加积极主动的投资,以减少各年龄层次(从出生婴儿到老年人)的患病风险,同时需要为每位公民建立终身健康管理档案。

第五,需要进一步地放松对医疗行业的监管。目前在监管方面的一个表现是,禁止营利性的"法人"机构进入医疗保健市场,但却允许个体医生拥有和经营营利性的医院和诊所(表 6-13)。应尽量减少对市场准入和商业行为的管制,以促进对医疗保健行业的投资及其与其他行业的融合[尹

(Yun)和高(Koh),2009]。允许营利性的"法人"机构进入医疗市场,将是这一方面的巨大进步。

■ 6.7 妇女参与社会经济活动

6.7.1 概述

20世纪60年代,当韩国以劳动密集型的轻工业为主推动经济发展时,韩国的妇女在劳动人口中占有很大比例。在随后经济发展加速增长时期,她们继续发挥着重要作用。与此同时,韩国的社会经济发展提升了妇女的地位,使她们在参与政治制度、决策进程与公民社会的进步中拥有了更好的发展前景。从发展型社会向尊重少数群体权利的成熟型社会的转型之中,妇女的持续参与发挥着极其重要的作用(李载烈,2008年)。

本节回顾了60年来妇女教育的发展和妇女参与经济与社会发展的情况。为便于说明,我们将这60年分为四个时期:大韩民国成立和战后重建时期(1948—1960);全面推进经济增长时期(20世纪六七十年代);民主化和向市场经济过渡时期(20世纪80年代至1997年);社会成熟与金融危机后的复苏时期(1997年至今)。表6-15列出了几个主题的概要。

表6-15 韩国社会经济发展中妇女地位的变化

领域	发展历史
扩大妇女在劳动力市场的参与度	1. 战后重建时期(1948—1959) 2. 经济发展时期(1960—1979) 3. 向市场经济的过渡期(1980—1997) 4. 金融危机之后的复苏期(1998—2008)
女性人力资源的开发	1. 扩大初等教育(1948—1959) 2. 扩大中等教育(1960—1975) 3. 扩大高等教育(1976—1995) 4. 教育机会的更深层次扩大(1996—2008)
扩大妇女在社会中参与度	1. 战后重建时期的社会参与(1948—1959) 2. 妇女参与的被动扩大(1960—1979) 3. 妇女参与的主动积极扩大(1980—1994) 4. 加强性别政策与制度化的支持(1995—2008)

6.7.2 历史发展

6.7.2.1 战后重建时期（1948—1959）

在朝鲜战争和战后重建时期，韩国社会经受着混乱和贫困之苦。这一时期，第一产业主导着韩国的经济发展。1953年，农业、林业和渔业占到了国内生产总值的47%，从业人数估计占到了劳动力总数的70%。妇女主要在上述这些行业中参加劳动。根据1948年政府进行的一项调查显示，在5人及5人以上规模企业工作的妇女人数为40 268人，占女性劳动年龄人口总数223 030人的18%。

韩国政府对妇女提供的主要福利政策是对多达70万的战争遗孀给予的公共援助。政府还比较重视推动妇女接受初等教育，提高识字率，并开展了鼓励妇女参与战后的社会重建运动。根据1948年韩国宪法，妇女拥有了投票权。《劳动标准法》包括妇女生育保护条款，并禁止对女性的歧视。这些规定都是从发达国家引进过来的，但是在韩国的实际就业环境中，对参与工作的妇女影响不大。

职业培训的重点是帮助那些战争遗孀从事低技能的劳动工作。政府建造了大量公租房，向单亲母子家庭提供住所，同时通过简单的职业培训鼓励这些妇女实现经济独立。一些培训机构得到了外国援助的资金支持，还向这些妇女提供基本的生活用品以及缝纫机等劳动工具。到1956年有62个"单亲家庭公寓"（homes for single-parent families），但面对日益增长的需求，这一数字显得微乎其微。1957年，"女孩劳动指导所"（Labor Guidance Institution for Girls）成立，为那些因年龄较大不得不离开孤儿院或不能上中小学的女孩提供诸如编织、缝纫、理发和刺绣等职业技能。

6.7.2.2 全面推进经济增长时期（20世纪六七十年代）

在全面推进经济增长时期，韩国政府主导的经济发展计划动员妇女加入工业劳动大军。在劳动密集型的轻工业部门中，如在纺织、服装和皮革行业中，妇女在劳动力总量中占据了相当大的比重。由于妇女的工资水平较低，这些行业享有很长一段时间的竞争优势。70年代，在反对企业主控制工会的工人运动中，妇女劳动者也发挥了主导作用。

从业务技能和勤奋程度上来说，妇女都是优秀的劳动者。她们来到城市工作,以养活农村中的贫困家庭。她们大多住在环境糟糕的企业宿舍或贫寒的民宅中,忍受着每天超过 12 小时的工作强度。据估算,在当时大约有 200 万妇女在以上行业中劳动。

韩国经济从以第一产业为主向以制造业为主的转变,带来了就业形态的改变,也扩大了女性劳动力的规模。1963 年,有工作或正在寻找工作的妇女人数为 283.5 万人,女性劳动参与率达到 37%。到 1979 年,以上人数几乎翻了一番,达到 534.9 万人,劳动参与率也升至 43.3%。

15 岁至 19 岁的青年女性构成了工业化早期阶段劳动力来源的主要部分。1963 年,这一年龄段中有 14%的人口在劳动工作,到 70 年代初,这一比例上升至 17%。1975 年,由于女性受教育机会的增加,青年女工的比例有所下降。

由于廉价劳动力带来了竞争优势,韩国政府在工业化早期阶段重点发展轻工业,但是这个策略很快就受到其他新兴经济体的挑战。因此,从 70 年代中期开始,政府决定加强发展资本密集型产业。这些产业都较少使用妇女劳动者。70 年代中期,妇女占制造业劳动力总数的 22%,大多数女性转而从事文书、服务和销售工作。

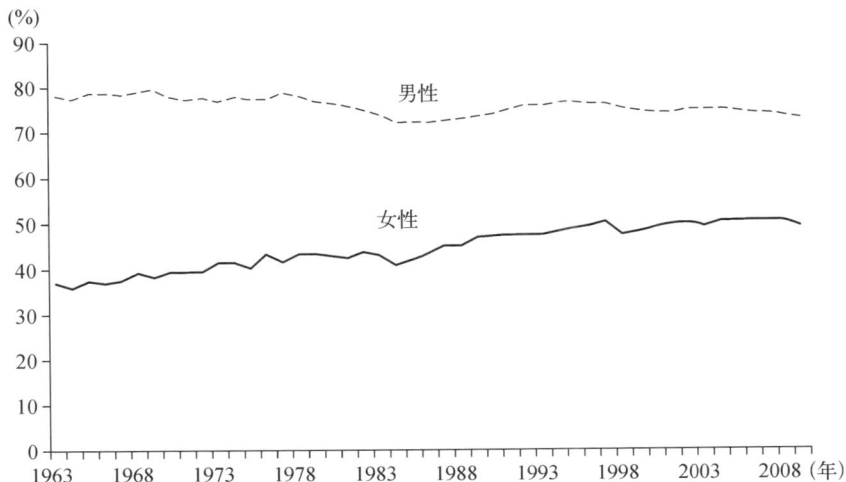

图 6 - 48 劳动力参与率

资料来源:韩国统计厅(http://www.kosis.kr)。

这一时期,尽管韩国女性能有更多的机会接受中等教育,但在 70 年代中期进入劳动力市场的女性中,有一半的女性劳动者只有小学文化水平,其余的大部分上过中学,只有极少数的妇女有机会接受高等教育。

韩国的妇女在此时期并未积极参与政治运动,但是她们也是所在地方社区活动的重要参与者。她们参与社区发展项目、计划生育项目以及"新村运动"。不过,实际上妇女发挥的作用十分有限,主要是因为这些运动的组织与运作大多具有半官方的性质,而且依托的观念也是传统的、带有性别偏见的。

6.7.2.3 向市场经济过渡时期(20 世纪 80 年代至 1997 年)

1971 年与 1974 年,韩国的初中、高中入学考试制度分别取消,国民受教育机会进一步扩大。小学毕业的女生升入中学的比例从 1975 年的 70%上升至 1985 年的 99%。然而,由于韩国家庭中普遍存在的重男轻女的传统观念,女性受高等教育的机会并没有与受中学教育机会同步扩大。这使得 1995 年的高等学校在校生中,女生人数只占 36%。

80 年代以来,韩国的自由市场经济发展模式开始取代由国家主导的工业化经济发展模式。此外,信息与通信技术的进步改变了生产结构和生产方式。服务行业在经济中的地位日益提高,为女性提供了比制造业部门更多的就业岗位,从而导致了女性劳动人口比例的上升。更多受过教育的女性,以及越来越多的已婚中年妇女进入到劳动力市场。

表 6-16   高等教育升学率

(单位:%)

	普通高中毕业生			职业高中毕业生		
	女生	男生	总计	女生	男生	总计
1980 年	35.4	41.9	39.2	5.0	15.7	11.4
1995 年	75.8	70.3	72.8	17.2	21.4	19.2
2000 年	84.6	83.4	83.9	35.7	48.2	42.0
2005 年	88.8	87.8	88.3	62.0	72.7	67.6
2008 年	88.6	87.2	87.9	69.5	75.7	72.9

资料来源:韩国教育科学技术部与韩国教育发展机构,《教育统计年鉴》等。

韩国政府成立了"职业妇女中心"（Working Women's Centers），为重新进入劳动力市场的已婚妇女提供职业培训，这些中心由国家资助并由部分女性自治团体来运营，如"基督教女青年协会"（Young Women's Christian Association，YWCA）等。这些中心在办公管理、缝纫、烹饪和病人护理等方面为妇女提供短期职业培训课程。由于80年代经济繁荣带来的劳动力短缺，大企业也试图雇佣更多拥有大学学位的已婚女性。

劳动力市场中，已婚女性人数的增加并不意味着她们的职业生涯不会因为婚姻、生育和育儿而中断。按年龄划分的女性参与工作的趋势是M型的，20岁以上的女性由于结婚和生孩子，就业数量急剧下降。21世纪初的10年间，晚婚的趋势意味着这种就业下降现象会发生在30多岁的女性身上（图6-22）。

这一时期，妇女们自发建立的各种组织，在争取民主和女性权利方面，发挥了主导作用。女文员争取自身利益的工人运动开始活跃，并多次在招聘和退休福利方面受到性别歧视的诉讼案件中获得胜利，一件成功的案例是1991年取缔了对女银行职员歧视的人事管理行为。第一起针对工作场所性骚扰的诉讼案，在民事法庭经过7年艰苦的诉讼后终于在1993年尘埃落定。该案件引起公众注意的是，性骚扰不仅仅是个人问题，更是工作环境的问题，同时这也引起了人们关于如何在工作中预防性骚扰的讨论。

韩国的妇女团体提出各种政策建议与法律提案，以制止侵害妇女的暴力行径和其他侵犯人权的行为。这推动了韩国政府颁布促进性别平等的法案，如《平等就业机会法》（Equal Employment Opportunity Act）。该法于1988年通过，禁止企业在招聘、薪资、培训、就业安置、退休和解雇等方面对女性的歧视，标志着女性在就业方面的一个转折点。虽然在1988年政府内部设立的监督和协调有关妇女政策的机构，又在1998年因整顿国家官僚作风而被裁撤，但这代表了中央政府第一次通过建立专门的机构来监督妇女事务。

6.7.2.4 金融危机后的复苏时期（1997年至今）

这一时期，韩国妇女的受教育水平和社会参与度都明显地提高了。1995年制定了《妇女发展基本法》（Framework Act on Women's Development），这是韩国妇女政策制度化的起点，因为它确立了韩国政府在促进妇女权利和性别平等方面的责任。为了保障女性平等参与政治活动的权利，韩国在国会、地方议会的选举中，在政府部门的就业中，都推行了性别配额制，确保一定数量的女性参加政治活动，因此，对以上领域产生了巨大的变化。《平等就业机会法》被扩充修改为《平等就业及支持工作家庭协调法》（Act on Equal Employment and Support for Work-Family Reconciliation）。政府还出台了各种政策来支持妇女创业、帮助重返职场的中年妇女增加职业发展机会、推动就业方面的性别平等。所有这些努力为促进妇女参与政治和社会领域活动产生了积极的作用，也为女性发挥领导作用产生了积极的影响。

1995 年，韩国政府取消了对大学招生名额的限制，增加了女性获得高等教育的机会。随着梨花女子大学（Ewha Women's University）工程学院的建立以及在其他女子大学中理工科招生人数的增加，妇女可能从事职业的范围和数量都扩大了。女性也有更大的机会进入以前禁止或限制女性进入的专业机构，包括空军学院、军事学院、国家税务学院、韩国国立铁道学院和韩国国立警察大学等。

90 年代中期以来，金融、健康、教育、公共服务及其他知识型产业创造了大量的专业性工作机会。但是，1997 年的亚洲金融危机又给劳动力市场带来了巨大的冲击。1998 年，女性就业率相比上一年下降了 7.3％，而同期男性就业率只下降了 5.1％。相较之下，女性受这次金融危机的影响更大。因为许多小公司更愿意雇佣女性劳动者，但在破产时，这些女性劳动者却是首先被解雇的。对 27 万名失去工作的劳动者调查显示，妇女在各个部门和产业中遭到解雇的比例都比男性要高［赵（Cho），1999］。特别是在这次危机中受到最大影响的金融服务业，在低职级就业的女性离职率很高，因此做兼职工作的女性数量急剧增加。1998 年，在涉及两家主要金融服务公司的案例研究中可以发现，已婚夫妻在同一家公司工作的，妻子会成为首先被辞退的对象。此外，86％的"自愿"离职者主要是女性［金英洲（Young Ju Kim），1998］。不仅是在 1997 年的危机期间，在其他的经济衰退期，包括 2003 年的信用卡危机，以及最近 2008 年发生的全球金融危机中，女性劳动者的就业人数下降幅度都超过了男性劳动者。

在过去60年里,韩国妇女在经济发展中的参与程度一直在稳步提升,但学历较高的女性劳动参与率却相对较低。韩国的女大学毕业生的就业率在经合组织成员国中是最低的,与其平均水平相差了近20个百分点(见表6-17)。

表6-17 经合组织成员国受过高等教育人口的就业率(2008年)

(单位:%)

	B类高等教育		A类高等教育及高级研究项目	
	男性	女性	男性	女性
美国	83.5	77.5	89.3	79.0
日本	92.9	64.8	93.4	66.9
德国	88.1	80.7	90.1	81.2
英国	89.3	83.7	90.1	86.3
法国	90.3	82.3	86.7	80.2
意大利	82.2	68.2	86.6	76.1
加拿大	86.9	79.2	86.0	79.6
韩国	89.8	62.0	88.9	60.7
经合组织国家平均水平	88.1	78.2	89.8	79.9

资料来源:经合组织,《2010年韩国教育展望》。
注:A类高等教育主要基于理论研究,旨在为进入高级研究项目者和诸如医学、口腔学、建筑学等高技能需求的行业提供必要职业素质的教育;B类高等教育一般比前者学制短,主要为直接进入劳动力市场的人员提供应用技术或职业技能教育。

6.7.3 未来的政策走向

妇女劳动者在保持韩国经济增长中起着越来越重要的作用。韩国拥有大量未得到充分利用的高学历女性劳动力资源。20世纪40—90年代,女性在劳动力市场上的参与率稳步增长,但自此以后停滞不前。因此找出阻碍更多妇女进入劳动力市场的因素显得尤为关键。

与其他国家相比,韩国女性劳动力市场最显著的特点是事业中断现象。

尽管女性的就业机会一直在增加,但由于韩国社会对于性别角色抱持顽固的刻板印象,许多妇女会因为家庭原因暂停其事业,这些原因包括生育、育儿、支持子女的教育和从事家务劳动。

在这种情况下,为女性创造更完善的制度从而帮助她们妥善协调工作和家庭生活是十分必要的。如果这样的制度从思想与设计上都能体现上述方向的改变,那将是非常有效的。例如,与其确立诸如扩大和提高儿童保育服务质量这类一般性政策目标,不如重新设计育儿政策,支持妇女在育儿行业就业则更为实用。应该鼓励企业为女性提供更多的兼职工作机会,并采用弹性工作制。应重新审视那些口惠而实不至的倡议,要拿出具体措施改善女性就业状况。

支持妇女参与社会活动的政策应更多地关注社会态度、风俗习惯和文化传统。为了保护妇女权利、实现男女平等就业,在日常生活的方方面面提升性别平等观念是非常重要的。

▍6.8 结论

过去的60年,韩国取得了长足的进步,实现了与巨大的经济增长相符合的广泛的社会发展。国民的受教育机会迅速增加,目前大多数的年轻人都能够接受高等教育。经济的快速上升和劳动力市场上女性的参与率不断提高,使得就业率持续快速增长。政府将社会福利体系的覆盖范围扩大至社会的各个阶层。医疗保健服务在数量和质量上均有了很大进展,现在的医疗保健服务的充裕性可与发达国家相媲美。

然而,现在韩国的社会政策仍然面临着许多挑战。韩国以大众教育为重点的集权式的教育管理制度为快速发展的工业化培养了合格的劳动力,但在知识型经济时代因为在促进多样性和创造性方面的不足而受到了广泛批评。公众对国家教育系统的不信任反映在大量的学生接受私教辅导之上。现在迫切需要通过更多的改革来调整现有教育体系,例如给予社区和私立学校更多的发展权利,扩大家长和学生获取优质教育的选择范围。

韩国的劳动力市场政策在创造就业和满足工业化发展需求上起到相当

有效的作用。但是,劳动力市场中的核心与边缘群体之间的二元对立构成了一个重要的挑战。政府一方面应该通过放宽就业保护政策来提升劳动力市场核心群体的就业灵活性与数量波动性,另一方面要将社会福利扩大至劳动力市场的边缘群体,如大量的非正式工作者,采取积极的劳动力市场政策来提高这些人群的收入。正式员工在劳动者总量中所占份额的不断上升将有助于收缩劳动力市场边缘范围,但它也会使整个韩国劳动市场变得更加僵化。韩国政府需要削弱严格的法律就业保护,使得企业与劳动者之间形成更灵活的雇佣关系。同时,还需要鼓励妇女积极参与劳动力市场,以及帮助她们协调好工作与家庭生活的关系。

韩国的社会福利制度也需要进行重大地改进。由于未能将大量的非正式工作者纳入社会保障范围、社会福利制度的结构复杂无序、社会福利供给系统的效率低下,以及对生活最为贫困的人群的关注不足等因素的存在,目前韩国的社会福利制度的有效性大打折扣。这些问题都需要得到妥善解决,以提高社会福利制度应有的效果。此外,要将福利制度抑制工作积极性的负面影响降到最低,特别要通过改革国民社会保险制度来达到上述目的。通过对养老金制度与全民医疗保险制度的根本性改革,增强社会保险计划财政的长期可持续性。同时,应该让私营企业在提供社会服务方面发挥更大的作用,而政府则继续保持其在提供资金和监管执行上所应该发挥的作用。

在韩国所有的社会政策中,医疗保健服务取得了最大的成功,全民医疗保险制度覆盖了全国所有的人口,可以说,使所有人都能够得到并负担得起医疗卫生服务。为了进一步完善该制度,政府应注重提高医疗服务质量,整合服务供给体系,扩大全民医疗保险对重特大疾病、治疗费用较高的疾病的保障覆盖,减少其他不必要的服务支出,并将医疗保健政策的重点转移到疾病预防和提升国民健康生活方式上。同样重要的是,需要放松对医疗保健行业的管制以加强其竞争力。

所有这些都是巨大的挑战。基于过去的成功历史,韩国的社会政策应该为韩国的又一次大飞跃做好准备。

■ 参考书目

Bai，Moo-Ki. 1982. "Structural Changes of the Korean Labor Market." ［In Korean.］ *Journal of Economics* 21 (1)：571-621，Seoul National University.

Bank of Korea. 2005. *Sixty Years after the Liberation in Statistics*. ［In Korean].

Barro，Robert J. 1991. "Economic Growth in a Cross Section of Countries." *Quarterly Journal of Economics* 106 (2)：407-443.

Blomqvist，Paula. 2004. "The Choice Revolution：Privatization of Swedish Welfare Services in the 1990s." *Social Policy and Administration* 38 (2)：139-155.

Cheon，Byung You et al. 2006. *A Study on the Jobs Strategy of Korea*. ［In Korean.］ Korea Labor Institute.

Cho，Soon Kyung. 1999. "Gender Discrimination in Structural Adjustment." ［In Korean.］ *Journal of Korean Association of Labor Studies* 5 (2)：123-147.

Deutsche Gesellschaft kir Technische Zusammenarbeit (GTZ) GmbH. 2005. *Social Health Insurance：A Contribution to the International Development Policy Debate on Universal Systems of Social Protection*. Federal Ministry for Economic Cooperation and Development.

Ensor，Tim. "Developing Health Insurance in Transitional Asia." 1999. *Social Science and Medicine* 48 (7)：871-879.

Grubb，David，Jae-Kap Lee，and Peter Tergeist. 2007. "Addressing Labor Market Duality in Korea." OECD Social，Development and Migration Working Papers，no. 61.

Jang，Chang Won. 2007. "Educational Influence on Korean Economic Development." ［In Korean.］ *Korean Demography* 30 (1)：149-176.

Kim, Taejong, and Young Lee. 2006. "Empirical Analysis of Value of Earlier Investment in Education." [In Korean.] Committee for Educational Reform.

Kim, Young Hwa et al. 1997. *Korean Education and National Development （1945-1995）*. [In Korean.] Korean Educational Development Institute.

Kim, Young Ju. 1998. "Women's Employment Pattern after the Economic Crisis." [In Korean.] Policy Discussion Forum, Women Link.

Kim, Yong-Seong. 2009. "A Study on the Mobility of Non-regular Workers." [In Korean.] In *Studies on Non-regular Workers*, edited by Gyeongjoon Yoo, 185-220. Research Monograph 2009-03, Korea Development Institute.

Lee, Jae Yeol. 2008. "From a Growing Society to a Mature Society: a Vision for Improving `Quality of Society.'" [In Korean.] *Korean Society: Yesterday, Today, and Future*. Presentations for *the Special Symposium for the* 60*th Anniversary of the Korean Government*, the Korean Sociological Association.

Lee, Yong-hwan et al. 2006. *Social Welfare Legislations*. [In Korean.] Daewang Press.

Lee, Young. 2010. "Role of Education in Economic Development and Future Challenges for Korea's Education." [In Korean.] Mimeo, Korean Educational Development Institute.

Lee, Sang Seok. 2003. "The Financial Consolidation of the National Health Insurance System: Its Necessity and Future Plans." [In Korean.] *Bok Ji Dong Hyang*.

Lee, Won Duck, ed. 2004. *Labor in Korea, 1987-2002*. Korea Labor Institute.

_____. 2008. "The Future of Welfare Society and Tasks for the Government." Mimeo.

Lewis, W. Arthur. 1954. "Economic Development with Unlimited Supplies of Labour." *Manchester School of Economic and Social Studies* 22: 139-91.

Lim, Kyung-Mook, and Hyungpyo Moon. 2003. "The Impact of Public Pensions on Household Savings," [In Korean.] In *Population Aging in Korea : Economic Impacts and Policy Issues*, edited by Kyungsoo Choi, Hyungpyo Moon, Inseok Shin, and Chin Hee Hahn, 227-276. Research Monograph 2003-06, Korea Development Institute.

Mankiw, N. Gregory, David Romer, and David N. Weil. 1992. "A Contribution to the Empirics of Economic Growth." *Quarterly Journal of Economics* 107 (2): 407-437.

Ministry of Education and Human Resources. 2007. *White Paper on Education*. [In Korean.]

Ministry of Education, Science and Technology, and Korean Educational Development Institute. *Statistical Yearbook of Education*, various issues.

Ministry of Health and Welfare. *Statistical Yearbook*, various issues.

National Pension Service. 2008. *The 20 Year History of the National Pension Service*. [In Korean.] OECD, *OECD Economic Survey: Korea*.

————. 2009. *OECD Revenue Statistics*.

————. 2009. *OECD Tax Database*.

————. 2010. *OECD Health Data 2010*.

————. 2010. *Education at a Glance 2010 : OECD Indicators*.

Palmer, Edward. 2008. "Social Policy in an Ageing Society: Trends and Implications." In *Social Policy at a Crossroad : Trends in Advanced Countries and Implications for Korea*, edited by Sang-Hyop Lee, Andrew Mason and Kwang-Eon Sul, 81-107. Korea Development Institute.

Park, Hyung-soo, and Byung Mok Jeon. 2009. *A Study on the Medium-to Long-term Fiscal Projection Model to Analyze the Fiscal Impact of Welfare Programs*. [In Korean.] Report for the Ministry of Health and Welfare, Korea Institute of Public Finance.

Pearson, Mark, and John P. Martin. 2005. "Should We Extend the Role of Private Social Expenditure?" OECD Social, Employment and Migration Working Paper, No. 23, DELSA/ELSA/WD/SEM(2005)2, OECD.

Permani, Risti. 2008. "Education as a Determinant of Economic Growth in East Asia: Historical Trends and Empirical Evidence (1965-2000)." Paper presented at the Asia-Pacific Economic and Business History Conference, University of Melbourne, February 13-15.

Shin, Seop-joong et al. 1999. *Social Welfare Legislations in Korea*. [In Korean.] University Press.

Shleifer, Andrei. 1998. "State versus Private Ownership." *Journal of Economic Perspectives* 12 (4): 133-50.

SaKong, Il. 1993. *Korea in the World Economy*. Washington, DC: Institute for International Economics.

World Bank. 1993. *The East Asian Miracle : Economic Growth and Public Policy*, Oxford University Press.

Yoo, Gyeongjoon. 2009. "Changes in Poverty among the Korean Population and the Underlying Factors." [In Korean.] KDI Policy Forum, No. 215.

Yoo, Hee Jung. 2009. "Childcare Policies to Cope with the Low Fertility." [In Korean.] Paper presented at the Conference for National Fiscal Management Plan 2010-2014, Korea Development Institute, June 24.

Yoon, Chan Young et al. 1998. *Social Welfare Legislations I*. [In Korean.] Nanam Press.

Yun, Heesuk. 2008. "Issues on Drug Pricing and Reimbursement in Korea." [In Korean.] Korea Development Institute.

Yun, Heesuk, and Youngsun Koh. 2009. *Improving the Regulatory Environment of the Health Care Industry*. [In Korean.] Research Monograph 2009-01, Korea Development Institute.

附表

附表 1　宏观经济指数（1953—2009）

单位 年份	实际 GDP 增速 %	储蓄率 （占国民 可支配 总收入 的百分 比）%	消费者价 格指数 %	利率[a] %	经常项 目差额 （占 GDP 的 百分比） %	合并差额 （占 GDP 的 百分比） %
1953	—	13.1	52.5	—	−5.2	—
1954	5.6	10.4	37.1	18.3	−2.4	—
1955	4.5	10.3	68.3	18.3	−2.6	—
1956	−1.3	8.6	23.0	18.3	−1.7	—
1957	7.6	13.9	23.1	18.3	−0.2	—
1958	5.5	12.8	−3.5	18.3	2.0	—
1959	3.9	10.8	3.2	17.5	0.9	—
1960	1.2	9.0	8.0	17.5	0.7	—
1961	5.9	11.7	8.2	17.5	1.6	—
1962	2.1	11.0	6.6	15.7	−2.4	—
1963	9.1	14.4	20.7	15.7	−5.3	—
1964	9.7	14.0	29.5	16.0	−0.9	—
1965	5.7	13.2	13.5	23.0	0.3	—
1966	12.2	16.6	11.3	26.0	−2.9	—
1967	5.9	15.4	10.9	26.0	−4.6	—
1968	11.3	18.2	10.8	25.2	−8.5	—

单位 年份	实际GDP 增速 %	储蓄率 （占国民 可支配 总收入 的百分 比）%	消费者价 格指数 %	利率[a] %	经常项 目差额 （占GDP的 百分比） %	合并差额 （占GDP的 百分比） %
1969	13.8	21.4	12.4	24.0	−8.4	—
1970	8.8	17.4	16.0	24.0	−7.7	−0.1
1971	10.4	15.3	13.5	22.0	−8.9	−2.2
1972	6.5	17.0	11.7	15.5	−3.4	−4.5
1973	14.8	22.8	3.2	15.5	−2.2	−1.6
1974	9.4	21.5	11.7	15.5	−10.4	−3.8
1975	7.3	19.1	25.3	15.5	−8.7	−4.4
1976	13.5	24.7	15.3	18.0	−1.1	−2.8
1977	11.8	28.2	10.1	16.0	0.0	2.6
1978	10.3	30.6	14.5	19.0	−2.0	−2.5
1979	8.4	29.7	18.3	19.0	6.5	1.4
1980	−1.9	24.3	28.7	20.0	−8.3	−3.0
1981	7.4	24.3	21.4	17.0	6.4	4.3
1982	8.3	25.6	7.2	10.0	−3.3	−3.9
1983	12.2	28.9	3.4	10.0	1.8	1.4
1984	9.9	30.9	2.3	10.0—11.5	−1.4	−1.2
1985	7.5	31.2	2.5	10.0—11.5	0.8	0.8
1986	12.2	34.9	2.8	10.0—11.5	4.1	−0.1
1987	12.3	38.4	3.0	10.0—11.5	7.0	0.2
1988	11.7	40.4	7.1	11.0—13.0	7.5	1.2
1989	6.8	37.6	5.7	10.0—12.5	2.3	0.0
1990	9.3	37.8	8.6	10.0—12.5	−0.7	−0.8
1991	9.7	37.9	9.3	10.0—12.5	−2.7	−1.7
1992	5.8	36.9	6.2	10.0—12.5	−1.2	−0.6
1993	6.3	36.9	4.8	8.5—12.0	0.2	0.3

单位 年份	实际GDP 增速 %	储蓄率 （占国民 可支配 总收入 的百分 比）%	消费者价 格指数 %	利率[a] %	经常项 目差额 （占GDP的 百分比） %	合并差额 （占GDP的 百分比） %
1994	8.8	36.4	6.3	8.5—12.5	−0.9	0.4
1995	8.9	36.2	4.5	9.0—12.5	−1.6	0.3
1996	7.2	34.8	4.9	11.7	−4.0	0.2
1997	5.8	34.6	4.4	12.1	−1.6	−1.4
1998	−5.7	36.6	7.5	15.3	11.3	−3.7
1999	10.7	34.6	0.8	9.7	5.3	−2.4
2000	8.8	33.0	2.3	8.9	2.3	1.1
2001	4.0	31.1	4.1	7.9	1.6	1.1
2002	7.2	30.5	2.8	6.9	0.9	3.1
2003	2.8	31.9	3.5	6.5	1.9	1.0
2004	4.6	34.0	3.6	6.2	3.9	0.6
2005	4.0	32.1	2.8	5.9	0.6	0.4
2006	5.2	30.8	2.2	6.3	0.6	0.4
2007	5.1	30.8	2.5	6.8	0.6	3.5
2008	2.3	30.5	4.7	7.4	−0.6	1.2
2009	0.2	30.0	2.8	5.8	5.1	−1.7

资料来源：韩国银行（2005 a）；韩国银行（http://ecos. bok. or. kr），经合组织（http://stats. oecd. org）；韩国统计厅（http://www. kosis. kr）.

注：a 为 1990 年之前利率按照银行商业票据的贴现率核定。1990—1995 年利率按照一般出借利率，1996 年开始，利率核定标准变更为企业平均加权贷款利率。

附表 2　韩元对美元的名义汇率（1945—1970）

年 月 日		官方汇率	市场汇率		
			出口日本美元	其他出口美元	美元汇率
1945	10 月 1 日	0.015	n. a.	n. a.	n. a.
1947	7 月 15 日	0.05	n. a.	n. a.	n. a.

年 月 日		官方汇率	市场汇率		
			出口日本美元	其他出口美元	美元汇率
1948	10 月 1 日	0.44	n. a.	n. a.	0.74
	11 月 15 日	0.45	n. a.	n. a.	n. a.
1949	1 月 14 日	0.90	n. a.	n. a.	2.17
	10 月 1 日	0.90	n. a.	n. a.	2.55
1950	12 月 1 日	0.90	n. a.	n. a.	2.83
	1 月 1 日	0.90	n. a.	n. a.	3.48
	4 月 1 日	0.90	n. a.	n. a.	2.98
	5 月 1 日	1.80	n. a.	n. a.	2.28
	5 月 15 日	1.60	n. a.	n. a.	2.28
	6 月 10 日	1.60	n. a.	n. a.	2.42
	6 月 15 日	1.80	n. a.	n. a.	2.42
	10 月 1 日	1.80	n. a.	n. a.	2.42
	10 月 1 日	1.80	n. a.	n. a.	2.58
	11 月 1 日	2.50	n. a.	n. a.	3.42
	10 月 1 日	2.50	n. a.	n. a.	6.12
1951	3 月 11 日	2.50	n. a.	n. a.	n. a.
	5 月 1 日	2.50	n. a.	n. a.	9.83
	11 月 10 日	6.00	n. a.	n. a.	18.2
1952	平均	6.00	n. a.	n. a.	n. a.
1953	8 月 28 日	6.00	n. a.	n. a.	26.4
	11 月 15 日	18.0	n. a.	n. a.	38.7
1954	11 月 10 日	18.0	77.7	74.0	65.6
	12 月 15 日	18.0	80.9	78.0	71.1
1955	1 月 10 日	18.0	92.3	83.5	77.2
	4 月 18 日	18.0	75.6	46.6	74.8
	一月 17 日	18.0	80.2	56.3	75.3
	8 月 8 日	18.0	95.0	82.0	80.2
	8 月 15 日	50.0	95.0	82.0	80.2

年　月　日		官方汇率	市场汇率		
			出口日本美元	其他出口美元	美元汇率
1956	平均	50.0	107.0	100.8	96.6
1957	平均	50.0	112.3	105.7	103.3
1958	平均	50.0	122.5	101.5	118.1
1959	平均	50.0	164.1	132.0	125.5
1960	1 月 20 日	50.0	171.8	138.7	132.0
	2 月 23 日	65.0	156.3	141.6	144.9
1961	1 月 1 日	100.0	147.9	145.4	139.8
	2 月 2 日	130.0	NT	NT	148.3
1962	平均	130.0	169.8	134.0	
1963	平均	130.0	314.0	174.5	
1964	5 月 3 日	256.5	254.0	285.6	
	平均	214.3	279.0	n. a.	
1965	3 月 22 日	256.5	NT	316.0	
	平均	265.4	NT	n. a.	
1966	平均	271.3	NT	302.7	
1967	平均	270.7	NT	301.8	
1968	平均	276.6	NT	304.1	
1969	平均	288.2	NT	323.6	
1970	平均	310.7	NT	342.8	

资料来源：弗兰克（Frank）、金（Kim）和韦斯特法尔（Westphal）（1975，图表 4 - 1，pp. 30 - 31）。

注：(1)"日本出口美元"是指在出口日本市场时所使用的美元汇率，"其他出口美元"是指出口到其他国家时所使用的美元汇率。

(2)"NT"代表的是"没有交易"，"n. a"表示无数据。

附表3 各类产业占总增加值的比重

（单位：%）

年\行业	农林渔业	采掘业	制造业	轻工业	重化工业	公共事业	建筑业	服务业
1953	47.3	1.1	9.0	7.1	1.9	2.6		40.0
1954	39.8	0.9	11.8	9.3	2.5	3.1		44.4
1955	44.5	1.0	11.6	9.3	2.3	3.6		39.3
1956	46.9	1.1	11.6	9.3	2.3	3.3		37.1
1957	45.2	1.5	11.2	9.0	2.2	4.2		37.9
1958	40.7	1.6	12.8	10.1	2.7	4.1		40.7
1959	33.8	1.8	14.1	11.1	3.0	4.3		46.0
1960	36.8	2.1	13.8	10.6	3.2	4.1		43.2
1961	39.1	1.9	13.6	10.0	3.6	4.4		41.0
1962	37.0	2.0	14.4	10.3	4.1	4.6		42.1
1963	43.4	1.6	14.7	10.3	4.4	3.9		36.3
1964	46.8	1.8	15.6	10.9	4.7	3.7		32.1
1965	38.0	2.0	18.0	12.3	5.7	4.7		37.2
1966	34.8	1.9	18.6	12.3	6.3	5.1		39.6
1967	30.6	1.9	19.1	12.5	6.6	5.3		43.0
1968	28.7	1.5	20.1	12.5	7.6	6.2		43.5
1969	27.9	1.4	20.3	12.7	7.6	7.2		43.2
1970	29.1	1.6	18.5	11.2	7.4	1.3	5.1	44.3
1971	29.5	1.5	18.3	10.8	7.5	1.3	4.4	45.1
1972	28.6	1.2	20.0	12.7	7.3	1.4	4.0	44.9
1973	26.5	1.1	23.0	13.6	9.4	1.2	4.2	43.9
1974	26.4	1.3	22.4	11.0	11.4	0.7	4.3	45.0
1975	26.9	1.5	22.2	11.1	11.1	1.1	4.5	43.7
1976	25.5	1.2	24.1	11.7	12.4	1.2	4.4	43.6
1977	24.2	1.5	23.9	10.9	13.0	1.4	5.3	43.7
1978	22.2	1.4	24.1	10.5	13.5	1.4	7.4	43.5

行业 年	农林渔业	采掘业	制造业	轻工业	重化工业	公共事业	建筑业	服务业
1979	20.7	1.2	24.4	10.1	14.3	1.8	8.2	43.7
1980	16.0	1.4	24.6	10.2	14.3	2.1	7.9	48.0
1981	16.7	1.5	25.0	10.3	14.6	2.3	6.8	47.7
1982	15.6	1.4	24.9	10.0	14.9	2.4	7.3	48.4
1983	14.3	1.3	25.9	9.9	15.9	2.7	7.5	48.3
1984	13.4	1.2	27.2	10.2	17.0	2.9	7.2	48.0
1985	13.3	1.2	26.7	9.8	17.0	2.9	6.9	49.0
1986	11.7	1.2	28.3	10.2	18.1	3.2	6.2	49.3
1987	10.5	1.1	29.5	10.6	18.9	3.0	6.4	49.5
1988	10.4	0.9	30.1	9.8	20.3	2.6	6.7	49.2
1989	9.7	0.8	28.4	9.0	19.4	2.4	7.8	50.9
1990	8.7	0.8	26.6	7.8	18.8	2.1	10.4	51.5
1991	7.7	0.7	26.7	7.7	19.0	2.0	11.2	51.6
1992	7.5	0.6	25.9	7.4	18.4	2.0	10.7	53.3
1993	6.7	0.5	26.0	7.1	18.9	2.1	10.8	53.9
1994	6.5	0.5	26.3	7.0	19.3	2.1	10.2	54.4
1995	6.2	0.5	26.7	6.2	20.5	2.0	10.1	54.6
1996	5.8	0.4	25.8	5.9	19.9	2.0	10.3	55.8
1997	5.3	0.4	25.4	5.7	19.7	2.0	10.4	56.5
1998	4.9	0.4	26.4	5.9	20.5	2.3	8.8	57.3
1999	5.0	0.3	27.2	6.1	21.0	2.5	7.7	57.3
2000	4.6	0.3	28.3	6.0	22.3	2.5	6.9	57.3
2001	4.4	0.3	26.6	5.6	21.0	2.6	7.1	59.0
2002	4.0	0.3	26.2	5.4	20.8	2.6	7.2	59.8
2003	3.7	0.2	25.8	4.8	20.9	2.6	8.0	59.6
2004	3.7	0.2	27.7	4.5	23.2	2.4	7.8	58.1
2005	3.3	0.3	27.5	4.3	23.2	2.3	7.6	59.0

THE KOREAN ECONOMY：Six Decades of Growth and Development

跨越中等收入陷阱：韩国经济60年腾飞之路

行业＼年	农林渔业	采掘业	制造业	轻工业	重化工业	公共事业	建筑业	服务业
2006	3.2	0.2	27.1	4.1	23.0	2.3	7.5	59.7
2007	2.9	0.2	27.3	3.8	23.4	2.2	7.4	60.0
2008	2.7	0.3	27.9	3.9	24.0	1.3	7.0	60.8
2009	2.6	0.2	27.7	3.9	23.8	1.8	6.9	60.7

资料来源：韩国统计厅(http://www.kosis.kr)。

附表4　各类行业就业人数所占比重

（单位：％）

行业＼年	农林渔业	采掘业	制造业	公共服务业	建筑业	批发零售、餐饮业	其他服务业
1963	63.0	0.7	7.9		2.5	25.8	
1964	61.7	0.7	8.2		2.4	27.1	
1965	58.5	0.9	9.4		2.9	28.3	
1966	57.8	1.0	9.8		2.5	28.9	
1967	55.1	1.1	11.6		3.0	29.2	
1968	52.4	1.2	12.7		3.5	30.2	
1969	51.1	1.2	13.1		3.6	31.0	
1970	50.4	1.1	13.2		2.9	32.4	
1971	48.2	0.8	13.4		3.5	34.1	
1972	50.5	0.5	13.6		3.7	31.7	
1973	49.8	0.4	15.8		3.4	30.6	
1974	48.0	0.4	17.3		3.9	30.4	
1975	45.7	0.5	18.6		4.4	30.9	
1976	44.4	0.5	21.3		4.2	29.5	
1977	41.7	0.8	21.6		4.9	31.1	
1978	38.4	0.8	22.3		6.1	32.4	
1979	35.8	0.8	22.8		6.1	34.5	
1980	34.0	0.9	21.6	0.3	6.2	19.2	18.1
1981	34.2	0.9	20.4	0.2	6.2	19.8	18.5

行业 年	农林渔业	采掘业	制造业	公共 服务业	建筑业	批发零售、 餐饮业	其他服务业
1982	32.1	0.8	21.1	0.2	5.8	22.1	18.2
1983	29.7	0.7	22.5	0.2	5.6	21.8	19.1
1984	27.1	1.0	23.2	0.3	6.3	22.6	20.6
1985	24.9	1.0	23.4	0.3	6.1	22.4	22.0
1986	23.6	1.2	24.7	0.3	5.7	22.1	22.3
1987	21.9	1.1	27	0.3	5.6	22.1	22.3
1988	20.6	0.8	27.7	0.3	6.1	21.6	23.2
1989	19.6	0.5	27.8	0.3	6.5	21.3	24.3
1990	17.9	0.4	27.2	0.4	7.4	21.8	25.3
1991	14.6	0.3	27.6	0.4	8.5	22.2	26.7
1992	14.0	0.3	26.2	0.4	8.9	23.6	27.0
1993	13.5	0.3	24.5	0.3	8.9	25.4	27.5
1994	12.6	0.2	24.0	0.4	9.1	26.5	27.7
1995	11.8	0.1	23.6	0.3	9.4	26.5	28.6
1996	11.1	0.1	22.7	0.4	9.5	27.3	29.3
1997	10.8	0.1	21.4	0.4	9.6	27.7	30.5
1998	12.0	0.1	19.6	0.3	7.9	27.9	32.4
1999	11.3	0.1	19.8	0.3	7.3	28.3	33.2
2000	10.6	0.1	20.3	0.3	7.5	27.2	34.4
2001	10.0	0.1	19.8	0.3	7.3	27.2	35.6
2002	9.3	0.1	19.1	0.2	7.9	27.1	36.5
2003	8.8	0.1	19.0	0.3	8.2	26.4	37.5
2004	8.1	0.1	19.0	0.3	8.1	26.0	38.8
2005	7.9	0.1	18.5	0.3	7.9	25.4	40.1
2006	7.7	0.1	17.5	0.3	7.9	24.9	41.9
2007	7.4	0.1	17.1	0.4	7.9	24.4	43.1
2008	7.2	0.1	16.8	0.4	7.7	24.1	44.2
2009	7.0	0.1	16.3	0.4	7.3	23.6	45.7

资料来源:韩国统计厅(http://www.kosis.kr)。

附表5　主要贸易指标

单位 年	商品和 服务出口 占 GDP 的比例（％）	韩元对美 元汇率ª 2005＝100	根据国家出口分类ᵇ		根据产业分类出口		
			发达国家 ％	新兴发展 中国家 ％	基础产业 ％	重化工业 ％	轻工业 ％
1953	2.0	13.1					
1954	1.1	10.4					
1955	1.7	10.3					
1956	1.4	8.6					
1957	1.5	13.9					
1958	2.1	12.8					
1959	2.7	10.8					
1960	3.4	9.0					
1961	5.4	11.7					
1962	5.1	11.0					
1963	4.8	14.4					
1964	5.9	14.0					
1965	8.6	13.2	85.2	14.8			
1966	10.4	16.6	86.2	13.8			
1967	11.5	15.4	90.0	10.0			
1968	12.8	18.2	92.6	7.4			
1969	13.5	21.4	88.7	11.3			
1970	13.2	17.4	91.7	8.3	17.5	12.8	69.7
1971	14.5	15.3	93.1	6.9	13.9	14.1	72.0
1972	18.9	17.0	93.3	6.7	12.1	21.3	66.6
1973	27.9	22.8	93.6	6.4	12.8	23.8	63.4
1974	26.1	21.5	90.2	9.8	13.4	32.5	54.1
1975	26.3	19.1	87.7	12.3	17.6	25.0	57.4
1976	29.4	24.7	84.4	15.6	12.2	29.9	58.0
1977	29.7	28.2	79.6	20.4	18.0	35.0	47.0

年＼单位	商品和服务出口 占GDP的比例（%）	韩元对美元汇率ᵃ 2005＝100	根据国家出口分类ᵇ		根据产业分类出口		
			发达国家 %	新兴发展中国家 %	基础产业 %	重化工业 %	轻工业 %
1978	27.7	30.6	80.3	19.7	14.9	35.4	49.7
1979	25.9	29.7	79.8	20.2	14.1	38.1	47.8
1980	31.2	24.3	72.2	27.8	11.7	41.8	46.4
1981	33.2	24.3	71.3	28.7	10.4	44.0	45.6
1982	31.8	25.6	71.6	28.4	7.9	49.0	43.0
1983	31.7	28.9	73.3	26.7	6.8	51.8	41.3
1984	33.9	30.9	77.0	23.0	5.8	55.4	38.8
1985	32.0	31.2	77.6	22.4	5.2	57.0	37.7
1986	35.1	34.9	83.4	16.6	6.1	51.9	42.0
1987	37.6	38.4	85.7	14.3	5.8	52.0	42.1
1988	35.6	40.4	85.1	14.9	5.5	55.4	39.1
1989	30.2	37.6	83.2	16.8	5.3	55.4	39.3
1990	27.6	37.8	80.4	19.6	4.9	56.6	38.5
1991	26.0	37.9	75.0	25.0	4.6	60.0	35.5
1992	26.8	36.9	71.0	29.0	4.2	62.9	32.9
1993	25.9	36.9	66.8	33.2	3.8	66.2	30.0
1994	26.2	36.4	66.8	33.2	3.9	68.8	27.2
1995	28.5	36.2	67.3	32.7	4.9	72.7	22.5
1996	27.7	34.8	61.2	38.8	6.9	71.8	21.3
1997	31.7	34.6	60.7	39.3	7.2	72.5	20.3
1998	44.3	36.6	62.6	37.4	7.9	73.4	18.7
1999	37.2	34.6	65.0	35.0	4.4	77.6	18.0
2000	38.6	33.0	65.7	34.3	2.8	81.0	16.2
2001	35.7	31.1	61.8	38.2	2.7	80.9	16.4
2002	33.1	30.5	60.1	39.9	2.5	82.7	14.9
2003	35.4	31.9	57.5	42.5	2.7	84.8	12.4

年 \ 单位	商品和服务出口 占GDP的比例（%）	韩元对美元汇率[a] 2005＝100	根据国家出口分类[b] 发达国家 %	根据国家出口分类[b] 新兴发展中国家 %	根据产业分类出口 基础产业 %	根据产业分类出口 重化工业 %	根据产业分类出口 轻工业 %
2004	40.9	34.0	56.2	43.8	2.7	87.2	10.1
2005	39.3	32.1	52.7	47.3	1.5	89.6	8.9
2006	39.7	30.8	51.1	48.9	1.6	90.7	7.7
2007	41.9	30.8	47.2	52.8	1.5	91.5	6.9
2008	53.0	30.5	43.9	56.1	1.8	91.7	6.4
2009	49.9	30.0	42.1	57.9			

资料来源：韩国银行（http://ecos. bok. or. kr），经合组织（http://stats. oecd. org）；
韩国国际贸易协会（http://www. kita. net）；韩国统计厅（http://www. kosis. kr）.
注：a 实际汇率是由 CPI 指数获得.
b 国家分类根据 2010 年 10 月国际货币基金组织世界经济展望标准.

附录6　人口趋势

年	总人口 （千人）	总人口 （增长率%）	出生率 （每1000人）	死亡率 （每1000人）	总生育率（%）	出生时预期寿命	抚养比率（%） 0—14岁	抚养比率（%） 65岁及以上
1949	20 189							
1955	21 503	1.1[a]					74.3	6.0
1960	25 012	3.1[b]					77.3	5.3
1961	25 766	3.0					79.3	5.4
1962	26 513	2.9					80.5	5.5
1963	27 262	2.8					81.2	5.6
1964	27 984	2.6					81.9	5.7
1965	28 705	2.6					82.5	5.8
1966	29 434	2.5					82.8	5.9
1967	30 131	2.4					82.5	5.8
1968	30 838	2.3					81.8	5.7
1969	31 544	2.3					80.4	5.6
1970	32 241	2.2	31.2	8.0	4.530	61.93	78.2	5.7

年	总人口		出生率(每1 000人)	死亡率(每1 000人)	总生育率(%)	出生时预期寿命	抚养比率(%)	
	(千人)	(增长率%)					0—14岁	65岁及以上
1971	32 833	2.0	31.2	7.2	4.540	62.33	76.2	5.8
1972	33 505	1.9	28.4	6.3	4.120	62.72	74.5	5.6
1973	34 103	1.8	28.3	7.8	4.070	63.09	72.2	5.6
1974	34 692	1.7	26.6	7.2	3.770	63.46	69.7	5.7
1975	35 281	1.7	24.8	7.7	3.430	63.82	66.6	6.0
1976	35 849	1.6	22.2	7.4	3.000	64.17	63.5	6.0
1977	36 412	1.6	22.7	6.8	2.990	64.51	60.8	6.0
1978	36 969	1.5	20.3	6.8	2.640	64.84	58.3	6.0
1979	37 534	1.5	23.0	6.4	2.900	65.17	56.2	6.1
1980	38 124	1.6	22.6	7.3	2.820	65.69	54.6	6.1
1981	38 723	1.6	22.4	6.1	2.570	66.17	53.2	6.2
1982	39 326	1.6	21.6	6.2	2.390	66.67	51.8	6.3
1983	39 910	1.5	19.3	6.4	2.060	67.14	50.2	6.3
1984	40 406	1.2	16.7	5.9	1.740	67.81	48.2	6.4
1985	40 806	1.0	16.1	5.9	1.660	68.44	46.0	6.5
1986	41 214	1.0	15.4	5.8	1.580	69.11	43.9	6.6
1987	41 622	1.0	15.0	5.9	1.530	69.76	42.0	6.7
1988	42 031	1.0	15.1	5.6	1.550	70.30	40.2	6.9
1989	42 449	1.0	15.1	5.6	1.560	70.82	38.7	7.0
1990	42 869	1.0	15.2	5.6	1.570	71.28	36.9	7.4
1991	43 296	1.0	16.4	5.6	1.710	71.72	36.0	7.5
1992	43 748	1.0	16.7	5.4	1.760	72.21	35.3	7.7
1993	44 195	1.0	16.0	5.2	1.654	72.81	34.6	7.9
1994	44 642	1.0	16.0	5.4	1.656	73.17	33.9	8.1
1995	45 093	1.0	15.7	5.3	1.634	73.53	33.0	8.3
1996	45 525	1.0	15.0	5.2	1.574	73.96	32.2	8.6
1997	45 954	0.9	14.4	5.2	1.520	74.39	31.2	8.9
1998	46 287	0.7	13.6	5.2	1.448	74.82	30.5	9.3

附表

年	总人口		出生率 (每1 000人)	死亡率 (每1 000人)	总生育 率(%)	出生时 预期 寿命	抚养比率(%)	
	(千人)	(增长率%)					0—14岁	65岁 及以上
1999	46 617	0.7	13.0	5.2	1.410	75.55	29.8	9.6
2000	47 008	0.8	13.3	5.2	1.467	76.02	29.4	10.1
2001	47 357	0.7	11.6	5.0	1.297	76.53	29.0	10.5
2002	47 622	0.6	10.2	5.1	1.166	77.02	28.6	11.1
2003	47 859	0.5	10.2	5.1	1.180	77.44	28.0	11.6
2004	48 039	0.4	9.8	5.0	1.154	78.04	27.4	12.1
2005	48 138	0.2	8.9	5.0	1.076	78.63	26.8	12.6
2006	48 297	0.3	9.2	5.0	1.123	79.18	25.9	13.2
2007	48 456	0.3	10.0	5.0	1.250	79.56	25.0	13.8
2008	48 607	0.3	9.4	5.0	1.192	80.08	24.1	14.3
2009	48 747	0.3	9.0	5.0	1.149		23.1	14.7

资料来源：韩国统计厅(http://www.kosis.kr)。

附表7　教育参与度和教育资源

(单位：千人)

年份		学生入学人数				教师数量	学校数量
		国有学校	公立学校	私立学校	总数		
小学	1965	21	4 896	25	4 941	79	5.1
	1970	13	5 671	65	5 749	101	6.0
	1975	14	5 515	70	5 599	108	6.4
	1980	16	5 569	72	5 658	119	6.5
	1985	16	4 768	72	4 857	127	6.5
	1990	16	4 783	69	4 869	137	6.3
	1995	14	3 828	63	3 905	138	5.8
	2000	12	3 956	52	4 020	140	5.3
	2005	11	3 965	47	4 023	160	5.6
	2009	11	3 419	44	3 474	175	5.8

跨越中等收入陷阱：韩国经济60年腾飞之路

| 年份 | 学生入学人数 | | | | 教师数量 | 学校数量 |
	国有学校	公立学校	私立学校	总数		
	1965	3	415	333	751	19	1.2
	1970	4	673	641	1 319	31	1.6
	1975	5	1 199	823	2 027	47	2.0
	1980	6	1 508	958	2 472	55	2.1
初中	1985	9	1 889	884	2 782	70	2.4
	1990	8	1 617	650	2 276	90	2.5
	1995	9	1 876	597	2 482	100	2.7
	2000	7	1 442	412	1 861	93	2.7
	2005	6	1 624	380	2 011	104	2.9
	2009	6	1 637	363	2 007	109	3.1
	1965	3	207	216	427	8	0.7
	1970	4	264	323	590	10	0.9
	1975	7	476	640	1 123	20	1.2
	1980	15	673	1 008	1 697	27	1.4
高中	1985	19	831	1 303	2 153	40	1.6
	1990	19	856	1 409	2 284	58	1.7
	1995	20	843	1 296	2 158	56	1.8
	2000	19	915	1 137	2 071	63	2.0
	2005	15	879	869	1 763	79	2.1
	2009	16	1 050	899	1 966	89	2.2
	1965	31	3	97	132	7	0.2
	1970	49	2	120	171	9	0.1
	1975	65	1	159	225	11	0.1
	1980	142	5	421	568	21	0.2
高等院校	1985	279	5	925	1 210	33	0.3
	1990	292	6	1 106	1 404	42	0.3
	1995	699	24	1 507	2 230	59	0.3
	2000	830	41	2 263	3 134	57	0.4
	2005	790	44	2 432	3 267	65	0.4
	2009	770	46	2 469	3 285	70	0.4

资料来源:韩国教育发展机构(http://cesi.kedi.re.kr)。

（单位：%）

年份	失业率	就业率	正式工作者占比	名义工资增长率	工会密度
1963	8.1	52.0	—	—	9.4
1964	7.7	51.4	—	—	11.5
1965	7.3	52.8	—	—	11.6
1966	7.1	52.8	—	—	12.1
1967	6.1	53.5	—	—	12.4
1968	5.0	55.1	—	—	12.1
1969	4.7	55.1	—	—	12.5
1970	4.4	55.1	—	—	12.6
1971	4.4	54.9	—	20.9	12.7
1972	4.5	55.2	—	10.2	12.9
1973	3.9	56.1	—	16.5	13.2
1974	4.0	56.6	—	31.9	14.8
1975	4.1	55.9	—	29.5	15.8
1976	3.9	57.4	—	35.5	16.5
1977	3.8	57.2	—	32.1	16.7
1978	3.2	58.0	—	35.0	16.9
1979	3.8	57.2	—	27.4	16.8
1980	5.2	55.9	—	24.3	14.7
1981	4.5	55.9	—	20.7	14.6
1982	4.4	56.1	—	15.8	14.4
1983	4.1	55.3	—	11.0	14.1
1984	3.8	53.7	—	8.7	13.2
1985	4.0	54.3	—	9.2	12.4
1986	3.8	54.9	—	8.2	12.3
1987	3.1	56.5	—	10.1	13.8
1988	2.5	57.0	—	15.5	17.8
1989	2.6	58.0	32.4	21.1	18.6

年份	失业率	就业率	正式工作者占比	名义工资增长率	工会密度
1990	2.4	58.6	32.8	18.8	17.2
1991	2.4	59.1	34.8	17.5	15.4
1992	2.5	59.4	36.0	15.2	14.6
1993	2.9	59.1	36.6	12.2	14.0
1994	2.5	60.1	36.4	12.7	13.3
1995	2.1	60.6	36.7	11.2	12.5
1996	2.0	60.8	36.0	11.9	12.1
1997	2.6	60.9	34.3	7.0	11.1
1998	7.0	6.4	32.8	2.5	11.4
1999	6.3	56.7	30.2	12.1	11.7
2000	4.4	58.5	30.2	8.0	11.4
2001	4.0	59.0	31.1	5.6	11.5
2002	3.3	60.0	31.0	11.6	10.8
2003	3.6	59.3	32.8	9.4	10.8
2004	3.7	59.8	33.8	6.5	10.3
2005	3.7	59.7	34.6	6.4	9.9
2006	3.5	59.7	35.4	5.9	10.0
2007	3.2	59.8	36.8	5.9	10.6
2008	3.2	59.5	38.2	3.5	10.3
2009	3.6	58.6	39.9	—0.6	

资料来源:韩国统计厅(http://www.kosis.kr)、韩国雇佣劳动部、经合组织。

注:由于失业率定义的改变,1999—2000 年的失业率和就业率连贯性有所中断。

附表 9　养老、失业、工伤类社会保险的参保人数

(单位:千人)

年份	国家养老保险(A)	政府公务人员养老保险(B)	教师养老保险(C)	公共养老保险(A+B+C)	就业保险	事故赔偿保险
1960	—	237	—	237	—	—
1961	—	238	—	238	—	—

年份	国家养老保险（A）	政府公务人员养老保险（B）	教师养老保险（C）	公共养老保险（A＋B＋C）	就业保险	事故赔偿保险
1962	—	251	—	251	—	—
1963	—	272	—	272	—	—
1964	—	288	—	288	—	82
1965	—	305	—	305	—	161
1966	—	333	—	333	—	222
1967	—	358	—	358	—	336
1968	—	375	—	375	—	489
1969	—	392	—	392	—	683
1970	—	415	—	415	—	779
1971	—	450	—	450	—	833
1972	—	449	—	449	—	1 078
1973	—	441	—	441	—	1 320
1974	—	456	—	456	—	1 518
1975	—	491	40	531	—	1 836
1976	—	506	44	550	—	2 270
1977	—	539	47	586	—	2647
1978	—	552	70	622	—	3 100
1979	—	568	79	647	—	3 608
1980	—	648	89	738	—	3 753
1981	—	683	99	782	—	3 457
1982	—	668	108	775	—	3 465
1983	—	670	110	780	—	3 941
1984	—	682	117	799	—	4 385
1985	—	697	124	821	—	4 495
1986	—	717	127	844	—	4 749
1987	—	738	133	870	—	5 357

年份	国家养老保险(A)	政府公务人员养老保险(B)	教师养老保险(C)	公共养老保险(A+B+C)	就业保险	事故赔偿保险
1988	4 433	767	141	5 341	—	5 744
1989	4 521	810	150	5 481	—	6 688
1990	4 652	843	154	5 649	—	7 543
1991	4 769	885	159	5 812	—	7 923
1992	5 021	922	165	6 109	—	7 059
1993	5 160	940	171	6 271	—	6 943
1994	5 445	948	175	6 568	—	7 273
1995	7 257	958	181	8 396	—	7 894
1996	7 426	971	192	8 589	4 331	8 157
1997	7 357	982	203	8 542	4 280	8 237
1998	6 580	952	206	7 739	5 268	7 582
1999	10 749	914	208	11 871	6 054	7 441
2000	11 763	909	211	12 883	6 747	9 486
2001	11 802	913	216	12 932	6 909	10 581
2002	12 248	931	221	13 400	7 171	10 571
2003	12 617	948	225	13 790	7 203	10 599
2004	12 387	965	230	13 582	7 577	10 473
2005	12 490	1 009	237	13 713	8 064	12 070
2006	12 804	1 009	246	14 059	8 537	11 689
2007	13 160	1 022	251	14 432	9 063	12 529
2008	13 310	1 030	257	14 597	9 385	13 490
2009	13 572	1 048	—	14 619	9 760	13 885

资料来源:韩国国家养老保险(http://www.nps.or.kr),韩国政府公务员养老保险(http://www.geps.or.kr),韩国教师养老保险(http://www.ktpf.or.kr),韩国职工补偿和福利服务机构。

附表 10　医疗保健服务指标

年份	医疗保健服务总支出 占 GDP 的比例（%）	自费支出 占总支出的比例（%）	公共支出 占总支出的比例（%）	在职医生 每千人密度	医院床位 每千人密度
1980	3.9	75.6	20.0	…	…
1981	4.0	75.9	19.8	0.50	…
1982	4.0	71.0	22.5	0.55	…
1983	3.9	68.3	25.6	0.54	…
1984	3.7	65.8	28.6	0.57	…
1985	3.7	64.1	29.6	0.61	…
1986	3.6	66.5	28.2	0.65	…
1987	3.5	65.7	28.7	0.68	…
1988	3.7	63.1	30.8	0.74	…
1989	4.2	63.0	31.4	0.80	…
1990	4.2	58.4	36.3	0.83	2.3
1991	4.0	60.5	33.9	0.90	2.5
1992	4.2	59.7	33.5	0.97	2.6
1993	4.1	58.3	34.4	1.03	2.9
1994	4.1	55.0	33.6	1.07	3.2
1995	3.9	54.6	36.2	1.12	3.3
1996	4.1	51.9	39.2	1.17	3.5
1997	4.1	48.9	41.6	1.23	3.7
1998	4.2	44.3	46.4	1.27	3.9
1999	4.5	43.9	47.4	1.31	4.3
2000	4.8	45.2	45.5	1.30	4.7
2001	5.3	39.3	52.3	1.39	4.5
2002	5.1	40.3	1.3	1.49	4.8
2003	5.4	40.4	50.4	1.57	5.1
2004	5.4	40.0	51.1	1.57	5.4
2005	5.7	38.8	52.1	1.63	5.9
2006	6.1	36.5	54.7	1.69	6.5
2007	6.3	35.5	55.2	1.74	7.3
2008	6.5	35.0	55.3	1.86	7.8
2009	…	…	…	1.94	…

资料来源：经合组织（http://stats.oecd.org）。

索　引

Bloomfield，Arthur 亚瑟·布卢姆菲尔德 13

Brain Korea 21 21 世纪智慧韩国计划 263

Busan Port 釜山港 204,235

C

capital market liberalization 资本市场自由化 58,186,187,189,193

Capital Region Readjustment Plan 首都圈整备规划 228

central bank 中央银行 12－14,33－35,38,39,47－49,51－53,55,56,58, 67,77,79,80,149,150,161

certificates of deposits 存款单 142,190

chaebol 财阀 2,3,7,13,15,25,52,54,56,58－62,67,69－71,75,76,83, 123,125,243

Charter for Children 儿童宪章 296

Chun Doo-hwan administration 全斗焕政府 42,197,214,298

Civil Relief in Korea（CRIK）韩国民间救济 140－141

comparative advantage 比较优势 19,25,108,152,171

composite land tax 复合土地税 217

Comprehensive Economic Stabilization Program 经济稳定化综合措施 22, 49,124

Comprehensive Economic Vitalization Program 全面振兴经济计划 60

Comprehensive export promotion program 全面促进出口计划 148

Comprehensive Welfare Program for Mentally and Physically Disabled Persons 精神病人和残疾人综合福利计划 298

construction sector 建筑业 1,43,95－97,101,118,124,186,238,246,270, 279,344－347

consumer support estimate（CSE）消费者支持估计值 179

counterpart fund 对等基金 11,12

credit card crisis 信用卡危机 78,330

crowding-out effect 挤出效应 167

168,172,177,178,179,185,193,322,323,324

H

I

译后记

　　译者接手本书的翻译事宜有一定偶然性。此书原本有个初译稿，但是江苏人民出版社想精益求精，寻求更高质量的译稿。于是责任编辑将本书一个小节内容发过来让我们试译。试译过关后，出版社最终决定由现译者翻译本书。责任编辑十分重视此书的翻译，除了寄来英文原书外，他还寄来一本由中国学者张宝仁等撰写的关于韩国发展的专著《现代韩国经济》，供我们研习参考之用。这本中文专著对我们翻译本书有关专有名词帮助很大。

　　据编辑介绍，本书来自于韩国学者的一项研究课题，即韩国经济 60 年发展经验的总结，其成果用韩文撰写，而本书是其英文版，并对原五卷本韩文著作进行了提炼与修订，本次引进的正是英文版。作为韩国学者，能将经济学专著用英语呈现、出版出来，其英语水平确实非同一般，值得我国学者学习。然而，正因为是非母语写作，且本书是二次改编之成果，书中亦有语言表达不到位之处，对我们理解、翻译此书造成一定困难。我们秉承"译者，美言者"的理念，不仅将每一疑难之处仔细斟酌，一一解开，而且将原文中个别错误纠正过来，使译文流畅晓白，努力表达出原作者的学术思想。我们不拘泥在形式上忠于原文，而是努力做到忠实于原作者。譬如，下面这句原文：

The government could not afford expensive redistribution policies because of the limited tax base, but could still <u>eradiate</u> absolute poverty that had been so prevalent earlier and improve income distribution.

　　下划线词 eradiate 表达"发射、辐射"之义，而根据原文所在章节脉络和主旨，只有用 eradicate（消灭、消除）才可能是正解，eradicate 不仅与其后的宾语 poverty 搭配正确,而且符合通篇主旨思想,即韩国社会发展到一定时期,消灭了之前普遍存在的贫困现象,但是贫富差距拉大了。据此,我们不揣冒昧,用 eradicate 替换 eradiate,将整句译为:

由于政府受制于薄弱的税收基础,不能采用代价昂贵的再分配政策,但是仍然可以消灭之前普遍存在的绝对贫困现象,并且能够改善收入分配(见第 6 章第 5 节开头处)。

上述两个形近词,极易混淆,也可能是打字失误,致使原作者和原出版审核者均未发现。作为译者,此时要担任起优化者角色,不能僵化地、一字一句地翻译原文,而是要充分根据上、下文语义及英语语言基本知识,做出正确的判断,译出正确的译文。

本书汉译的难点主要在于韩国姓名、机构名和地名等专用名词的翻译,这十分考验译者细致耐心的品格以及请教协调等方面的综合素质。由于原作者将韩文姓氏名称根据发音转写成英文、译者根据英文姓名的发音转换成中文,在韩—英—中三语转换之间可能跟实际的名字有出入。同一个韩语发音会对应多个中文汉字或者多个英语词,经过两次"搬运"之后名字产生"损耗"或者"溢出"现象可能在所难免,但是我们尽最大努力避免这种情形。本书主编司空一先生是当代韩国著名的经济学家、政府智库专家,在韩国政府发展战略和经济政策的形成和制定过程中一直担任重要的领导角色,并且曾经多次访问过中国。然而,初译稿却将他译成"孔义事",一个与现实人物不符的指称,显然失却了其本来的指称意义。为了避免上述问题,我们专门请教了韩语专家——一位同在盐城工学院外国语学院担任教职的朝鲜族英语老师——金范宇先生,他的母语是朝鲜语和汉语,同时又精通英语。本书的人名都经过他推敲、审核后才呈现为现在的译稿,在此译者特致谢意。

该书属于学术著作,书里的资料出处来自一些韩国以及国际机构。国际知名机构的名称往往是大家耳熟能详的,翻译起来倒不费劲。颇费思量的是韩国本土机构名称。以原文中多次出现的"National Statistical Office"为例,初译稿译作"韩国国家统计局",似乎不错。然而,我们查询国内重要的新闻网以及参考上文提及的《现代韩国经济》这本专著后,将它改为"韩国统计厅"，因为后者才是国内新闻界及经济学学者们认可的译法。

韩国发行货币在国际上通常标识为 KRW（Korean Won），其货币单位的英文标识是 WON。在张宝仁等学者的书中，Won 被称为"韩圆"，百度百科上则用"韩元"。结合我们查阅的经济类文章以及考虑到年轻读者的偏好，本书将韩国货币单位 WON 译作"韩元"。

译者，习得者也。翻译本书使我们深以为然。原书作者阵容强大，大多是各类经济研究院的院长、教授，或者是韩国政府的智库专家。原书所呈现的韩国 60 年经济发展历史，内容广泛，见解深刻，评价中肯，值得中国读者学习。尽管专著的中译本比原著晚了十年在中国面世，中间有十年时差，但是由于韩国经济相较于中国的发达性和先进性，十年后的中国读者或中国的经济社会政策研究者依然能得到启发。因为中国仍然是发展中国家，尽管经济总量进入世界第二。中国社会在发展过程面临的问题，如，房地产价格增长过快、大城市人口过度集中、人口老化、环境保护、教育改革等都可以从本书中找到借鉴之处。换一个角度讲，读完本书有助于读者理解中国当前采取的一些国家政策，也有助于读者针对有关问题举一反三或逆向思考，找到解决现实问题的合理途径和方法。

本书属于经济类学术专著，原作者的英语水平确实很好，偏好使用长句。我们在翻译时采取直译和"拆译"兼顾的策略。对于原文中长度比较适中的英语句子，我们亦使用汉语长句；对于比较冗长、层次复杂的句子，我们拆分之，改成短句，更符合汉语的流水句行文习惯，让读者读起来省力一些。例如，

The realized sales of companies and farmland during the three－year US military rule were not large in size，but this was an important first step toward establishing a market economy based on private property ownership.

此句在第一稿中译得比较欧化，完全套用原文句式：

在美国军政府统治的三年中，已经出售的公司财产和土地并不多，但这却向建立一个以财产所有权私有化为基础的市场经济体制迈出了非常重要的一步。

通过将"a market economy"这一中心词重复一次,将"based on private property ownership"这一原句中的后置定语成分改为汉语的系表结构小句,调整后的汉语句读更简便易懂。

在美国军政府统治的三年中,虽然出售的公司财产和土地并不多,但却向建立市场经济体制迈出了非常重要的一步。市场经济的基础是财产所有权私有化。

翻译策略上主要采用直译法。虽然照顾到汉语的句子结构,但是译法上采用直译法为主,因为英文学术著作结构严谨、行文平实。译者努力达到"信、达、切"的翻译标准。

需要说明的是,本书中有极个别与史实有出入之处,或者英文文字和图标不对应处,作为译者我们翻译时在保留原意基础之上用括号做了标注,仅供读者参考。

如,1972 年(1971 年,可能是作者笔误)12 月,朴正熙政府宣布全国进入紧急状态,国会也强行通过了《国家保卫特别措施法》。工人们的集体谈判和罢工活动均受到独裁当局的管制。又例,1973 年(事实是 1972 年)修订的宪法("维新宪法")规定,工人的三项基本权利可以被法律所限制,甚至被禁止。工人运动变得更加暴力,更加政治化,尤其是在"全泰壹自焚身亡事件"(1970 年 11 月一名血汗工厂的工人为抗议政府的政策而自焚)发生之后。

译事难,译经济类学术著作尤其难。书中的各类图、表繁多,脚注丰富。此外,本书还包括学术著作常见的参考文献、索引、附表等内容。译者不仅要翻译好这些内容,而且要做好后期校对、复查事宜,相当耗费时间和精力。

从 2019 年 3 月接手翻译此书,当年完成初稿,后又历经三次校对,至今两年有余。其间,译稿在责任编辑和译者之间往返数次,实感译事不易。责任编辑认真负责、力求完美的工作态度实属难得,值得赞赏。

由于译者水平及视界限制,译文肯定有不够完美之处,敬请读者批评指正。

译者 2021 年 4 月